经济学理论应用与教学

湖南省重点建设学科『区域经济学』、湖南省区域经济研究中心资助项目，湖南省社科基金项目（编号:15YBX055），湖南省教育科学『十二五』规划项目（编号:XJK015BZY003）

贺文华 著

西南财经大学出版社
Southwestern University of Finance & Economics Press

中国·成都

图书在版编目(CIP)数据

经济学理论应用与教学/贺文华著. —成都:西南财经大学出版社,2016.12
ISBN 978 - 7 - 5504 - 2801 - 0

Ⅰ.①经… Ⅱ.①贺… Ⅲ.①经济学—教学研究 Ⅳ.①F0 - 4

中国版本图书馆 CIP 数据核字(2016)第 313354 号

经济学理论应用与教学

贺文华 著

责任编辑:李晓嵩
封面设计:何东琳设计工作室 张姗姗
责任印制:封俊川

出版发行	西南财经大学出版社(四川省成都市光华村街55号)
网　　址	http://www.bookcj.com
电子邮件	bookcj@foxmail.com
邮政编码	610074
电　　话	028 - 87353785　87352368
照　　排	四川胜翔数码印务设计有限公司
印　　刷	四川森林印务有限责任公司
成品尺寸	170mm × 240mm
印　　张	21.25
字　　数	445 千字
版　　次	2016 年 12 月第 1 版
印　　次	2016 年 12 月第 1 次印刷
书　　号	ISBN 978 - 7 - 5504 - 2801 - 0
定　　价	98.00 元

序

　　自 2005 年研究生毕业以来，我一直在邵阳学院从事经济学教学与研究工作，教过的课程有统计学、商务谈判、流通经济学、国际经济学、微观经济学、宏观经济学、计量经济学、博弈论等，现主要从事微观经济学、宏观经济学、计量经济学、博弈论等课程的教学工作。在从事教学的过程中，我一直积极撰写科研、教学论文。我主要有两个研究方向，一个是经济增长与发展，研究成果主要集中于农村经济研究，如农村劳动力转移、农村人力资源开发和农村土地流转等，从中选出了关于农村劳动力转移的论文 8 篇和农村人力资源开发的论文 14 篇，于 2015 年由广东人民出版社结集出版；另一个研究方向是世界经济与贸易，研究对外贸易、外商直接投资（Foreign Direct Investment, FDI）对中国经济增长的贡献，并用实证研究方法验证外商直接投资"污染天堂假说"的同时回答了外商直接投资是否有利于中国经济的可持续发展。这些研究主要是在国际经济与贸易专业的计量经济学课程教学中产生的成果。因此，成果主要集中于 FDI、对外贸易与经济增长及环境效应的实证研究。这些论文分别发表于《当代财经》《经济与管理评论》《产经评论》《西部论坛》《重庆工商大学学报（社会科学版）》《武汉科技大学学报（社会科学版）》《湖南农业大学学报（社会科学版）》《南昌航空大学学报（社会科学版）》《重庆交通大学学报（社会科学版）》《辽东学院学报（社会科学版）》《上海商学院学报》《山东工商学院学报》《企业经济》等刊物上，主要是用计量经济学方法研究经济问题。在本书中我把它们作为上篇，共收录论文 18 篇，其中有两篇虽不属于这个研究方向，但用计量经济学方法研究人力资本投资，呼应了人力资本对外商直接投资的影响，因而一并收录在内。下篇收录的则主要是在微观经济学和宏观经济学的教学过程中产生的科研论文和教学论文。

　　《大学》曰："知止而后有定，定而后能静，静而后能虑，虑而后能安，安而后能得。"在教学过程中产生科研论文有两条路径：一条路径是对教学过程的反思和总结，如《商务谈判的经济分析》一文就是我讲授商务谈判思考所得。另一条路径则是对身边发生的经济现象的思考及解释，如《经济学视角的盗窃犯罪分析》一文产生的渊源是家中失盗，多年收集的邮册、旧版人民币以及存储有多年辛苦收集的资料的硬盘被盗。因此，该篇论文是在一个痛苦的过程中产生的。有的论文则是在对县域经济发展状况进行调研和反思的过程中产生的，如《邵东县域物流业发展现状及定价模式研究》是结合邵东调研和讲授微观经济学寡头市场理论的成果；《整合支农资金　发展县域经济——以湖南隆回县为例》《湖南县域经济发展差距研究——基于邵阳和长沙县域经济的对比》则是在调研过程中对邵阳经济现状的反思，是以县域经济为研究主题的论文；《旅游方案选择的消费者行为分析》则源于一次旅游考察活动，思路是在对旅游景点的选择过程中产生的。总之，每篇论文的背后都有故事。还有一些论文则是对教学内容的思考或是对教学方法的探讨，如《一般均衡分析案例教学研究》《短期生产理论与短期成本理论的教学研究》《参与式教学案例设计及在经济学教学中的应用》《宏观经济政策分析的教学研究》等。我将它们集结在一起作为下篇，共收录论文18篇。

　　论文的收集和整理是一个被压抑的情感逐步释放的过程，尽情倾诉时有如释重负之感，有冰释心中块垒、释放长期郁结之气的舒畅。本书的出版要感谢家人的一路相伴和支持，共同品尝一路走来的艰辛。恍如崎岖山道旁的小溪，不离不弃一路相伴，给人慰藉，其欢快而清脆的潺潺声荡涤世俗的尘垢与疲累。独坐书斋，虽没有红袖添香的温馨，却有幽谷百合的超然，雨后空谷的清新。感谢茶座闲谈中给我启迪的同事、朋友以及一直能让我在教学中保持激情的学生。他们犹如阴霾天空中突然出现的一缕阳光、艰辛旅途中迎面吹来的和煦春风，让我体会到了"古木阴中系短篷，杖藜扶我过桥东。沾衣欲湿杏花雨，吹面不寒杨柳风"的意境。诅咒一切逆境的同时我也感谢多舛的命运和不幸的人生，似魔鬼一样以梦魇般惊悚、魔术般奇幻的方式在2015年1月那个阴霾寒冷的黑暗日子里，让我体会了什么是痛不欲生，什么是撕心裂肺，什么是肝胆俱裂，什么是痛彻心扉；让我感受了什么是难以言说的痛，什么是无法诉说的苦！生离死别的大悲大痛常让我从梦中惊醒，午夜梦回常浑身冷汗淋漓。在月圆之夜的今晚，惨白的月光照进我的书斋，恍惚中看到了那远远离去的稚嫩背影，刚愈合的伤口又一次被撕裂得鲜血淋漓，同时也体会到了"但愿人长久，千里共婵娟"的诉求中蕴涵的无奈。我想起谢甫琴科的咏叹："为什么风啊，没有把你们像灰尘一样，吹散在草原上？为什么悲伤啊，没有把你们像婴儿一样，催送进梦乡？""我不知道，我是否还活着，能不能活下去，也许就这样在世界上苟延残喘，因为我已经不再欢笑，也不再哭泣悲伤……""上帝啊，假如你不舍得好的命运，那就给我一个坏的，坏的命运也一样！"英年早逝的雷蒙托夫对生死竟然有那么深刻的感悟："恐怕只有那阴暗潮湿的坟墓，才能使这个人得到安息吧！""我们向往在天国享受极乐的幸福，但是又不舍得同这人世诀别。""而人生，只要用冷眼把周围看它一看，又是这样空虚的愚蠢的儿戏……"人生中的悲和生死离别的疼让我体会了语言的贫乏和苍白，一旦用语言或文字表达就像被束了一条绳索，设了一道藩篱。我明白了人们为何要用音乐、绘画、舞蹈等形式来表现大悲大喜，仰天狂啸甚或挥毫疾书都是释放心中块垒的发泄方式。我也有点明白了复旦大学韦森教授以诗般的语言撰写诗般的经济学的人生梦想，是他到达美到超越语言之描述能力的剑桥后的感慨："在英国剑桥这种思想圣殿和人间仙境之中生活和研究，会没有诗？能没有梦？会没有思想？"我也在时刻感悟并体验着人生的真和实、虚和幻。"名岂文章著，官应老病休。飘飘何所似，天地一沙鸥。""人生到处知何似？应似飞鸿踏雪泥。泥上偶然留指爪，鸿飞那复计东西。""梨花淡白柳深青，柳絮飞时花满城。惆怅东栏一株雪，人生看得几清明。"这应是诗人对人生的感悟。

感谢科研与教学给予的平台，她给我提供了一个涤除尘扰独自舔舐伤口的角落，使我能享受片刻的宁静与祥和。借用一片天地，与虚茫心界进行信息和能量的交换，体验风云变幻，感悟世事沧桑和人情冷暖。我深刻感悟到正是不确定性构成了眼前这个现实世界，也感悟到这个世界正是以此种方式存在着，痛也许就是活着的证明，可以在细雨中呼喊就是向世界证明自己依然活着。我以此为参照让自己的感觉也活着并仔细感悟且回味这个过程，生命难道不是一个探索、感悟、回味乃至顿悟的过程？科研与教学让我体验了什么是累、什么是乐。她似天使一样抚慰我伤痕累累的身心，让我在感悟艰涩难懂的隐韵或偈语的同时悄然离开迷途并引到她无边的世界里去。她在每一个转角处以新的圆满的幻境来使我惊奇，以快乐的不朽的心像来模塑我的时光，在我心中幻现了万象之外的美。我依靠她减轻经历过的疲和累，稀释心中的苦和悲，轻缓身心的伤和疼，寄托自己的哀和思！我在科研过程中感悟"明月松间照，清泉石上流"的宁静，"竹喧归浣女，莲动下渔舟"的祥和，"星垂平野阔，月涌大江流"的壮美，"大漠孤烟直，长河落日圆"的落寞。

落寞之时我总是想起故乡那低矮的小木屋，屋前那随时令而变幻的广阔田野和连绵群山，阳光下的妖媚，烟雨中的迷蒙，月光下的清丽，风雪中的缥缈。风云突变，连天接地的银色雨帘遮蔽旷野的虚空；霞光初现，缀满晨露的嫩绿禾苗在珠光宝气中分外娇艳；秋风乍起，沉甸甸的金色稻穗在微风中摇曳，似频频点头称许，又似恋恋不舍地与青春挥别；雪后初霁，银装素裹的旷野、玉树琼枝的山林在冬阳里更显纯净靓丽，端庄安详，皑皑白雪与屋檐下的冰挂交相辉映。一位少女哼着曲儿从雪地里走过，"咯吱"声中印出一串玲珑的足迹，红色身影似一团火焰照亮旷野，活力满满的青春气息在旷野中弥漫。偶尔有青青的麦苗从雪被中探出头来，似探听春的脚步。盛夏时节，点点荷叶遮掩的池塘生机勃发，含苞的菡萏尖儿立着羸弱纤巧的红蜻蜓警惕着过往行人，池塘边四处散落着郁郁青青的车前草。清晨的霞光从西面峰巅蹒跚而下再悠悠地漫过田野把小木屋拥在和煦而温暖的怀里，屋后青翠山岭上被霞光簇拥而出的太阳被清晨在外劳作的人们约为收工的信号。发源于白马山流经木瓜山水库的西洋江从旷野中横穿而过。据说西洋江原先就从小木屋前淌过，只是后来改了道，所以小木屋附近的水田似一块沼泽地，也不知是何人何时在田里打了木桩，架了横木。耕作的人们必须特别小心，稍不留意就会深陷进去而难以自拔。因而这个偏僻闭塞的小村落有"沼泽窝"之名。我则是从沼泽窝的小木屋里走出来的，走得那么艰难，不知还能走多远、走多久！什么时候回归白马山，回归小木屋，回归古树下？小木屋后有一棵枝杈上缀满鸟窝，不知苦熬了多少寒暑，冷眼看了多少人间沧桑的古树，不论炎夏抑或寒冬都一如既往地忠贞守护着村落的人们。儿时记忆中那些不知人间疾苦总是在树枝间欢快闹腾聒噪的喜鹊和乌鸦如今已不知隐身何处！西北角则是常常隐匿在云雾中的白马山，传说白马仙娘就是在那里修道成仙的。每每想起那绵绵峰峦，我情愿幻为一阵风儿在那群峰碧浪上闲逛，在阳光下荡漾，仿佛我随时可隐入那层峦叠嶂之中，像瀑布前飞溅的水雾倏地消失。我时时想起矮屋上面霞光满满浮着絮状白云的蓝天，天空中"叽叽喳喳"扑棱棱四处乱飞的鸟群，鸟群下古朴安详的村落，在颤动的曙光中升腾的橘色炊烟。小木屋前的桃树筛出一地的圆斑在晨风中摇曳，树荫下弥漫着浓烈的劣质烟草味，吸烟闲聊的父辈们脸上写满沧桑。围着篱笆的菜园子里是娘亲佝偻而瘦弱的身影，金黄的稻田或油菜花海在眼前敞开……落日余晖洒满牛头山，当最后一丝霞光在山尖上隐去的时候，可以看到成群的牛羊在崎岖的山路上悠闲地迈着谨慎的碎步，似回味林间清泉边的嫩草何处更为鲜美，又似受到草丛中蹿出的野兔的惊吓而依然惊魂未定，朝山坡下村落里被岁月和昏黄夜色染成黢黑的瓦屋"咩咩""哞哞"，与村落的鸡鸣犬吠相应，木屋内的灯光与天上的星光辉映……柔柔弱弱的细雨，花瓣游弋的小溪，飞溅的激流滋润着守护蔷薇的丛丛蒲草和凌崖俯瞰的株株茱萸，也哺育着山村的人们。珍珠般的晨露，奶酪样的浓雾，金灿灿的稻田，馥郁的果园，翩翩的彩蝶，忙碌的蜜蜂，陪伴着劳作中人们欢欣如花的笑靥。白茫茫的雪儿，挂在屋檐下和山涧中晶莹别透的冰挂，冬季水田里纹着奇怪图案的厚厚冰层，稻禾收割后留下的根茬穿过冰层在寒风中倔强地立着，似苦难中依然快乐豁达的父老乡亲。静谧月光下承载先祖足迹迎来送往的小桥，覆盖寒霜的枯黄衰草护卫着弯弯曲曲的光滑青石路，潺潺泉水声中掺杂着树叶籁籁和鸸鹋呓语惊扰山村寒夜的宁静。这一切的一切永远是心灵的慰藉之地、休憩之所。

老子曰："为道日损。"佛曰："有求皆苦，无求乃乐。"我试图毕一生之力孜孜寻求和体验"昨夜西风凋碧树。独上高楼，望尽天涯路""衣带渐宽终不悔，为伊消得人憔悴""众里寻他千百度，蓦然回首，那人却在灯火阑珊处"的诗情意境所描述的那种空灵境界。本书付梓要感谢西南财经大学出版社的编辑和其他工作人员的辛勤劳动，特别感谢李晓嵩编辑对本书认真而细致的审核。此外，本书的出版还要感谢湖南区域经济研究中心领导的关爱和支持。

子曰："逝者如斯夫，不舍昼夜。"经历了太多太多，但难以与他人言说。谨以此为记，记住那流逝的韶光，也以此纪念那遽然消逝的人和事！

贺文华

2015 年 9 月 27 日中秋夜初稿

2016 年 6 月 9 日端阳定稿于邵阳学院竹园千叶斋

目 录

上 篇 计量经济学理论应用与教学
——FDI、对外贸易与经济增长及环境效应的实证研究

1. 人力资本对 FDI 流动影响的文献综述／ 3

2. FDI 与经济增长的实证研究——基于湖南和浙江的数据／ 10

3. FDI 区域选择影响因素的实证研究——基于广东、福建、山东的比较／ 21

4. FDI 与经济增长区域差异——基于中国省际面板数据的研究／ 29

5. FDI 与环境污染的实证研究——基于山东的数据／ 37

6. 外商直接投资与环境污染的实证研究——中国东部和中部的省际差异比较／ 47

7. FDI 视角的环境库兹涅茨假说检验——基于中国中部八省的面板数据／ 63

8. FDI 的"污染天堂假说"检验——基于中国东部和中部的数据／ 79

9. 环境库兹涅茨曲线存在吗？——中国和美国的比较／ 88

10. FDI 与城市环境污染的区域差异研究——基于长三角和珠三角的面板
    数据／ 100

11. FDI、经济增长与环境污染的实证研究——基于中国东部 11 个省（市）的
    面板数据／ 111

12. FDI 是"清洁"的吗？——中国东部和中部省际面板数据／ 121

13. 东部、中部和西部的外贸依存度比较研究／ 137

14. 中美贸易的政治经济学分析／ 145

15. 对外贸易与经济增长的实证研究——基于江苏和湖南的比较／ 152

16. 中国进口与经济增长关系的区域差异分析／ 159

17. 农村人力资本投资对农村居民收入结构的影响研究——中国中西部的面板数据 / 167

18. 工资水平与经济增长的区域差异研究——基于湖南14个市的面板数据 / 180

下 篇 微观经济学、宏观经济学理论应用与教学
——县域经济发展与经济学教学

1. 农村资金流失与农村经济发展 / 195

2. 湖南县域经济发展差距研究——基于邵阳和长沙县域经济的对比 / 202

3. 湖南省贫困县的发展现状及对策 / 209

4. 整合支农资金 发展县域经济——以湖南隆回县为例 / 216

5. 财政支农资金现状及使用效率分析 / 224

6. 邵东民营经济的发展现状及对策研究 / 231

7. 邵东县域物流业发展现状及定价模式研究 / 238

8. 邵东县民营经济就业现状的实证研究 / 244

9. 发展民营经济 增加社会就业 / 250

10. 旅游方案选择的消费者行为分析 / 256

11. 美国量化宽松货币政策对中国经济的影响 / 265

12. 信息不对称视角的中小民营企业融资困境研究 / 277

13. 商务谈判的经济分析 / 288

14. 经济学视角的盗窃犯罪分析 / 293

15. 一般均衡分析案例教学研究 / 299

16. 短期生产理论与短期成本理论的教学研究 / 309

17. 参与式教学案例设计及在经济学教学中的应用 / 316

18. 宏观经济政策分析的教学研究 / 321

上 篇

计量经济学理论应用与教学
——FDI、对外贸易与经济增长及环境效应的实证研究

1. 人力资本对 FDI 流动影响的文献综述

　　改革开放以来，外商直接投资大量涌入，主要集中于东部沿海地区。对 FDI 的区位分布及流动的影响因素，国内外学者从不同的角度做了大量研究。影响 FDI 区域分布的因素包括市场规模和地理位置、产业集聚和联系效应、交易成本、技术外部性、FDI 的累积效应、优惠政策和制度、人力资本。区位理论认为外商直接投资的流向主要受市场容量、劳动力成本、交通和通信成本、相对技术水平等的影响（Vernon，1966；Alibe，1970；Hirsch，1976）。关税壁垒、税收优惠以及语言文化差异等也会影响投资流向（Clegg，1992；Hines，1996；Benitoand & Gripsrud，1995）。地方政府发展规划创造出来的有组织的经济环境也影响外商直接投资流量（Agodo，1978）。语言变量是影响外商直接投资在经济合作与发展组织国家内部分布的最重要因素之一（Venglers，1991）。折衷理论认为区位优势是公司选择跨国经营的主要动因之一。东道国吸引外商直接投资的区位因素包括自然和人造资源以及市场的空间分布、投入品的价格和质量、投资优惠或障碍、社会基础设施等。税率和腐败与外资流入量呈显著的负相关关系（Wei，1997）。研究表明，人力资本不论是存量还是流量都会对 FDI 的流动产生极为重要的影响。

一、人力资本影响 FDI 的规模和区位分布

　　卢卡斯（Lucas，1988）认为发展中国家人力资本的短缺不利于外资进入，甚至会导致物质资本和人力资本逆向流动。为了能够解释资本流向，卢卡斯从人力资本差异、人力资本的外部效应和资本市场的不完全性三个方面对新古典理论进行了修正。他指出在吸引外资的诸多因素当中，人力资本具有决定性作用。

　　阿尔卡塞尔（Alcacer，2000）对转型国家的研究发现东欧国家高级经理人员的稀缺是抑制外资流入的主要因素。努尔巴赫什等（Noorbakhsh 等，2001）用劳动年龄人口的中学教育时间和中学加上高等教育时间这两个指标作为人力资本的代理变量，发现人力资本的存量和流量对于 FDI 的流入具有重要

的正影响。卡普斯坦（Kapstein，2002）也认为在所有吸引外资的要素中，人力资本是最重要的。邓宁（Dunning）认为劳动者的劳动技能和教育水平不仅能够影响 FDI 流入总量的规模，而且影响跨国公司在东道国采用的技术水平。布洛姆斯特伦和科克（Blomstrom & Kokko，2002）认为人力资本和外资的关系是复杂的、非线性的。东道国的人力资本水平决定了对外资的吸引程度，人力资本水平相对高的东道国可能吸引大量的技术密集型的跨国公司投资，反之，人力资本水平较低的国家只能获得少量的外资流入，而且外资企业转移过来的只是一些相对简单的技术。人力资本存量的增加有助于提高一个地区吸收外商直接投资的总量水平和平均规模水平。沈坤荣和田源（2002）的研究发现，规模大而且技术密集型的投资项目需要和高素质的人力资本相结合。联合国贸易和发展会议（UNCTAD，2002）利用 140 个发达国家和发展中国家数据分析发现，人力资本与 FDI 流入之间存在高度正相关性。尼恩卡普和施伯茨（Nunnenkamp & Spatz，2002）利用巴罗和李（Barro & Lee，2000）采用的 15 岁及以上人口的平均教育年限数据，分析了 28 个发展中国家的 FDI 流入情况，发现 20 世纪 90 年代人力资本发挥的作用比 20 世纪 80 年代更为显著。

布洛姆斯特伦等（Blomstrom 等，1994）以及科克和布洛姆斯特伦（Kokko & Blomstrom，1996）采用大样本分析方法，发现东道国的某些特征影响着跨国公司投资规模和输入技术的先进程度，而这些特征中最为显著的特征就是当地劳动力教育水平的高低。普费弗曼恩和马达劳希（Pfeffermann & Madarassy，1992）指出由于新技术进步以及随之而来的 FDI 投向资本密集型、知识密集型和技术密集型的产业，跨国公司更重视受到良好教育的人力资本储备，而非更低的劳动力成本。张和马库森（Zhang & Markusen，1999）认为东道国经济体内高技能劳动力的拥有量将直接影响 FDI 流入量。汉森（Hanson，1996）证实了人力资本水平可以影响 FDI 在东道国经济体的地理分布。塔瓦雷斯和特谢拉（Ana Teresa Tavares & Aurora A C Teixeira，2006）对在葡萄牙的公司的大样本调查发现，人力资本在吸引 FDI 上发挥了明显的正向促进作用。鲁明泓（1999）用 15 岁及以上识字人口占总人口的比例来表示一国或一地区劳动力素质的高低，研究发现国际直接投资愿意流向劳动力素质水平高的国家或地区。

一些研究成果则表明人力资本与 FDI 区位选择之间并没有显著的相关性。鲁特和艾哈迈德（Root & Ahmed，1979）发现对于其考察的 58 个发展中国家，他们使用的人力资本和熟练劳动力的所有替代变量都不是决定 FDI 流入的重要解释变量。施奈德和弗雷（Schneider & Frey，1985）用 54 个发展中国家的横截面数据进行回归分析，发现人力资本变量在其选择的模型中并不是 FDI 流入量的显著解释变量。纳鲁拉（Narula，1996）对 22 个发展中国家的面板数据研究发现，总人口中接受高等教育的人数并不能成为 FDI 流入的一个统计显著性解释变量。汉森（Hanson，1996）对 150 个发展中国家的样本分析表明，与其他变量相比，成人识字率对 FDI 的区位选择并没有显著的重要性。瓦斯姆（Wasseem，2007）对海湾合作会议（GCC）国家之间的 FDI 分布的分析表明，人力资本对 FDI 的影响呈现负相关性。

大量文献对中国的情况进行研究得出了类似的结论。沈坤荣和耿强（2001）发现人力资本变量与 FDI 相关性不显著，而 FDI 占各地区生产总值的比重和人力资本变量的乘积与 FDI 呈显著的正向关系。沈坤荣和田源（2002）利用省际面板数据研究发现，除了市场容量、劳动成本、市场化水平等因素外，人力资本存量是影响 FDI 区位选择和投资规模的重要因素。赵江林（2004）发现中国教育水平的提高极大地促进了中国引资规模和引资结构的升级。我国现有的人力资本水平对吸引外资的规模、质量、结构以及效果起着重要甚至决定性的作用。高（Gao，2005）用小学毕业生、初中毕业生、高中毕业生和大学毕业生占劳动力人口的比例作为人力资本的代理变量，发现人力资本对于吸收 FDI 具有重要的作用。有研究者（Cheng & Kwan，2000）用小学毕业生占总人口的比例、初中毕业生占总人口的比例和高中毕业生占总人口的比例作为人力资本的代理变量，得出人力资本对 FDI 的影响为正但不显著的结论。孙俊（2002）研究发现，相对于其他因素而言，各地区的文化教育程度对吸引外资的作用并不明显。贺文华（2009）通过对广东、福建和山东比较研究发现，市场容量对 FDI 的影响为正，当年高校毕业生数量对 FDI 的影响为负。

二、人力资本是 FDI 技术外溢的重要渠道

众多实证研究发现东道国的人力资本状况是影响东道国是否能够有效地吸收 FDI 所外溢出来的技术的最重要的因素之一。对于发展中国家来说，吸引和利用 FDI 技术扩散效应是其技术进步与经济增长的主导因素之一。纳鲁拉和马丁（Narula & Marin，2003）认为东道国的人力资本发展可以通过直接方式和间接方式产生技术外溢。第一，直接方式产生技术外溢。一是增加东道国的就业水平对东道国人力资本量的影响；二是跨国公司的培训会提高东道国的人力资本质量。莱斯特（Lester，1981）调查了美国跨国公司在马来西亚出口加工区的子公司，发现一般性的管理技巧已基本上转移给了当地雇员；此外，美国对菲律宾管理技术的转移也是显著的。陈（Chen，1983）在一份有关我国香港技术转移的研究中发现，外国企业的最大贡献在于对各个层次工人的培训。第二，间接方式产生技术外溢。从企业部门来看，跨国公司会对当地供应商、经销商和营销组织提供培训和技术支持，提高东道国的人力资本水平。企业部门间接溢出效应还表现在跨国公司的员工流动到当地企业。乔森伯格（Geosenberg，1987）对跨国公司在肯尼亚培训和传播经营能力情况做的调查表明，当地私人或国有企业曾经受训过的经理人员中，大多数曾任职于跨国公司子公

司。经理人员的流动大大加速了专有经营管理技术的扩散。跨国公司和非企业部门的联系也是间接溢出效应的一种方法。跨国公司给予非企业部门财力和技术支持，当地企业能从这些非企业部门获益。跨国公司在生产经营的本土化过程中，必然将对本行业的生产性企业和前向或后向行业的相关厂商产生技术转移与技术溢出效应。其中一个重要的制约条件就是东道国的人力资本积累水平。

尼尔森和菲利普斯（1966）认为技术扩散过程实际上就是人力资本投资与形成的过程。在其他条件一定的情况下，人力资本存量越大，技术扩散的范围就越广，技术扩散的速度也就越快。科克（Kokko，1994；1996）通过对乌拉圭的研究发现，东道国缺乏人力资本将成为该国吸收 FDI 技术外溢的重要阻碍。贝哈鲍比和斯皮格尔（Benhabib & Spiegel，1994）研究发现跨国公司的先进技术要在发展中国家得到应用，其前提条件是东道国必须具备充足的人力资本，否则就会限制其先进技术的接受和利用。格雷格里奥和李（Borensztein，Degregorio & Lee，1995）对 69 个发展中国家的研究表明，在低于特定人力资本门槛经济体中，FDI 流入甚至对经济增长产生了负面影响。伊顿和科特姆（Eaton & Kortum，1996）的经验研究表明以申请的国际专利数量衡量的技术扩散在高人力资本存量的国家较多。巴拉舒伯拉曼雅姆（Balasubramanyam，1998）认为 FDI 可以被当成一种潜在的工具，只有在超越人力资本门槛、较发达的基础设施和稳定的经济环境的基础上才能有所作为。卡塞利和科尔曼（Caselli & Coleman，2001）的研究表明只有东道国的人力资本达到一定的程度时，才能比较好地吸收 FDI 外溢出来的技术。卡图里亚（Kathuria，1998；2000；2001）研究发现 FDI 的技术外溢需要当地企业积极进行基于人力资本投资和研究投入才能获得外溢出来的技术。曼克奈斯、布洛姆斯特伦和科克（Magnus，Blomstrom & Kokko，2002）认为 FDI 为知识和技术的外溢创造了可能。东道国人力资本水平决定了对 FDI 吸引的程度以及当地企业获得潜在溢出效应的能力。提高人力资本水平是吸收和适应 FDI 技术外溢的必要条件，也是保证一国经济稳定增长的必要条件。

大量的跨国经验也证明了相似的观点。赛迪（Sadd，1995）对印度尼西亚的研究中指出跨国公司通过各种途径带来了先进技术，但是当地企业吸收能力很低，其原因是当地教育水平低下和研发活动缺乏。戈尔格和斯特伯（Gorg & Strbl，2001）认为外国企业对爱尔兰经济中拥有高人力资本水平的高科技行业有明显的技术溢出效应存在，而在低技术企业中则不存在。卡图里亚（Kathuria，2001）认为印度经济中来自 FDI 技术溢出收益在相当大的程度上取决于当地企业在学习以及研发活动中的投资规模。有学者（LeMinghang & Ataullah，2004）检验了东盟和拉美国家的人力资本对 FDI 和经济增长的影响，发现人力资本显著促进了 FDI 对经济增长的贡献。

学者对中国情况的研究也得出了相似的结论。沈坤荣、耿强（2001）对29个省份经济增长的经验检验发现进入中国的大部分跨国公司属于资源寻求型和市场寻求型，人力资本并没有成为促进 FDI 溢出效应的主要因素。何洁（2000）认为无论各省份的经济发展水平如何，FDI 在中国各省份的工业部门中都存在明显的正向溢出效应，而且在经济发展水平越高的地区，这种溢出效应的作用越大。潘文卿（2003）研究表明中国工业部门引进外资在总体上对内资部门产出的增长有积极影响，外商投资的溢出效应为正，但整体溢出效应不显著。此外，沈坤荣、胡凡（1999），周研（2002）和吴德进（2003）都认为 FDI 产生了显著的溢出效应。欧阳志刚（2005）利用中国工业36个行业的数据研究显示，1995—1997年，FDI 对中国工业行业内部有不显著正的技术外溢，其中技术差距较小、劳动密集型行业获得较大的技术外溢。2000—2003年，FDI 对工业行业内部有显著正的技术外溢，其中技术差距较大、资本密集型工业行业获得较大的技术外溢。祖强、梁俊伟（2005）采用15个行业的90组时间序列数据，发现 FDI 对于中国的行业技术溢出效应虽然为正，但不明显。王海云、史本山（2007）认为 FDI 虽然对中国样本存在正的技术溢出效应，但需要与东道国人力资本水平和良好的制度环境相结合。

三、人力资本影响 FDI 吸收能力

跨国公司的技术转移不会自动地提高东道国的劳动生产率，技术外溢的效果是与当地企业吸收能力相联系的。科恩和利文索尔（Cohen & Levinthal，1989）在分析企业研发作用时首次提出了"吸收能力"的概念，认为企业研发投入对其技术进步的影响表现在两方面：一是研发成果直接促进了技术进步，二是企业研发投入增强了企业对外部技术的吸收、学习和模仿能力，使得企业拥有更强的技术能力去吸收外部技术的扩散。吸收能力是技术能力的子集，企业的技术能力越强，其对外部技术和知识的吸收能力就越强。吸收不仅仅指简单的模仿，吸收能力包括消化吸收外部知识、使外部知识内部化、调整外部知识和技术使之与内部特有的流程和规程相适应，并产生新知识的能力（Narula & Marin，2003）。吸收能力是将 FDI 外溢的技术知识内生化的能力。

折衷理论认为决定跨国公司在东道国技术转移水平的因素有两个：一是跨国公司子公司的产品所处周期，二是东道国经济发展的阶段，其中包括熟练劳动和管理人员的可获性。波连斯坦等（Borensztein 等，1995）以及布洛姆斯特伦和科克（Blomstrom & Kokko，2003）认为 FDI 的流入为当地劳动力带来了知识外溢的潜力，同时人力资本水平也决定了东道国能够吸收多少外商直接投资和当地企业是否能够吸收跨国公司的技术外溢。纳鲁拉（Narula，2004）指出东道国吸收能力的一个重要组成部分就是人力资本水平。人力资本是吸收能力的核心因素，东道国获得技术外溢效应的必要条件之一就是东道国拥有经过良

好训练的人力资本。东道国的人力资本达到一个最低限度时，跨国公司的技术转移才会对东道国的劳动生产率增长起到实质作用。

贝哈鲍比和斯皮格尔（Benhabib & Spiegel，1994）在研究人力资本在经济增长中的作用时，以实体资本和人力资本作为解释变量，发现人力资本的确影响到经济增长率，而且人力资本可以通过两种机能影响经济增长。波连斯坦、格雷戈里奥和李（Borensztein，Gregorio & Lee，1995）运用人力资本作为吸收能力的代表指标，通过 FDI 从工业化国家流向 69 个发展中国家的研究中发现，外商直接投资对经济的促进作用与东道国的人力资本水平相关，FDI 与东道国的人力资本结合起来才能对经济增长起到明显的推动作用。FDI 流入并不直接导致技术外溢效应，而是受东道国人力资本临界值的影响。科勒（Keller，1996）的研究指出东道国人力资本积累和 FDI 的技术相匹配时，东道国才能维持技术进步和经济的较高增长。徐斌（BinXu，2000）运用面板数据回归模型，以成年男性接受中学以上的教育年限为人力资本代理变量，发现发达国家技术转移效果较明显，而欠发达国家技术转移效果不明显，其原因就是欠发达国家没有充足的人力资本吸收跨国公司的技术转移。卡塞利和科尔曼（Casell & Coleman，2001）用计算机设备的进口作为衡量国际技术转移的指标，衡量经济合作与发展组织（OECD）国家之间的计算机技术转移的决定因素，发现计算机技术的应用和东道国的人力资本水平强相关。

国内文献从定性和定量两方面考察了我国人力资本对跨国公司技术外溢的吸收能力和 FDI 对经济增长贡献率的影响。张诚等（2001）认为跨国公司的技术转移受到当地产品市场竞争环境、发展中东道国自身吸纳能力、教育水平和体制因素的制约。杜兰英和周静（2002）研究发现发展中东道国的人力资本水平、东道国企业的技术吸收能力和市场环境是发达国家在发展中国家的技术溢出效应的制约因素。

国内学者也进行了大量定量研究。何洁（2000）发现外溢效应的发挥受当地经济发展水平的门槛效应制约，单纯提高一个地区的经济开放程度对提高外溢效应是没有意义的，甚至有负面影响。外溢效应对当地经济的正向促进作用必须建立在经济发展水平的提高、基础设施的完善、自身技术水平的提高和市场规模的扩大的基础上。沈坤荣、耿强（2001）选取了中国部分地区的人均国内生产总值的自然对数为被解释变量，解释变量中以各地区每年的高校人数比例代表人力资本存量，发现对中国经济有增长效应并能带来技术扩散的 FDI 一般要求较高的人力资本存量。这也说明了地区人力资本存量的多少对于技术扩散效应的发挥程度有着至关重要的作用。程惠芳（2002）对 65 个国家的回归分析发现 FDI 流入增长对高收入的发达国家经济增长作用比对中低收入的发展中国家作用更明显。FDI 流入增长对中国经济增长和全要素生产率提高具有明显的促进作用，其原因与 FDI 流入规模和我国的人力资本水平有关。王志鹏和李子奈（2004）利用我国 29 个省份的数据研究发现 FDI 对我国各区域经济增长的技术溢出效应具有鲜明的人力资本特征，各地区必须跨越一定的人力资本门槛才能从 FDI 中获益。赖明勇等（2005）利用我国 30 个省份的面板数据进行估计，证实了技术吸收能力对技术外溢效果的决定作用，进一步实证表明东部地区人力资本投资相对滞后制约了技术吸收能力，而中西部地区提高技术吸收能力的关键是提高经济开放度。

参考文献

［1］BLOMSTROM M，KOKKO A. Human Capital and Inward FDI ［J］. CEPR Working Paper，2004（167）.

［2］KOKKO A. Productivity Spillovers from Competition between Local Firms and Foreign Affiliates ［J］. Journal of International Development，1996（8）：517 -530.

［3］NARULA R & MARIN A. FDI Spillovers，Absorptive Capacities and Human Capital Development：Evidence from Argentina ［J］. MERIT Research Memorandum series，2003（16）.

［4］贺文华，卿前龙. FDI 区域选择影响因素的实证研究——基于广东、福建、山东的比较 ［J］. 企业经济，2009（6）：25-27.

［5］程惠芳. 国际直接投资与开放型内生经济增长 ［J］. 经济研究，2002（10）：71-96.

［6］赵江林. 外资与人力资源开发：对中国经验的总结 ［J］. 经济研究，2004（2）：47-54.

［7］鲁明泓. 国际直接投资区位决定因素 ［M］. 南京：南京大学出版社，2000.

［8］赖明勇，包群，彭水军，等. 外商直接投资与技术外溢：基于吸收能力的研究 ［J］. 经济研究，2005（8）：95-105.

［9］沈坤荣，田源. 人力资本投资与外商直接投资的区位选择 ［J］. 管理世界，2002（11）：26-31.

［10］孙俊. 中国 FDI 地点选择的因素分析 ［J］. 经济学（季刊），2002（3）：667-698.

（原载于《北方经济》2011 年第 4 期）

2. FDI 与经济增长的实证研究
——基于湖南和浙江的数据

在索洛（Solow）的新古典增长模型中，FDI 对产出增长率的影响会受到实物资本中规模报酬递减的限制。因此，FDI 只能够对人均收入发挥一种水平效应，而不是一种增长率效应。换句话说，FDI 仅能在短期内影响东道国的经济增长，在长期内则不会改变总产出的增长率，FDI 对经济增长的短期影响依赖于稳定均衡的路径。在 20 世纪 80 年代中期，以罗默和卢卡斯（Romer & Lucas）为代表的学者提出了内生经济增长理论，克服了新古典增长模型不能解释世界各国人均收入差异和实际人均国民生产总值增长率差异的局限性，因而使经济增长理论再次成为经济学研究的热点。该理论认为 FDI 能够通过技术转移、技术扩散和技术外溢等途径来持久地提高东道国的经济增长率。

20 世纪 80 年代以来，外商直接投资与经济增长之间的关系逐渐引起了国内外众多学者的关注。FDI 对东道国或地区经济增长的影响和作用主要表现为外商直接投资中的技术转移效应，外商直接投资是技术转移的一种重要组织机制，其技术转移的形式有直接转移和间接转移。直接转移主要指采取合资方式或合作经营方式，由外商直接提供技术或允许外商以设备、技术作价出资，含有技术转让的成分。间接转移主要指通过技术服务及咨询服务、职工培训、人员流动、国内企业的学习与模仿等途径实现，这些活动不仅发生在外商投资企业所在地区的不同经济类型的企业之间，而且发生在外商投资企业所在地区与周边地区之间，技术转移的两种方式是相互联系的，直接转移是主要方面，起着主导作用。外商直接投资的技术溢出是影响东道国技术进步的重要因素。外商投资企业向东道国或地区直接和间接转移技术所产生的各种积极的综合影响，称为外商直接投资的技术溢出效应，简称溢出效应。溢出效应就是由于外商直接投资企业的进入和存在，从而引起当地企业技术上的改进和劳动生产率的提高。

FDI 是促进经济增长的主要动力之一，特别是在一些发展中国家和地区，FDI 对经济增长具有十分重要的影响。罗伯特·巴罗（C R Barro, 1995; 1997）对技术进步、技术差距、技术外溢、人力资本等影响经济增长的各要素进行了分析，提出了确定各要素之间关系的模型，并对经济增长与技术进步、人力资本以及趋向性关系进行了开拓性研究，为研究 FDI 与经济增长的关系提供了基础。但也有许多学者对国际资本流入是否会促进东道国经济增长的问题持怀疑甚至否定态度。美国经济学家古普塔和伊斯拉姆（Gupta & Islam，1983）通过采用对发展中国家时间序列与横截面序列相结合进行研究的方法，考察了 1950—1973 年发展中国家的 FDI 对经济增长的影响，发现 FDI 对经济增长没有明显的作用。斯奥特茨（Saltz，1992）从理论与实证两方面论证了发展中国家 FDI 与经济增长存在负相关关系。斯来利（Sterly，1993）认为利用优惠政策吸引外资会阻碍国内投资，当外资企业与国内企业收益差距很大时，引进外资反而会阻碍经济增长。克姆沃兰德·康沃尔（J Comwaland W Cornwal，1994）指出贸易和生产要素自由流动（包括 FDI）对经济增长的作用被新增长理论模型夸大了。

本文以浙江和湖南的 FDI 作为研究对象。浙江 FDI 总额从 1984 年的 252 万美元增加到 2005 年的 772 271 万美元，2005 年占全国 FDI 总额 603.25 亿美元的 12.80%；地区生产总值从 1984 年的 323.25 亿元增加到 2005 年的 13 437.85亿元，2005 年占全国生产总值 183 956.1 亿元的 7.3%。湖南 FDI 总额从 1983 年的 26 万美元增加到 2005 年的 207 235 万美元，2005 年占全国 FDI 总额 603.25 亿美元的 3.44%；地区生产总值从 1983 年的 257.43 亿元增加到 2005 年的 6 511.34 亿元，2005 年占全国生产总值 183 956.1 亿元的 3.54%。从占全国的份额看，地处东部的浙江 FDI 份额较高，而地处中部的湖南 FDI 份额较低。通过对两省 FDI 对地区生产总值的贡献进行对比研究可以揭示出两省的地区生产总值的增长有多大程度是受 FDI 的推动及两者之间存在的差距。

一、数据检验

本文选取的浙江和湖南的 FDI 和地区生产总值的数据均来自两省的统计年鉴，用 fdi、gdp 分别表示 FDI 和地区生产总值，其中地区生产总值根据当年的平均汇率换算为美元，FDI 是实际利用外资额。为了消除趋势和异方差，对 fdi、gdp 分别取自然对数得 Lfdi 和 Lgdp。为了避免伪回归，分别对对数数据进行平稳性检验。

（一）平稳性检验

两省的 Lgdp 和 Lfdi 都是不平稳序列，对序列的一阶差分进行平稳性检验。

1. 湖南数据的平稳性检验

对 Lgdp 做 ADF 检验：

$$\triangle^2 \mathrm{L}gdp_t = 0.078 - 0.85 \ \triangle \mathrm{L}gdp_{t-1} + 0.87 \ \triangle^2 \mathrm{L}gdp_{t-1} + 0.006\,8 \ \triangle^2 \mathrm{L}gdp_{t-2}$$
$$(3.87) \qquad (-3.72) \qquad (3.57) \qquad (0.02)$$
$$+ 0.36 \ \triangle^2 \mathrm{L}gdp_{t-3} + 0.21 \ \triangle^2 \mathrm{L}gdp_{t-4} + 0.19 \ \triangle^2 \mathrm{L}gdp_{t-5}[①]$$
$$(1.42) \qquad (1.08) \qquad (1.30) \qquad \mathrm{D\text{-}W} = 1.37$$

ADF 值为 -3.724，小于 5% 水平下的临界值 -3.066，$\mathrm{L}gdp$ 是 I（1）序列。

对 $\mathrm{L}fdi$ 做 ADF 检验：

$$\triangle^2 \mathrm{L}fdi_t = 0.33 - 1.19 \ \triangle \mathrm{L}fdi_{t-1} + 0.278 \ \triangle^2 \mathrm{L}fdi_{t-1}$$
$$(1.92) \quad (-4.96) \quad (1.58) \qquad \mathrm{D\text{-}W} = 1.969$$

ADF 值为 -4.957，小于 1% 水平下的临界值 -3.807，$\mathrm{L}fdi$ 是 I（1）序列。

2. 浙江数据的平稳性检验

对 $\mathrm{L}gdp$ 做 ADF 检验：

$$\triangle^2 \mathrm{L}gdp_t = 0.126 - 1.05 \ \triangle \mathrm{L}gdp_{t-1}$$
$$(3.36) \qquad (-4.48) \qquad \mathrm{D\text{-}W} = 2.027$$

ADF 值为 -4.48，小于 1% 水平下的临界值 -3.81，$\mathrm{L}gdp$ 是 I（1）序列。

对 $\mathrm{L}fdi$ 做 ADF 检验：

$$\triangle^2 \mathrm{L}fdi_t = 1.29 - 0.055t - 1.578 \ \triangle \mathrm{L}fdi_{t-1} + 1.054 \ \triangle^2 \mathrm{L}fdi_{t-1} + 0.682 \ \triangle^2 \mathrm{L}fdi_{t-2}$$
$$(4.21) \quad (-3.33) \quad (-4.86) \qquad (3.676) \qquad (2.835)$$
$$+ 0.42 \ \triangle^2 \mathrm{L}fdi_{t-3} + 0.625 \ \triangle^2 \mathrm{L}gdp_{t-1}$$
$$(2.076) \qquad (4.71) \qquad \mathrm{D\text{-}W} = 1.948$$

ADF 值为 -4.865，小于 1% 水平下的临界值 -4.668，$\mathrm{L}fdi$ 是 I（1）序列。

从表 1 的检验结果可知：变量的一阶差分序列在 95% 的置信水平下是平稳的，即 $\mathrm{L}gdp$ 和 $\mathrm{L}fdi$ 都是一阶单整过程，它们均为非平稳的时间序列，因此不能够用传统的计量经济学理论来构建模型。为此，我们用现代计量经济学中的协整理论及向量误差修正模型来研究两个变量之间的长期均衡关系。

表 1　对数变量的 ADF 平稳检验　＊（＊＊）为在 5%（1%）显著水平

江苏省				湖南省			
一阶差分	ADF 值	5%	1%	D-W 值	一阶差分	ADF 值	5%	1%	D-W 值
$\triangle \mathrm{L}gdp$	-4.48**	-3.021	3.809	2.027	$\triangle \mathrm{L}gdp$	-3.724*	-3.067	-3.920	1.959
$\triangle \mathrm{L}fdi$	-4.865**	-3.733	4.668	1.948	$\triangle \mathrm{L}fdi$	-4.957**	-3.02	-3.807	1.969

（二）协整检验

由于协整检验是对无约束的 VAR 模型施以向量协整约束后的 VAR 模型，因此进行协整检验选择的滞后阶数应该等于无约束的 VAR 模型的最优滞后阶数减 1。

---

① 　$\triangle$ 表示对变量进行一阶差分，$\triangle^2$ 表示对变量进行二阶差分，下同。

1. 湖南数据的协整检验

Johansen 协整检验，滞后区间从 1 到 2 期的检验结果如表 2 所示。

表 2　　　　　　　　　　湖南数据 Johansen 检验

Hypothesized	Eigenvalue	Trace Statistic	0.05 Critical Value	Prob.
None*	0.602 5	18.733 4	15.494 7	0.015 7
At most 1	0.061 5	1.206 1	3.841 5	0.272 1

Trace test indicates 2 cointegrating eqn（s）at the 0.05 leve，* denotes rejection of the hypothesis at the 0.05 level

迹统计量 18.73 大于 5% 水平下的临界值 15.49，拒绝原假设，存在一个协整关系。

2. 浙江数据的协整检验

Johansen 协整检验，滞后区间从 1 到 3 期的检验结果如表 3 所示。

表 3　　　　　　　　　　浙江数据 Johansen 检验

Hypothesized	Eigenvalue	Trace Statistic	0.05 Critical Value	Prob
None*	0.840 1	34.600 7	15.494 7	0.000 0
At most 1	0.085 3	1.605 4	3.841 5	0.205 1

Trace test indicates 2 cointegrating eqn（s）at the 0.05 leve，* denotes rejection of the hypothesis at the 0.05 level

迹统计量 34.6 大于 5% 水平下的临界值 15.49，拒绝原假设，存在一个协整关系。

（三）格兰杰因果检验

我们对湖南、浙江的 $Lfdi$ 与 $Lgdp$ 格兰杰因果关系进行检验，选取 3~6 期滞后的检验结果如表 4 所示。在 10% 的显著水平下，湖南省滞后 3 期、4 期的 $Lfdi$ 与 $Lgdp$ 存在双向的因果关系，滞后 5 期的 $Lfdi$ 不是 $Lgdp$ 的格兰杰原因，滞后 6 期的 $Lgdp$ 不是 $Lfdi$ 的格兰杰原因；浙江省滞后 3 期的 $Lfdi$ 不是 $Lgdp$ 的格兰杰原因，滞后 6 期的 $Lgdp$ 不是 $Lfdi$ 的格兰杰原因，滞后 4 期、5 期的 Lfdi 与 $Lgdp$ 存在双向的因果关系。可以说，浙江和湖南两省的 FDI 和地区生产总值之间有互相促进的作用。

表 4　　　　　湖南、浙江的 Lfdi 与 Lgdp 的格兰杰因果检验

Lags	原假设	湖南			浙江		
		F 值	P 值	结论	F 值	P 值	结论
3	Lfdi 不是 Lgdp 的格兰杰原因	3.061	0.066	拒绝	0.782	0.527	不拒绝

表4(续)

Lags	原假设	湖南			浙江		
		F 值	P 值	结论	F 值	P 值	结论
4	Lgdp 不是 Lfdi 的格兰杰原因	4.531	0.022	拒绝	2.869	0.081	拒绝
	Lfdi 不是 Lgdp 的格兰杰原因	6.536	0.008	拒绝	4.428	0.029 8	拒绝
5	Lgdp 不是 Lfdi 的格兰杰原因	4.113	0.032	拒绝	10.78	0.001 7	拒绝
	Lfdi 不是 Lgdp 的格兰杰原因	2.439	0.138	不拒绝	6.313	0.022 1	拒绝
6	Lgdp 不是 Lfdi 的格兰杰原因	3.076	0.088	拒绝	9.09	0.009 1	拒绝
	Lfdi 不是 Lgdp 的格兰杰原因	19.26	0.006	拒绝	4.88	0.110 7	拒绝
	Lgdp 不是 Lfdi 的格兰杰原因	3.498	0.123	不拒绝	1.679	0.359	不拒绝

（四）方差分解

格兰杰因果关系只能够说明变量之间具有因果关系，但不能够测度这种因果关系的强弱，因此采用方差分解来对这两个变量不同预测期限的均方误差进行分解。方差分解是把系统中每个内生变量的波动按其成因分解为与各方程信息相互关联的部分，从而了解各信息对模型内生变量的相对重要性。

图 1 显示：湖南 Lgdp 的预测误差主要来自于其自身，在第 4 期后 Lfdi 的影响大约占到了预测误差的 3%，以后稳定在 3% 左右，因此其对经济增长的长期影响不是很显著；湖南的 Lfdi 的预测误差主要来自于其自身，在第 6 期后 Lgdp 的影响大约占到了预测误差的 35%，因此其对 Lfdi 的长期影响比较显著。

图 2 显示：浙江的 Lgdp 的预测误差主要来自于其自身，在第 4 期后 Lfdi 的影响大约占到了预测误差的 10%，以后稳定在 20% 左右，因此其对经济增长的长期影响是比较显著的；浙江的 Lfdi 的预测误差主要来自于其自身，在第 5 期后 Lgdp 的影响大约占到了预测误差的 50%，因此其对 Lfdi 的长期影响比较显著。说明 FDI 对经济增长有长期影响，并且两者之间互相促进，但浙江的 FDI 对经济增长的作用更显著。

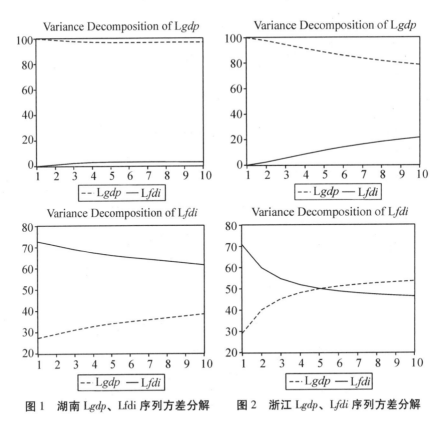

图 1　湖南 Lgdp、Lfdi 序列方差分解　　图 2　浙江 Lgdp、Lfdi 序列方差分解

（五）脉冲响应函数

脉冲响应函数是描述一个内生变量对误差的反应，也即在扰动项上加一个标准差大小的新息冲击对内生变量的当前值和未来值的影响。图 3、图 4 是 VAR 模型的脉冲响应函数曲线，横轴表示滞后阶数，纵轴表示内生变量对冲击的响应程度。由图 3 可见，度量 Lgdp 一个单位的正向标准差冲击，使得 Lfdi 在滞后的 2 年内上升，到顶峰后渐平稳。在总的滞后期内都产生正向效应。Lfdi 的正向冲击也对 Lgdp 产生正向效应，在滞后 2 年内达到高峰后下降，在滞后 10 年内都产生正向作用。从图 4 看，度量 Lgdp 一个单位的正向标准差冲击，使得 Lfdi 在滞后的 2 年内上升，到顶峰后渐平稳。在总的滞后期内都产生正向效应。Lfdi 的正向冲击也对 Lgdp 产生正向效应，在滞后 2 年内达到高峰后稍有下降，在滞后 10 年内都产生正向作用。对图 3、图 4 的比较可以看出浙江的 Lfdi 和 Lgdp 相互冲击的效果比湖南的要明显。

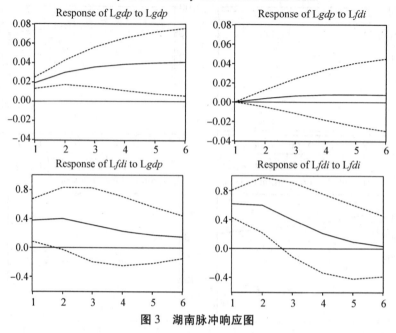

图 3 湖南脉冲响应图

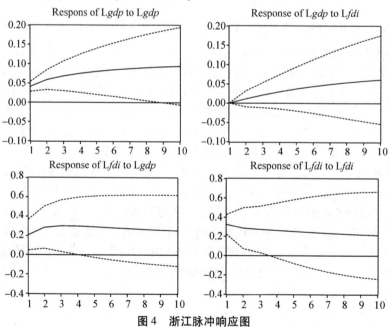

图 4 浙江脉冲响应图

二、构建误差修正模型

（一）湖南 FDI 的误差修正模型

1. 建立回归模型

$Lgdp_t = 0.384 + 0.028\ 5\ Lfdi_t + 1.324\ 4Lgdp_{t-1} - 0.403\ Lgdp_{t-2}$

$\quad\quad (2.866)\quad (2.085)\quad\quad (6.793)\quad\quad\quad (-2.218)$

$R^2 = 0.997\ 6\quad Adj\text{-}R^2 = 0.997\ 2\quad F = 2\ 397.34\quad D\text{-}W = 1.817$

$d_1 = 1.03$，$d_u = 1.67$，$1.67 < D\text{-}W < 2.97$，不存在自相关。$T_{0.05}$（18）=
1.734，各变量在 10% 的水平下显著异于零。$F_{0.01}$（3，18）= 5.09，模型的线
性关系在 99% 的置信度下是显著成立的。

2. 残差项的平稳性检验

$\triangle e_t = -0.910 e_{t-1}$

$\quad\quad (-3.976)\quad\quad D\text{-}W = 1.853$

ADF 值为 -3.976，小于 1% 水平下的临界值 -2.688\ 9，e_t 是 I（0）序列。

$\triangle Lgdp_t = 0.875\ \triangle Lgdp_{t-1} + 0.014\ 8\ \triangle Lfdi_t + 0.072\ 4\ \triangle Lgdp_{t-2} - 0.098\ 1e_{t-1}$

$\quad\quad\quad (3.513)\quad\quad\quad\quad (2.175)\quad\quad\quad\quad (0.293)\quad\quad\quad\quad (-1.008)$

$R^2 = 0.404\quad Adj\text{-}R^2 = 0.293\quad D\text{-}W = 1.86$

（二）浙江 FDI 的误差修正模型

1. 建立回归模型

$Lgdp_t = -6.115 + 0.150\ 8Lfdi_t + 1.859\ 9Lgdp_{t-1} - 0.367\ 7Lfdi_{t-1} - 0.135\ 4Lgfdi_{t-3}$

$\quad\quad\quad (-12.64)\quad (2.368)\quad\quad (5.558)\quad\quad\quad (-3.582)\quad\quad\quad (-2.921)$

$\quad\quad\quad -0.440\ 9Lgdp_{t-3}$

$\quad\quad\quad (-1.999)$

$R^2 = 0.988\ 7\quad Adj\text{-}R^2 = 0.984\ 4\quad F = 227.89\quad D\text{-}W = 2.16$

$d_1 = 1.03$，$d_u = 1.67$，$1.67 < D\text{-}W < 2.97$，不存在自相关。$T_{0.05}$（17）=
1.740，各变量在 10% 的显著水平下异于零。$F_{0.01}$（3，17）= 5.18，模型的线
性关系在 99% 的置信度下是显著成立的。

2. 残差项的平稳性检验

$\triangle e_t = -1.399 e_{t-1} + 0.533\ \triangle e_{t-1} + 0.301\ \triangle e_{t-2}$

$\quad\quad (-3.658)\quad (2.176)\quad\quad (1.906)\quad\quad D\text{-}W = 2.19$

ADF 值为 -3.658，小于 1% 水平下的临界值 -2.718，e_t 是 I（0）序列。

$\triangle Lgdp_t = 1.422\ 7\ \triangle Lgdp_{t-1} + 0.149\ \triangle Lfdi_t - 0.430\ 9\ \triangle Lgdp_{t-3}$

$\quad\quad\quad (3.887)\quad\quad\quad\quad (2.896)\quad\quad\quad (-1.982)$

$\quad\quad\quad -0.267\ \triangle Lfdi_{t-1} - 0.025\ 7\ \triangle Lfdi_{t-3} - 0.857\ 6e_{t-1}$

$\quad\quad\quad (-3.809)\quad\quad\quad (-0.538)\quad\quad\quad (-2.88)$

$R^2 = 0.714\quad adj\text{-}R^2 = 0.595\quad D\text{-}W = 1.556$

（三）向量误差修正（VEC）模型

格兰杰指出，若变量之间存在协整，则这些变量之间至少存在一个方向的格兰杰因果关系：滞后差分项的系数联合检验显著，存在短期因果关系，或者误差纠正项系数显著而存在长期因果关系。因此，在确定变量之间存在协整关系后，就可以构造向量误差修正模型，以确定它们之间的相互调整速率及短期互动影响并观察变量间的因果关系。VECM 是一个有约束的 VAR 模型，在解释变量中含有协整约束关系，因此当出现一个大范围的短期波动时，VECM 会使内生变量收敛于它们的长期协整关系。短期部分调整可以修正长期均衡的偏离，因此协整项也被称为误差项。向量误差修正模型的参数设定应该与前面 Johansen 协整检验对截距项和趋势项以及滞后区间的设定保持一致。模型结果如表 5 所示。表 5 为根据向量误差修正模型得到的估计结果。从表 5 可以得出以下结论：浙江和湖南两省的 FDI 和地区生产总值存在双向的因果关系，在 5%的显著水平下，地区生产总值与 FDI 短期和长期都存在因果关系；FDI 与地区生产总值存在短期因果关系。两省的 FDI 均通过长期均衡关系来影响地区生产总值的增长，湖南和浙江每年 Lgdp 的实际值与均衡值的偏差约 3.56%和 2.64%被纠正。

表 5　　　　　　　　　　误差修正模型系数向量

湖南			浙江		
VEC	DLgdp	DLfdi	VEC	DLgdp	DLfdi
CE（−1）	−0.035 6	−0.224 7	CE（−1）	−0.026 4	0.004 3
	（−3.265 8）	（−0.527 7）		（−3.402 0）	（0.245 7）
DLgdp（−1）	0.670 8	11.221 5	DLgdp（−1）	−0.285 0	−0.658 2
	（3.311 4）	（1.418 9）		（−1.290 3）	（−1.328 0）
DLgdp（−2）	−0.802 9	−30.117 3	DLgdp（−2）	−0.780 6	−3.316 5
	（−3.745 8）	（−3.599 1）		（−3.442 8）	（−6.519 6）
DLfdi（−1）	−0.013 7	−0.238 3	DLgdp（−3）	−0.911 4	−1.817 8
	（−2.653 1）	（−1.185 0）		（−4.043 8）	（−3.595 1）
DLfdi（−2）	0.004 0	−0.114 2	DLfdi（−1）	−0.204 0	−0.100 5
	（1.061 7）	（−0.783 6）		（−2.318 3）	（−0.508 7）
C	0.101 6	1.998 2	DLfdi（−2）	0.161 1	0.588 8
	（4.945 1）	（2.490 9）		（1.921 8）	（3.131 0）
			DLfdi（−3）	0.079 2	−0.286 0

表5(续)

湖南			浙江		
VEC	DLgdp	DLfdi	VEC	DLgdp	DLfdi
				(1.761 9)	(−2.835 7)
			C	0.336 1	0.941 0
				(5.962 7)	(7.441 3)
F 统计量	7.232 9	3.660 9	F 统计量	4.199 5	10.949 9
AIC	−5.548 0	1.781 2	AIC	−3.918 6	0.133 0
SC	−5.249 3	2.079 9	SC	−3.522 9	0.528 7
Log likelihood	61.479 9	−11.812 1	Log likelihood	43.267 6	6.803 4
AIC	−3.572 9		AIC	−4.329 0	
SC	−2.875 9		SC	−3.438 6	
Log likelihood	49.729 0		Log likelihood	56.960 7	

注：D（）表示对变量求差分，括号内的数字为 t 检验统计值，EC 为反映短期对长期均衡调整的误差纠正项

三、结论

通过上述分析可得到以下结论：在其他条件相同的情况下，湖南的 FDI 每增加一个百分点，将推动湖南当年地区生产总值增加 0.028 5 个百分点，湖南的 FDI 的长期弹性是 0.362 6，短期弹性是 0.014 8。在其他条件相同的情况下，浙江的 FDI 每增加一个百分点，将推动浙江当年地区生产总值增加 0.150 8 个百分点，浙江 FDI 的长期弹性是 0.840 6，短期弹性是 0.149。浙江的 FDI 对地区生产总值的长期弹性和短期弹性均大于湖南相应的弹性，说明浙江消化吸收 FDI 技术溢出效应的能力比湖南强；两省各自的长期弹性均大于其短期弹性，这说明 FDI 发挥作用需要一个较长的时期。形成这一差距的原因主要是湖南在消化吸收 FDI 技术溢出效应的能力方面还存在不足，FDI 外溢效应的溢出渠道不通畅。波连斯坦（Borensztein）等人的分析表明，先进技术的引进和吸收能力是 FDI 促进经济增长的前提条件，只有当引资国达到某种最低人力资本存量的条件之后，外商直接投资才能比国内投资有更高的生产率。因此，湖南应大力提升人力资本水平，提高 FDI 先进技术溢出的消化吸收能力。短期内 FDI 对地区生产总值的贡献不明显，这是因为 FDI 进入湖南后，通过其提供的需求拉动对当年地区生产总值做出贡献后，进入到了一个积累时期，其供给效应还没有开始发挥作用，贡献并不明显，经过一段时期的发展，其供给效应开始发挥作用，FDI 对地区生产总值做出

了较大的贡献。

湖南、浙江两省的经济增长与 FDI 增长的相关性显著，两者之间存在因果关系，并且相互影响为正。这说明 FDI 是湖南经济增长的原因之一，同时经济增长也是促使湖南持续吸引较多 FDI 的一个重要因子。从分析来看，FDI 对湖南经济增长的影响是积极的，效果是显著的，有力推动了湖南的经济增长。外资进入湖南后，通过短期需求效应拉动经济增长。从长期均衡来看，湖南、浙江两省 FDI 的滞后期都较长。此外，湖南 FDI 的外溢效应得到相应的发挥，人力资本、技术水平也有相应的提高，但与浙江相比，差距还很大。因此，湖南在进一步加大引资力度的同时，要提高自身的人力资本水平，从而增强对技术外溢效应的消化和吸收。

参考文献

[1] 盛垒，杜德斌，钟辉华. FDI 对湖南省的经济增长效应及其地域梯度差异的实证分析 [J]. 经济地理，2006（4）：568-572.

[2] 薄文广. FDI、国内投资与经济增长：基于中国数据的分析和检验 [J]. 世界经济研究，2005（9）：63-69.

[3] 桑秀国. 外商直接投资与区域经济增长——中国 20 世纪 90 年代时间序列数据计量分析及格兰杰因果关系检验 [J]. 河北科技大学学报（社会科学版），2005（4）：35-44.

[4] 赵丽芬，李玉山. 我国财政货币政策作用关系实证研究——基于 VAR 模型的检验分析 [J]. 财经研究，2006（2）：42-53.

[5] 杰弗里·M. 伍德里奇. 计量经济学导论 [M]. 费剑平，林相森，译. 林少宫，校. 北京：中国人民大学出版社，2003.

（原载于《企业经济》2008 年第 2 期）

3. FDI 区域选择影响因素的实证研究

——基于广东、福建、山东的比较

一、引言

学者们从不同的角度对 FDI 的影响因素做了大量的研究，影响 FDI 区域分布的因素包括市场规模和地理位置、产业集聚和联系效应、交易成本、技术外部性、FDI 的累积效应、优惠政策和制度、人力资本的 FDI 区位选择。

努尔巴赫什（Noorbakhsh）等人（2001）用劳动年龄人口的中学教育时间和中学加上高等教育时间这两个指标作为人力资本的代理变量，研究表明人力资本的存量和流量对于 FDI 的流入具有重要的正影响。联合国贸易和发展会议（UNCTAD，2002）利用 140 个发达国家和发展中国家数据分析发现，人力资本与 FDI 流入之间存在高度正相关性。尼恩卡普和施伯茨（Nunnenkamp & Spatz，2002）利用巴罗和李（Barro & Lee，2000）采用的 15 岁及以上人口的平均教育年限数据，分析了 28 个发展中国家的 FDI 流入情况，发现 20 世纪 90 年代人力资本的作用比 20 世纪 80 年代更为显著。一些学者的研究成果则表明，人力资本与 FDI 区位选择之间并没有显著的相关性。汉森（Hanson，1996）利用 150 个发展中国家的样本分析表明，与其他变量相比，成人识字率对 FDI 的区位选择并没有显著的重要性。纳鲁拉（Narula，1996）利用 22 个发展中国家的数据分析表明，总人口中接受高等教育的人数并不能成为 FDI 流入的一个统计显著性解释变量。瓦斯姆（Wasseem，2007）对 1980—2002 年的海湾合作会议（GCC）国家之间的 FDI 分布的分析表明，人力资本对 FDI 的影响呈现负相关性。近年来，关于 FDI 在中国国内区位选择和分布的研究文献逐渐增多。金相郁和朴英姬（2006）对 210 个城市 2002 年的数据分析表明，市场规模、制度因素和基础设施是 FDI 重要的区位选择因素，劳动力成本不是 FDI 的区位决定因素。黄肖琦和柴敏（2006）对外商直接投资的区位决策行为的分析表明，劳动力成本、优惠政策等传统 FDI 区位变量未能较好地解释在华外商直接投资的区位分布，新经济地理学揭示的贸易成本、技术外溢、市场规模以及历史 FDI 等传导机制在其实证结果中具有统计显著性。沈坤荣和田源（2002）利用 1996—2000 年的省际面板数据，研究了人力资本存量对中国国内外商直接投资区位选择及投资规模的影响，除了市场容量、劳动成本、市场化水平等因素外，人力资本存量是影响 FDI 区位选择和投资规模的重要因素。高（Gao，2005）同样使用小学毕业生、初中毕业生、高中毕业生和大学毕业生占劳动力人口的比例作为人力资本的代理变量，对 1996—1999 年的省际面板数据分析表明，人力资本对于吸收 FDI 具有重要的作用。有研究者（Cheng & Kwan，2000）用小学毕业生占人口的比例、初中毕业生占人口的比例和高中毕业生占人口的比例作为人力资本的代理变量，对 1985—1995 年中国 29 个省际 FDI 的分布分析表明，人力资本对 FDI 的影响为正，但是并不显著。孙俊（2002）的研究发现，中国各地区教育程度对外商投资的系数估计值为负，而且统计上不显著，他认为相对于其他因素而言，各地区的文化教育程度对吸引外资的作用并不重要。

二、变量选择和数据说明

（一）变量选择

基于本文的研究视角，我们选择的解释变量主要包括：

GDP：人均国内生产总值，是反映市场规模的指标。理论上讲，市场规模越大，吸引的 FDI 越多。预期系数符号为正。

W：平均工资，代表着劳动力成本的大小。中国丰富而廉价的劳动力资源是吸引 FDI 的重要因素。预期系数符号为负。

ED：人力资本的代理变量，用当年毕业的大中专学生的数量表示，其中 $ED1$ 表示普通高校当年毕业学生的数量，$ED2$ 表示职业中专当年毕业学生的数量。一般来讲，一个区域的人力资本存量越高，外资企业雇佣的劳动者素质越高，则外资企业的收益就越高，FDI 的流入量就越大。预期系数符号为正。

I：地区固定资产投资数量，反映资本存量对 FDI 的影响，若投资与 FDI 方向有冲突，则会存在挤出效应，影响为负；若是改善基础设施，则对 FDI 的影响为正。

L：劳动力就业数量，用当年劳动力就业数量代替，如果劳动力就业数量越多，外商直接投资用同样工资水平找到劳动力就越困难（不考虑农村劳动力转移，劳动力数量一定），对 FDI 的影响预期为负。

XM：外贸依存度，用进出口总额与国内生产总值的比值表示。预期系数符号为正。

（二）数据说明

本文采用的数据的时间区间为 1985—2007 年，数据来源于广东、山东和福建的 2008 年统计年鉴和中华人民共和国国家统计局网站的统计公报。GDP 是按当年价格计算，单位为亿元，劳动力平均工资单位为元，FDI 单位为万美元，固定投资单位为亿元，劳动力数量及学生人数单位为万人。在进行回归时利用年平均汇率进行换算。

三、计量模型设定和回归结果

（一）回归模型

本文根据上面介绍的中国国内 FDI 的区域分布影响因素，结合本文的研究目的设定计量回归模型如下：

$$LNFDI_t = \alpha + \beta_1 LNGDP_t + \beta_2 LNW_t + \beta_3 LNI_t + \beta_4 LNL_t + \beta_5 LNED1_t + \beta_6 LNED2_t + \beta_7 LNXM_t \text{。}$$其中，t 代表时间，前缀 LN 表示变量的对数形式。

（二）回归结果及讨论

1. 广东省 FDI 影响因素分析

本文采用 Eviews 5.0 软件包进行回归分析，先把所有变量引入模型得模型Ⅰ，除 LNGDP、LNED2、LNW 和 LNXM 外，其他变量都在 1% 的水平下显著；剔除变量 LNXM 后得模型Ⅱ，LNGDP、LNED2 和 LNW 仍不显著；剔除变量 LNED2 后得模型Ⅲ，LNGDP 与 LNW 仍不显著，并且 LNW 符号与预期相反，因此判断 LNGDP 与 LNW 可能存在共线性。最后，本文把 LNW 剔除得模型Ⅳ，AIC 和 SC 较小，D-W 接近 2，不存在自相关。

$$LNFDI = 26.851 + 1.331 LNGDP - 3.380 LNL + 0.987 LNI - 0.891 LNED1$$

$\qquad$ (3.523) (5.767) $\qquad$ (-3.242) $\quad$ (5.015) $\qquad$ (-5.427)

$R^2 = 0.994$ $\quad$ Adj-$R^2 = 0.993$ $\quad$ F = 737.77 $\quad$ AIC = -0.951 $\quad$ SC = -0.704

D-W = 1.966

广东省计量模型回归结果如表 1 所示。

表 1 　　　　　　　广东省计量模型回归结果

变量	模型Ⅰ	模型Ⅱ	模型Ⅲ	模型Ⅳ
C	34.148[*] (3.234)	33.961[*] (3.362)	34.974[*] (3.539)	26.851[*] (3.523)
LNGDP	0.546 (0.741)	0.521 (0.764)	0.532 (0.790)	1.331[*] (5.767)
LNW	-0.458 (-0.586)	1.322 (1.424)	1.091 (1.261)	
LNI	0.799[*] (3.179)	0.798[*] (3.281)	0.888[*] (4.257)	0.987[*] (5.015)

表1(续)

变量	模型Ⅰ	模型Ⅱ	模型Ⅲ	模型Ⅳ
LNL	0.445* (3.768)	−4.186* (−3.153)	−4.365* (−3.385)	−3.380* (−3.242)
LNXM	0.016 (0.113)			
LN$ED1$	−0.797* (−3.117)	−0.798* (−3.224)	−0.711* (−3.296)	−0.891* (−5.427)
LN$ED2$	−0.248 (−0.692)	−0.229 (−0.751)		
AIC	−0.815	−0.901	−0.954	−0.951
SC	−0.420	−0.556	−0.657	−0.704
R^2	0.995	0.995	0.994	0.994
Adj-R^2	0.992	0.993	0.993	0.993
F	398.40	495.36	609.93	737.77
D-W	2.22	2.20	2.04	1.966

注：系数后括号内的值是 t 统计值，$*$ 表示在1%的水平下显著，$**$ 表示在5%的水平下显著，$***$ 表示在10%的水平下显著（下同）

广东省的 FDI 的影响因素包括国内生产总值、劳动力就业数量、固定资产投资、普通高校毕业生数量。国内生产总值和固定资产投资对 FDI 有正向影响，劳动力就业数量和普通高校毕业生数量对 FDI 的影响是负向的。若其他条件不变，地区生产总值每增加一个百分点，FDI 可增加 1.331 个百分点，当年就业数量每增加一个百分点，FDI 将减少 3.38 个百分点；固定资产投资每增加一个百分点，FDI 将增加 0.987 个百分点，广东省投资对 FDI 没有挤出效应，而是引导外商直接投资增加；ED1 每增加一个百分点，会使 FDI 减少0.891 个百分点，这说明广东省外商直接投资并不需要高素质人才，只是为了利用广东省大量低素质劳动力和廉价资源，并且劳动力成本对 FDI 没有显著性影响。

2. 山东省 FDI 影响因素分析

本文先把所有变量引入模型得模型Ⅰ，除 LNGDP 外，其他变量都不显著；剔除变量 LNXM 后得模型Ⅱ，除 LNGDP 外，其他变量的显著性仍不理想；把 LNXM 引入的同时把 LNI 滞后一期得模型Ⅲ，变量显著性得到改善；最后把 LN$ED2$ 剔除，得模型Ⅳ，除 LNL 在5%水平下显著外，其他变量都在1%的水平下显著，但 AIC 和 SC 较小，D-W 值接近2，不存在自相关。

$$LNFDI = 91.579 + 10.523LNGDP - 3.678LNW - 13.07LNL - 2.941LNI\ (-1)$$

$$(3.225)\ (8.018)\qquad (-2.453)\quad (-3.448)\quad (-3.706)$$

$$-0.868LNED1 + 1.969LNXM$$

$$(-2.045)\qquad (2.405)$$

$$R^2 = 0.981 \quad Adj\text{-}R^2 = 0.973 \quad AIC = 1.176 \quad SC = 1.523 \quad D\text{-}W = 2.10$$

山东省计量模型回归结果如表 2 所示。

表 2　　　　　　　　山东省计量模型回归结果

变量	模型 I	模型 II	模型 III	模型 IV
C	63.623 (1.251)	66.712 (1.348)	91.868* (3.472)	91.579* (3.225)
$LNGDP$	8.852* (3.512)	9.460* (4.268)	10.330* (8.415)	10.523* (8.018)
LNW	-2.972 (-1.068)	-3.586 (-1.437)	-2.851*** (-1.940)	-3.678* (-2.453)
LNI	-1.475 (-1.169)	-1.720 (-1.489)		
$LNI\ (-1)$			-2.843 (-3.834)	-2.941* (-3.706)
LNL	-6.772 (-0.956)	-7.543 (-1.112)	-11.634* (-3.213)	-13.07** (-3.448)
$LNED1$	-1.287 (-1.381)	-1.220 (-1.350)	-1.401 (-2.841)	-0.868* (-2.045)
$LNED2$	-1.315 (-1.170)	-1.122 (-1.074)	-1.031*** (-1.810)	
$LNXM$	-0.806 (-0.552)		1.508*** (1.876)	1.969* (2.405)
AIC	2.417	2.350	1.057	1.176
SC	2.812	2.695	1.453	1.523
R^2	0.950	0.948	0.984	0.981
Adj-R^2	0.927	0.930	0.976	0.973
F	40.651	49.53	124.88	126.01
D-W	1.046	0.978	2.293	2.10

山东省的 FDI 的影响因素包括国内生产总值、平均工资水平、劳动力就业

数量、固定资产投资、普通高等学校毕业生数量、外贸依存度。国内生产总值和外贸依存度对 FDI 有正向影响，其余四个变量对 FDI 的影响是负向的。若其他条件不变，地区生产总值每增加一个百分点，FDI 可增加 10.523 个百分点，这说明山东省的市场容量对外商直接投资的影响非常大，这应当与山东省人口的消费习惯以及收入结构相关；平均工资每增加一个百分点，FDI 减少 3.678 个百分点，工资成本对山东省的外商直接投资特别敏感；劳动力就业量、普通高等学校毕业生数量和滞后一期的固定资产投资每增加一个百分点对 FDI 的影响分别是 13.071、0.868 和 2.941 个百分点；固定资产投资对 FDI 具有挤出效应，滞后一期的固定资产投资每增加一个百分点会挤出 2.941 个百分点的外商直接投资；普通高等学校毕业生数量对 FDI 的影响显著，说明山东省高素质人才的增加会挤出一部分外商直接投资，即引进的外资也不全是知识密集型的，外商直接投资挤占了地区市场，但并没有带来相应的新技术。

3. 福建省 FDI 影响因素分析

本文先把所有变量引入模型得模型 I，除 $LNXM$、LNI、$LNED2$ 外，其他变量都显著（在 10% 的水平下）；剔除变量 $LNED2$ 后得模型 II，$LNXM$ 和 LNI 仍不显著；把 LNI 剔除后得模型 III，$LNXM$ 仍不显著；最后把 LNL 剔除，把 LNI 和 LNL（-1）引入得模型 IV，除 LNI 在 5% 的水平下显著外，其余变量在 1% 的水平下显著，并且 AIC 和 SC 也改善，D-W 值接近 2，不存在自相关。

$$LNFDI = -74.034 + 2.638LNGDP - 1.881LNW$$
$$(-2.872) \quad (3.616) \quad (-3.051)$$
$$-0.799LNI + 0.722LNL \ (-1) - 1.073LNED1 + 1.0LNXM$$
$$(-2.052) \quad (-1.569) \quad (-5.337) \quad (3.049)$$

$R^2 = 0.993$ Adj-$R^2 = 0.991$ F = 381.669 AIC = -0.330 SC = 0.017 D-W = 2.114

福建省计量模型回归结果如表 3 所示。

表 3　　　　　　　　福建省计量模型回归结果

变量	模型 I	模型 II	模型 III	模型 IV
C	-61.453 *** (-1.804)	-64.449 *** (-1.969)	-55.194 ** (-1.962)	-74.034 * (-2.872)
LNGDP	2.499 ** (2.285)	2.672 * (2.641)	2.328 * (2.877)	2.638 * (3.616)
LNW	-1.834 *** (-1.781)	-2.007 ** (-2.121)	-1.886 ** (-2.083)	-1.881 * (-3.051)
LNI	-0.262 (-0.382)	-0.372 (-0.587)		-0.799 ** (-2.052)

表3(续)

变量	模型 Ⅰ	模型 Ⅱ	模型 Ⅲ	模型 Ⅳ
LNL (-1)				-1.014* (-1.569)
LNL	9.824*** (1.888)	10.349** (2.080)	8.944** (2.091)	
LN$ED1$	-1.201* (-2.684)	-1.338* (-3.889)	-1.350* (-4.012)	-1.073* (-5.337)
LN$ED2$	-0.160 (-0.497)			
LNXM	0.338 (0.570)	0.274 (0.485)	0.472 9 (1.063)	1.000* (3.049)
AIC	0.960	0.667	0.602	-0.330
SC	1.133	1.013	0.898	0.016 9
R^2	0.984	0.984	0.983	0.993
Adj-R^2	0.976	0.957	0.978	0.991
F	130.72	159.99	199.615	381.669
D-W	1.346	1.345	1.409	2.144

福建省 FDI 的影响因素包括国内生产总值、劳动力工资水平、固定资产投资、劳动力就业数量、普通高等学校毕业生数量和外贸依存度。地区生产总值、劳动力就业数量和外贸依存度对 FDI 有正向影响，劳动力平均工资、固定资产投资和普通高等学校毕业生数量对 FDI 的影响是负向的。若其他条件不变，地区生产总值每增加一个百分点，FDI 可增加 2.638 个百分点；劳动力平均工资每增加一个百分点，FDI 减少 1.881 个百分点；普通高等学校毕业生数量对 FDI 有负的影响；固定资产投资和滞后一期的劳动力当年就业数量对 FDI 的影响分别是 0.799 和 0.722 个百分点。这说明福建省的市场容量对外商直接投资的影响非常大，与山东省状况相似；工资成本对福建省的外商直接投资特别敏感（1%的显著水平）；固定资产投资对 FDI 具有挤出效应，滞后一期固定资产投资每增加一个百分点会挤出 0.799 个百分点的外商直接投资。

四、结论

从以上三省的回归模型可以看出，市场容量对外商直接投资的影响都为正，山东最大，地区生产总值每增加一个百分点，外商直接投资将增加 10.523 个百分点，而福建省、广东省分别为 2.638 和 1.331 个百分点；工资成本对广东省外商直接投资影响不显著，但对山东省和福建省的影响显著，并且都为负向影响；外贸依存度对广东省的外商直接投资影响也不显著，但对山东省和福建省的影响都显著，并且为正向影响，外贸依存度越高，外商直接投资数量越多；普通高校当年毕业生数量对外商直接投资的影响在三省都为负；当年劳动力就业数量对外商直接投资的影响的方向不确定，广东省和山东省的当年劳动力就业数量的增加对外商直接投资的影响是负向的，而福建省滞后一期的劳动力数量对外商直接投资的影响是正向的；固定资产投资对外商直接投资的影响方向也不确定，广东省的固定资产投资对外商直接投资的影响是正向的，而福建省的固定资产投资以及山东省的滞后一期的固定资产投资对外商直接投资的影响是负向的，对外商直接投资具有挤出效应。

参考文献

[1] 金相郁，朴英姬. 中国外商直接投资的区位决定因素分析：城市数据 [J]. 南开经济研究，2006 (2)：35-45.

[2] 沈坤荣，田源. 人力资本投资与外商直接投资的区位选择 [J]. 管理世界，2002 (11)：26-31.

[3] 孙俊. 中国 FDI 地点选择的因素分析 [J]. 经济学（季刊），2002 (3)：687-698.

（原载于《企业经济》2009 年第 6 期）

4. FDI 与经济增长区域差异
——基于中国省际面板数据的研究

改革开放以来，FDI 大量涌入我国。在对外开放中，FDI 是形成地区经济发展差距的最重要因素。地区间 FDI 规模差异的不断扩大成为区域经济增长差距不断拉大的原因之一。FDI 分布差异说认为现阶段中国区域差异的主要原因是 FDI 的区域分布，而且 FDI 分布差异进一步拉大了区域差异。不少研究者（Berthelemy，Demurger，Lemoine，Demurger，2000）的研究发现，FDI 对区域经济发展的影响主要表现在以下三个方面：一是 FDI 进入为当地企业带来竞争迫使当地企业提高劳动生产率；二是 FDI 进入为区域内企业提高管理水平提供了示范；三是 FDI 进入为区域内同行提供了培养未来企业管理人员的训练基地。国际及国内经验表明，FDI 对一国经济发展，特别是发展中国家或经济落后地区经济发展具有多方面的重要作用，甚至成为落后地区摆脱贫困陷阱和经济起飞的主要途径之一。不少研究者（Lee，1994；Dayal-Gulati & Husain，2000）认为不同地区 FDI 导致了区域之间经济发展差距。有研究者（Kojima，1978）根据 FDI 的动机，把 FDI 分为自然资源导向型、市场导向型和生产要素导向型，投资东道国在自然资源、市场、生产要素方面的优势决定了投资母国的区位选择和投资类型。

一、中国东部、中部和西部 FDI 分布的区域差异

1979—2007 年，中国利用外商直接投资额达 14 794.01 亿美元。2006 和 2007 年，外商直接投资实际使用金额分别为 670.76 亿美元、783.39 亿美元（《中国统计年鉴 2008》）。但这一数据与中华人民共和国国家统计局各省统计公报上的数据不符，本文采用 30 个省（市、自治区）统计公报上的 FDI 数据（不含我国香港、澳门、台湾、西藏数据），对 2007 年统计公报的 FDI 数据进行处理，东部地区 FDI 总量为 955.12 亿美元，中部地区为 186.74 亿美元，西部地区为 78.51 亿美元，2007 年利用 FDI 总量达 1 220.37 亿美元。东部、中部和西部地区利用 FDI 所占比重分别为 78.27%、15.30% 和 6.43%（见图 1）。

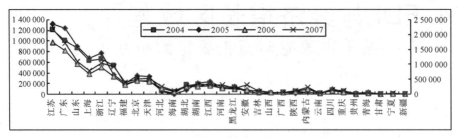

图1 东部、中部、西部 30 个省（市、自治区）
2004—2007 年的 FDI 情况（单位：万美元）

2007 年，东部地区外商直接投资总量排前 5 名的江苏、广东、山东、浙江、上海五省（市）的地区生产总值为 112 760.7 亿元，占国内生产总值 246 617 亿元的 45.72%；利用外商直接投资 683.16 亿美元，占全国 FDI 总量的 55.98%（见图 2）。

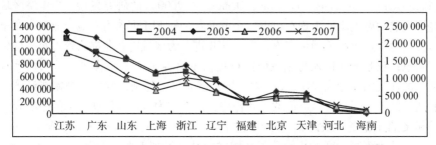

图2 东部 11 省（市）2004—2007 年的 FDI 情况（单位：万美元）

2007 年，中部地区外商直接投资总量排前 5 名的湖南、江西、河南、安徽、湖北五省实现地区生产总值 46 168.08 亿元，占国内生产总值 246 617 亿元的 18.72%；利用外商直接投资 151.99 亿美元，占全国 FDI 总量的 12.45%（见图 3）。

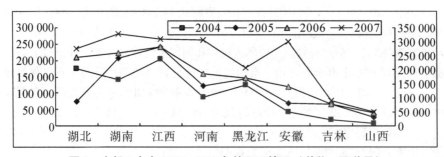

图3 中部 8 个省 2004—2007 年的 FDI 情况（单位：万美元）

2007 年，西部地区外商直接投资总量排前 5 名的内蒙古、四川、陕西、重庆、广西五省（市、自治区）实现地区生产总值 31 891.66 亿元，占国内生产总值 246 617 亿元的 12.93%；利用外商直接投资 66.06 亿美元，占全国 FDI 总量的 5.41%（见图 4）。

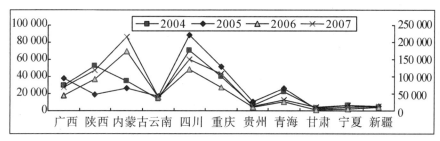

图 4　西部 11 个省（市、自治区）
2004—2007 年的 FDI 情况（单位：万美元）

二、中国东部、中部和西部面板数据回归模型

面板数据（Panel Data）是用来描述一个总体中给定样本在一段时间内的情况，并对样本中每一个样本单位都进行多重观察。这种多重观察既包括对样本单位在某一时期（时点）上的多个特性进行观察，也包括对该样本单位的这些特性在一段时间内的连续观察，将连续观察得到的数据集称为面板数据。时间序列数据或截面数据都是一维数据，面板数据是同时在时间和截面空间上取得的二维数据。面板数据从横截面（Cross Section）上看，是由若干个体在某一时刻构成的截面观测值；从纵剖面（Longitudinal Section）上看，是一个时间序列。

面板数据计量经济模型是近 20 年来计量经济学理论的重要发展之一。在实际研究中经常采用的面板数据回归模型是固定效应模型（FEM）和随机效应模型（REM）。在实证研究中，一般通过对数据的 Hausman 检验以确定是选用固定效应模型还是随机效应模型。当横截面的单位是总体的所有单位时，固定效应模型是合理的模型。固定效应模型可表示为 $y_{it} = \alpha_{it} + x_{it}\beta + u_{it}$，$i = 1, \cdots, n$；$t = 1, \cdots, T$。其中，$x_{it}$ 为 $1 \times K$ 维向量，β 为 $K \times 1$ 维向量，K 为解释变量个数，u_{it} 为随机扰动项，α_{it} 称为非观测效应（Unobserved Effect），也就是横截面单元的固定效应，概括了影响着 y_{it} 的全部观测不到的在时间上恒定的因素。也就是说，α_{it} 为模型中被忽略的反映个体差异变量的影响，所以模型的截距项抓住了每个截面单位的本质特征，随个体或截面单元而变化。

本文利用中国 30 个省（市、自治区）1985—2007 年的 FDI、GDP 数据构建面板数据模型，分析中国东部、中部、西部的 FDI 对中国不同区域经济增长的影响。考虑数据的可得性，本文没有计入我国西藏以及香港、澳门、台湾地区的数据，四川的数据是 1995—2007 年的。本文采用的数据来自于各省（市、自治区）历年统计年鉴及中国统计年鉴，对统计年鉴中没有提供的数据，则查阅了相应省（市、自治区）商务厅网站和中华人民共和国统计局网站。GDP 的单位是亿元，FDI 的单位是万美元，利用历年的平均汇率换算为元。为了确定面板数据分析模型，利用 F 检验来进行模型设定检验，第一步用 Chow 检验的 F 统计量 F_1 检验是否接受零假设；若拒绝零假设，再进行第二步检验。计算 $F_2 = (RRSS - URSS)/N - 1 \big/ URSS/(NT - N - K + 1) \sim F\,[N-1,\ N\,(T-1)\,-K+1]$，其中 $RRSS$、$URSS$ 分别表示有约束模型（即混合数据回归模型）和无约束模型 ANCOVA 估计的残差平方和或者是 LSDV 估计的残差平方和。在给定的显著性水平 α 下，如果 $F_2 > F_\alpha\,[N-1,\ N\,(T-1)\,-K+1]$，则拒绝零假设，即可以采用个体固定效应面板数据模型。模型设定形式为 $LNGDP_{it} = c + c_{it} + \beta_{it} LNFDI_{it} + \delta_{it}$。本文借助 Eviews 5.0 软件包采用 Pooled EGLS（Cross－section Weights）法对模型参数进行估计。

（一）东部地区回归模型

本文采用个体固定效应面板数据模型，对东部 11 个省（市）的数据进行回归得：

$$LNGDP_i = 1.103 + c_i + \beta_i LNFDI_i$$

$R^2 = 0.988$　$Adj\text{-}R^2 = 0.986$　$F = 861.543$

东部地区 FDI 对经济增长都有显著影响，东部地区各省（市）FDI 每增长一个百分点，经济增长达到了 0.4 个百分点以上。FDI 对经济增长拉动最大的是广东，FDI 每增长一个百分点，广东地区生产总值增加达 0.725 个百分点；其次是北京，为 0.724 个百分点；再次是上海，为 0.572 个百分点。其余依次是福建、海南、浙江、天津、河北、辽宁、山东、江苏，FDI 每增长一个百分点，地区生产总值可分别增加 0.482、0.467、0.461、0.459、0.428、0.410、0.407、0.401 个百分点（见表 1）。

表 1　　　　　　　东部地区外商直接投资模型回归结果

变量	系数	标准误	t-值	P-值	固定效应	
C	1.103 4	0.217 9	5.064 1	0.000 0		
江苏-LNFDI	0.400 9	0.023 1	17.369 0	0.000 0	江苏-C	2.808 5
广东-LNFDI	0.725 3	0.059 5	12.191 0	0.000 0	广东-C	-3.467 3
山东-LNFDI	0.407 3	0.031 0	13.119 3	0.000 0	山东-C	1.855 2
上海-LNFDI	0.572 0	0.082 3	6.947 5	0.000 0	上海-C	-1.126 0
浙江-LNFDI	0.460 8	0.023 0	20.055 2	0.000 0	浙江-C	0.983 8
辽宁-LNFDI	0.410 3	0.024 3	16.914 9	0.000 0	辽宁-C	1.327 9

表1(续)

变量	系数	标准误	t-值	P-值	固定效应	
福建-LNFDI	0.482 0	0.066 2	7.277 6	0.000 0	福建-C	0.435 0
北京-LNFDI	0.724 1	0.071 7	10.093 9	0.000 0	北京-C	-3.442 8
天津-LNFDI	0.458 7	0.039 0	11.780 0	0.000 0	天津-C	-0.238 1
河北-LNFDI	0.428 1	0.040 3	10.623 8	0.000 0	河北-C	1.626 8
海南-LNFDI	0.467 1	0.087 5	5.338 2	0.000 0	海南-C	-1.062 3

本文将东部11个省（市）的面板数据建立不同截距、相同斜率模型得：

$$LNGDP_i = c_i + 1.915 + 0.444LNFDI_i$$

$$(12.76) \ (39.52)$$

$$R^2 = 0.985 \quad Adj\text{-}R^2 = 0.984 \quad F = 1\ 401.63$$

对整个东部而言，FDI 每增加一个百分点，地区生产总值将增长 0.444 个百分点。

（二）中部地区回归模型

本文采用个体固定效应面板数据模型，对中部地区8个省的数据进行回归得：

$$LNGDP_i = 3.142 + c_i + \beta_i LNFDI_i$$

$$R^2 = 0.972 \quad Adj\text{-}R^2 = 0.970 \quad F = 381.897$$

中部地区 FDI 对经济增长都有显著影响，中部地区各省 FDI 每增长一个百分点，除山西外其他各省的经济增长都达到了 0.3 个百分点以上。FDI 对经济增长拉动最大的是河南，FDI 每增长一个百分点，地区生产总值增加达 0.45 个百分点；其次是湖北，为 0.414 个百分点；再次是黑龙江，为 0.393 个百分点。其余依次是江西、湖南、安徽、吉林、山西，FDI 每增长一个百分点，地区生产总值可分别增加 0.370、0.369、0.358、0.304、0.297 个百分点。除河南、湖北外其他省都在 0.4 以下（见表2）。

表 2　　　　　中部地区外商直接投资模型回归结果

变量	系数	标准误	t-值	P-值	固定效应	
C	3.141 6	0.123 8	25.383 7	0.000 0		
湖北-LNFDI	0.413 9	0.030 5	13.567 8	0.000 0	湖北-C	-0.509 9
湖南-LNFDI	0.368 9	0.027 1	13.614 2	0.000 0	湖南-C	0.080 7
江西-LNFDI	0.370 2	0.021 2	17.465 0	0.000 0	江西-C	-0.355 3
河南-LNFDI	0.449 5	0.036 7	12.262 4	0.000 0	河南-C	-0.513 8
黑龙江-LNFDI	0.393 4	0.023 8	16.529 5	0.000 0	黑龙江-C	-0.319 4
安徽-LNFDI	0.358 2	0.028 7	12.472 6	0.000 0	安徽-C	0.294 8

表2(续)

变量	系数	标准误	t-值	P-值	固定效应	
吉林-LNFDI	0.304 1	0.037 1	8.188 9	0.000 0	吉林-C	0.550 1
山西-LNFDI	0.297 3	0.033 9	8.782 6	0.000 0	山西-C	0.784 9

本文将中部地区 8 个省的面板数据建立不同截距、相同斜率模型得：

$$LNGDP_i = c_i + 3.148 + 0.371LNFDI_i$$
$$(26.71) \quad (36.69)$$

$R^2 = 0.972 \quad \text{Adj-}R^2 = 0.971 \quad F = 763.251$

对整个中部地区而言，FDI 每增加一个百分点，地区生产总值将增长 0.371 个百分点。

（三）西部地区回归模型

本文采用个体固定效应面板数据模型，对西部地区 11 个省（市、自治区）的数据进行回归得：

$$LNGDP_i = -2.321 + c_i + \beta_i LNFDI_i$$

$R^2 = 0.985 \quad \text{Adj-}R^2 = 0.984 \quad F = 688.438$

西部地区 FDI 对经济增长都有显著影响，除青海外，西部地区各省（市、自治区）FDI 每增长一个百分点，经济增长都达到了 0.3 个百分点以上。FDI 对地区生产总值增加影响最大的是四川，FDI 每增长一个百分点，四川地区生产总值增加达 0.808 个百分点；其次是陕西，为 0.645 个百分点；再次是广西，为 0.528 个百分点。其余依次是新疆、贵州、重庆、云南、内蒙古、宁夏、甘肃、青海，FDI 每增长一个百分点，GDP 可分别增加 0.504、0.457、0.442、0.424、0.358、0.349、0.326、0.285 个百分点（见表3）。从整个西部地区看，四川出现了变异值。这与四川引进的外资质量和投资方向有关，外商直接投资在四川具有较强的知识外溢性。在外资带动及政府正确产业政策引导下，2007 年四川优势产业投资增势强劲。工业投资 500 万元以上项目中四大优势产业投资 1 446.3 亿元，增长 44.9%，比工业投资增速快 6.1 个百分点。其中，高新技术产业投资 152.2 亿元，增长 45.4%；优势资源产业投资 840.0 亿元，增长 40.0%；装备制造业投资 197.0 亿元，增长 77.4%；农产品加工业投资 257.1 亿元，增长 41.1%。2007 年，全球 500 强企业中已有 135 家来四川投资或设立办事机构。

表3　　　　　　　西部地区外商直接投资模型回归结果

变量	系数	标准误	t-值	P-值	固定效应	
C	-2.321 2	0.357 4	-6.494 6	0.000 0		
广西-LNFDI	0.527 8	0.068 1	7.751 7	0.000 0	广西-C	-1.740 9

表3(续)

变量	系数	标准误	t-值	P-值	固定效应	
陕西-LN*FDI*	0.645 4	0.074 2	8.701 1	0.000 0	陕西-*C*	-4.217 9
内蒙古-LN*FDI*	0.357 9	0.033 5	10.690 1	0.000 0	内蒙古-*C*	2.204 2
云南-LN*FDI*	0.423 6	0.042 1	10.062 3	0.000 0	云南-*C*	1.045 1
四川-LN*FDI*	0.808 4	0.120 5	6.709 0	0.000 0	四川-*C*	-7.235 4
重庆-LN*FDI*	0.442 3	0.044 5	9.931 7	0.000 0	重庆-*C*	0.067 3
贵州-LN*FDI*	0.457 4	0.046 3	9.882 1	0.000 0	贵州-*C*	0.177 0
青海-LN*FDI*	0.284 8	0.029 6	9.624 1	0.000 0	青海-*C*	3.226 7
甘肃-LN*FDI*	0.326 4	0.057 1	5.711 9	0.000 0	甘肃-*C*	2.701 0
宁夏-LN*FDI*	0.349 1	0.037 8	9.226 6	0.000 0	宁夏-*C*	1.282 5
新疆-LN*FDI*	0.503 5	0.089 9	5.603 7	0.000 0	新疆-*C*	-0.453 3

本文将西部地区 11 个省（市、自治区）的面板数据建立不同截距、相同斜率模型得：

$$LNGDP_i = c_i - 1.040 + 0.394LNFDI_i$$
$$(-3.581)\ \ (26.493)$$

$R^2 = 0.968$　　$Adj\text{-}R^2 = 0.966$　　$F = 612.318$

对整个西部地区而言，FDI 每增加一个百分点，地区生产总值将增长 0.394 个百分点。

三、结论及建议

从三个区域看，东部地区 FDI 每增加一个百分点，地区生产总值增加 0.444 个百分点；西部地区 FDI 每增加一个百分点，地区生产总值增加 0.394 个百分点，地区内部差异明显；中部地区 FDI 每增加一个百分点，地区生产总值增加 0.371 个百分点。从 FDI 对经济增长的贡献看，最高的是东部，其次是西部，再次是中部。利用外资的差异对区域经济增长的影响是多方面的，FDI 不仅仅表现为资本变量，它更多地体现为知识、技术以及经验的载体。因此，FDI 对于一个地区经济发展的影响就不是单纯的某个方面，可以渗透到经济发展的各个方面并发挥作用，其中既有直接效应也有间接效应。因此，在引进外资时要注意：一是应当摆正 FDI 政策在地区发展战略框架中的地位，促进 FDI 的目标不应只局限于追求 FDI 的数量，而更应着眼于吸引"高质量"投资项目，只有 FDI 政策与其他发展政策相互加强时才能取得最大的效益（如四川）。二是外资政策目标应当为超越静态比较优势，培育动态比较优势。中国的对外开放是从东部沿海地区开始的，因区位条件、基础设施和经济技术基础等方面的优势，已经吸引了大量外商直接投资，推动了东部沿海地区经济的快速发展。反过来，东部沿海地区经济的快速增长，又将提高地区居民的收入水平，扩大市场容量，并有利于改善外部条件，产生集聚经济效益，从而进一步扩大外商直接投资的进入。这会在外商直接投资和地区经济增长之间形成一种区域循环累积因果效应。在实施西部大开发战略、加快中西部地区发展的过程中，积极引导 FDI 投向中部地区和西部地区具有十分重要的战略意义。可以通过以下策略和途径引导 FDI 向中西部地区转移，实现东部、中部和西部和谐均衡发展。

第一，通过加大中西部地区的转移支付提高产业支持，引导海外资金与技术援助向中西部地区转移，并提高面向这些地区优惠贷款的比重；奖励民间资本参与基础设施建设，允许边远地区居民向区域中心城市集中，促进城市化发展，为中西部地区和 FDI 提供更多的发展空间和商业机会。

第二，在中西部地区实行普遍的鼓励性政策，即不论是来自国内的投资还是国外的投资，不论是来自本地区的投资还是来自其他地区的投资，给予同样的减免税优惠和信贷支持政策，尽快建立并逐步扩充中西部开发基金。同时，鼓励外商与当地企业建立良好的合作关系，以充分获取外资企业给地方经济发展带来的好处。

第三，把引进外资与地区发展战略和产业结构调整结合起来，充分发挥外资的比较优势。湖南在建设两型社会和长株潭地区一体化的过程中，2007 年新批 1 000 万美元以上的外商直接投资项目 132 个，增长 11.9%。世界 500 强企业已有 42 家在湘落户。2006 年、2007 年湖南在引进外商直接投资的数量在中部八省位居第一，并较好地发挥了 FDI 的知识外溢效应。

第四，为了防范 2008 年全球金融危机对中国经济的冲击，中国政府准备三年内投资四万亿元资金拉动内需，可以把一部分资金用于中西部地区的基础设施建设，如交通、通信。同时，加大中西部地区教育和科技的扶持力度，加快中西部地区的人才培养，在增加这些地区基础教育投入的同时，通过定向交流和集中培训等方式提高中西部地区政府部门的经济管理水平。

参考文献

［1］许罗丹，谭卫红. 对外直接投资理论综述［J］. 世界经济，2004（3）：56-58.

［2］白仲林. 面板数据的计量经济分析［M］. 天津：南开大学出版社，2008.

［3］郭秀. 国外直接投资对中国地区经济发展的影响［J］. 重庆工商大学学报（西部论坛），2004（4）：55-57.

（原载于《经济前沿》2009 年第 2~3 期）

5. FDI 与环境污染的实证研究
——基于山东的数据

一、引言

外商直接投资（FDI）作为国家和地区之间资金流动的主要形式之一，对资金流入国的经济和环境方面带来了深刻的影响。资金流入带来了就业机会和技术转移，促进了地区经济发展和产业结构调整，影响对自然资源利用效率及污染排放水平，可能改善环境质量，也可能使环境质量恶化。先进技术和资金的转移可以促进生产技术水平的提高，降低污染排放强度，同时也可能会把一个地区的资源环境问题通过资金和贸易转移到另一个地区，迫使该地区接受另一个地区的环境压力转移。因此，资金的转移不仅可以促进财富机会的转移，也可以促进环境污染和资源压力的转移。

国内外学者对 FDI 资源环境效应的分析最早可以追溯到经济与环境效应之间的简单关系，即环境库兹涅茨曲线假说。不少学者（Selden & Song，1994；Shafik，1994；Grossman& Krueger，1995）认为在一个较低的收入水平上，环境污染水平随着收入的增长而上升，收入超过一定水平以后，污染水平则会随着收入的增长而递减。洛佩兹（Lopez，1994）发现库兹涅茨曲线的存在要依赖于污染和清洁要素间的高技术替代弹性以及对避免风险有一个较高的偏好。安德里尼（Andreoni，2001）认为为了满足库兹涅茨曲线，技术必须能够呈现规模报酬递增。格罗斯曼（Grossman，1995）等进行的跨国研究采用的是二氧化硫和烟雾的排放量，结论是两种污染物的排放量在某一个临界值水平之下会随着收入的增长而增加，一旦超过这一临界值，污染排放水平开始下降。迪达（Dinda，2000）发现悬浮固体颗粒密度与人均国民收入水平之间存在正 U 形关系。达斯古普塔（Dasgupta，2002）的研究表明对于全球性的污染以及一些很难被消除和清理的污染物，环境库兹涅茨曲线似乎是不存在的。不少学者将污染性产业转移作为分析的切入点，从过程和竞争力角度予以阐述，形成了两种研究观点。第一种观点一般被称为"污染天堂假设"，认为 FDI 会刺激经济增长，从而导致更多的工业污染和环境退化，环境管制会加大企业的生产成本，促进污染型产业或企业向环境标准较低的欠发达地区转移，使欠发达地区成为"污染天堂"，这个现象也称为"污染产业迁移"或"污染产业雁行理论"。其他地区为了保持竞争优势，将竞相降低环境标准，最终导致全球环境质量下降。在关于 FDI 的国际竞争方面，该过程的结果一般被看成"一冲到底"或"特拉华效应"。该过程的一种比较中和的结果被称为"陷入泥泞"，即各个国家的环境标准维持当前经济合作与发展组织（OECD）的水准，而不再争取更好环境的行为。或者被称为"管制寒战"，即发达国家为避免资金流失而不再提高环境标准。摩尼（Mani，1997）等对 1960—1995 年北美、欧洲、日本、拉丁美洲、亚洲新兴工业化国家或地区以及东亚发展中国家 5 个严重污染部门的进出口比率进行分析，发现污染产业转移的确存在。摩尼和惠尔（Mani & Wheele，1999）研究发现发达国家执行的环境标准迫使污染产业转向环境标准较松的发展中国家。但环境管制也会随着外商直接投资流入的增加而加强，因此"污染避难所"是一种短期现象。也有一种观点认为发展中国家的资源环境状况将通过清洁技术的转移和跨国公司带来的生产效率提高，先进环境管理经验的采用以及利益相关主体对环境问题重视程度的提高而得到改观。该过程被称为"污染光环"，结果被认为是"一冲到天"或"加利福尼亚效应"。伯索尔（Birdsall，1992）等发现缓慢的、封闭的社会经济体出现有害污染强度更快的增长，而开放的、快速发展的经济体出现较慢的有害物污染排放强度增长的结论。惠勒（Wheeler，2001）等通过建立中国、巴西、墨西哥和美国大气悬浮颗粒物质监控数据与 FDI 之间的关系得出了与"一冲到底"理论相反的结论。弗兰克尔（Frankel，2003）等认为 FDI 为发展中国家提供了采用新技术的动机和机遇，促使其实现清洁或绿色生产，因而环境保护与 FDI 之间存在着一种互利互惠关系，FDI 有利于全球整体资源环境质量的提高。有研究者（Jie H E，2006）利用中国 29 个省（市、区）的面板数据研究了中国 FDI 与工业二氧化硫排放量之间的关系，结果表明外商直接投资资本每增加 1%，工业二氧化硫排放增加 0.098%。赵细康（2003）认为 FDI 在中国并未呈现出大规模的污染产业转移倾向，但对部分产业而言，伴随 FDI 所发生的污染转移情况确实存在。与经济欠发达地区相比，中国沿海等发达地区吸引外资的"清洁"程度较高。

二、数据来源及处理

（一）数据来源及变量说明

本文数据来自于 1981—2008 年山东省统计年鉴，对环境造成污染的主要是废水、废气、废渣。考虑数据的可得性，选取烟尘、二氧化硫、废水排放量以及工业固体废物产生量为环境污染指标。外商直接投资是当年实际利用外资的数额。工业废水、二氧化硫、烟尘排放量分别用 $GYFS$、SO_2、YC 表示，工业固体废物产生量用 *GT* 表示，单位均为万吨；外商直接投资用 FDI 表示，单位为万美元。

（二）数据处理

为了得到外商直接投资与环境污染的相关关系，把 FDI 与其他指标描出附加拟合线的散点图（见图1）。图1（a）显示 *GT* 随 *FDI* 的增加而增加，从开始是平缓上升到加速上升；图1（b）显示 *GYFS* 也是随 *FDI* 的增加而增加，只是开始时有所波动，到后来也加速上升，图1（a）和图1（b）曲线趋势有点相似；图1（c）和图1（d）的拟合线都有倒 U 形特征，先随 FDI 的增加而增加之后下降，随后又都变得平缓，只是趋势不同，前者向上，后者向下。

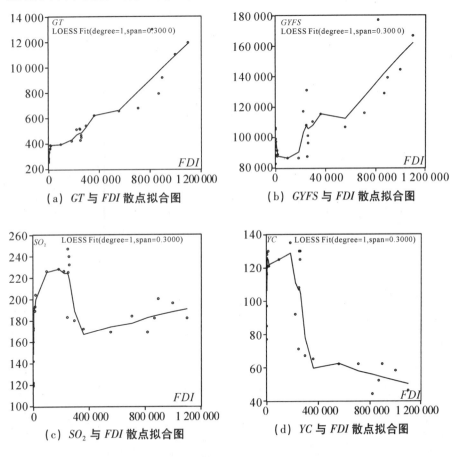

（a）*GT* 与 *FDI* 散点拟合图　　　　（b）*GYFS* 与 *FDI* 散点拟合图

（c）*SO₂* 与 *FDI* 散点拟合图　　　　（d）*YC* 与 *FDI* 散点拟合图

图1　*FDI* 与 *GT*、*GYFS*、*SO₂*、*YC* 的散点拟合图

为了消除时间趋势对变量间关系的影响，本文对数据取自然对数，用 LN*FDI*、LN*SO₂*、LN*GT*、LN*GYFS*、LN*YC* 分别表示 *FDI*、*SO₂*、*GT*、*GYFS*、*YC*

的自然对数。从图 2（a）和图 2（b）可以看出 LNGT、LNGYFS 分别与 LNFDI 有较明显的共同趋势，只是在中间较窄；图 2（c）显示 1995 年后两者距离变大了；图 2（d）显示两者在 1999 年后距离越来越小，有重合之势。

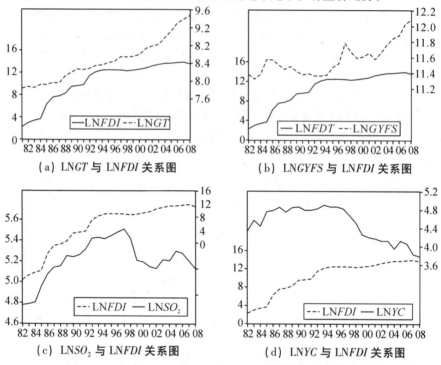

（a）LNGT 与 LNFDI 关系图　　（b）LNGYFS 与 LNFDI 关系图

（c）LNSO₂ 与 LNFDI 关系图　　（d）LNYC 与 LNFDI 关系图

图 2　LNFDI 与 LNGT、LNGYFS、LNSO₂、LNYC 的趋势图

为了检验时间序列是否具有平稳性，本文对 LNFDI 与 LNGT、LNGYFS、LNSO₂、LNYC 分别进行差分，得差分序列 DLNFDI 与 DLNGT、DLNGYFS、DLNSO₂、DLNYC 的趋势图（见图 3）。从图 3 可以看出，除了几个突变点外，序列应具有平稳性。

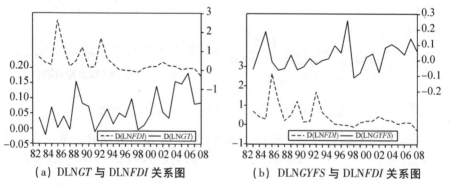

（a）DLNGT 与 DLNFDI 关系图　　（b）DLNGYFS 与 DLNFDI 关系图

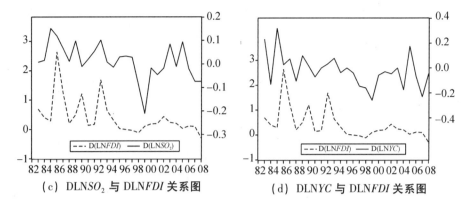

（c）DLNSO₂ 与 DLNFDI 关系图　　　　（d）DLNYC 与 DLNFDI 关系图

图 3　DLNFDI 与 DLNGT、DLNGYFS、DLNSO₂、DLNYC 的趋势图

三、实证分析

（一）单位根检验

在检验一组时间序列的协整性或长期均衡关系之前应首先检验时间序列的单整阶数，检验方法主要有 DF 检验、ADF 检验和 PP 检验。本文采用 ADF 检验法，检验结果表明，$LNFDI$、$LNSO_2$、$LNYC$、$LNGYFS$ 和 $LNGT$ 原序列都是不平稳序列，但差分后都是平稳序列，都是一阶单整序列，具体检验结果如表 1 所示。

表 1　$LNFDI$、$LNSO_2$、$LNYC$、$LNGYFS$ 和 $LNGT$ 的单位根检验结果

变量	ADF 统计量	检验类型* (C，T，K)	麦金龙 (MacKinnon) 临界值		D-W	是否平稳
			1%	5%		
△$LNFDI$	-4.63	0，0，0	-2.67	-1.96	2.05	平稳
△$LNSO_2$	-2.97	0，0，0	-2.67	-1.96	2.15	平稳
△$LNYC$	-3.11	0，0，1	-2.68	-1.96	1.75	平稳
△$LNGYFS$	-4.71	C，T，0	-4.35	-3.59	1.93	平稳
△$LNGT$	-4.67	C，T，0	-4.35	-3.59	1.94	平稳

*C、T、K 分别为 ADF 检验式中的漂移项、时间趋势项和滞后阶数，其中 C、T 若在检验时取 0，表明检验式中无该项，检验式中是否要加入漂移项和时间趋势项，要通过 t 检验。K 的取值表示检验式中滞后阶数，最佳滞后阶数由 AIC 和 SC 准则确定

（二）协整检验

协整检验目前应用最多的有 EG 两步法和 Johnsen 迹统计检验法，本文采

用 Johnsen 迹统计检验。检验结果（见表 2）显示，$LNFDI$ 与 $LNSO_2$、$LNFDI$ 与 $LNYC$、$LNFDI$ 与 $LNGT$ 各存在一个协整关系；$LNFDI$ 与 $LNGYFS$ 存在两个协整关系。

表 2　$LNFDI$ 与 $LNSO_2$、$LNYC$、$LNGYFS$、$LNGT$ 的 Johnsen 迹统计检验结果

变量	H_0	特征值	迹统计量	临界值（5%）	P 值**	结论
$LNSO_2$	$r = 0^*$	0. 654 7	19. 574	12. 320 9	0. 002 6	拒绝
	$r \leqslant 1$	0. 023 8	0. 433 9	4. 129 9	0. 573 5	不拒绝
$LNYC$	$r = 0$	0. 379 4	13. 238 3	12. 320 9	0. 035 0	拒绝
	$r \leqslant 1$	0. 142 1	3. 219 7	4. 129 9	0. 086 2	不拒绝
$LNGYFS$	$r = 0$	0. 312 3	15. 999 3	12. 320 9	0. 011 6	拒绝
	$r \leqslant 1$	0. 274 7	7. 387 1	4. 129 9	0. 007 8	拒绝
$LNGT$	$r = 0$	0. 527 7	20. 185 6	12. 320 9	0. 002 0	拒绝
	$r \leqslant 1$	0. 154 1	3. 682 1	4. 129 9	0. 065 2	不拒绝

注：* 表示在 5% 的显著性水平下拒绝零假设；＊＊ 为（Mackinnon-Haug-Michelies，1999）p 值；r 表示协整关系的个数。

（三）模型回归结果

上述检验结果表明，$LNFDI$ 与 $LNSO_2$、$LNFDI$ 与 $LNYC$、$LNFDI$ 与 $LNGT$、$LNFDI$ 与 $LNGYFS$ 具有协整关系，因此可以直接用普通最小二乘法进行回归分析。本文利用 Eviews 5. 0 进行回归，回归结果如下：

1. $LNGYFS$ 与 $LNFDI$ 回归结果

$$LNGYFS_t = 11. 247 + 0. 032 LNFDI_t$$
$$(114. 46)\ (3. 538)$$

$R^2 = 0. 325 1$　Adj-$R^2 = 0. 299 1$　D-W = 0. 312 4　F = 12. 524 5

AIC = -0. 624 9　SC = -0. 529 8

残差项存在很强的一阶自相关，消除自相关得：

$$LNGYFS_t = 0. 423 4 - 0. 044 7 LNFDI_t + 0. 045 4 LNFDI_{t-1} + 0. 966 6 LNGYFS_{t-1}$$
$$(0. 329 9)\ (-1. 362 6)\quad (1. 505 8)\quad\quad (8. 493 6)$$

$R^2 = 0. 839 9$　Adj-$R^2 = 0. 819 0$　D-W = 1. 857 4　F = 40. 239 7

AIC = -1. 909 6　SC = -1. 717 6

当年的外商直接投资会减少工业废水排放量，但滞后一期的外商直接投资会增加工业废水排放量。

2. $LNSO_2$ 与 $LNFDI$ 回归结果

$$LNSO_{2t} = 4.792\ 2 + 0.040\ 4LNFDI_t$$
$$(62.107\ 2)\qquad(5.745\ 5)$$

$R^2 = 0.559\ 4$ $Adj\text{-}R^2 = 0.542\ 5$ $D\text{-}W = 0.258\ 5$ $F = 33.011$

$AIC = -1.108\ 4$ $SC = -1.013\ 3$

残差项存在很强的一阶自相关，消除自相关得：

$$LNSO_{2t} = 0.484\ 8 + 0.035\ 5LNFDI_t - 0.037\ 8LNFDI_{t-1} + 0.911\ 0LNSO_{2t-1}$$
$$(0.959\ 9)\ (1.366\ 0)\qquad(-1.608\ 2)\qquad(8.559\ 9)$$

$R^2 = 0.878\ 1$ $Adj\text{-}R^2 = 0.862\ 2$ $D\text{-}W = 1.635\ 6$ $F = 55.230\ 3$

$AIC = -2.404\ 0$ $SC = -2.212\ 0$

当年的外商直接投资会增加二氧化硫的排放量，但滞后一期的外商直接投资会减少二氧化硫的排放量。

3. $LNGT$ 与 $LNFDI$ 回归结果

$$LNGT_t = 7.330\ 5 + 0.108\ 6LNFDI_t$$
$$(47.155)\quad(7.671)$$

$R^2 = 0.693\ 5$ $Adj\text{-}R^2 = 0.681\ 7$ $D\text{-}W = 0.133\ 7$ $F = 58.842$

$AIC = 0.292\ 4$ $SC = 0.387\ 6$

残差项存在很强的一阶自相关，消除自相关得：

$$LNGT_t = -0.409\ 0 - 0.001\ 3LNFDI_t + 0.001\ 28LNFDI_{t-1} + 1.055\ 8LNGT_{t-1}$$
$$(-1.231\ 4)\quad(-0.064\ 8)\quad(0.066\ 8)\qquad(23.758\ 7)$$

$R^2 = 0.988\ 8$ $Adj\text{-}R^2 = 0.987\ 3$ $D\text{-}W = 1.989\ 2$ $F = 678.812$

$AIC = -2.896\ 8$ $SC = -2.704\ 9$

根据 t 检验，剔除不显著的 $LNFDI_t$ 与 $LNFDI_{t-1}$ 后得：

$$LNGT_t = -0.416\ 6 + 1.056\ 7LNGT_{t-1}$$
$$(-2.200\ 4)\ (47.043\ 4)$$

$R^2 = 0.988\ 8$ $Adj\text{-}R^2 = 0.988\ 3$ $D\text{-}W = 1.995$ $F = 2\ 213.084$

$AIC = -3.044\ 8$ $SC = -2.948\ 8$

外商直接投资对山东省的工业固体废物变化没有显著影响。

（4）$LNYC$ 与 $LNFDI$ 回归结果

$$LNYC_t = 4.915\ 2 - 0.040\ 1LNFDI_t$$
$$(25.053)\ (-2.244\ 6)$$

$R^2 = 0\ 162\ 3$ $Adj\text{-}R^2 = 0.130\ 1$ $D\text{-}W = 0.169\ 3$ $F = 5.038\ 4$

$AIC = 0.757\ 9$ $SC = 0.853\ 0$

残差项存在很强的一阶自相关，消除自相关得：

$$LNYC_t = 0.499\ 8 + 0.014\ 0LNFDI_t - 0.032\ 8LNFDI_{t-1} + 0.926\ 3LNYC_{t-1}$$
$$(1.388\ 1)\ (0.309\ 4)\qquad(-0.782\ 0)\qquad(12.596)$$

$R^2 = 0.910\ 4$ $Adj\text{-}R^2 = 0.898\ 7$ $D\text{-}W = 2.577\ 8$ $F = 77.948$

$AIC = -1.295\ 0$ $SC = -1.103\ 1$

根据 t 检验，剔除不显著 $LNFDI_{t-1}$ 后得：

$$LNYC_t = 0.476\ 5 - 0.020\ 9LNFDI_t + 0.939\ 4LNYC_{t-1}$$
$$\qquad (1.338\ 8)\quad (-2.895\ 1)\qquad (13.229)$$

$R^2 = 0.908\ 1$ $Adj\text{-}R^2 = 0.900\ 4$ $D\text{-}W = 2.416\ 9$ $F = 118.534$

$AIC = -1.342\ 9$ $SC = -1.198\ 9$

当年的外商直接投资会减少烟尘的排放量。

（四）格兰杰检验

本文利用 Eviews 5.0 软件对 FDI 与 GT、$GYFS$、SO_2、YC 的格兰杰因果关系进行检验得到表 3。检验结果显示滞后 2~4 期，FDI 都是 GT 的格兰杰原因，但反之则不然；滞后 2~5 期，FDI 都是 $GYFS$ 的格兰杰原因，但反之则不然；滞后 2 期 FDI 是 SO_2 的格兰杰原因，但反之则不然，滞后 3 期 FDI 不是 SO_2 的格兰杰原因，同时 SO_2 也不是 FDI 的格兰杰原因，但滞后 4 期 SO_2 是 FDI 的格兰杰原因，反之则不然；滞后 2 期 YC 是 FDI 的格兰杰原因，但反之则不然，滞后 3 期 YC 不是 FDI 的格兰杰原因，FDI 也不是 YC 的格兰杰原因，滞后 4 期 YC 是 FDI 的格兰杰原因，但反之则不然。

表 3 FDI 与 GT、$GYFS$、SO_2、YC 的格兰杰因果关系检验

Lags	格兰杰因果性检验	F 值	F 的 P 值	结论
2	GT 不是 FDI 的格兰杰原因	1.417	0.268	不拒绝
	FDI 不是 GT 的格兰杰原因	6.049	0.008	拒绝
2	$GYFS$ 不是 FDI 的格兰杰原因	1.308	0.294	不拒绝
	FDI 不是 $GYFS$ 的格兰杰原因	10.300	0.001	拒绝
2	SO_2 不是 FDI 的格兰杰原因	0.161	0.851	不拒绝
	FDI 不是 SO_2 的格兰杰原因	2.777	0.094	拒绝
2	YC 不是 FDI 的格兰杰原因	3.236	0.067	拒绝
	FDI 不是 YC 的格兰杰原因	0.838	0.451	不拒绝

四、结论及建议

回归结果显示，外商直接投资对山东省的环境产生了影响，但总影响的方向是不确定的。$LNGYFS$ 与 $LNFDI$ 的长期弹性为 0.021，外商直接投资的增加有增加工业废水排放量趋势，即外商直接投资增加一个百分点，工业废水排放

量将增加 0.021 个百分点；LNSO$_2$ 与 LNFDI 的长期弹性为-0.025 8，外商直接投资的增加有利于减少二氧化硫排放量的趋势，即外商直接投资每增加一个百分点，二氧化硫排放量将减少 0.025 8 个百分点；LNYC 与 LNFDI 的长期弹性为-0.344 8，即外商直接投资每增加一个百分点，烟尘排放量减少 0.344 8 个百分点；外商直接投资对工业固体废物排放量没有显著性的影响。总体来说，外商直接投资对减少烟尘排放的作用明显。在吸引外商直接投资时不能只求数量而忽视质量，要十分重视外商直接投资对环境的影响。因此，必须做到以下几个方面：第一，调整引进外商直接投资的方式，把先前偏重于引进资金流量转向以技术创新与制度移植为重点。政府对外商直接投资的政策优惠，应当集中到鼓励技术转移和制度示范等方面来。第二，强化招商引资的结构导向。要通过产业导向等途径把外商直接投资项目更多地引向需求增长快、生产污染较少的领域，要求外商投资企业开展清洁生产和资源的循环利用，以减少污染排放。第三，在环境标准方面，应当积极参照国际标准，制定实施严于国家标准的环境标准。

参考文献

［1］ GROSSMAN C, KRUEGER A. Economic Growth and the Environment ［J］. Quarterly Journal of Economics, 1995 (110): 353-430.

［2］ LOPEZ R. The Environment as a Factor of Production: The Effects of Economic Growth and Trade Liberalization ［J］. Journal of Environmental Economics and Management, 1994, 27: 163-184.

［3］ ANDREONI J, LEVINSON A. The Simple Analytics of the Environmental Kuznets Curve ［J］. Journal of Public Economics, 2001, 80 (2): 269-286.

［4］ DINDA S, COONDOO D, PAL M. Air Quality and Economic Growth: An Empirical Study ［J］. Ecological Economics, 2000 (34): 409-423.

［5］ DASGUPTA S, LAP LANTE B, WANG H. Confronting the Environmental Kuznets curve ［J］. Journal of Economic Perspectives, 2002 (16): 147-168.

［6］ MANI M WHEELER D. In Search of Pollution Havens: Dirty Industry Migration in the World economy ［Z］. Washington DC: World Bank Working Paper, 1997.

［7］ WHEELER D. Racing to the Bottom? Foreign Investment and Air Pollution in Developing Countries ［J］. Journal of Environment and Development, 2001, 10 (3): 225-245.

［8］ BIRDSALL N, WHEELER D. Trade Policy and Industrial Pollution in Latin America: Where are the Pollution Havens? ［Z］ ∥ Low P. International Trade and the Environment. New York: World Bank Discussion Paper, 1992.

[9] JEFFREY A FRANKEL. Experience of and Lessons from Exchange Rate Regime in Emerging Economies [Z] NBER Working Papers, National Bureau of Economic Research, 2003.

[10] JIE H E. Pollution Haven Hypothesis and Environmental Impacts of Foreign Direct Investment: The Case of Industrial Emission of Sulfur dioxide (SO_2) in Chinese Provinces [J]. Ecological Economics, 2005, 60 (1): 225-245.

[11] 戴荔珠, 马丽, 刘卫东. FDI 对地区资源环境影响的研究进展评述 [J]. 地球科学进展, 2008 (1): 55-62.

[12] 赵细康. 环境保护与产业国际竞争力 [M]. 北京: 中国社会科学出版社, 2003: 319-373.

[13] 潘申彪, 余妙志. 江浙沪三省市外商直接投资与环境污染的因果关系检验 [J]. 国际贸易问题, 2005 (12): 74-79.

（原载于《重庆交通大学学报（社会科学版）》2010 年第 1 期）

6. 外商直接投资与环境污染的实证研究

——中国东部和中部的省际差异比较

一、引言

随着经济的发展，全球环境的承载压力越来越大，经济学家也密切关注环境质量变化。格鲁斯曼和克鲁格（Grossman & Krueger，1991）提出了环境库兹涅茨曲线（Envieonment Kuznets Curve，EKC）假说，即环境质量随着经济的增长呈现出先变坏后变好的关系，呈倒 U 形曲线关系。

环境竞次理论是指不同国家（或地区）对待环境政策强度和实施环境标准的行为类似于"公地悲剧"的发生过程，每个国家（或地区）都担心他国（或地区）采取比本国（或地区）更低的环境标准而使本国（或地区）的工业失去竞争优势。因此，国家（或地区）之间会竞相采取比他国（或地区）更低的环境标准和次优的环境政策，结果是每个国家（或地区）都会采取比没有国际（或地区）经济竞争时更低的环境标准，从而加剧全球环境恶化。

"污染天堂假说"认为在一国单方提高环境标准的情况下，国内企业和环境标准低的外国企业相比失去其竞争优势，从而使高环境标准国家的企业将生产转向低环境标准国家。若在实行不同环境政策强度和环境标准的国家间存在自由贸易，实行低环境政策强度和低环境标准的国家，因外部性内部化的差异而使该国企业所承受的环境成本相对要低。在该国进行生产时，其产品价格就会比在母国生产出同样产品的价格相应要低。因此，该国在投资和生产方面具有更大的优势。这种由成本差异所产生的"拉力"会吸引国外的企业到该国安家落户。

埃斯克兰和哈里森（Eskeland & Harrison，2003）认为污染密集型的外资企业运用的生产和污染消除技术通常比东道国本地的企业更先进和更有利于改善环境。如果这些企业能够替代部分东道国同行业低效生产的企业，则东道国的整个污染状况将有可能好转。郭红燕和韩立岩通过实证研究发现中国的 FDI 存量与环境管制变量呈正相关关系，表明中国宽松的环境管制是吸引外商直接投资的一个重要因素，显现出"污染避难所"效应。

二、变量选取及模型构建

（一）中国东部和中部地区的 FDI 区域分布

改革开放以来，中国吸收外商直接投资数量增长迅速。1979—1984 年，FDI 总计为 41.04 亿美元，而后 FDI 从 1985 年的 19.56 亿美元快速增长到 2008 年的 923.95 亿美元，1979—2008 年累计达 8 526.13 亿美元。2007 年，东部和中部地区利用 FDI 所占比重分别为 78.27%、15.30%。2008 年，中国引进的外商直接投资为 923.95 亿美元，FDI 主要集中于东部地区；从东部地区内部看，则主要集中于江苏、广东、山东、浙江、上海、福建和辽宁。2008 年，广东、江苏、浙江、上海的 FDI 的总额为 543.710 4 亿美元。东部地区引进的外商直接投资中，江苏为 251.2 亿美元、广东为 191.27 亿美元、辽宁为 120.2 亿美元、上海、浙江、福建分别为 100.84 亿美元、100.729 亿美元、100.256 亿美元（见图 1 至图 3）。江苏和广东占 2008 年中国外商直接投资的 47.93%。FDI 在中部地区主要集中于湖南、江西和湖北。2007 年以来，安徽和河南的外商直接投资增长迅速。2008 年，中部引进的外商直接投资中，河南为 40.327 亿美元、湖南为 40.052 亿美元、江西为 36.037 亿美元、安徽为 34.9 亿美元、湖北为 32.45 亿美元，中部五省占中国 2008 年外商直接投资的 19.89%。

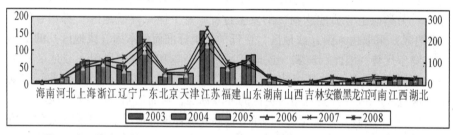

图 1　中国东部和中部地区 2003—2008 年 FDI 区域分布（单位：亿美元）

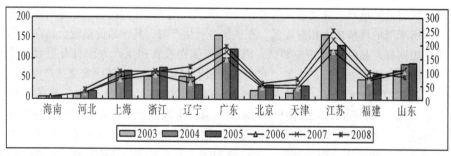

图 2　中国东部 11 个省（市）2003—2008 年 FDI 区域分布（单位：亿美元）

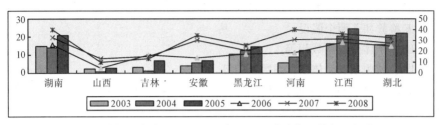

图3 中国中部8个省2003—2008年FDI区域分布（单位：亿美元）

（二）变量选取

本文考虑统计口径的一致性和数据的连续性，选取工业废气排放总量（亿标准立方米）、工业废水排放总量（万吨）、工业固体废物产生量（万吨）、工业固体废物排放量（万吨）、工业烟尘排放量（万吨）、工业粉尘排放量（万吨）和工业二氧化硫排放量（万吨）为环境污染指标；人均地区生产总值（元）作为经济增长指标；此外，考虑国际贸易因素中污染的可输出性，用 *FDI* 作为污染的输出指标（万美元）。SO_2、*FS*、*FQ*、*GYYC*、*GYFC*、*GTCS*、*GTPF* 分别表示工业二氧化硫排放量、工业废水排放量、工业废气排放量、工业烟尘排放量、工业粉尘排放量、工业固体废物产生量、工业固体废物排放量，*Y* 表示人均地区生产总值（元），*FDI* 表示外商直接投资（万美元）。环境污染指标数据根据1986—2009年中国统计年鉴相关数据整理，地区人均生产总值和外商直接投资数据根据1986—2009年省（市）统计年鉴相关数据整理。$LNSO_2$、*LNFS*、*LNFQ*、*LNGYYC*、*LNGYFC*、*LNGTCS*、*LNGTPF* 分别表示污染指标的自然对数，*LNY*、*LNFDI* 分别表示人均地区生产总值和外商直接投资的自然对数。本文中东部11省（市）为广东、上海、浙江、江苏、北京、辽宁、海南、山东、福建、河北、天津；中部8个省为湖南、湖北、安徽、山西、江西、黑龙江、吉林、河南。本文通过东部地区和中部地区的数据研究中国东部地区和中部地区FDI对环境影响的差异。

（三）模型设定形式

由于面板数据模型同时具有截面、时序的两维特性，模型中参数在不同截面、时序样本点上是否相同，直接决定模型参数估计的有效性。根据截距向量和系数向量中各分量限制要求的不同，面板数据模型可分为无个体影响的不变系数模型、变截距模型和变系数模型三种形式。在面板数据模型估计之前，需要检验样本数据适合上述哪种形式，避免模型设定的偏差，提高参数估计的有效性。本文设有因变量 y_{it} 与 $1 \times k$ 维解释变量向量 x_{it} 满足线性关系：

$$y_{it} = \alpha_{it} + x_{it}\beta_{it} + \varepsilon_{it} ; \ i = 1, 2, \cdots, N; \ t = 1, 2, \cdots, T$$

其中，*N* 表示个体截面成员的个数，*T* 表示每个截面成员的观察时期总数，参数 α_{it} 表示模型的常数项，β_{it} 表示对应于解释变量 x_{it} 的 $k \times 1$ 维系数向量，*k* 表示解释变量个数。随机误差项相互独立，并且满足零均值、同方差假设。本文采用 F 检验如下两个假设：

H_1：个体变量系数相等。

H_2：截距项和个体变量系数都相等。

如果 H_2 被接受，则属于个体影响的不变系数混合估计；如果 H_2 被拒绝，则检验假设 H_1，如果 H_1 被接受，属于变截距，否则属于变系数。变系数、变截距和混合估计的残差平方和分别为 S_1、S_2、S_3，面板个体数量为 N，面板时间跨度为 T，根据 Wald 定理在 H_2 假设条件下构建统计量 F_2，在 H_1 假设条件下构建统计量 F_1，其中：

$$F_2 = \frac{(S_3 - S_1)/[(N-1)(K+1)]}{S_1/[NT - N(K+1)]} \sim F[(N-1)(K+1), N(T-K-1)]$$

$$F_1 = \frac{(S_2 - S_1)/[(N-1)K]}{S_1/[NT - N(K+1)]} \sim F[(N-1)K, N(T-K-1)]$$

若计算得到的统计量 F_2 的值不小于给定置信度下的相应临界值，则拒绝假设 H_2，继续检验假设 H_1；反之，认为样本数据符合无个体影响的不变系数模型。若计算得到的统计量 F_1 的值不小于给定置信度下的相应临界值，则拒绝假设 H_1，用变系数模型拟合；反之，用变截距模型拟合。

三、东部和中部模型回归结果分析

本文利用东部 11 个省（市）和中部 8 个省的相关数据，借助 Eviews 6.0 软件，采用固定效应模型对七个环境污染指标分别进行回归。本文采用 Pooled EGLS（Cross-section Weights）消除异方差，采用广义差分法消除自相关，回归后的残差是平稳序列。回归结果见表 1 至表 8。

（一）东部和中部地区外商直接投资对工业废水、工业废气影响差异分析

表 1　　　　　　　东部地区 LNFS、LNFQ 模型参数估计结果

变量	LNFS		LNFQ	
	参数	固定效应	参数	固定效应
α	24.799 8 *** (1.872 2)		49.384 0 * (4.092 3)	
LNY	-3.680 6 *** (-1.461 3)		-13.190 5 * (-3.226 3)	
$LN^2 Y$	0.418 8 *** (1.456 7)		1.357 4 * (2.963 4)	
$LN^3 Y$	-0.015 8 *** (-1.454 1)		-0.044 0 * (-2.582 5)	

表1(续)

变量	LNFS		LNFQ	
	参数	固定效应	参数	固定效应
AR（1）	0.995 8* (42.368 4)		0.808 9* (24.761 2)	
海南-LNFDI	0.102 7 (1.236 5)	-8.044 9	0.130 2 (0.951 3)	-3.732 1
河北-LNFDI	-0.008 8 (-0.128 0)	3.873 6	0.083 5 (1.109 8)	0.001 4
上海-LNFDI	0.025 9 (1.053 1)	-15.545 8	-0.131 8 (-0.958 0)	1.153 3
浙江-LNFDI	-0.038 4 (-0.584 7)	10.568 7	0.074 5 (1.369 2)	-0.491 3
辽宁-LNFDI	-0.083 5*** (-1.647 6)	-5.431 9	0.042 6 (0.327 2)	0.171 8
广东-LNFDI	-0.039 2 (-0.355 5)	6.347 2	-0.045 9 (-0.375 6)	0.982 5
北京-LNFDI	0.013 5 (0.338 1)	-21.123 3	-0.029 5 (-0.495 1)	-0.874 5
天津-LNFDI	-0.007 8 (-0.107 2)	-5.696 1	-0.020 4 (-0.163 6)	-1.010 5
江苏-LNFDI	-0.041 5 (-0.779 0)	7.612 7	-0.150 4** (-2.229 2)	2.712 0
福建-LNFDI	-0.095 5 (-0.709 3)	12.494 2	-0.018 6 (-0.271 2)	-0.244 4
山东-LNFDI	-0.072 7* (-2.178 7)	11.016 5	0.036 6 (0.731 6)	0.373 7
R^2	0.999 6		0.998 5	
F	21 721.19		5 607.094	
D-W	2.258 7		1.888 8	

注：括号内为 t 值，＊表示 1% 的显著水平，＊＊表示 5% 的显著水平，＊＊＊表示 10% 的显著水平，表2~表8同

东部工业废水与人均地区生产总值呈倒 N 形关系。海南、上海、北京的 FDI 对工业废水排放量产生正影响，但 t 统计量不显著。河北、浙江、辽宁、广东、天津、江苏、福建、山东的 FDI 对工业废水排放量产生负影响，辽宁在 10% 的水平下显著，其他省（市）的 t 统计量不显著。辽宁的 FDI 每增加 1 个百分点，工业废水排放量将减少 0.083 5 个百分点。

东部工业废气与人均地区生产总值呈倒 N 形关系。海南、河北、浙江、辽宁、山东的 FDI 对工业废气排放量产生正影响，但 t 统计量不显著。上海、广东、北京、天津、江苏、福建、山东的 FDI 对工业废气排放量产生负影响，江苏在 5% 的水平下显著，其他省（市）的 t 统计量不显著，江苏的 FDI 每增加 1 个百分点，工业废气排放量将减少 0.150 4 个百分点。

表 2   中部地区 LNFS、LNFQ 模型参数估计结果

变量	LNFS		LNFQ	
	参数	固定效应	参数	固定效应
α	16.601 8* (7.967 1)		11.652 4* (3.903 1)	
LNY	−1.132 0* (−2.346 6)		−1.224 4** (−1.862 4)	
LN^2Y	0.058 7** (2.138 5)		0.096 7* (2.687 7)	
AR（1）	0.777 2* (15.227 0)		0.869 9* (24.107 9)	
湖南-LNFDI	−0.033 3 (−1.006 5)	0.868 9	0.003 0 (0.092 9)	0.030 9
山西-LNFDI	5.29E−05 (0.002 2)	−0.599 8	−0.011 6 (−0.524 8)	0.986 9
吉林-LNFDI	0.022 4 (1.336 1)	−0.811 6	−0.013 8 (−0.873 1)	−0.101 9
安徽-LNFDI	0.006 8 (0.321 2)	−0.107 1	0.084 8** (2.005 0)	−0.536 0
黑龙江-LNFDI	−0.069 1 (−1.352 2)	0.427 6	0.004 7 (0.139 1)	−0.144 7
河南-LNFDI	0.039 6*** (1.609 8)	−0.090 2	0.058 7 (1.148 8)	−0.102 3
江西-LNFDI	0.014 8 (0.463 7)	−0.371 8	0.041 0 (0.929 3)	−0.732 6
湖北-LNFDI	−0.034 8 (−0.765 1)	0.833 6	−0.019 4 (−0.411 1)	0.634 0
R^2	0.999 2		0.998 5	
F	11 085.59		6 243.136	
D-W	1.687 7		1.659 1	

中部地区工业废水与人均地区生产总值呈 U 形关系。山西、吉林、安徽、

河南、江西的 FDI 对工业废水排放量产生正影响，山西、安徽在 5%的水平下显著，河南、江西在 1%的水平下显著，吉林的 t 统计量不显著，影响最大的河南为 0.144 4，其次是江西。湖南、黑龙江、湖北的 FDI 对工业废水排放量产生负影响，黑龙江在 1%的水平下显著，湖南和湖北的 t 统计量不显著。黑龙江的 FDI 每增加 1%，工业废水排放量将减少 0.102 5%。

中部地区工业废气排放量与人均地区生产总值呈 U 形关系。湖南、山西、安徽、河南、江西、湖北的 FDI 对工业废气排放量产生正影响，湖南的 t 统计量不显著，湖北在 5%的水平下显著，其他省都在 1%的水平下显著。影响最大的河南为 0.081 9，其次是安徽。吉林、黑龙江的 FDI 对工业废气排放量产生负影响，并且都在 1%的水平下显著。影响最大的黑龙江为－0.152 1，即 FDI 每增加 1 个百分点，工业废气排放量将减少 0.152 1 个百分点，其次是吉林。

（二）东部和中部地区外商直接投资对工业烟尘、工业粉尘影响差异分析

表 3　　　　　　东部地区 LNGYYC、LNGYFC 模型参数估计结果

变量	LNGYYC		LNGYFC	
	参数	固定效应	参数	固定效应
α	32.726 2* (2.816 4)		52.989 3* (3.884 7)	
LNY	−10.502 4* (−2.694 4)		−18.502 6* (−4.034 2)	
LN²Y	1.265 7* (2.965 3)		2.284 8* (4.543 5)	
LN³Y	−0.050 5* (−3.238 6)		−0.092 7* (−5.030 5)	
AR（1）	0.400 0* (6.165 7)		0.309 7* (4.581 3)	
海南-LNFDI	0.047 7 (0.353 2)	−4.192 0	−0.281 4 (−1.274 2)	−0.449 5
河北-LNFDI	−0.033 5 (−0.384 2)	0.524 2	0.026 7 (0.251 5)	−0.045 6
上海-LNFDI	−0.152 1* (−2.782 6)	0.576 7	−0.206 9* (−2.484 7)	0.312 5
浙江-LNFDI	−0.062 7 (−0.810 2)	−0.083 3	−0.094 1 (−0.972 0)	0.678 6
辽宁-LNFDI	−0.093 4 (−1.067 6)	1.349 6	−0.085 5 (−0.993 6)	0.943 2

表3(续)

变量	LNGYYC		LNGYFC	
	参数	固定效应	参数	固定效应
广东-LNFDI	0.040 2 (0.428 3)	-1.140 2	-0.052 5 (-0.476 1)	0.655 7
北京-LNFDI	-0.263 1** (-2.226 6)	1.304 4	0.118 8 (0.286 3)	-2.789 9
天津-LNFDI	0.013 9 (0.134 5)	-1.771 1	-0.206 2* (-3.377 8)	-0.296 4
江苏-LNFDI	-0.108 2** (-2.339 8)	1.437 1	-0.081 0 (-1.088 4)	0.754 9
福建-LNFDI	-0.054 6 (-0.697 5)	-0.952 2	-0.001 7 (-0.017 9)	-0.875 8
山东-LNFDI	-0.164 9* (-2.478 9)	2.279 6	-0.087 6 (-1.291 5)	1.126 7
R^2	0.982 9		0.977 3	
F	487.359		326.259	
D-W	2.028 7		2.126 9	

东部地区工业烟尘与人均地区生产总值呈倒 N 形关系。海南、广东、天津的 FDI 对工业烟尘排放量产生正影响,但 t 统计量不显著。河北、上海、浙江、辽宁、北京、江苏、福建、山东的 FDI 对工业烟尘排放量产生负影响,上海、山东在 1% 的水平下显著,北京、江苏在 5% 的水平下显著,其他省(市)的 t 统计量不显著。影响最大的北京为 -0.263 1,即 FDI 每增加 1 个百分点,工业烟尘排放量将减少 0.263 1 个百分点。

东部地区工业粉尘排放量与人均地区生产总值呈倒 N 形关系。河北、北京的 FDI 对工业粉尘排放量产生正影响,但不显著。海南、上海、浙江、辽宁、广东、天津、江苏、福建、山东的 FDI 对工业粉尘排放量产生负影响,上海、天津在 1% 的水平下显著,其他省(市)t 统计量不显著。影响最大的上海为 -0.206 9,即 FDI 每增加 1%,工业粉尘排放量将减少 0.206 9%。

表4　　　　中部地区 LNGYYC、LNGYFC 模型参数估计结果

变量	LNGYYC		LNGYFC	
	参数	固定效应	参数	固定效应
α	42.018 5** (1.844 7)		89.165 2* (3.124 4)	

表4(续)

变量	LNGYYC		LNGYFC	
	参数	固定效应	参数	固定效应
LNY	−13.546 2*** (−1.646 7)		−32.175 0* (−3.154 4)	
LN^2Y	1.614 3*** (1.644 0)		3.998 0* (3.316 2)	
LN^3Y	−0.063 6*** (−1.633 9)		−0.163 2* (−3.448 0)	
AR（1）	0.317 2* (4.146 7)		0.448 8* (6.098 4)	
湖南-LNFDI	−0.001 9 (−0.041 9)	−0.882 5	0.049 5 (0.681 8)	−0.883 6
山西-LNFDI	−0.018 9 (−0.348 2)	−0.071 1	0.035 7 (0.781 6)	−0.806 2
吉林-LNFDI	−0.128 4* (−3.041 6)	0.390 4	−0.126 7* (−3.481 7)	−0.454 6
安徽-LNFDI	−0.077 2 (−1.412 1)	−0.383 6	−0.092 3 (−1.509 7)	0.177 6
黑龙江-LNFDI	−0.238 7* (−3.829 2)	2.089 8	−0.245 4* (−3.234 9)	1.040 7
河南-LNFDI	0.019 8 (0.375 5)	−0.563 0	−0.049 3 (−0.733 3)	0.210 8
江西-LNFDI	−0.036 5 (−0.770 2)	−1.018 3	−0.068 9 (−1.235 3)	−0.131 1
湖北-LNFDI	−0.132 1* (−2.486 4)	0.337 9	−0.138 3* (−2.309 5)	0.756 1
R^2	0.948 6		0.859 2	
F	155.442		46.263 1	
D-W	1.931 1		2.118 4	

中部地区工业烟尘排放量与人均地区生产总值呈倒 N 形关系。中部 8 个省 FDI 对工业烟尘排放量产生负影响，湖南、山西和河南的 t 统计量不显著，吉林、安徽、黑龙江、江西、湖北都在 1% 的水平下显著。影响最大的黑龙江为 −0.260 9，即 FDI 每增加 1 个百分点，工业烟尘排放量将减少 0.260 9 个百分点，其次是吉林，再次是湖北。

中部地区工业粉尘排放量与人均地区生产总值呈倒 N 形关系。中部 8 个省的 FDI 对工业粉尘排放量都产生负影响，湖南、山西、河南、江西的 t 统计量不显著，吉林、安徽、黑龙江、湖北的 t 统计量在 1% 的水平下显著。影响最大的黑龙江为 -0.379 7，即 FDI 每增加 1 个百分点，工业粉尘排放量将减少 0.379 7 个百分点，其次是吉林，再次是湖北。

（三）东部和中部地区外商直接投资对工业固体废物产生量、工业固体废物排放量影响差异分析

表 5　　　　　　　东部地区 LNGTCS、LNGTPF 模型参数估计结果

变量	LNGTCS		LNGTPF	
	参数	固定效应	参数	固定效应
α	63.489 8* (5.032 0)		8.711 7* (5.030 9)	
LNY	-17.577 8* (-4.265 4)		-0.824 8* (-3.595 3)	
LN^{2}Y	1.772 7* (3.978 4)			
LN^{3}Y	-0.058 1* (-3.618 1)			
AR（1）	0.817 7* (27.028 7)		0.510 4 (8.636 0)	
海南-LNFDI	0.235 2 (1.488 4)	-4.483 1	4.965 6* (3.779 5)	-49.207 3
河北-LNFDI	0.251 0** (2.137 1)	-0.299 6	0.261 5 (1.166 8)	-0.394 6
上海-LNFDI	-0.011 1 (-0.294 8)	0.523 5	2.365 9** (2.057 2)	-26.980 2
浙江-LNFDI	0.161 4** (2.555 0)	-1.042 6	-0.041 3 (-0.253 4)	0.962 1
辽宁-LNFDI	0.040 1 (0.632 4)	1.901 5	-0.686 8*** (-1.599 7)	11.088 5
广东-LNFDI	-0.045 9 (-0.334 1)	1.742 5	0.218 4 (0.674 2)	-0.951 1
北京-LNFDI	0.058 77*** (1.417 2)	-0.729 3	-0.702 7** (-2.011 1)	10.368 0
天津-LNFDI	0.113 4*** (1.484 3)	-1.759 6	0.250 3 (0.422 8)	-2.452 3

表5(续)

变量	LNGTCS		LNGTPF	
	参数	固定效应	参数	固定效应
江苏-LNFDI	0.028 5 (0.506 3)	1.289 6	0.335 7 (0.498 1)	−2.267 8
福建-LNFDI	0.013 9 (0.109 4)	0.917 9	−0.135 9 (−0.561 0)	2.901 4
山东-LNFDI	0.075 4 (0.582 3)	1.228 9	−0.735 0* (−3.135 4)	8.678 8
R²	0.998 8		0.874 3	
F	7 269.704		53.571 6	
D-W	2.084 3		1.861 2	

东部地区工业固体废物产生量与人均地区生产总值呈倒 N 形关系。海南、河北、浙江、辽宁、北京、天津、江苏、福建、山东的 FDI 对工业固体废物产生量产生正影响，河北和浙江在 5% 的水平下显著，北京和天津在 10% 的水平下显著，其他省（市）的 t 统计量不显著。影响最大的河北为 0.251 0，其次是浙江，再次天津。上海、广东的 FDI 对工业固体废物产生量产生负影响，但都不显著。

东部地区工业固体废物排放量与人均地区生产总值呈递减关系。海南、上海、广东、天津、江苏的 FDI 对工业固体废物排放量产生正影响，海南在 1% 的水平下显著，上海在 5% 的水平下显著，与其他省（市）相比回归结果反差很大，其他省（市）t 统计量不显著。浙江、辽宁、北京、福建、山东的 FDI 对工业固体废物排放量产生负影响。辽宁在 10% 的水平下显著，北京在 5% 的水平下显著，山东在 1% 的水平下显著，其他省（市）t 统计量不显著。影响最大的山东为 −0.735 0，即 FDI 每增加 1%，工业固体废物排放量将减少 −0.765 0%。

表6　　　　中部地区 LNGTCS、LNGTPF 模型参数估计结果

变量	LNGTCS		LNGTPF	
	参数	固定效应	参数	固定效应
α	41.307 7 (3.875 7*)		1 991.625 (1.846 3*)	
LNY	−11.322 7* (−2.966 8)		−941.722 4** (−1.837 3)	

表6(续)

变量	LNGTCS		LNGTPF	
	参数	固定效应	参数	固定效应
LN^2Y	1.230 2* (2.721 1)		166.886 1** (1.833 3)	
LN^3Y	-0.042 1* (-2.369 2)		-13.086 7** (-1.826 9)	
LN^4Y			0.382 9** (1.817 3)	
AR (1)	0.437 2* (6.468 8)		0.546 2* (7.767 9)	
湖南-LNFDI	-0.019 2 (-0.630 1)	-0.125 4	0.145 3 (0.724 0)	-3.571 1
山西-LNFDI	0.061 9* (3.213 5)	-0.026 7	0.131 0 (0.793 3)	-1.506 8
吉林-LNFDI	-0.038 6** (-2.281 1)	-0.343 2	-0.186 9 (-1.389 9)	-2.218 1
安徽-LNFDI	0.020 8 (1.165 7)	-0.201 2	-1.094 0* (-3.708 3)	5.281 5
黑龙江-LNFDI	-0.188 9* (-6.361 9)	1.809 7	-0.958 3*** (-1.705 7)	4.985 2
河南-LNFDI	0.088 0* (4.032 2)	-0.911 1	-0.318 6*** (-1.699 4)	-0.290 6
江西-LNFDI	0.026 3 (1.092 0)	0.063 0	-0.124 7 (-0.631 9)	-1.834 6
湖北-LNFDI	-0.003 7 (-0.206 7)	-0.294 3	-0.219 6 (-0.993 8)	-0.591 1
R^2	0.998 8		0.910 0	
F	7 004.577		75.340 1	
D-W	1.891 3		2.127 4	

中部地区工业固体废物产生量与人均地区生产总值呈倒 N 形关系。山西、安徽、河南、江西的 FDI 对工业固体废物产生量产生正影响，安徽和江西的 t 统计量不显著，山西和河南在 1% 的水平下显著。影响最大的山西为 0.069 8，其次是河南。湖南、吉林、黑龙江、湖北的 FDI 对工业固体废物产生量产生负影响，湖北的 t 统计量不显著，湖南、吉林、黑龙江在 1% 的水平下显著。影响最大的黑龙江为 -0.225 6，即 FDI 每增加 1 个百分点，工业固体废物产生量

将减少 0.225 6 个百分点，其次是吉林。

中部地区工业固体废物排放量与人均地区生产总值呈四次曲线关系。湖南、山西的 FDI 对工业固体废物排放量产生正影响，湖南的 t 统计量不显著，山西在 10% 的水平下显著。吉林、安徽、黑龙江、河南、江西、湖北的 FDI 对工业固体废物排放量产生负影响，河南、江西在 5% 的水平下显著，湖北在 10% 的水平下显著，吉林、安徽、黑龙江在 1% 的水平下显著。影响最大的黑龙江为 -1.484 9，即 FDI 每增加 1%，工业固体废物排放量将减少 1.484 9%，其次是安徽，就 FDI 对工业固体废物排放量的影响来说，两省与其他省形成很大反差。

（四）东部和中部地区外商直接投资对工业二氧化硫排放量影响差异分析

表 7　　　　　　　东部地区 $LNSO_2$ 模型参数估计结果

变量	参数	固定效应
	$LNSO_2$	
α	1.778 4* (10.426 4)	
LNY	0.247 5* (7.818 4)	
AR (1)	0.362 1* (5.937 2)	
海南-LNFDI	0.303 6* (4.082 4)	-6.565 9
河北-LNFDI	-0.052 9** (-2.216 1)	1.448 1
上海-LNFDI	-0.100 1* (-3.021 0)	0.746 6
浙江-LNFDI	-0.023 4 (-0.837 4)	0.436 2
辽宁-LNFDI	-0.054 4 (-0.953 8)	1.100 5
广东-LNFDI	0.123 5* (2.458 0)	-1.469 8
北京-LNFDI	-0.219 2* (-3.061 6)	1.380 9
天津-LNFDI	-0.054 9 (-0.878 5)	-0.400 1
江苏-LNFDI	-0.060 3* (-2.547 0)	1.401 6
福建-LNFDI	0.062 8 (1.184 9)	-1.772 1
山东-LNFDI	-0.121 2* (-3.893 9)	2.635 8
R^2	0.996 0	
F	2 306.281	
D-W	2.136 7	

东部地区工业二氧化硫排放量与人均地区生产总值呈递增关系。海南、广东、福建的 FDI 对工业二氧化硫排放量产生正影响，海南和广东在 1% 的水平

下显著，福建的 t 统计量不显著。影响最大的海南为 0.303 6，其次是广东。河北、上海、浙江、辽宁、北京、天津、江苏、山东的 FDI 对工业二氧化硫排放量产生负影响，河北在 5% 的水平下显著，上海、北京、江苏和山东在 1% 的水平下显著，浙江、辽宁、天津和福建的 t 统计量不显著。影响最大的北京为 -0.219 2，即 FDI 每增加 1 个百分点，工业二氧化硫排放量将减少 0.219 2 个百分点，其次是山东，再次是上海。

表 8 　　　　　　　中部地区 $LNSO_2$ 模型参数估计结果

变量	$LNSO_2$	
	参数	固定效应
α	49.728 3* (2.741 1)	
LNY	-16.441 0* (-2.526 7)	
LN^2Y	1.923 6* (2.493 1)	
LN^3Y	-0.072 9* (-2.399 5)	
AR (1)	0.447 1* (6.320 2)	
湖南-$LNFDI$	-0.050 2*** (-1.636 7)	0.533 6
山西-$LNFDI$	-0.002 7 (-0.086 2)	0.364 3
吉林-$LNFDI$	-0.034 7 (-1.192 4)	-0.695 9
安徽-$LNFDI$	-0.033 1 (-1.005 8)	-0.132 1
黑龙江-$LNFDI$	-0.081 7** (-1.839 2)	-0.017 8
河南-$LNFDI$	0.057 7 (1.397 0)	-0.466 3
江西-$LNFDI$	-0.002 1 (-0.052 5)	-0.597 8
湖北-$LNFDI$	-0.125 6* (-3.469 7)	1.130 8
R^2	0.985 9	
F	591.498	
D-W	2.054 0	

中部地区工业二氧化硫排放量与人均地区生产总值呈倒 N 形关系。山西、河南的 FDI 对工业二氧化硫的排放量产生正影响，但 t 统计量不显著。湖南、吉林、安徽、黑龙江、江西、湖北的 FDI 对工业二氧化硫排放量产生负影响，湖南、安徽、江西在 5% 的水平下显著，吉林、黑龙江、湖北在 1% 的水平下显著。影响最大的湖北为 -0.125 5，即 FDI 每增加 1 个百分点，工业二氧化硫排放量将减少 0.125 5 个百分点，其次是黑龙江，再次是吉林。

从以上回归结果分析显示，东部地区 11 个省（市）的污染指标与人均地区生产总值大多呈现倒 N 形关系。相对来说，上海、北京、山东、江苏、天津和辽宁的 FDI 是"清洁"的。东部地区多数省（市）的 FDI 对工业废水、工业废气、工业粉尘、工业烟尘、工业二氧化硫的排放量产生负向影响，而多数省（市）的 FDI 对工业固体废物排放量和工业固体废物产生量产生正向影响。中部地区 8 个省的污染指标与人均地区生产总值呈现 U 形或倒 N 形关系，工业固体废物排放量出现四次曲线关系。中部地区 FDI 相对较"清洁"的是黑龙江、吉林和湖北。中部地区 8 个省只有部分省份的 FDI 对工业废水、工业废气、工业固体废物、工业二氧化硫排放量和工业固体废物产生量产生负向影响，即有利于环境改善，大部分省份的 FDI 对工业废水、工业废气的排放量产生正影响。

四、结论

东部地区辽宁、山东的 FDI 对工业废水排放量产生显著的负影响；中部地区只有河南的 FDI 对工业废水排放量产生显著的正影响。东部地区江苏的 FDI 对工业废气排放量产生显著的负影响；中部地区安徽的 FDI 对工业废气排放量产生显著的正影响。东部地区上海、北京、江苏、山东的 FDI 对工业烟尘排放量产生显著的负影响；中部地区吉林、黑龙江、湖北的 FDI 对工业烟尘排放量产生显著的负影响。东部地区上海、天津的 FDI 对工业粉尘排放量产生显著的负影响；中部地区吉林、黑龙江、湖北的 FDI 对工业粉尘排放量产生显著的负影响。东部地区河北、浙江、北京、天津的 FDI 对工业固体废物产生量产生显著的正影响；中部地区吉林、黑龙江的 FDI 对工业固体废物产生量产生显著的负影响，山西的 FDI 对工业固体废物产生量产生显著的正影响。东部地区辽宁、北京、山东的 FDI 对工业固体废物排放量产生显著的负影响，海南和上海的 FDI 对工业固体废物排放量产生显著的正影响；中部地区安徽、黑龙江、河南的 FDI 对工业固体废物排放量产生显著的负影响。东部地区河北、上海、北京、江苏、山东的 FDI 对工业二氧化硫排放量产生显著的负影响，海南、广东的 FDI 对工业二氧化硫排放量产生显著的正影响；中部地区湖南、黑龙江、湖北的 FDI 对工业二氧化硫排放量产生显著的负影响。东部地区 FDI 最"清洁"的是北京，其次是上海；中部地区 FDI 最"清洁"的是黑龙江，其次是吉林。需进一步研究北京的 FDI 产业分布，借鉴经验调整中国 FDI 的区位和产业分布。东部和中部地区省（市）的 FDI 对污染指标的影响存在较大差异，总体来说，东部地区的 FDI 比中部地区的 FDI 更"清洁"，这可能是因为中国的 FDI 主要集中于东部地区，因而存在结构效应和规模效应。宽松的环境管制是吸引外商直接投资进入的一个重要因素，具有一定的"污染避难所"效应特征，但中国并未成为一个世界的"污染避难所"。

参考文献

［1］ GROSSMAN G, KRUEGER A. Environment Impacts of The North American Free Trade Agreement ［Z］. NBER Working Paper, 1991.

［2］ ESKELAND G S, HARRISON A E. Moving to Greener Pasture? Multinationals and the Pollution Haven Hypothesis ［J］. Journal of Development Economics, 2003, 70 (1): 1–23.

［3］ 郭红燕, 韩立岩. 外商直接投资、环境管制与环境污染 ［J］. 国际贸易问题, 2008 (8): 111–118.

［4］ 贺文华. FDI 与经济增长区域差异: 基于中国省际面板数据的研究 ［J］. 经济前沿, 2009 (2~3): 24–31.

（原载于《上海商学院学报》2010 年第 5 期）

7. FDI 视角的环境库兹涅茨假说检验

——基于中国中部八省的面板数据

一、引言

随着经济的发展，环境污染日益严重，环境承受的压力越来越大。对环境问题的研究也日益增多。经济学界对环境问题的研究提出了两个理论假说，即环境库兹涅茨曲线（Environmental Kuznets Curve，EKC）和污染天堂假说（Pollution Haven Hypothesis，PHH）。

格鲁斯曼和克鲁格（Grossman & Krueger，1991）运用全球大气环境监测系统（GEMS）中的数据对北美自由贸易区国家经济增长和环境质量的关系进行了实证研究，发现人均 GDP 和二氧化硫及固体烟尘之间呈倒 U 形关系，而大气悬浮颗粒与人均 GDP 呈单调递增的关系。人均 GDP 和环境质量的倒 U 形关系被称为环境库兹涅茨曲线。格鲁斯曼和克鲁格（Grossman & Krueger，1995）选取城市空气污染、江河含氧量、江河城市居民排泄物含量和江河重金属含量作为环境指标的变量，证实了环境库兹涅茨曲线的存在，并且拐点出现在 8 000 美元之前，但他们并没有解释这种关系为什么存在。不少学者（Selden & Song，1992；Holtz-Eakin & Selden，1994；Harbaugh，Levinson & Wilson，2002）采用民主程度、对外贸易程度等变量，通过实证研究发现虽然环境与经济增长间的关系是存在的，但这种关系对模型的设定形式非常敏感。王良健、邹雯等（2009）对中国东部地区 11 个省（市）的环境库兹涅茨曲线进行检验，发现东部地区的"工业三废"密度和人均 GDP 之间均不符合环境库兹涅茨倒 U 形曲线关系。

污染天堂假说也称环境避难所假说，是发达国家通过经济全球化，将污染严重的生产转移到发展中国家，然后利用贸易进口回来消费，导致国际上出现产业转移和污染转移。科普兰和泰勒（Copeland & Tayloy，1994）通过南北贸易模型分析发现国际竞争的压力引起或加剧环境领域的政策失灵，欠发达地区降低环境标准，导致发达地区的污染型产业或者企业向环境标准较低的欠发达地区转移，使之成为"环境避难所"。也有学者认为外商投资建立的企业普遍采用的是比较先进的技术，与发展中国家同类企业相比，应该会造成更少的污染。齐齐尔尼斯基（Chichilnisky，1994）对这种情况做了理论分析，通过建立两国贸易模型，得到政府对环境规制的松紧可以完全决定贸易形式的结论，一个国家对环境所制定的法律制度也是导致国家贸易的原因。斯塔福德（Stafford，1985）和贾菲（Jaffe，1995）认为环境管制并不是影响外商投资和企业区位选择的决定性因素，而且环境保护的要求迫使企业技术革新，提高企业竞争力，有利于环境的改善。摩尼和惠勒（Mani & Wheeler，1997）研究表明绝大多数污染产业投向了发达国家，而非发展中国家，他们认为美国污染产业没有向发展中国家转移。科普兰和泰勒（Copeland & Taylor，2001）通过理论模型说明贸易对环境污染的影响有限，实证研究发现贸易导致的技术变化使污染减少，自由贸易对改善环境有积极影响。Dean（2002）使用中国省际面板数据，研究发现自由贸易经过资本和产品流动加剧了环境恶化，但贸易提高了生活水平，生活质量要求提高有利于改善环境质量。埃斯克兰和哈里森（Eskeland & Harrison，2003）的研究表明，在其选择研究的 4 个发展中国家中，外资企业比国内企业污染排放量明显要少得多。潘申彪、余妙志（2005）利用 1986—2003 年江、浙、沪三省（市）数据研究发现，三者 FDI 增长是导致该区域环境污染加剧的原因之一。杨海生等（2005）根据 1990—2002 年中国 30 个省份对外贸易、FDI、经济增长和环境相关数据，研究认为 FDI 与污染物排放之间呈现出显著的正相关关系。有研究者（Jie He，2006）利用中国 29 个省（市）的面板数据进行研究，发现 FDI 每增加 1%，工业二氧化硫排放量增加 0.098%。沙文兵和石涛（2006）利用中国 30 个省（市、区）1999—2004 年的面板数据进行分析，结果显示 FDI 对中国生态环境具有显著的负面效应，同时 FDI 的负面效应呈现出"东高西低"的特征。陈凌佳（2008）利用中国 112 个重点城市 2001—2006 年的年度数据进行了实证分析，结果表明 FDI 对中国的生态环境具有较为显著的负面效应，FDI 每增加 1%，工业二氧化硫污染强度增加 0.058 7%。余静文和王勋（2009）通过研究中国地区间面板数据，发现 FDI 对中国的环境问题有改善的作用，在所选取的三种环境污染物（二氧化硫、烟尘、工业废水）中，FDI 的增加都将导致污染排放量的减少。

现有的研究文献显示，关于 FDI 对环境污染的影响并没有达成共识，主要有三种观点。第一种是污染天堂假说，也称污染避难所假说，即发达国家将污染产业转移到发展中国家，使后者成为污染避难所，即 FDI 会加剧东道国的环境污染；第二种观点认为，跨国公司在向外进行投资的同时带去了先进的治理污染技术，从而有利于东道国环境污染的改善；第三种观点认为 FDI 促使东道国产量增加，从而导致相应的污染的增加，即环境的规模效应，但生活水平的提高要求提高生活质量，对环境质量的要求提高，反过来又有利于改善环境。

　　FDI 增加能增加东道国的生产总值，提高人均收入水平，而环境库兹涅茨假说认为环境污染指标先随收入的提高而增加，到顶点后会随收入的提高而下降。本文利用 1985—2008 年中国中部地区 8 个省的面板数据，从 FDI 的视角对环境库兹涅茨假说进行检验。

二、数据来源及处理

（一）环境污染指标和经济增长指标选取

　　环境污染指标数据来自 1986—2009 年中国统计年鉴及中国省（市）统计年鉴，考虑统计口径一致和数据的连续性，本文选取工业废气排放总量（亿标准立方米）、工业废水排放总量（万吨）、工业固体废物产生量（万吨）、工业固体废物排放量（万吨）、工业烟尘排放量（万吨）、工业粉尘排放量（万吨）和工业二氧化硫排放量（万吨）作为环境污染指标（数据来源于中国统计年鉴），人均地区生产总值（元）作为经济增长指标。此外，考虑国际贸易因素中污染的可输出性，有些发达国家通过 FDI 输出污染以便减轻国内环境压力，因而用外商直接投资作为污染的输出指标（万美元）。各省人均地区生产总值和 FDI 数据来自于各省 1986—2009 年统计年鉴。SO_2、FS、FQ、$GYYC$、$GYFC$、$GTCS$、$GTPF$ 分别表示工业二氧化硫排放量、工业废水排放量、工业废气排放量、工业烟尘排放量、工业粉尘排放量、工业固体废物产生量、工业固体废物排放量，Y 表示人均地区生产总值，FDI 表示外商直接投资。因为是面板数据，为消除时间序列趋势，对所有数据取自然对数，$LNSO_2$、$LNFS$、$LNFQ$、$LNGYYC$、$LNGYFC$、$LNGTCS$、$LNGTPF$ 分别表示污染指标的自然对数，LNY 表示人均地区生产总值的自然对数，$LNFDI$ 表示外商直接投资的自然对数。

（二）数据平稳性检验

　　标准单位根检验在检验单变量时间序列时具有较低的检验功效，而考虑含有时间和截面的面板情形则更为有效。本文选用的面板单位根检验方法包括 LLC 检验（Levin、Lin & Chu）、IPS 检验（Im、Pesaran & Shin）和 CH 检验（Choi）。本文用 Eviews 6.0 软件对各变量进行单位根检验，LLC 检验的零假设是各截面有相同的单位根，IPS、ADF 和 PP 检验的零假设是允许各截面有不同单位根（见表 1）。本文以个体效应为外生变量，对所有变量进行单位根检验，一阶差分后都是平稳序列，但 $LNGYYC$ 和 $LNGYFC$ 的原序列已是平稳序列。

表 1　环境污染指标、外商直接投资和人均地区生产总值对数值单位根检验

变量	LLC	IPS	ADF	PP	平稳性
$LNFDI$	−2.899 4*	−0.142 0	14.659 7	11.030 7	否

表1(续)

变量	LLC	IPS	ADF	PP	平稳性
$LNSO_2$	−0.407 4	0.798 5	8.504 2	8.904 1	否
LNY	0.188 0	3.893 8	1.485 3	1.343 1	否
$LNFQ$	6.461 1	8.671 1	0.149 8	0.166 0	否
$LNFS$	−2.045 8**	0.495 7	14.291 1	10.313 3	否
$LNGYYC$	−4.459 3*	−2.965 2*	33.567 7*	32.272 1*	是
$LNGYFC$	−3.372 8*	−3.684 7*	45.674 0*	47.353 9*	是
$LNGTCS$	7.138 5	8.584 6	13.078 4	13.159 5	否
$LNGTPF$	−0.729 2	−0.286 3	17.743 4	19.355 1	否
$DLNFDI$	−8.998 0*	−7.506 2*	93.732 7*	106.488*	是
$DLNSO_2$	−12.339 0*	−10.925 3*	125.571*	152.541*	是
$DLNY$	−1.761 5*	−3.734 6*	40.592 6*	29.506 3*	是
$DLNFQ$	−3.372 9*	−3.684 8*	45.674 0*	47.353 9*	是
$DLNFS$	−5.910 4*	−7.341 7*	84.769 8*	131.186*	是
$DLNGYYC$	−12.112 8*	−11.700 3*	130.329*	228.937*	是
$DLNGYFC$	−12.228 2*	−10.786 3*	114.991*	121.493*	是
$DLNGTCS$	−13.666 9*	−13.241 1*	178.975*	173.591*	是
$DLNGTPF$	−13.358 3*	−13.616 0*	153.487*	161.312*	是

注：*表示1%的显著水平；**表示5%的显著水平；***表示10%的显著水平；D表示序列的一阶差分

三、污染指标的面板数据模型

（一）模型设定形式

由于面板数据模型同时具有截面、时序的两维特性，模型中参数在不同截面、时序样本点上是否相同，直接决定模型参数估计的有效性。根据截距向量和系数向量中各分量限制要求的不同，面板数据模型可分为无个体影响的不变系数模型、变截距模型和变系数模型三种形式。因此，在面板数据模型估计之前，需要检验样本数据适合上述哪种形式，避免模型设定的偏差，提高参数估计的有效性。设有因变量 y_{it} 与 $1 \times k$ 维解释变量向量 x_{it}，满足线性关系：

$$y_{it} = \alpha_{it} + x_{it}\beta_{it} + \varepsilon_{it}; i = 1, 2, \cdots, N; t = 1, 2, \cdots, T$$

其中，N 表示个体截面成员的个数，T 表示每个截面成员的观察时期总数，参数 α_{it} 表示模型的常数项，β_{it} 表示对应于解释变量 x_{it} 的 $k \times 1$ 维系数向量，k 表示解释变量个数。随机误差项相互独立，且满足零均值、同方差假设。采用 F 检验如下两个假设：

H_1：个体变量系数相等。

H_2：截距项和个体变量系数都相等。

如果 H_2 被接受，则属于个体影响的不变系数混合估计；如果 H_2 被拒绝，则检验假设 H_1，如果 H_1 被接受，则属于变截距，否则属于变系数。变系数、变截距和混合估计的残差平方和分别为 S_1、S_2、S_3，面板个体数量为 N，面板时间跨度为 T，根据 Wald 定理在 H_2 假设条件下构建统计量 F_2，在 H_1 假设条件下构建统计量 F_1，其中：

$$F_2 = \frac{(S_3 - S_1)/[(N-1)(K+1)]}{S_1/[NT - N(K+1)]} \sim F[(N-1)(K+1), N(T-K-1)]$$

$$F_1 = \frac{(S_2 - S_1)/[(N-1)K]}{S_1/[NT - N(K+1)]} \sim F[(N-1)K, N(T-K-1)]$$

若计算得到的统计量 F_2 的值不小于给定置信度下的相应临界值，则拒绝假设 H_2，继续检验假设 H_1；反之，则认为样本数据符合无个体影响的不变系数模型。若计算得到的统计量 F_1 的值不小于给定置信度下的相应临界值，则拒绝假设 H_1，用变系数模型拟合；反之，则用变截距模型拟合。

（二）模型估计结果

本文通过 F 检验采用固定效应模型，用 Eviews 6.0 软件对模型进行估计。模型基本设定形式为：

$LNE_{it} = \alpha_{it} + \beta_0 + \beta_1 LNY + \beta_2 LNY^2 + \beta_3 LNY^3 + \beta_{it} LNFDI$，其中，$E_{it}$ 为污染指标，LNY^2 表示 LNY 的平方，LNY^3 表示 LNY 的立方。

1. 工业废水模型参数估计

本文用 $LNFS$ 对 LNY、LNY^2、LNY^3、$LNFDI$ 进行回归得到参数估计结果（见表2）。

表2　　　　　　　　　　工业废水模型参数估计结果

变量	模型 I		模型 II	
	参数	固定效应	参数	固定效应
β_0	5.596 2 (0.910 1)		17.678 1* (19.409 9)	
LNY	3.025 6 (1.352 9)		−1.405 7* (−6.207 4)	

表2(续)

变量	模型Ⅰ		模型Ⅱ	
	参数	固定效应	参数	固定效应
LNY^2	−0.464 7 *** (−1.729 9)		0.071 3 * (5.590 6)	
LNY^3	0.021 5 ** (2.002 5)			
湖南-LNFDI	−0.006 3 (−0.411 6)	0.860 9	−0.004 8 (−0.311 2)	0.895 5
山西-LNFDI	0.026 7 *** (1.729 1)	−0.641 9	0.029 9 ** (1.920 5)	−0.619 8
吉林-LNFDI	0.005 3 (0.445 6)	−0.361 6	0.008 1 (0.668 4)	−0.332 5
安徽-LNFDI	0.028 0 ** (1.857 7)	−0.080 0	0.034 5 * (2.290 2)	−0.098 6
黑龙江-LNFDI	−0.105 8 * (−5.558 6)	1.208 4	−0.104 6 * (−5.542 2)	1.251 5
河南-LNFDI	0.131 9 * (5.569 7)	−0.824 3	0.144 7 * (6.403 0)	−0.910 9
江西-LNFDI	0.046 9 * (2.380 1)	−0.523 8	0.054 8 * (2.787 4)	−0.560 1
湖北-LNFDI	−0.033 9 * (−1.600 8)	1.062 6	−0.033 0 *** (−1.559 1)	1.106 2
R^2	0.999 2		0.999 1	
F	10 673.21		10 469.79	

注：括号内为 t 值，＊表示1%的显著水平；＊＊表示5%的显著水平；＊＊＊表示10%的显著水平（下同）

对回归结果进行比较，确定为模型Ⅱ：

$$LNFS_{it} = \alpha_{it} + 17.687\ 1 - 1.405\ 7LNY + 0.071\ 5LNY^2 + \beta_{it}\ LNFDI_{it}$$

中部地区8个省工业废水排放量对数值对人均地区生产总值和外商直接投资对数值回归结果中的 LNY、LNY^2、C 都在1%的水平下显著。山西、安徽、河南、江西的外商直接投资都对工业废水排放量产生正的影响，除山西在5%的水平下显著外，其他都在1%的水平下显著；黑龙江和湖北的外商直接投资对工业废水排放量产生负影响，黑龙江在1%的水平下显著，湖北在10%的水平下显著；湖南的外商直接投资对湖南的环境污染产生负的影响，但不显著；吉林的外商直接投资对吉林的环境污染产生正的影响，但不显著。就中部地区来说，工业废水排放量与经济增长关系存在 U 形关系，但外商直接投资对中部地区各省环境污染的影响存在差异。

2. 工业废气模型参数估计

本文用 $LNFQ$ 对 LNY、LNY^2、LNY^3、$LNFDI$ 进行回归得到参数估计结果（见表3）。

表3 工业废气模型参数估计结果

变量	模型 I		模型 II	
	参数	固定效应	参数	固定效应
β_0	24.471 9* (2.936 0)		17.797 7* (14.868 8)	
LNY	-5.211 8*** (-1.720 2)		-2.741 0* (-9.210 1)	
LNY^2	0.490 4 (1.349 0)		0.188 5* (11.302 6)	
LNY^3	-0.012 2 (-0.841 3)			
湖南-$LNFDI$	0.019 3 (0.991 1)	-0.065 9	0.020 2 (1.072 6)	-0.085 5
山西-$LNFDI$	0.075 6* (3.787 2)	-0.018 0	0.075 3* (3.889 6)	-0.025 7
吉林-$LNFDI$	-0.047 8* (-2.480 7)	0.311 9	-0.048 2* (-2.541 2)	0.302 1
安徽-$LNFDI$	0.092 2* (3.836 3)	-0.659 1	0.090 7* (3.903 1)	-0.652 2
黑龙江-$LNFDI$	-0.146 2* (-6.694 4)	1.643 5	-0.145 5* (-6.786 3)	1.623 8
河南-$LNFDI$	0.098 9* (3.194 0)	-0.279 9	0.094 3* (3.210 5)	-0.240 9
江西-$LNFDI$	0.066 8* (2.824 2)	-0.991 6	0.064 6* (2.895 7)	-0.976 4
湖北-$LNFDI$	0.024 8 (0.833 1)	0.113 9	0.025 5 (0.808 5)	0.095 0
R^2	0.996 8		0.997 2	
F	2 729.587		3 312.46	

对回归结果进行比较，确定为模型 II：

$$LNFQ_{it} = \alpha_{it} + 17.797\ 7 - 2.741\ 0LNY + 0.188\ 5LNY^2 + \beta_{it}LNFDI_{it}$$

中部地区 8 个省工业废气排放量对数值对人均地区生产总值和外商直接投资对数值回归结果中的 LNY、LNY^2、C 都在 1% 的水平下显著。湖南、山西、安徽、河南、江西、湖北的外商直接投资都对工业废气排放量产生正的影响，除湖南和湖北外都在 1% 的水平下显著，湖南和湖北的外商直接投资对废气排放量的影响不显著；黑龙江和吉林的外商直接投资对工业废气排放量产生负影响，并且都在 1% 的水平下显著。就中部地区来说，工业废气排放量与经济增长关系存在 U 形关系，但 FDI 对中部各省环境污染的影响存在差异。

3. 工业二氧化硫模型参数估计

本文用 LNSO$_2$ 对 LNY、LNY^2、LNY^3、LNFDI 进行回归得到参数估计结果（见表 4）。

表 4　　　　　　　　　　工业二氧化硫模型估计结果

变量	模型 I		模型 II	
	参数	固定效应	参数	固定效应
β_0	25.948 4* (2.628 6)		8.087 6* (5.789 0)	
LNY	−7.844 5** (−2.184 6)		−1.289 0* (−3.710 1)	
LNY^2	0.891 8** (2.068 0)		0.098 7* (5.037 1)	
LNY^3	−0.031 8** (−1.847 9)			
湖南-LNFDI	−0.040 4*** (−1.738 6)	0.444 4	−0.045 5* (−1.949 8)	0.394 9
山西-LNFDI	0.014 9 (0.628 1)	0.225 8	0.007 9 (0.338 6)	0.184 3
吉林-LNFDI	−0.061 3* (−2.894 8)	−0.439 1	−0.067 9* (−3.270 7)	−0.489 3
安徽-LNFDI	−0.029 1 (−1.165 3)	−0.150 1	−0.041 3** (−1.788 2)	−0.124 8
黑龙江-LNFDI	−0.092 9* (−3.347 4)	0.087 0	−0.098 2* (−3.706 5)	0.027 5
河南-LNFDI	0.067 8** (1.922 4)	−0.555 2	0.045 4 (1.383 4)	−0.419 9
江西-LNFDI	−0.043 6 (−1.426 7)	−0.111 1	−0.057 9** (−1.918 3)	−0.057 9

表4(续)

变量	模型 I		模型 II	
	参数	固定效应	参数	固定效应
湖北-LNFDI	−0.139 1* (−4.084 7)	1.351 9	−0.144 7* (−3.802 4)	1.301 3
R^2	0.983 2		0.979 7	
F	506.788		444.186	

对回归结果进行比较，确定为模型 II：

$$LNSO_{2it} = \alpha_{it} + 8.087\ 6 - 1.289\ 0LNY + 0.098\ 7LNY^2 + \beta_{it}LNFDI_{it}$$

中部地区 8 个省工业二氧化硫排放量对数值对人均地区生产总值和外商直接投资对数值回归结果中的 LNY、LNY^2、C 都在 1% 的水平下显著。湖南、吉林、安徽、黑龙江、江西、湖北的外商直接投资都对工业二氧化硫排放量产生负的影响，除江西和安徽在 5% 的水平下显著外，其余都在 1% 的水平下显著；山西和河南的外商直接投资对工业二氧化硫排放量产生正的影响，但不显著。就中部地区来说，工业二氧化硫排放量与经济增长存在 U 形关系，即经济增长越快，污染越严重；但外商直接投资增加有利于降低中部各省的工业二氧化硫排放量。

4. 工业粉尘模型参数估计

本文用 LNGYFC 对 LNY、LNY^2、LNY^3、$LNFDI$ 进行回归得到参数估计结果（见表5）。

表5　　　　　　　　工业粉尘模型参数估计结果

变量	模型 I		模型 II	
	参数	固定效应	参数	固定效应
β_0	118.129 6* (8.149 1)		4.814 1** (1.899 2)	
LNY	−42.217 4* (−8.040 8)		−0.276 3 (−0.438 2)	
LNY^2	5.156 5* (8.209 6)		0.032 5 (0.913 1)	
LNY^3	−0.207 1* (−8.300 2)			
湖南-LNFDI	−0.021 1 (−0.448 3)	−0.444 2	−0.010 9 (−0.202 3)	−0.780 2
山西-LNFDI	−0.011 3 (−0.299 5)	−0.759 8	−0.021 0 (−0.491 3)	−0.907 8

表5(续)

变量	模型 I		模型 II	
	参数	固定效应	参数	固定效应
吉林-LNFDI	-0.174 2* (-5.301 8)	-0.353 9	-0.185 6* (-4.989 3)	-0.530 6
安徽-LNFDI	-0.126 8* (-2.926 4)	0.196 3	-0.157 0* (-3.104 1)	0.306 1
黑龙江-LNFDI	-0.383 8* (-8.080 0)	2.128 9	-0.379 5* (-7.868 7)	1.803 7
河南-LNFDI	-0.033 7 (-0.585 1)	-0.322 9	-0.118 4** (-1.834 4)	0.356 6
江西-LNFDI	-0.046 0 (-1.057 6)	-0.767 9	-0.088 5** (-2.002 3)	-0.504 4
湖北-LNFDI	-0.160 1* (-3.817 6)	0.594 6	-0.156 9** (-2.167 9)	0.295 0
R^2	0.969 9		0.831 8	
F	263.238		43.072 3	

对回归结果进行比较，确定为模型 I：

$$LNGYFC_{it} = \alpha_{it} + 18.129\ 6 - 42.217\ 4LNY + 5.156\ 5LNY^2 - 0.041\ 1LNY^3 + \beta_{it}LNFDI_{it}$$

中部地区8个省工业粉尘排放量对数值对人均地区生产总值和FDI对数值回归结果中的LNY、LNY^2、LNY^3、C都在1%的水平下显著。中部地区8个省的外商直接投资都对工业粉尘排放量产生负的影响，除湖南、山西、河南和江西的影响不显著外，其余都在1%的水平下显著。就中部地区来说，工业粉尘排放量与经济增长存在倒 N 形关系，但外商直接投资增加有利于降低中部地区各省工业粉尘排放量。

5. 工业烟尘模型参数估计

本文用LNGYYC对 LNY、LNY^2、LNY^3、LNFDI进行回归得到参数估计结果（见表6）。

表6   工业烟尘模型参数估计结果

	模型 I		模型 II	
	参数	固定效应	参数	固定效应
β_0	28.562 0* (2.054 1)		5.722 9* (2.804 3)	

表6(续)

	模型 I		模型 II	
	参数	固定效应	参数	固定效应
LNY	-8.717 1*** (-1.717 0)		-0.307 9 (-0.607 0)	
LNY^2	1.040 8*** (1.699 7)		0.019 4 (0.679 6)	
LNY^3	-0.041 1*** (-1.673 5)			
湖南-LNFDI	0.013 89*** (0.378 1)	-1.045 9	0.012 9 (0.345 6)	-1.112 2
山西-LNFDI	0.019 2 (0.378 0)	-0.412 5	0.014 6 (0.341 4)	-0.449 5
吉林-LNFDI	-0.151 1* (0.448 7)	0.613 8	-0.155 2* (-4.484 8)	0.566 1
安徽-LNFDI	-0.091 0* (-4.329 5)	-0.229 2	-0.100 9* (-2.532 2)	-0.199 0
黑龙江-LNFDI	-0.229 9* (-2.251 7)	1.983 4	-0.231 0* (-5.611 5)	1.908 7
河南-LNFDI	0.017 0 (-5.574 9)	-0.521 4	-0.004 4 (-0.097 9)	-0.368 0
江西-LNFDI	-0.040 0 (0.360 9)	-0.953 6	-0.053 2 (-1.393 2)	-0.891 4
湖北-LNFDI	-0.179 6* (-1.025 3)	1.001 8	-0.180 7* (-3.422 1)	0.929 9
R^2	0.939 3		0.926 4	
F	133.246 2		115.567 2	

对回归结果进行比较,确定为模型 I:

$$LNGYYC_{it} = \alpha_{it} + 28.562\ 0 + 28.562\ 0 - 8.717\ 1LNY + 1.040\ 8LNY^2$$
$$- 0.041\ 1LNY^3 + \beta_{it}LNFDI_{it}$$

中部地区 8 个省工业烟尘排放量对数值对人均地区生产总值和外商直接投资对数值回归结果中的 C 在 1% 的水平下显著,LNY、LNY^2 和 LNY^3 在 10% 的水平下显著。湖南、山西和河南的外商直接投资都对工业烟尘排放量产生正的影响,除湖南在 10% 的水平下显著外,山西、河南的影响不显著;吉林、安徽、黑龙江、江西和湖北的外商直接投资都对工业烟尘排放量产生负的影响,除江西的影响不显著外,其他省都在 1% 的水平下显著。就中部地区来说,工业烟尘排放量与经济增长存在倒 N 形关系，但外商直接投资增加有利于降低中部地区各省工业粉尘排放量。

6. 固体废物产生量模型参数估计

用 LNGTCS 对 LNY、LNY^2、LNY^3、LNFDI 进行回归得参数估计结果（见表7）。

表7 固体废物产生量模型参数估计结果

变量	模型 I		模型 II	
	参数	固定效应	参数	固定效应
β_0	18.885 1* (3.264 1)		14.118 2* (16.413 2)	
LNY	-3.535 6*** (-1.681 4)		-1.796 6* (-8.405 8)	
LNY^2	0.340 8 (1.350 2)		0.131 8* (11.054 0)	
LNY^3	-0.008 3 (-0.827 1)			
湖南-LNFDI	-0.043 7* (-2.409 6)	-0.098 7	-0.044 9* (-2.481 3)	-0.112 1
山西-LNFDI	0.067 8* (4.347 2)	-0.326 6	0.066 0* (4.265 3)	-0.336 6
吉林-LNFDI	-0.061 3* (-3.849 2)	-0.374 8	-0.062 8* (-3.960 2)	-0.388 7
安徽-LNFDI	-0.000 7 (-0.039 3)	-0.229 8	-0.004 0 (-0.242 3)	-0.221 1
黑龙江-LNFDI	-0.227 5* (-12.523 1)	1.972 6	-0.228 5* (-12.597 1)	1.953 7
河南-LNFDI	0.062 8* (3.079 8)	-0.862 9	0.056 9* (2.950 5)	-0.825 4
江西-LNFDI	0.008 0 (0.446 1)	0.022 6	0.004 1 (0.236 6)	0.038 8
湖北-LNFDI	-0.023 2 (-1.331 4)	-0.308 1	-0.023 9 (-1.387 1)	-0.328 0
R^2	0.998 8		0.998 9	
F	7 561.619		8 463.407	

对回归结果进行比较，确定为模型 II：

$$LNGTCS_{it} = \alpha_{it} + 14.118\,2 - 1.796\,6LNY + 0.131\,8LNY^2 + \beta_{it}\,LNFDI_{it}$$

中部地区 8 个省固体废物产生量对数值对人均地区生产总值和外商直接投资对数值回归结果中的 LNY、LNY^2、C 都在 1% 的水平下显著。湖南、吉林、安徽、黑龙江和湖北的外商直接投资都对固体废物产生量产生负的影响，除安徽和湖北的影响不显著外，其余都在 1% 的水平下显著；山西、河南和江西的外商直接投资对固体废物产生量产生正的影响，除江西的影响不显著外，山西和河南都在 1% 的水平下显著。就中部地区来说，固体废物产生量与经济增长存在 U 形关系，但外商直接投资对固体废物产生量的影响各省之间存在差异。

7. 固体废物排放量模型参数估计

本文用 $LNGTPF$ 对 LNY、LNY^2、LNY^3、$LNFDI$ 进行回归得到参数估计结果（见表 8）。

表 8　　　　　　　固体废物排放量模型参数估计结果

变量	模型 I		模型 II	
	参数	固定效应	参数	固定效应
β_0	182.021 9* (3.441 7)		13.453 4* (1.850 2)	
LNY	−61.992 3* (−3.240 2)		−0.703 7 (−0.391 6)	
LNY^2	7.365 2* (3.223 0)		0.017 6 (0.175 4)	
LNY^3	−0.292 2* (−3.218 5)			
湖南−$LNFDI$	0.040 4 (0.338 5)	−3.904 4	−0.026 2 (−0.211 6)	−4.166 0
山西−$LNFDI$	0.178 8*** (1.529 7)	−3.441 1	0.107 7 (0.899 8)	−3.791 8
吉林−$LNFDI$	−0.341 7* (−3.276 3)	−2.259 2	−0.384 5* (−3.616 4)	−2.882 3
安徽−$LNFDI$	−1.179 3* (−5.155 8)	4.776 9	−1.290 3* (−5.684 9)	4.972 1
黑龙江−$LNFDI$	−1.521 7* (−6.337 4)	9.290 6	−1.571 9* (−6.530 6)	8.725 5
河南−$LNFDI$	−0.333 4** (−2.064 0)	−1.688 8	−0.538 2* (−3.500 2)	−0.469 1

变量	模型 I		模型 II	
	参数	固定效应	参数	固定效应
江西-LN*FDI*	−0. 281 3[*] （−2. 198 0）	−1. 710 6	−0. 414 8[*] （−3. 235 7）	−1. 229 2
湖北-LN*FDI*	−0. 251 2[**] （−1. 802 4）	−1. 938 3	−0. 302 6[*] （−2. 278 2）	−2. 421 6
R^2	0. 901 3		0. 895 19	
F	74. 069 4		73. 861 4	

对回归结果进行比较，确定为模型 I ：

$$LNGTPF_{it} = \alpha_{it} + 182.021\ 9 - 61.992\ 3LNY + 7.365\ 2LNY^2 - 0.292\ 2LNY^3 + \beta_{it}\ LNFDI_{it}$$

中部地区 8 个省固体废物排放量对数值对人均地区生产总值和外商直接投资对数值回归结果中的 LNY、LNY^2、LNY^3、C 都在 1% 的水平下显著。吉林、安徽、黑龙江、河南、江西和湖北的外商直接投资都对固体废物排放量产生负的影响，除河南和湖北在 5% 的水平下显著外，其余都在 1% 的水平下显著；山西和湖南的外商直接投资对固体废物排放量产生正的影响，湖南的影响不显著，山西在 10% 的水平下显著。就中部地区来说，固体废物排放量与经济增长存在倒 N 形关系，但外商直接投资对固体废物排放量产生负的影响，即外商直接投资增加有助于降低固体废物排放量。

四、结论及建议

从 FDI 视角利用中国中部地区 8 个省 1985—2008 年的面板数据对环境库兹涅茨假说进行检验，回归结果显示中国没有严格意义上的倒 U 形库兹涅茨曲线，只有 U 形和倒 N 形。FDI 对中部地区 8 个省环境污染指标的影响存在差异，但总体来说，FDI 增加有利于减少环境污染。因此，本文提出以下建议：

第一，提高引资质量，尽可能多地引入"清洁"FDI，逐步减少污染密集型制造业外资项目的引进。加大力度调整引资结构，更多地吸引高新技术产业和服务业在内的新型外资项目。这种引资方式可以有效地降低第二产业占整个国内产出的份额，不仅能改善我们的生态环境，还有利于我国经济的持续发展。

第二，加大环保力度，建立保护环境的激励机制。我国必须进一步加强环境保护的立法和执法，最大限度上减少外商直接投资对我国生态环境的负面效应，除了运用法律手段建立惩戒机制之外，还需要运用经济和政策手段建立环保激励机制。

参考文献

［1］GROSSMAN GENE M, ALAN B KRUEGER. Environmental Impacts of a North American Free Trade Agreement ［Z］. NBER Working Paper, 1991.

［2］GROSSMAN GENE M, ALAN B KRUEGER. Economic Growth and the Environment ［J］. Quarterly Journal of Economics, 1995, 110 (2): 353-377.

［3］SELDEN T M, SONG D. Environmental Quality and Development: Is there a Kuznets Curve for Air Pollution Emissions ［J］. Journal of Environmental Economics and Management, 1994, 27: 147-162.

［4］COPELAND BRIAN R, TAYLOR M SCOTT. North-South Trade and the Environment ［J］. Quarterly Journal of Economics, 1994, 109 (3): 75-87.

［5］MANI M, D WHEELER. In Search of Pollution Havens: Dirty Industry Migration in the World Economy ［Z］. World Bank Working Paper, 1997.

［6］ANTWEILER W COPELAND, BRIAN R TAYLOR, M SCOTT. Is Free Trade Good for the Environment ［J］. American Economic Review, 2001, 91 (4): 877-908.

［7］CHICHILNISKY, GRACIELAL. Global Environment and North – South Trade ［J］. American Economic Review, 1994, 84 (4): 851-874.

［8］A B JAFFE, S R PETERSON, P R PORTNEY et al. Environmental Regulation and the Competitiveness of US Manufacturing ［J］. Journal of Economic Literature, 1995 (33): 132-163.

［9］JUDITH M DEAN. Does Trade Liberalization Harm the Environment? A New Test ［J］. The Canadian Journal of Economics, 2002, 35 (4): 819-842.

［10］ESKELAND G S, HARRISON A E. Moving to Greener Pastures? Multinationals and the Pollution Haven Hypothesis ［J］. Journal of Development Economics, 2003, 70: 12-23.

［11］JIE HE. Pollution Haven Hypothesis and Environmental Impacts of Foreign Direct Investment: The Case of Industrial Emission of Sulfur Dioxide (SO_2) in Chinese Provinces ［J］. Ecological Economics, 2006: 12-18.

［12］潘申彪, 余妙志. 江浙沪三省市外商直接投资与环境污染的因果关系检验 ［J］. 国际贸易问题, 2005 (12): 74-79.

［13］杨海生, 贾佳, 周永章, 等. 贸易、外商直接投资、经济增长与环境污染 ［J］. 中国人口·资源与环境, 2005, 15 (3): 99-103.

［14］沙文兵, 石涛. 外商直接投资的环境效应——基于中国省级面板数据的实证分析 ［J］. 世界经济研究, 2006 (6): 76-81.

[15] 陈凌佳. FDI 环境效应的新检验——基于中国 112 座重点城市的面板数据研究 [J]. 世界经济研究, 2008 (9): 54-60.

[16] 王良健, 邹雯, 黄莹, 等. 东部地区环境库茨涅茨曲线的实证研究 [J]. 海南大学学报 (人文社会科学版), 2009 (1): 57-62.

[17] 余静文, 王勋. 经济增长、FDI 与环境——基于中国地区间面板数据的分析 [J]. 经济前沿, 2009 (8): 3-11.

（原载于《产经评论》2010 年第 2 期）

8. FDI 的"污染天堂假说"检验
——基于中国东部和中部的数据

一、引言

20 世纪 60 年代后期和 70 年代早期，大多数经济合作与发展组织（OECD）国家基于"污染者付费"原则建立了环境法规，这些举措导致外商直接投资迅速增加，并涌向发展中国家。在这一背景下，经济学家开始关注外商直接投资对环境的影响。由于发达国家环境标准严格，在利润最大化目标的驱动下，跨国公司会把污染产品的生产活动转移到发展中国家，从而改善了发达国家的环境，却导致发展中国家环境的恶化。在这种情形下，经济学家提出了"污染天堂假说"。

"污染天堂假说"也称"污染避难所假说"或"产业区位重置假说"，该假说主要指污染密集型产业的企业倾向于建立在环境标准相对较低的国家或地区。发达国家环境标准普遍较高，而发展中国家环境标准普遍较低，因而形成发达国家将本国面临淘汰的污染产业转移到发展中国家，不断地向发展中国家转移环境污染和生态危机；而发展中国家急于发展经济在一定程度上纵容了环境污染问题，自身的可持续发展与环境安全受到严重威胁。

"污染避难所假说"最早由沃尔特和尤格罗（Walter & Ugelow）提出。鲍莫尔和奥茨（Baumol & Oates）则从理论上进行了系统的论述，认为如果发展中国家自愿实施较低的环境标准，那么将会变成世界污染的集中地。其他一些学者也从理论上论证了"污染避难所假说"存在的合理性。

伦纳德（Leonard）提出了两个互补假说，即"产业逃离假说"和"污染天堂假说"。"产业逃离假说"认为，发达国家环境禀赋的迅速减少会产生大量促使污染密集型产业整体逃离的"推动"因素。巴里·卡斯尔曼（Barry Castleman）指出，出口危险的经济正在成为许多危险和污染密集型产业新工厂投资的推动力量。

萨米尔·阿明（Samir Amin）认为，默许污染密集型产业转移就是同样默许这种转移的最终成本从发达国家向发展中国家转移。这意味着接受一个新的不平等的劳动国际分工、统治中心与受统治的外围之间的持续不平等关系和中心与外围之间日益加深的生活水平鸿沟。

对"污染天堂假说"的实证检验没有形成一致结论。托比（Tobey）认为环境规制对 FDI 的产业定位不产生影响。埃斯克兰和哈里森（Eskeland & Harrison）认为，理论上环境管制标准对产出和投资的作用不能确定，"污染天堂假说"只能通过实证检验。瓦格纳和蒂明斯（Wagner & Timmins），通过实证研究发现"污染天堂假说"在大多数污染密集型行业被证实成立。杰普森和格雷（Jeppesen & Gray）等发现，FDI 对"污染天堂"有强烈偏好。朗和西伯特（Long & Siebert）建立了有两个国家、劳动和资本两种要素以及一个生产部门的模型，在生产产生污染和政府征收排污税（Pollution Tax）的假设下，排污税降低了资本收益率，利益驱动资本流向国外，直到两国的资本收益率均等。

张燕从环境管制的视角利用江苏的数据对污染产业转移进行实证研究发现，外商通过投资将污染产业转移是造成我国环境污染的主要原因。这一说法在江苏省并不完全成立，江苏省的环境污染是由外商投资企业和国内企业共同造成的。外商对江苏省的投资主要集中在纺织业、纺织服装鞋帽、通信设备和计算机及其他电子设备等轻度污染产业，总体对环境影响不大。

戴育琴和欧阳小迅研究发现，从绝对数量来看，外商投资污染密集型产业的各项经济指标都占到中国污染密集产业同类指标的 15%左右，似乎证实了"污染天堂假说"。但外商清洁密集型产业较污染密集型产业的生产能力更强，比较优势更明显，同时外商投资污染密集型产业分布结构优于我国整体污染密集型产业分布结构，外商投资对我国整体污染产业具有拉升效应，我国并没有成为外商直接投资的"污染天堂"。

对于"污染天堂假说"的检验一般有以下几种方法：第一种方法是利用环境政策的强度数据检验环境政策是否影响贸易流向；第二种方法是通过建立 FDI 的区位选择模型，来检验环境保护强度变量在 FDI 区位选择中的作用或贡献；第三种方法是进行个案研究，即对某些公司的区位投资决策或某些特殊产业的区位转移行为进行个案分析；第四种方法是构建污染产业的显示比较优势指数，即一国某污染产业出口占世界该产业总出口的份额与该国总出口在世界总出口中份额的比率，比率大于 1，表示该国在该污染产业有比较优势。本文从环境库兹涅茨曲线假说的视角利用中国东部和中部省（市）外商直接投资数据对"污染天堂假说"进行检验。

二、变量选取和数据处理

（一）变量选取

考虑统计口径一致和数据的连续性，本文选取工业废气排放总量（亿标准立方米)、工业废水排放总量(万吨)、工业固体废物产生量(万吨)、工业固体废物排放量(万吨)、工业烟尘排放量(万吨)、工业粉尘排放量(万吨)和工业二氧化硫排放量(万吨)作为环境污染指标,人均地区生产总值(元)作为经济增长指标。此外,考虑国际贸易因素中污染的可输出性,用 FDI 作为污染的输出指标(万美元)。SO_2、FS、FQ、$GYYC$、$GYFC$、$GTCS$、$GTPF$ 分别表示工业二氧化硫排放量、工业废水排放量、工业废气排放量、工业烟尘排放量、工业粉尘排放量、工业固体废物产生量、工业固体废物排放量,Y 表示人均地区生产总值,FDI 表示外商直接投资。环境污染指标数据根据 1986—2009 年中国统计年鉴相关数据整理获得,人均地区生产总值和外商直接投资数据根据 1986—2009 年省(市)统计年鉴相关数据整理获得。因为是面板数据,为消除时间序列趋势,对所有数据取自然对数,$LNSO2$、$LNFS$、$LNFQ$、$LNGYYC$、$LNGYFC$、$LNGTCS$、$LNGTPF$ 分别表示污染指标的自然对数,LNY、$LNFDI$ 分别表示人均地区生产总值和外商直接投资的自然对数。改革开放以来,中国吸收外商直接投资数量增长迅速。1979—1984 年总计为 41.04 亿美元,而后从 1985 年的 19.56 亿美元快速增长到 2008 年 923.95 亿美元,1979—2008 年累计达 8 526.13 亿美元。2007 年,东部和中部地区利用外商直接投资占全国的比重分别为 78.27%、15.30%,江苏和广东占 2008 年中国外商直接投资的 47.93%,外商直接投资主要集中于东部地区。东部地区 11 个省(市)为广东、上海、浙江、江苏、北京、辽宁、海南、山东、福建、河北、天津;中部地区 8 个省为湖南、湖北、安徽、山西、江西、黑龙江、吉林、河南。

(二)单位根检验

标准单位根检验在检验单变量时间序列时具有较低的检验功效,而考虑含有时间和截面的面板情形则更为有效。选用的面板单位根检验方法包括 LLC 检验(Levin、Lin & Chu)、IPS 检验(Im、Pesaran & Shin)和 CH 检验(Choi),面板协整检验方法则为佩德罗尼(Pedroni)提出的面板和组间检验。本文用 Eviews 6.0 软件对各变量进行单位根检验,LLC 检验的零假设是各截面有相同的单位根;IPS、ADF 和 PP 检验的零假设是允许各截面有不同单位根。以个体效应为外生变量,一阶差分后都是平稳序列(见表 1)。

表 1 环境污染指标、外商直接投资、人均地区生产总值对数值单位根检验

变量	东部地区				中部地区			
	LLC	IPS	ADF	PP	LLC	IPS	ADF	PP
$LNFDI$	−6.847 8 ***	−3.732 ***	55.479 ***	53.266 ***	−2.940 9 ***	−0.583 3	15.732 7	12.566 4
$LNSO_2$	−2.241 2 ***	−2.136 1 **	39.932 5 ***	41.748 2 ***	−0.407 3	0.798 5	8.504 2	8.904 1
LNY	−2.115 1 **	1.978 2	8.357 2	8.013 5	0.188 01	3.893 8	1.485 3	1.343 1
$LNFQ$	1.420 8	4.915 2	12.529 8	11.560 4	6.461 1	8.671 0	0.149 7	0.165 9
$LNFS$	3.450 5	2.904 2	17.829 2	9.684 6	−2.045 7 **	0.495 7	14.291 1	10.313

表1(续)

	东部地区				中部地区			
变量	LLC	IPS	ADF	PP	LLC	IPS	ADF	PP
LNGYYC	−2.000 5 **	−1.626 1 **	36.607 6 **	26.175 0	−4.459 3 ***	−2.965 2 ***	33.567 7 ***	32.272 1 ***
LNGYFC	−1.432 5	−2.044 4	44.148 4	44.058	−3.372 8 ***	−3.684 7 ***	45.674 0 ***	47.353 9 ***
LNGTCS	4.371 8 ***	6.354 3 **	7.751 4 ***	7.312 4 ***	7.138 4	8.584 6	13.078 4	13.159 5
LNGTPF	−1.752 6 ***	−0.403 4	25.200 6	32.370 ***	−0.729 2	−0.286 3	17.743 4	19.355 1
DLNFDI	−8.982 ***	−7.569 ***	95.475 ***	91.932 ***	−8.519 6 ***	−8.285 6 ***	94.041 8 ***	106.363 ***
DLNSO$_2$	−8.577 9 ***	−12.677 ***	169.550 ***	507.941 ***	−12.339 ***	−10.925 3 ***	125.571 ***	152.541 ***
DLNY	−4.172 9 ***	−5.210 7 ***	67.264 3 ***	54.847 3 ***	−1.761 6 **	−3.734 6 ***	40.592 6 ***	29.506 **
DLNFQ	−10.916 ***	−9.335 7 ***	138.488 ***	209.469 ***	−15.757 4 ***	−11.218 5 ***	181.262 ***	156.797 ***
DLNFS	−11.310 ***	−10.493 ***	138.517 ***	157.608 ***	−5.910 3 ***	−7.341 7 ***	84.769 8 ***	131.186 ***
DLNGYYC	−16.877 ***	−15.185 ***	198.625 ***	391.292 ***	−12.112 8 ***	−11.700 3 ***	130.329 * **	228.937 ***
DLNGYFC	−17.296 ***	−14.550 ***	182.750 ***	378.930 ***	−12.228 2 ***	−10.786 3 ***	114.991 ***	121.493 ***
DLNGTCS	−8.434 8 ***	−9.319 7 ***	122.251 ***	255.208 ***	−13.666 9 ***	−13.241 1 ***	178.975 ***	173.591 ***
DLNGTPF	−11.756 ***	−10.964 ***	145.998 ***	278.029 ***	−13.358 3 ***	−13.616 0 ***	153.487 ***	161.312 ***

注：＊＊＊表示1%的显著水平，＊＊表示5%的显著水平，＊表示10%的显著水平；D表示变量的一阶差分

三、污染天堂假说检验

（一）模型设定形式

由于面板数据模型同时具有截面、时序的两维特性，模型中参数在不同截面、时序样本点上是否相同，直接决定模型参数估计的有效性。根据截距向量和系数向量中各分量限制要求的不同，面板数据模型可分为无个体影响的不变系数模型、变截距模型和变系数模型三种形式。在面板数据模型估计之前，需要检验样本数据适合上述哪种形式，避免模型设定的偏差，提高参数估计的有效性。设因变量 y_{it} 与 $1 \times k$ 维解释变量向量 x_{it} 满足线性关系：

$$y_{it} = \alpha_{it} + x_{it}\beta_{it} + \varepsilon_{it} \ ; \ i = 1, 2, \cdots, \text{N}; \ t = 1, 2, \cdots, \text{T}$$

其中，N 表示个体截面成员的个数，T 表示每个截面成员的观察时期总数，参数 α_{it} 表示模型的常数项，β_{it} 表示对应于解释变量 x_{it} 的 $k \times 1$ 维系数向量，k 表示解释变量个数。随机误差项相互独立，并且满足零均值、同方差假设。采用 F 检验如下两个假设：

H_1：个体变量系数相等。

H_2：截距项和个体变量系数都相等。

如果 H_2 被接受，则属于个体影响的不变系数混合估计；如果 H_2 被拒绝，则检验假设 H_1，如果 H_1 被接受，则属于变截距，否则属于变系数。变系数、变截距和混合估计的残差平方和分别为 S_1、S_2、S_3，面板个体数量为 N，面板时间跨度为 T，根据 Wald 定理在 H_2 假设条件下构建统计量 F_2，在 H_1 假设条件下构建统计量 F_1，其中：

$$F_2 = \frac{(S_3 - S_1)/[(N-1)(K+1)]}{S_1/[NT - N(K+1)]} \sim F[(N-1)(K+1), N(T-K-1)]$$

$$F_1 = \frac{(S_2 - S_1)/[(N-1)K]}{S_1/[NT - N(K+1)]} \sim F[(N-1)K, N(T-K-1)]$$

若计算得到的统计量 F_2 的值不小于给定置信度下的相应临界值，则拒绝假设 H_2，继续检验假设 H_1；反之，则认为样本数据符合无个体影响的不变系数模型。若计算得到的统计量 F_1 的值不小于给定置信度下的相应临界值，则拒绝假设 H_1，用变系数模型拟合；反之，则用变截距模型拟合。

（二）东部和中部地区模型估计结果

本文通过 F 检验确定采用固定效用模型，因为中国的环境库茨涅兹曲线呈现出 U 形和 N 形特征，在设定模型时，将代表环境质量的各种主要环境污染物指标作为被解释变量，将人均地区生产总值及其平方项与立方项作为模型中的解释变量。这样，基本函数形式为：

$$E_t = \beta_0 + \beta_1 Y_t + \beta_2 Y_t^2 + \beta_3 Y_t^3 + \varepsilon_t \qquad (1)$$

其中，E_t 为第 t 年的某项环境指标；β 为待估计参数；Y_t 为第 t 年的人均地区生产总值；ε_t 为随机误差项。根据式（1）的回归结果能够判断环境污染与经济增长之间可能存在的多种曲线关系：第一，当 $\beta_1 > 0$ 且 $\beta_2 = 0$、$\beta_3 = 0$ 时，环境污染随经济增长单调递增。第二，当 $\beta_1 < 0$ 且 $\beta_2 = 0$、$\beta_3 = 0$ 时，环境污染随经济增长单调递减。第三，当 $\beta_1 > 0$ 且 $\beta_2 < 0$、$\beta_3 = 0$ 时，表明存在倒 U 形 EKC；当 $\beta_1 < 0$ 且 $\beta_2 > 0$、$\beta_3 = 0$ 时，环境污染与经济增长之间存在 U 形曲线关系。第四，当 $\beta_1 > 0$ 且 $\beta_2 < 0$、$\beta_3 > 0$ 时，环境污染与经济增长之间为三次曲线关系，或者称为 N 形曲线关系；当 $\beta_1 < 0$ 且 $\beta_2 > 0$、$\beta_3 < 0$ 时，环境污染与经济增长之间为倒 N 形曲线关系。本文在环境污染的环境库茨涅兹假说基础上引入外商直接投资，代表发达国家对发展中国家的污染输出，把模型设定为：

$$\mathrm{LN}E_{it} = \alpha_{it} + \beta_0 + \beta_1 \mathrm{LN}Y_{it} + \beta_2 \mathrm{LN}^2 Y_{it} + \beta_3 \mathrm{LN}^3 Y_{it} + \gamma \mathrm{LN}FDI_{it} \qquad (2)$$

其中，E_{it} 为污染指标。本文用 Eviews 6.0 软件对模型参数进行估计，为了消除异方差，采用 Pooled EGLS 估计方法，为消除序列相关，对序列进行广义差分，得东部地区和中部地区的参数估计值。

从环境库兹涅茨曲线角度看，东部地区只有工业固体废物排放量与经济增长的关系呈现倒 U 形曲线，工业废气排放量呈现 U 形曲线，其他指标均呈现倒 N 形曲线。从东部地区回归模型的符号看，除工业废气排放量和工业固体废物产生量外，东部地区外商直接投资对其他污染指标都有负向影响，即 FDI 增加会减少污染物排放量，除工业废水排放量和工业固体废物排放量外，其他指标的 t 统计量都在 5%的水平下显著（工业烟尘和工业粉尘都在 1%的水平下显著）。外商直接投资每增加 1%，工业二氧化硫、工业烟尘和工业粉尘的排放量分别减少 0.058 0%、0.119 4%和 0.138 6%（见表 2）。外商直接投资对工业废水排放量和工业固体废物排放量存在负影响，但 t 统计量不显著。外商直接投资对工业废气排放量和工业固体废物产生量存在正向影响，即随着外商直接投资的增加，这两项污染指标也会增加，但工业废气排放量的 t 统计量不显著，工业固体废物产生量的 t 统计量在 1% 的水平下显著，即外商直接投资每增加 1%，工业固体废物产生量将会增加 0.051%。回归结果显示，东部地区的外商直接投资增加有利于减少工业二氧化硫、工业烟尘和工业粉尘的排放量，但却会增加工业固体废物的产生量。除工业固体废物产生量外，东部地区的其他污染指标不支持"污染天堂假说"。

表 2　　　　　　　　东部地区回归模型参数估计结果

	LNFQ	LNFS	LNSO$_2$	LNGYYC	LNGYFC	LNGTCS	LNGTPF
β_0	20.991 5 ***	25.034 9 ***	15.879 8 **	26.916 5 ***	42.892 3 ***	50.209 2 ***	−10.484 6
	(7.462 4)	(3.707 8)	(2.109 4)	(2.634 4)	(3.771 9)	(4.115 3)	(−0.971 6)
LNY	−3.000 9 ***	−4.441 0 **	−4.742 7 **	−8.698 6 ***	−15.475 1 ***	−13.019 8 ***	4.374 0 *
	(−4.952 7)	(−1.864 6)	(−1.821 7)	(−2.479 1)	(−3.904 7)	(−3.225 3)	(1.704 2)
LNFDI	0.000 5	−0.014 1	−0.058 0 **	−0.119 4 ***	−0.138 6 ***	0.051 0 **	−0.246 7
	(0.019 9)	(−0.894 3)	(−1.983 0)	(−2.824 1)	(−2.573 2)	(2.370 6)	(−1.308 8)
LN^{2}Y	0.182 1 ***	0.498 2 **	0.595 9 **	1.096 5 ***	2.008 7 ***	1.276 8 ***	−0.278 9 **
	(5.547 2)	(1.815 4)	(2.020 0)	(2.774 4)	(4.439 0)	(2.882 2)	(−2.006 5)
LN^{3}Y		−0.018 5 **	−0.023 3 **	−0.045 3 ***	−0.084 5 ***	−0.040 3 ***	
		(−1.764 2)	(−2.101 2)	(−3.066 4)	(−4.924 3)	(−2.501 3)	
AR（1）	0.899 1 ***	0.990 1 ***	0.589 7 ***	0.507 4 ***	0.380 8 ***	0.865 2 ***	0.671 5 ***
	(41.848 1)	(39.107 1)	(11.069 3)	(8.448 4)	(5.975 8)	(34.515 3)	(11.474 0)
海南-C	−1.836 1	−2.404 7	−3.080 1	−2.879 5	−2.706 1	−2.830 6	3.937
河北-C	1.181 3	2.726 8	1.086 0	1.015 7	1.138 8	1.868 3	0.735 5
上海-C	−0.729 4	−5.004 0	−0.167 5	−0.356 3	−1.255 7	−0.711 7	2.971 5
浙江-C	0.711 2	4.693 5	0.424 4	0.123 0	0.595 8	0.136 7	−1.246 7
辽宁-C	0.894 5	−3.565 3	0.679 9	1.140 4	0.859 8	1.346 3	0.451 5
广东-C	0.559 7	2.984 1	0.561 0	0.502 6	1.103 4	0.030 5	0.525 2
北京-C	−1.486 5	−8.722 6	−0.966 7	−0.934 5	−0.521 9	−1.096 8	0.075 3
天津-C	−1.281 0	−2.602 3	−0.815 5	−0.697 5	−1.837 7	−1.323 2	−1.451 4
江苏-C	0.751 0	3.182 1	0.941 6	1.080 1	0.786 6	0.642 3	0.639 0
福建-C	−0.216 1	3.796 0	−0.690 4	−0.645 1	0.120 9	0.220 9	−0.526 7
山东-C	0.991 8	3.176 4	1.438 9	1.235 2	1.063 9	1.230 2	−2.306 0
R^2	0.998 1	0.999 5	0.995 3	0.982 3	0.978 4	0.998 5	0.870 5
F	8 390.15	31 474.46	3 138.95	819.221	602.998	12 456.2	89.370 1
D-W	2.010 3	2.182 7	2.214 5	2.068 8	2.210 11	2.111 9	2.028 2

注：＊＊＊表示 1% 的显著水平，＊＊表示 5% 的显著水平，＊表示 10% 的显著水平，括号内为 t 值

从环境库兹涅茨曲线角度看，中部地区工业废气排放量与经济增长的关系呈现 U 形曲线，工业粉尘排放量和工业固体废物产生量呈现倒 N 形曲线，其

他指标则呈现单调性，即工业废水和工业二氧化硫的排放量随经济增长而增加，工业烟尘和工业固体废物的排放量随着经济增长而减少。从中部地区回归模型的符号看，中部地区除工业废水排放量和工业固体废物产生量外，外商直接投资对其他污染指标都有负向影响，即外商直接投资增加会减少污染物排放量。外商直接投资产生负影响的污染指标中，除工业废气排放量外，其他指标的 t 统计量都在 10% 的水平下显著（工业粉尘 t 统计量的显著水平是 5%）。外商直接投资每增加 1%，工业二氧化硫、工业烟尘、工业粉尘、工业固体废物的排放量分别减少 0.035 3%、0.051 8%、0.064 5% 和 0.147 0%，其中影响最大的是工业固体废物排放量（见表 3）。外商直接投资对工业废气排放量有负向影响，但不显著。外商直接投资对工业废水排放量和工业固体废物产生量有正影响，但不显著。回归结果显示，中部地区外商直接投资的增加有利于减少工业二氧化硫、工业烟尘、工业粉尘和工业固体废物的排放量。

表 3　　　　　　　　　　中部地区回归模型参数估计结果

	LNFQ	LNFS	LNSO$_2$	LNGYYC	LNGYFC	LNGTCS	LNGTPF
β_0	10.931 8 ***	10.644 5 ***	1.375 8 ***	4.264 8 ***	67.540 1 **	42.313 6 ***	8.606 4 ***
	(3.682 0)	(14.323 3)	(4.271 0)	(10.323 3)	(1.866 7)	(2.811 5)	(3.182 6)
LNY	-1.026 2 *	0.028 9	0.337 5 ***	-0.010 6	-24.913 6 **	-11.272 3 **	-0.538 7 *
	(-1.630 3)	(0.399 2)	(6.629 9)	(-0.142 8)	(-1.933 5)	(-2.146 9)	(-1.652 6)
LNFDI	-0.000 2	0.004 8	-0.035 3 *	-0.051 8 *	-0.064 5 **	0.004 0	-0.147 0 *
	(-0.015 8)	(0.504 9)	(-1.759 1)	(-1.652 6)	(-2.060 5)	(0.379 2)	(-1.694 1)
LN^{2}Y	0.086 6 ***				3.188 6 **	1.184 2 **	
	(2.547 2)				(2.098 0)	(1.941 8)	
LN^{3}Y					-0.133 5 **	-0.039 1 *	
					(-2.215 2)	(-1.630 1)	
AR (1)	0.909 3 ***	0.911 5 ***	0.638 6 ***	0.534 6 ***	0.621 0 ***	0.813 0 ***	0.779 0 ***
	(26.510 2)	(30.341 1)	(11.315 5)	(8.340 2)	(10.935 1)	(23.543 6)	(14.664 9)
湖南-C	-0.184 9	0.419 8	0.343 0	-0.056 8	0.565 1	-0.286 3	1.848 7
山西-C	0.762 9	-0.392 7	0.684 4	0.529 5	0.288 8	0.719 9	3.473 4
吉林-C	-0.554 8	-0.525 2	-0.717 6	-0.091 0	-0.858 2	-0.665 8	-0.822 8
安徽-C	0.360 0	0.103 5	-0.104 7	-0.365 4	0.072 6	0.169 4	-3.200 6
黑龙江-C	-0.438 9	-0.662 6	-0.521 7	0.383 5	-0.713 7	-0.340 8	-2.088 4
河南-C	0.315 5	0.608 2	0.551 6	0.467 2	0.570 6	0.186 4	-0.180 3
江西-C	-0.443 8	0.052 1	-0.265 2	-0.587 5	0.060 9	0.464 3	0.403 4
湖北-C	0.184 9	0.454 4	0.109 5	-0.276 0	0.113 9	-0.264 6	0.570 3
R^2	0.998 3	0.999 4	0.982 0	0.933 9	0.831 6	0.998 8	0.911 2
F	10 059.36	27 815.02	914.025	237.722	61.731 1	12 270.76	162.130
D-W	1.599 5	1.802 7	2.143 5	2.032 2	2.244 8	2.212 1	2.311 5

注：＊＊＊表示 1% 的显著水平，＊＊表示 5% 的显著水平，＊表示 10% 的显著水平，括号内为 t 值

四、结论

回归结果显示，东部地区的 FDI 对工业废水排放量存在负向影响，中部地区的 FDI 对工业废水排放量的影响是正向的，但都不显著。东部地区的 FDI 对工业固体废物产生量有正向影响，t 统计量在 1%的水平下显著，中部地区 FDI 对工业固体废物产生量有正向影响，但不显著。东部地区和中部地区的 FDI 对工业二氧化硫排放量、工业烟尘排放量和工业粉尘排放量都有负向影响，东部地区除二氧化硫排放量在 5%的水平下显著外，其他两项指标的 t 统计量都在 1%的水平下显著，中部地区除工业粉尘排放量在 5%的水平下显著外，其他两项指标都在 10%的水平下显著，并且东部地区的 FDI 对污染指标排放量的减少效应更强，其中差别最大的是工业粉尘排放量，东部地区 FDI 每增加 1%，工业粉尘排放量将减少 0.138 6%，而中部地区 FDI 每增加 1%，工业粉尘排放量只减少 0.064 5%。东部地区工业固体废物产生量随 FDI 的增加而增加，存在环境避难所现象，除这项指标外，FDI 在中国东部地区和中部地区没有足够证据支持污染天堂假说。从中国东部地区和中部地区的工业二氧化硫排放量、工业烟尘排放量和工业粉尘排放量的比较看，东部地区的 FDI 更"清洁"。整体上，FDI 并未呈现大规模的污染产业转移倾向，但从部门上来看，外商在中国纺织印染业，皮革、毛皮、羽绒及制品业，橡胶工业，塑料工业中的薄膜、泡沫、塑料鞋行业，电镀行业，医药制造行业，机电工业的部分行业以及电力工业中的火力发电行业等的相对规模已经超出了外资企业的平均规模水平。如果按这种趋势发展下去，不采取相应的措施，中国迟早将会沦为西方发达国家进行污染产业转移的天堂。因此，我们不能只追求 FDI 的规模，而应追求 FDI 的质量和环境效应，还应关注 FDI 的区域和产业分布。在引进外资时，我们要提高环境规制标准，制定环境保护和投资自由化相协调的法规政策，调整外商投资领域的产业与地区导向，对外商直接投资企业进行环境成本评估，积极促进外商直接投资重点投资环保产业，积极引进具有先进污染治理技术企业或产业的外商直接投资，避免西方发达国家把中国变成他们的"污染天堂"。

参考文献

[1] 肖璐."污染天堂"假说的宏观理论基础研究 [J]. 全国商情（理论研究），2009（11）：117-118.

[2] AMIN, SAMIR. Imperialism and Unequal Development [M]，New York：Monthly Review Press，1975.

[3] LONG N, H. Institutional Competition Versus Ex-ante Harmonization：The Case of Environmental Policy [J]. Journal of Institutional and Theoretical Economics，1991（147）：296-311.

[4] 张燕. 环境管制视角下污染产业转移的实证分析——以江苏省为例[J]. 当代财经，2009（1）：88-91.

[5] 戴育琴，欧阳小迅. "污染天堂假说"在中国的检验[J]. 企业技术开发，2006（12）：91-93.

[6] 贺文华. FDI与经济增长区域差异：基于中国省际面板数据的研究[J]. 经济前沿，2009（2~3）：24-31.

[7] 赵细康. 环境保护与产业国际竞争力——理论与实证分析[D]. 天津：南开大学，2002.

（原载于《当代财经》2010年第6期）

9. 环境库兹涅茨曲线存在吗?
——中国和美国的比较

一、引言

改革开放以来中国经济经历了一个持续高速增长的阶段，根据国家统计局的数据显示，国内生产总值由 1978 年的 3 645.3 亿元增长到 2008 年的 302 853.4亿元，1978—2006 年国内生产总值年平均增长率为9.17%。2008 年，受美国金融危机的影响，中国经济增长速度减缓，在政府经济政策的刺激下，2009 年中国经济也保持了 8%的增长速度。然而快速的经济增长不可避免地加剧了对资源的消耗，增加了环境保护的压力，经济增长与环境污染之间的矛盾日益突出。因此，中国政府 2010 年经济工作的重点是促转变、调结构、减少资源消耗、实现可持续发展。

国外学者对环境问题研究较早。麦德斯（Meadows，1972）、克利弗兰（Cleveland，1984）和阿罗（Arrow，1995）等认为经济发展会对环境施加压力，当这种压力超过环境的承载能力时，生态系统将会崩溃。贝克曼（Beck-erman，1992）等则认为经济发展本身就是环境保护的有效手段。随着经济增长，人们偏好服务性产品的消费，而对依赖于资源和会产生环境污染的产品需求减少，从而达到环境改善的目的。格鲁斯曼和克鲁格（Grossman & Krueger，1991）在考察环境—收入关系时发现两者呈倒 U 形曲线关系，提出环境库兹涅茨曲线（Envieonment Kuznets Curve，EKC，下同）假说，即环境质量随着经济的增长呈现出先恶化后改善的特征。此后，众多学者从不同角度对 EKC 假说进行了实证检验。格鲁斯曼和克鲁格（Grossman & Krueger，1995）、帕纳托约（Panayotou，1997）、大卫（David，2002）等从经济结构的改变来解释 EKC 现象。科普兰和泰勒（Copeland & Taylor，1994）、苏瑞（Suri，1998）、罗尔丹（Roldan，2001）等从贸易对环境的影响来研究 EKC。不少学者（Selden & Song，1995；Markus，2002）等则从技术进步的角度来分析 EKC。在国内，张晓（1999）用国家水平的纵向历史数据，运用简单线性回归方法得出中国经济发展状况与环境污染水平的关系呈现出比较弱的 EKC 特征的结论。陆虹

（2000）通过三次样条插值法扩展数据和状态空间模型分析发现人均国内生产总值与人均二氧化碳排放量的当前值与前期值之间存在交互影响作用，而不是简单的倒 U 形关系。沈满洪、许云华（2000）通过对浙江省近 20 年来人均生产总值与工业"三废"相互关系的分析，发现了一种 N 形曲线。黄耀麟等（2009）用中国 31 个省（市、区）1997—2006 年的环境质量数据与人均生产总值、人口密度、FDI、产业结构和技术进步的关系进行分析，发现经济指标与环境指标更多呈 N 形或倒 N 形的曲线关系。

2009 年哥本哈根气候变化峰会上，发达国家减排比预期要积极，环境质量问题已引起参与各国的高度重视。中美两国是两个有影响的大国，一个是发展中国家，一个是发达国家，两个国家的行动具有重要导向意义。因此，本文选用两个具有代表性国家的环境污染指标对环境库兹涅茨曲线假说进行检验。

二、环境污染指标选取及数据处理

（一）中国环境污染指标选取及数据处理

中国环境污染指标数据来自 1986—2009 年中国统计年鉴，由于工业废水中化学需氧量排放量、工业废水中氨氮排放量以及工业烟尘排放量前后统计口径不一致，考虑数据的连续性，选取工业废气排放总量（亿标准立方米）、工业废水排放总量（万吨）、工业固体废物产生量（万吨）、工业固体废物排放量（万吨）、工业粉尘排放量（万吨）和工业二氧化硫排放量（万吨）作为环境污染指标，用每一年的国内生产总值除以人口得人均国内生产总值作为经济发展指标（元），考虑国际可比性，根据每年的平均汇率换算成美元。由于是时序数据，为消除时间趋势，对数据取自然对数，用 $LNfq$、$LNfs$、$LNgtcs$、$LNgtpf$、$LNgyfc$、$LNso_2$、$LNgdpp$ 分别表示工业废气排放总量、工业废水排放总量、工业固体废物产生量、工业固体废物排放量、工业粉尘排放量、工业二氧化硫排放量和人均国内生产总值的自然对数值。用 $LNgdpp$ 与环境污染指标的对数值的散点图进行拟合得到图 1~图 6。

图 1 显示 $LNfq$ 随 $LNgdpp$ 的增加而增加，从 1985—1999 年比较平缓，在 $LNgdpp$ 达到 6.8 时（2000 年），出现拐点，$LNfq$ 随 $LNgdpp$ 的增加而快速增加。图 2 显示 $LNfs$ 与 $LNgdpp$ 开始较稳定，但随着收入的增加，即 $LNgdpp$ 达到 6.6 时（1997 年），废水排放量急剧下降，而后又随着收入增加，废水排放量缓慢增加，在 $LNgdpp$ 达到 7.85 时（2007 年）可能出现转折点。

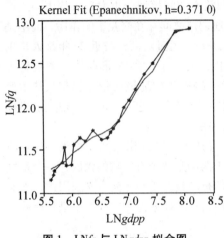

图 1 LN*fq* 与 LN*gdpp* 拟合图

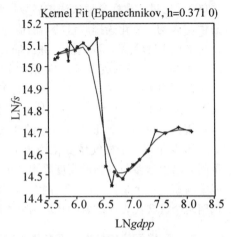

图 2 LN*fs* 与 LN*gdpp* 拟合图

图 3 显示 LN*gtcs* 随 LN*gdpp* 的增加而增加，1985—1994 年比较平缓，在 LN*gdpp* 达到 6.38 时（1995 年），出现拐点，LN*gtcs* 随着 LN*gdpp* 的增加而快速增加。图 4 显示总体趋势是 LN*gtpf* 随着 LN*gdpp* 的增加而下降，但在 LN*gdp* 达到 6.63 时（1997 年）工业固体废物排放量急剧上升，而后又随着收入的增加，排放量回归下降趋势。

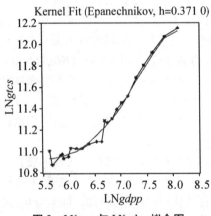

图 3 LN*gtcs* 与 LN*gdpp* 拟合图

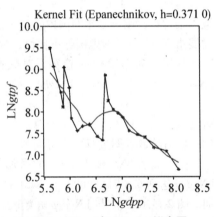

图 4 LN*gtpf* 与 LN*gdpp* 拟合图

图 5 显示 LN*gyfc* 先随 LN*gdpp* 的增加而下降，但在 LN*gdp* 达到 6.63 时（1997 年），LN*gyfc* 随 LN*gdpp* 的增加急剧上升，而后又快速下降。图 6 显示 1985—1995 年，LN*so*$_2$ 随 LN*gdpp* 的增加而增加，但在 LN*gdpp* 达到 6.53 时（1996 年），LN*so*$_2$ 急剧下降，后随着 LN*gdpp* 的增加而上升，在 LN*gdpp* 达到 7.61 时（2006 年），LN*so*$_2$ 随着 LN*gdpp* 的增加而下降。

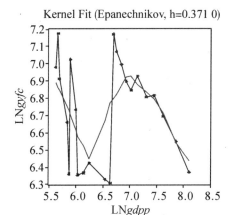

图 5　LNgyfc 与 LNgdpp 拟合图　　　图 6　LNso₂ 与 LNgdpp 拟合图

（二）美国环境污染指标选取及数据处理

美国环境污染指标数据来自美国统计网站 1980—2007 年美国统计年鉴数据（水污染除外），由于一些环境污染指标前后统计口径不一致，考虑数据的连续性，选取二氧化硫排放总量（千吨）、二氧化氮排放总量（千吨）、一氧化碳排放量（千吨）、易挥发有机物排放量（千吨）、油污染废水排放量（加仑，1 加仑约等于 0.003 8 立方米，下同）和工业固体废物产生量（百万吨）为环境污染指标，其中油污染废水排放量是 1970—2004 年数据；用每一年国内生产总值除以人口得人均国内生产总值作为经济发展指标（美元）。由于是时序数据，为消除时间趋势，对数据取自然对数，用 $LNso_2$、$LNno_2$、$LNco$、$LNvoc$、$LNspill$、$LNwaste$、$LNgdpp$ 分别表示二氧化硫排放总量、二氧化氮排放总量、一氧化碳排放量、易挥发有机物排放量、油污染废水排放量、工业固体废物产生量以及人均国内生产总值的自然对数。本文用 $LNgdpp$ 与环境污染指标的对数值的散点图进行拟合得图 7~图 12。

图 7 显示 $LNso_2$ 随 $LNgdpp$ 的增加而减少，1983—2002 年较平缓，在 $LNgdpp$ 达到 10.54 时（2003 年），$LNso_2$ 随 $LNgdpp$ 的增加而急剧减少。图 8 显示 $LNno_2$ 与 $LNgdpp$ 随收入的增加而增加，但随着收入的增加，即 $LNgdpp$ 达到 10.54 时（2003 年），$LNno_2$ 急剧下降。

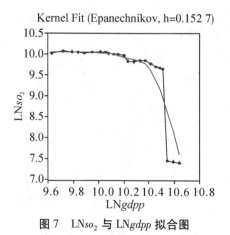

图 7 LNso_2 与 LN$gdp p$ 拟合图

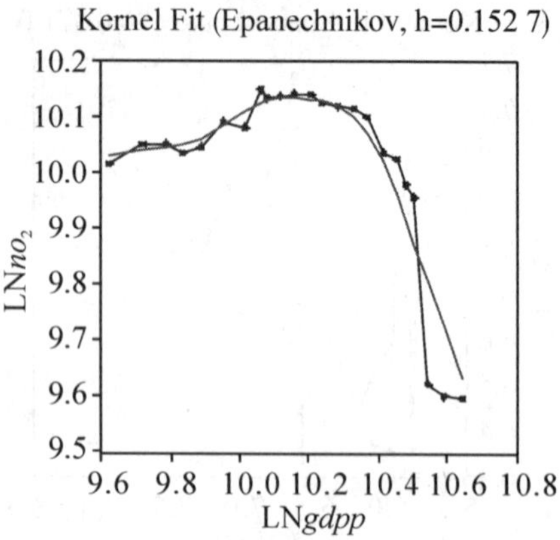

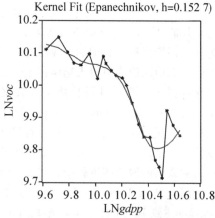

图 8 LNno_2 与 LN$gdp p$ 拟合图

图 9 显示 LNco 随 LN$gdp p$ 的增加而增加，在 LN$gdp p$ 达到 10.06 时（1990年），出现转折点，LNco 随 LN$gdp p$ 的增加而快速下降。图 10 显示总的趋势是 LNvoc 随着 LN$gdp p$ 的增加而下降，但在 LNgdp 达到 10.54 时（2003 年），又随着收入的增加而略有增加。

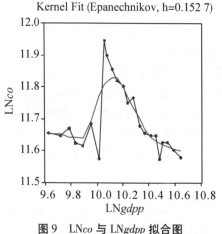

图 9 LNco 与 LN$gdp p$ 拟合图

图 10 LNvoc 与 LN$gdp p$ 拟合图

图 11 显示 LN$spill$ 随 LN$gdp p$ 的增加而下降。图 12 显示 LN$waste$ 随 LN$gdp p$ 的增加而增加。

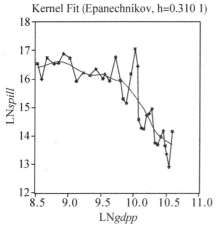

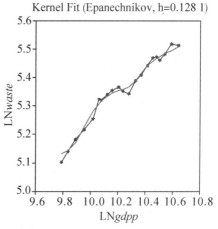

图 11　LN*spill* 与 LN*gdpp* 拟合图　　　　图 12　LN*waste* 与 LN*gdpp* 拟合图

三、数据的平稳性检验

（一）中国环境污染指标数据的平稳性检验

对时序数据进行回归时，为了避免伪回归，必须对时序数据进行平稳性检验。本文用 Eviews 5.0 软件对中国环境污染指标数据以及经济发展指标数据进行检验，即对 LN*fq*、LN*fs*、LN*gtcs*、LN*gtpf*、LN*gyfc*、LN*so*$_2$、LN*gdpp* 进行单位根检验，发现是非平稳序列；再对差分序列进行检验，差分后的序列都为平稳序列，因而 LN*fq*、LN*fs*、LN*gtcs*、LN*gtpf*、LN*gyfc*、LN*so*$_2$、LN*gdpp* 都为一阶单整序列（见表 1）。

表 1　中国环境污染指标与人均国内生产总值对数值的单位根检验

变量	ADF 统计量	检验类型* (c，t，k)	麦金龙（MacKinnon）临界值			D—W	是否平稳
			1%	5%	10%		
LN*gdpp*	2.028 8	(c，0，0)	−3.752 9	−2.998 0	−2.638 7	2.141 0	否
LN*so*$_2$	−1.673 5	(c，0，0)	−3.752 9	−2.998 0	−2.638 7	1.932 5	否
LN*fs*	−0.566 5	(0，0，0)	−2.669 3	−1.956 4	−1.608 4	1.852 7	否
LN*fq*	2.289 2	(c，0，0)	−3.752 9	−2.998 0	−2.638 7	1.844 2	否
LN*gtcs*	3.785 8	(0，0，0)	−2.669 3	−1.956 4	−1.608 4	2.055 9	否
LN*gtpf*	−2.254 2	(c，t，0)	−4.416 3	−3.622 0	−3.248 5	2.059 2	否
LN*gyfc*	−2.084 0	(c，0，0)	−3.752 9	−2.998 0	−2.638 7	1.832 7	否
△LN*gdpp*	−4.767 9	(c，t，0)	−4.440 7	−3.632 8	−3.254 6	2.029 8	是
△LN*so*$_2$	−4.799 1	(c，0，0)	−2.674 2	−1.957 2	−1.608 1	1.870 5	是
△LN*fs*	−4.204 4	(0，0，0)	−2.674 2	−1.957 2	−1.608 1	1.973 4	是
△LN*fq*	−2.107 9	(0，0，0)	−2.674 2	−1.957 2	−1.608 1	2.058 8	是

变量	ADF 统计量	检验类型* (c, t, k)	麦金龙（MacKinnon）临界值			D-W	是否平稳
			1%	5%	10%		
△LN*gtcs*	-9.140 6	(0, 0, 0)	-4.440 7	-3.632 8	-3.254 6	2.051 8	是
△LN*gtpf*	-5.221 1	(0, 0, 0)	-2.674 2	-1.957 2	-1.608 1	1.888 8	是
△LN*gyfc*	-4.796 7	(0, 0, 0)	-2.674 2	-1.957 2	-1.608 1	1.988 9	是

注：c，t，k 分别为 ADF 检验式中的漂移项、时间趋势项和滞后阶数，其中 c 项和 t 项若在检验时取值为 0，表明检验式中无该项，检验式中是否要加入漂移和时间趋势项，要通过 t 检验。K 的取值表示检验式中的滞后阶数，最佳滞后阶数由 AIC 和 SC 准则确定（下同）

（二）美国环境污染指标数据的平稳性检验

为了避免伪回归，本文用 Eviews 5.0 软件对美国环境污染指标以及经济发展指标数据进行检验，即对 LN*so₂*、LN*no₂*、LN*voc*、LN*co*、LN*spill*、LN*waste* 和 LN*gdpp* 进行单位根检验，发现是非平稳序列；再对差分序列进行检验，差分后的序列都为平稳序列，因而 LN*so₂*、LN*no₂*、LN*voc*、LN*co*、LN*spill*、LN*waste* 和 LN*gdpp* 都为一阶单整序列（见表2）。

表2   美国环境污染指标与人均国内生产总值对数值的单位根检验

变量	ADF 统计量	检验类型 (c, t, k)	麦金龙（MacKinnon）临界值			D-W	是否平稳
			1%	5%	10%		
LN*gdpp*	3.485 6	(0, 0, 1)	-2.679 7	-1.958 1	-1.607 8	1.878 3	否
LN*so₂*	2.728 3	(c, 0, 2)	-3.808 5	-3.020 6	-2.650 4	2.014 8	否
LN*no₂*	2.855 1	(c, t, 3)	-4.532 5	-3.673 6	-3.277 3	2.024 4	否
LN*voc*	-2.380 7	(c, t, 0)	-4.440 7	-3.632 8	-3.254 6	1.913 6	否
LN*co*	-2.025 1	(c, 0, 0)	-3.769 5	-3.004 8	-2.642 2	2.238 2	否
LN*spill*	-1.800 2	(c, 0, 0)	-2.641 6	-1.952 0	-1.610 4	1.944 9	否
LN*waste*	-2.609 9	(c, t, 1)	-4.532 5	-3.673 6	-3.277 3	2.066 3	否
△LN*gdpp*	-4.107 3	(c, 0, 0)	-3.788 0	-3.012 3	-2.646 1	1.859 8	是
△LN*so₂*	-4.334 1	(0, 0, 0)	-2.679 7	-1.958 0	-1.607 8	2.001 1	是
△LN*no₂*	-3.938 5	(0, 0, 0)	-2.679 7	-1.958 0	-1.607 8	2.042 1	是
△LN*voc*	-5.347 2	(0, 0, 0)	-2.679 7	-1.958 0	-1.607 8	1.927 5	是
△LN*co*	-6.489 0	(0, 0, 0)	-2.679 7	-1.958 0	-1.607 8	2.000 3	是
△LN*spill*	-6.436 1	(0, 0, 2)	-2.641 6	-1.952 0	-1.610 4	1.853 2	是
△LN*waste*	-3.465 9	(0, 0, 0)	-3.831 5	-3.029 9	-2.655 1	1.954 3	是

四、中美环境污染指标的 EKC 检验

在设定模型时，本文将代表环境质量的各种主要环境污染物指标作为被解释变量，将人均国内生产总值及其平方项和立方项作为模型中的解释变量。这样，基本函数形式为：

$$E_t = \beta_0 + \beta_1 gdpp_t + \beta_2 gdpp_t{}^2 + \beta_3 gdpp_t{}^3 + e_t \qquad (1)$$

其中，E_t 为第 t 年的某项环境指标；β 为待估计参数；$gdpp_t$ 为第 t 年的人均收入水平；e_t 为随机误差项。根据式（1）的回归结果能够判断环境污染与经济增长之间可能存在的多种曲线关系。第一，当 $\beta_1 > 0$ 且 $\beta_2 = 0$、$\beta_3 = 0$ 时，环境污染随经济增长单调递增。第二，当 $\beta_1 < 0$ 且 $\beta_2 = 0$、$\beta_3 = 0$ 时，环境污染随经济增长单调递减。第三，当 $\beta_1 > 0$ 且 $\beta_2 < 0$、$\beta_3 = 0$ 时，表明存在倒 U 形环境库兹涅茨曲线；当 $\beta_1 < 0$ 且 $\beta_2 > 0$、$\beta_3 = 0$ 时，环境污染与经济增长之间存在 U 形曲线关系。第四，当 $\beta_1 > 0$ 且 $\beta_2 < 0$、$\beta_3 > 0$ 时，环境污染与经济增长之间为三次曲线关系，或者称为 N 形曲线关系；当 $\beta_1 < 0$ 且 $\beta_2 > 0$、$\beta_3 < 0$ 时，环境污染与经济增长之间为倒 N 形曲线关系。

可见，环境库兹涅茨曲线只是模型的多种可能结果之一。如果环境污染与经济增长之间呈倒 U 形曲线关系，即呈现出环境库兹涅茨曲线特征，那么曲线的转折点应为 $gdpp^* = -\beta_1 / 2\beta_2$；如果是 N 形曲线关系，则存在两个转折点，即 $gdpp^* = -\beta_2 \pm \sqrt{\beta_2^2 - 3\beta_1\beta_3} / 3\beta_3$ 或 $gdpp^* = -\beta_2 / 3\beta_3$。

由于模型的设定形式对于最终参数估计的有效性具有重要影响，因此，采用了式（1）的线性、对数到线性、线性到对数及双对数等多种形式进行参数估计。

$$E_t = \beta_0 + \beta_1 \mathrm{LN}gdpp_t + \beta_2 (\mathrm{LN}gdpp_t)^2 + \beta_3 (\mathrm{LN}gdpp_t)^3 + e_t \qquad (2)$$

$$\mathrm{LN}E_t = \beta_0 + \beta_1 gdpp_t + \beta_2 gdpp_t{}^2 + \beta_3 gdpp_t{}^3 + e_t \qquad (3)$$

$$\mathrm{LN}E_t = \beta_0 + \beta_1 \mathrm{LN}gdpp_t + \beta_2 (\mathrm{LN}gdpp_t)^2 + \beta_3 (\mathrm{LN}gdpp_t)^3 + e_t \qquad (4)$$

通过回归比较，选取双对数模型对中美两国的数据进行回归。

（一）中国环境污染指标的环境库兹涅茨曲线检验

本文用 Eviews 5.0 软件对中国环境污染指标与经济发展指标进行回归，得回归结果如表3所示。

表3　中国环境污染指标对数值与人均国内生产总值对数值回归结果

	LNso_2	LNfs	LNfq	LN$gtcs$	LN$gtpf$	LN$gyfc$
β_0	−867. 072 4*	26. 887 3*	12. 951 4*	51. 795 6*	255. 700 5*	177. 733 1*
	（−5. 669 3）	（−2. 934 4）	（6. 772 3）	（5. 175 3）	（2. 872 6）	（3. 453 5）
LN$gdpp$	517. 685 2*	−3. 380 77*	−1. 012 6***	−18. 017*	−108. 114 2*	−76. 522 0*
	（5. 701 9）	（3. 699 5）	（−1. 770 0）	（−4. 042 1）	（−2. 734 6）	（−3. 341 6）
LN$gdpp^2$	−114. 368 0*	0. 232 2*	0. 126 1*	2. 575 6*	15. 711 1*	11. 334 9*
	（−5. 684 1）	（−3. 775 4）	（2. 972 9）	（3. 918 0）	（2. 701 2）	（3. 359 8）

表3(续)

	LNso_2	LNfs	LNfq	LN$gtcs$	LN$gtpf$	LN$gyfc$
LN$gdpp^3$	11.172 2*			−0.117 8*	−0.760 8*	−0.555 8*
	(5.662 9)			(−3.671 5)	(−2.684 3)	(−3.377 1)
LN$gdpp^4$	−0.407 069*					
	(−5.636 8)					
R^2	0.823 0	0.661 65	0.961 4	0.986 1	0.700 4	0.388 1
Adj-R^2	0.785 8	0.629 4	0.957 6	0.984 1	0.653 0	0.291 4
D-W	1.840 7	0.804 3	0.784 4	1.819 3	1.164 7	1.154 1
F	22.097 3	20.532 6	249.676 2	475.968	14.806 1	4.017 1
SC	−1.928 9	−0.552 6	−1.448 2	−2.844 4	1.447 8	0.377 2
AIC	−2.174 3	−0.699 9	−1.596 3	−3.040 8	1.250 3	0.179 7

注：括号内为 t 值，＊表示 1% 的显著水平，＊＊表示 5% 的显著水平，＊＊＊表示 10% 的显著水平，下同

　　由 LN$gtcs$、LN$gtpf$、LN$gyfc$ 分别对人均国内生产总值对数值进行回归，得 $\beta_1<0$、$\beta_2>0$、$\beta_3<0$，环境污染指标的工业固体废物产生量、工业固体废物排放量以及工业粉尘排放量与经济增长之间为三次曲线关系，呈倒 N 形曲线关系，存在两个转折点。由 LNfs、LNfq 分别对人均国内生产总值对数值进行回归，得 $\beta_1<0$、$\beta_2>0$、$\beta_3=0$，呈 U 形曲线关系。由 LNso_2 对人均国内生产总值对数值进行回归，其结果出现 4 次方。因此，在现阶段，中国还没有严格意义上的倒 U 形环境库兹涅茨曲线。

　　（二）美国环境污染指标的环境库兹涅茨曲线检验

　　本文用 Eviews 5.0 软件对美国环境污染指标与经济发展指标进行回归，得回归结果如表 4 所示。

表 4　　环境污染指标对数值与人均国内生产总值对数值回归结果

	LNso_2	LNno_2	LNvoc	LNco	LN$spill$	LN$waste$
C	13 104.44*	2 623.797*	−1 415.426*	−69.803 7*	−92.724 4*	−788.823 1*
	(3.339 5)	(4.632 2)	(−2.435 9)	(−3.062 0)	(−3.440 3)	(−2.401 4)
LN$gdpp$	−3 931.814*	−788.458 8*	421.022 8*	16.138 3*	24.210 5*	229.686 1*
	(−3.383 8)	(−4.700 8)	(2.446 9)	(3.591 9)	(4.295 5)	(2.378 7)

表4(续)

	LNso_2	LNno_2	LNvoc	LNco	LN$spill$	LN$waste$
LN$gdpp^2$	393.414 6*	79.239 85*	−41.392 7*	−0.798 2*	−1.340 3*	−22.174 1*
	(3.431 7)	(4.788 4)	(−2.438 3)	(−3.608 1)	(−4.565 2)	(−2.344 5)
LN$gdpp^3$	−13.117 7*	−2.653 089*	1.354 5*			0.714 6*
	(−3.480 9)	(−4.877 1)	(2.427 3)			(2.315 0)
R^2	0.822 2	0.904 5	0.825 8	0.417 7	0.777 2	0.978 9
Adj-R^2	0.794 2	0.889 4	0.798 3	0.359 4	0.763 3	0.975 2
D-W	1.493 9	1.820 8	1.178 1	1.286 7	1.301 9	1.131 5
F	29.303 5	59.985 7	30.027 2	7.173 7	55.821 2	263.719 7
SC	1.321 1	−2.549 9	−2.498 9	−1.823 2	1.973 2	−4.723 8
AIC	1.123 6	−2.747 4	−2.696 3	−1.971 3	1.839 9	−4.922 7

由 LNco、LN$spill$ 分别对人均国内生产总值对数值进行回归，得 $\beta_1>0$、$\beta_2<0$、$\beta_3=0$，表明存在倒 U 形环境库兹涅茨曲线，各自有一个转折点；由 LNvoc、LN$waste$ 分别对人均国内生产总值对数值进行回归，得 $\beta_1>0$、$\beta_2<0$、$\beta_3>0$，环境污染与经济增长呈三次曲线关系，即 N 形，存在两个转折点；由 LNso_2、LNno_2 分别对人均国内生产总值对数值进行回归，得 $\beta_1<0$、$\beta_2>0$、$\beta_3<0$，为倒 N 形曲线关系。

五、结论

模型的回归结果显示，中国有两项环境污染指标，即工业废水排放量与工业废气排放量随着中国经济的快速增长将会增加；美国有两项环境污染指标，即一氧化碳排放量与被油污染的水排放量已经过了转折点，其排放量会随美国经济增长而减少。中国有三项污染指标，即工业固体废物产生量、工业固体废物排放量以及工业粉尘排放量与经济增长呈三次曲线关系，即倒 N 形，存在两个转折点；美国有两项指标，即二氧化硫和二氧化氮排放量与经济增长呈三次曲线关系，即倒 N 形。中国有一项指标，即工业二氧化硫排放量与经济增长呈四次曲线关系，但大致呈 N 形曲线关系；美国有两项指标，即易挥发有机物污染和工业固体废物污染与经济增长存在 N 形曲线关系。中美两国除一部分污染指标存在差别外，其他指标存在一种共同趋势，即环境曲线具有国度性特征，但地区差异性与趋同性并存。虽然环境库兹涅茨曲线假说具有普遍的理论解释力，各国的环境—收入关系有可能遵循大体上相似的演变规律，但是对于经济发展水平、社会结构和文化传统都存在较大差异的不同国家而言,在环境库兹涅茨曲线的位置和转折点的收入水平上仍具有国度性特征。这里没有考虑外商直接投资可能存在的污染转移,即发达国家通过把污染严重的企业或产业转移到发展中国家,在发展中国家寻求污染避难所。也没有考虑发达国家通过淘汰低端产业,而转向依靠进口,把污染"免费出口"到发展中国家。发达国家不应该仅指责发展中国家工业污染对全球环境的影响。在 2009 年哥本哈根气候变化峰会上,大多数发达国家已经提出了各自的量化减排指标,包括中国在内的一些发展中国家也提出了减缓排放的行动目标。发达国家自身的减排力度本就不够,却还对发展中国家的减排行动表示不满。时任美国国务卿希拉里·克林顿承诺在所有主要经济体采取有意义的减排行动并保证执行透明的前提下,美国将和其他国家一起到 2020 年为发展中国家应对气候变化每年筹集 1 000 亿美元。由于发达国家在发展初期有一段对发展中国家的掠夺史,包括污染输出。因此,在全球环境日益严峻、全球气候变暖的情况下,发达国家应该承担更多的义务,除了降低自身的排放水平外,还应加大对发展中国家的资金和技术援助,与发展中国家携手共建美好家园。

参考文献

[1] MEADOWS D H, MEADOWS D L, RANDERS J, et al. The Limits to Growth [M]. New York: Universe Books, 1972: 78-84.

[2] ARROW K, BOLIN B, COSTANZA R. Economic Growth, Carrying Capacity and the Environment [J]. Science, 1995, 268: 520-521.

[3] CLEVELAND C J, COSTANZA R, HALL CAS, et al. Energy and the US Economy: A Biophysical Perspective [J]. Science, 1984, 225: 890-897.

[4] BECKERMAN W. Economic Growth and the Environment: Whose Growth? Whose Environment? [J]. World Development, 1992, 20: 481-496.

[5] GROSSMAN G, KRUEGER A. Environment Impacts of The North American Free Trade Agreement [Z]. NBER Working Paper, 1991.

[6] GROSSMAN G, KRUEGER A. Economic Growth and the Environment [J]. Quarterly Journal of Economics, 1995 (2): 353-378.

[7] PANAYOTOU T. Demystifying the Environmental Kuznets Curves: Turning A Black Box into a Policy Tool, Special Issue on Environmental Kuznets Curves [J]. Environment Development Economic, 1997, 2 (4): 465-484.

[8] DAVID I S. Explaining Changes in Global Sulfur Emissions: An Econometric Decomposition Approch [J]. Ecological Economics, 2002, 42: 201-220.

[9] COPELAND B R, TAYLOR M S. North-South Trade and the Environment [J]. Quarterly Journal of Economics, 1994, 109 (3): 755-785.

　　[10] SURI V, CHAPMAN D. Economic Growth, Trade and Energy: Implications for the Environmental Kuznets Curve [J]. Ecological Economics, 1998, 25 (2): 195-208.

　　[11] ROLDAN M, JOAN M A. Trade and the Environment from A "Southern" Perspective [J]. Ecological Economics, 2001, 36: 281-297.

　　[12] SELDEN T M, SONG D. Neoclassical Growth, the J Curve for Abatement, and the Inverted U Curve for Pollution [J]. Journal of Environmental Economics and Management, 1995, 29: 162-168.

　　[13] MARKUS P. Technical Progress, Structural Change, and the Envieonment Kuznets Curve [J]. Ecological Economics, 2002, 42: 381-389.

　　[14] 张晓. 中国环境政策的总体评价 [J]. 中国社会科学, 1999 (3): 88-98.

　　[15] 陆虹. 中国环境问题与经济发展的关系分析——以大气污染为例 [J]. 财经研究, 2000 (10): 53-59.

　　[16] 沈满洪, 许云华. 一种新型的环境库兹涅茨曲线 [J]. 浙江社会科学, 2000 (4): 53-57.

　　[17] 黄耀磷, 农彦彦, 吴玉鸣. 中国环境污染的库兹涅茨曲线检验——基于 1997—2006 年的面板数据的实证分析 [J]. 四川环境, 2009 (5): 107-114.

　　[18] 李瑞娥, 张海军. 中国环境库兹涅茨曲线的变化特征 (1981—2004) [J]. 西安交通大学学报 (社会科学版), 2008 (4): 25-43.

（原载于《西部论坛》2010 年第 2 期）

10. FDI 与城市环境污染的区域差异研究
——基于长三角和珠三角的面板数据

一、引言

改革开放 30 多年来，我国经济取得了举世瞩目的成就，但与此同时，对生态环境造成的影响不容小视，环境承载力对经济增长的制约日益严重。在追求经济增长的同时，人们对生活质量的要求日益提高，人们追求鸟语花香、蓝天碧水的生存环境。"城市，让生活更美好"这一 2010 年上海世博会的主题，反映了人们追求较高生活质量的诉求。

经济学家一直关注环境承载力的变化。罗马俱乐部的世界末日模型体现了经济学家对经济增长的一种极度悲观的看法。环境库兹涅茨假说认为，环境污染与经济增长呈现一种倒 U 形曲线关系，即在经济发展的早期阶段，环境污染会随经济增长而加剧；但到达一定程度后，环境污染会随经济增长而减少。

对于 FDI、污染行业转移与环境的关系的研究成果大致可以分为三类：第一类是"污染避难所假说"，即外商直接投资与东道国的环境污染是有关系的，并且东道国较弱的环境规制会吸引环境管制较高国家的外商直接投资，从而使东道国成为污染者的避难所；第二类是"污染光环假说"，即进行投资的跨国公司总是倾向于对投向东道国的公司散播绿色技术，通过运用统一的环境标准而有利于东道国的环境污染情况得到改善；第三类则认为跨国公司的对外直接投资促使东道国产出大量增加，从而导致相应污染的增加。国内外的学者进行了大量的实证研究。摩尼和惠勒（Mani & Wheeler，1997）的研究表明，绝大多数污染产业投向了发达国家，而非发展中国家。埃斯克兰和哈里森（Eskeland & Harrison，2003）的研究表明，外资企业比国内企业排放污染明显要少。有研究者（JieHe，2006）利用中国数据研究发现 FDI 资本每增加 1%，工业二氧化硫排放增加 0.098%，FDI 对经济增长和结构转换引起的污染排放增加完全抵消了 FDI 对环境管制影响引起的污染减少。杨海生、贾佳、周永章和王树功（2005）根据 1990—2002 年中国的相关数据进行研究，其结论是

FDI 与污染物排放呈现显著的正相关关系。潘申彪、余妙志（2005）利用1986—2003 年江、浙、沪三省（市）的数据，进行了外商直接投资增长与环境污染加剧的因果关系检验，发现三者吸引的外商直接投资增长是导致该区域环境污染加剧的原因。沙文兵和石涛（2006）利用我国 30 个省（市、区）1999—2004 年的面板数据进行分析，结果显示外商直接投资对我国生态环境具有显著的负面效应。陈凌佳（2008）利用 2001—2006 年全国 112 座重点城市（均为地级市）的面板数据研究发现，FDI 对环境均产生负面效应，外商直接投资每增加 1%，东部、中部和西部地区工业二氧化硫污染强度分别增加0.031 6%，0.056 8% 和 0.071 6%。贺文华（2010）利用东部地区 11 个省（市）的面板数据研究发现，中国东部地区的数据不支持"污染天堂假说"。因为 FDI 主要集中于东部地区的上海、浙江、江苏和广东，本文利用长三角地区和珠三角地区的城市面板数据研究 FDI 对环境的影响。

二、污染指标选取及模型构建

（一）数据来源和污染指标选取

因为 2004 年前后中国城市统计年鉴的统计口径发生了变化，考虑统计口径一致及数据的连续性，本文数据全部来自 2004—2009 年的中国城市统计年鉴。本文以上海、浙江、江苏代表长三角地区，以广东代表珠三角地区。本文以人均地区生产总值（元）代表经济增长，外商直接投资（万美元）表示污染输入的代理变量，根据中国城市统计年鉴提供的数据，以工业废水排放量（万吨）、工业二氧化硫排放量（吨）和工业烟尘排放量（吨）代表环境污染指标。

上海的工业废水排放量呈递减趋势，从 2003 年的 61 112 万吨减少到 2008年的 44 120 万吨；工业二氧化硫排放量从 2003 年的 300 734 吨增加到 2005 年375 231 吨，而后递减，到 2008 年为 298 000 吨；工业烟尘排放量呈现递减趋势，从 2003 年的 49 671 吨减少到 2008 年的 40 629 吨；人均地区生产总值和FDI 呈现快速增长趋势，分别从 2003 年的 46 718 元、585 022 万美元快速增加到 2008 年的 73 124 元和 1 008 427 万美元（见图 1）。

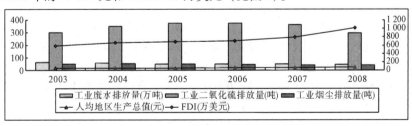

图 1　2003—2008 年上海市环境污染指标、人均地区生产总值、FDI 变化趋势

注：坐标轴上 100 为 100×1 000，图 2 和图 3 同

浙江和江苏共有 24 个样本城市，分别是江苏的南京、无锡、徐州、常州、苏州、南通、连云港、淮安、盐城、扬州、镇江、泰州、宿迁和浙江的杭州、宁波、温州、嘉兴、湖州、绍兴、金华、衢州、舟山、台州、丽水。2008 年，工业废水排放量超过 4 亿吨的有江苏的无锡、苏州和浙江的杭州，杭州达 75 585 万吨；工业二氧化硫排放量超过 10 万吨的有江苏的南京、徐州、苏州和浙江的宁波、嘉兴，苏州达 176 990 吨；工业烟尘排放量超过 4 万吨的有江苏的无锡、苏州，无锡达 44 487 吨；人均地区生产总值超过 6 万元的有江苏的南京、无锡、常州、苏州和浙江的杭州、宁波，苏州达 106 863 元；外商直接投资超过 20 亿美元的有江苏的南京、无锡、常州、苏州、南通和浙江的杭州、宁波，吸纳外商直接投资最多的是苏州，达 813 260 万美元。2007—2008 年，三大污染指标都减少的有江苏的南京、无锡、苏州、镇江和浙江的温州、绍兴、金华、丽水；除江苏的南通和浙江的温州、嘉兴、湖州、绍兴、台州的外商直接投资有所减少外，其他城市的外商直接投资呈现快速增加趋势（见图 2）。

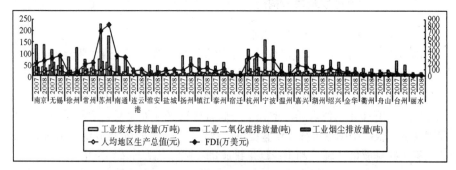

图 2　2007—2008 年浙江和江苏 24 个城市
环境污染指标、人均地区生产总值、FDI 变化趋势

　　广东省共有 21 个样本城市，分别是广州、韶关、深圳、珠海、汕头、佛山、江门、湛江、茂名、肇庆、惠州、梅州、汕尾、河源、阳江、清远、东莞、中山、潮州、揭阳、云浮。2008 年，工业废水排放量超过 1 亿吨的有广州、韶关、佛山、江门、肇庆、东莞、中山，东莞达 33 359 万吨；工业二氧化硫排放量超过 10 万吨的有东莞、佛山，佛山达 124 100 吨；工业烟尘排放量超过 2 万吨的有佛山、江门、茂名、东莞，东莞达 41 612 吨；人均地区生产总值超过 6 万元的有广州、深圳、珠海、佛山，深圳达 89 814 元，东莞和中山都低于 6 万元，分别为 53 285 元和 56 106 元；外商直接投资超过 20 亿美元的有广州、深圳、东莞，吸纳外商直接投资最多的是深圳，达 402 018 万美元。2007—2008 年，三大污染指标都减少的有韶关、深圳、佛山、江门、湛江、梅州；除云浮的外商直接投资有所减少外，其他城市的外商直接投资呈现增加趋势（见图 3）。

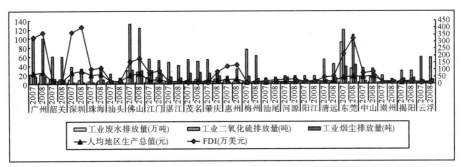

图3　2007—2008 年广东 21 市环境污染指标、人均地区生产总值、FDI 变化趋势

本文用 *FS*、*SO₂*、*GYYC*、*Y* 和 *FDI* 分别表示工业废水排放量、工业二氧化硫排放量、工业烟尘排放量、人均地区生产总值和外商直接投资，为了消除序列相关，数据取自然对数，用 LN*FS*、LN*SO₂*、LN*GYYC*、LN*Y* 和 LN*FDI* 分别表示 *FS*、*SO₂*、*GYYC*、*Y* 和 *FDI* 的自然对数值。本文利用 Eviews 6.0 软件对长三角地区和珠三角地区污染指标、人均地区生产总值、外商直接投资进行统计分析得表1。从表1可以看出，长三角地区所有指标的均值、中位数都高于珠三角地区的对应值；除工业废水排放量的最大值是珠三角地区高于长三角地区外，其他指标值珠三角地区均低于长三角地区；除外商直接投资的最小值是珠三角地区高于长三角地区，其他指标值珠三角地区都比长三角地区的对应值小；其他如标准差、峰度、偏度和 JB 值都存在较大差异。

表1　　　　　　　　　长三角地区和珠三角地区污染指标、
人均地区生产总值、外商直接投资的数据分析

	长三角地区					珠三角地区				
	FS	*SO₂*	*GYYC*	*Y*	*FDI*	*FS*	*SO₂*	*GYYC*	*Y*	*FDI*
Mean	20 412.6	88 902.5	24 157.7	31 445.0	135 035.6	8 622	44 570.4	10 106.2	25 262.1	72 592.9
Median	11 601.5	68 778.5	19 384	26 628.5	73 068	5 449.5	33 775	8 176	15 493	20 373
Maximum	85 735	375 231	61 606	106 863	1 008 427	91 260	197 500	41 612	89 814	403 018
Minimum	958	6 269	2 797	5 400	1 245	220	924	47	4 111	2 118
Std. Dev.	20 004.6	74 158.0	14 660.3	19 957.3	187 197.6	10 103.2	44 421.6	8 174.9	20 870.6	99 027.7
Skewness	1.548 6	1.921 6	0.738 1	1.189 2	2.420 4	4.785 5	1.710 4	1.236 1	1.193 4	1.805 2
Kurtosis	4.371 9	7.010	2.544 0	4.353 6	8.840 7	36.990	5.367 7	4.672 2	3.173 1	5.314 0
Jarque-Bera	71.717 5	192.816 1	14.919 2	46.804 3	359.671	6 546.445	90.863 7	46.768 7	30.065 8	96.542 3
Probability	0	0	0.000 6	0	0	0	0	0	0	0
Sum	3 061 893	13 335 381	3 623 648	4 716 744	20 255 335	1 086 372	5 615 867	1 273 381	3 183 027	9 146 709
Sum Sq. Dev.	5.96E+10	8.19E+11	3.20E+10	5.93E+10	5.22E+12	1.28E+10	2.47E+11	8.35E+09	5.44E+10	1.23E+12
Observations	150	150	150	150	150	126	126	126	126	126
Cross sections	25	25	25	25	25	21	21	21	21	21

（二）计量模型构建

在对面板数据进行估计时，本文使用的样本数据包含了个体、指标、时间三个方向上的信息。面板数据模型主要分为三种类型，即混合估计模型、变截

距模型和变系数模型。因此，在对面板数据进行估计前，首先要对模型的设定形式进行检验：

（1）无个体影响的不变系数模型的单方程回归形式如下：

$$y_i = \alpha + x_i\beta + \varepsilon_i \quad i = 1, \cdots, n \tag{1}$$

（2）变截距模型的单方程回归形式：

$$y_i = \alpha_i + x_i\beta + \varepsilon_i \quad i = 1, \cdots, n \tag{2}$$

（3）变系数模型的单方程回归形式：

$$y_{it} = \alpha_{it} + x_i\beta_i + \varepsilon_i \quad i = 1, \cdots, n \tag{3}$$

为了得到模型的正确设定形式，避免模型的设定偏差，改进参数估计的有效性，经常使用的检验方法是协方差分析检验，主要检验如下两个假设：

$H_1: \beta_1 = \beta_2 = \cdots = \beta_N$

$H_2: \alpha_1 = \alpha_2 = \cdots = \alpha_N; \beta_1 = \beta_2 = \cdots = \beta_N$

F 统计量为：

$$F_2 = \frac{(S_3 - S_1)/[(N-1)(K+1)]}{S_1/[NT - N(K+1)]} \sim F[(N-1)(K+1), N(T-K-1)]$$

$$F_1 = \frac{(S_2 - S_1)/[(N-1)K]}{S_1/[NT - N(K+1)]} \sim F[(N-1)K, N(T-K-1)]$$

其中，S_1、S_2、S_3 分别为变系数模型、变截距模型和无个体影响的不变系数模型的残差平方和。若计算所得值不小于给定置信度下的相应临界值，则拒绝假设 H_2，继续检验假设 H_1；反之，则认为样本数据符合模型（1），若计算所得到的统计量 F_1 的值不小于给定置信度下的相应临界值，则拒绝假设 H_1，用模型（3）拟合样本；反之，则用模型（2）拟合样本。

本文采用固定效应模型，为了避免异方差和序列相关，对数据取自然对数，并进行加权处理（Pooled EGLS），用 Eviews 6.0 软件对参数进行估计，模型具体设定形式为：

$$LN\,E_{it} = \alpha + \beta_1 LN\,Y_{it} + \beta_2 LN^2\,Y_{it} + \beta_3 LN^3\,Y_{it} + \gamma_i LN\,FDI_{it}$$

$i = 1, \cdots, n$ 为截面单元，$t = 1, \cdots, T$ 为时序期数，E_{it} 为环境污染指标，Y_{it} 为人均地区生产总值，FDI_{it} 为外商直接投资。

三、外商直接投资、人均地区生产总值对环境污染指标的影响

（一）长三角地区外商直接投资、经济增长对环境污染指标的影响

1. 外商直接投资、经济增长对城市工业废水排放量的影响

由 LNFS 对 LNY 和 LNFDI 进行回归得模型：

$$LNFS_{it} = 8.178\,4 + 0.250\,0LNY_{it} + \gamma_i LNFDI_{it}$$

回归结果显示，经济增长与长三角地区的工业废水排放量呈单调递增关系，并且在 1% 的水平下显著，即长三角地区的经济每增长一个百分点，工业

废水排放量将增加 0.25 个百分点。但 FDI 对城市工业废水排放量的影响在不同城市之间存在较大差异。上海、南京、无锡、徐州、苏州、连云港、盐城、扬州、镇江、泰州、杭州、温州、嘉兴、湖州、衢州的 FDI 增加对工业废水排放量有负向影响，即 FDI 增加有利于减少工业废水排放量。南京、无锡、盐城、扬州、镇江、杭州、温州的 t 统计量不显著。上海、连云港、嘉兴、衢州在 1% 的水平下显著；徐州、湖州在 5% 的水平下显著；苏州、泰州在 10% 的水平下显著。影响最大的是上海，即在其他条件不变的前提下，FDI 每增加 1%，工业废水排放量将减少 0.785%，其后依次为苏州、连云港、嘉兴、湖州、徐州、衢州、泰州，分别为 - 0.562 9%、- 0.367 3%、- 0.338 8%、- 0.307 2%、- 0.301 7%、- 0.159 2%、- 0.136 8%。常州、南通、淮安、宿迁、宁波、绍兴、金华、舟山、台州、丽水的 FDI 增加对工业废水排放量有正向影响，即 FDI 增加导致工业废水排放量增加。常州、南通、宿迁、宁波、金华、舟山、台州、丽水的 t 统计量不显著。只有淮安和绍兴在 5% 的水平下显著。影响最大的是绍兴，即 FDI 每增加 1%，工业废水排放量将增加 0.758 6%，其次是淮安的 0.133 9%。

2. 外商直接投资、经济增长对城市工业二氧化硫排放量的影响

由 $\text{LN}SO_2$ 对 $\text{LN}Y$ 和 $\text{LN}FDI$ 进行回归得模型：

$$\text{LN}SO_{2it} = - 12.968\,4 + 4.765\,0\text{LN}Y_{it} - 0.227\,5\,\text{LN}^2 Y_{it} + \gamma_i \text{LN}FDI_{it}$$

回归结果显示，经济增长与长三角的工业二氧化硫排放量呈倒 U 形曲线关系，并且在 1% 的水平下显著，即二氧化硫排放量先随经济增长而增加后随经济增长而减少。FDI 对工业二氧化硫排放量的影响差异较大。南京、无锡、徐州、苏州、南通、连云港、淮安、盐城、扬州、镇江、宿迁、杭州、宁波、温州、湖州、金华、衢州的 FDI 增加对工业二氧化硫排放量有负向影响，即 FDI 增加有利于减少工业二氧化硫排放量。南京、无锡、徐州、苏州、南通、淮安、扬州、宿迁、杭州、宁波、温州、金华的 t 统计量不显著；连云港、盐城、镇江、湖州在 1% 的水平下显著；衢州在 5% 的水平下显著。影响最大的是湖州，即 FDI 每增加 1%，工业二氧化硫排放量将减少 0.660 5%，其后依次是镇江的 -0.463 3%、连云港的 -0.441 5%、衢州的 -0.256 6% 和盐城的 -0.221 4%。上海、常州、泰州、嘉兴、绍兴、舟山、台州、丽水的 FDI 增加对工业二氧化硫排放量有正向影响，即 FDI 增加导致工业二氧化硫排放量增加。上海、常州、绍兴、舟山、丽水的 t 统计量不显著。泰州和嘉兴在 1% 的水平下显著；台州在 5% 的水平下显著。影响最大的是嘉兴，即 FDI 每增加一个百分点，工业二氧化硫排放量将增加 0.992 5%，其次是台州的 0.584 1% 和泰州的 0.330 7%。

3. 外商直接投资、经济增长对城市工业烟尘排放量的影响

由 $\text{LN}GYYC$ 对 $\text{LN}Y$ 和 $\text{LN}FDI$ 进行回归得模型：

$$LNGYYC_{it} = -159.8498 + 50.7992LNY_{it} - 4.9895LN^2Y_{it} + 0.1625LN^3Y_{it} + \gamma_i LNFDI_{it}$$

回归结果显示，经济增长与长三角地区的工业烟尘排放量呈 N 形曲线关系，并且在 1% 的水平下显著。FDI 对工业烟尘排放量的影响存在差异。上海、南京、无锡、徐州、苏州、连云港、淮安、盐城、扬州、镇江、杭州、温州、嘉兴、绍兴、衢州、台州、丽水的 FDI 增加对工业烟尘排放量有负向影响，即 FDI 增加有利于减少工业烟尘排放量。南京、无锡、苏州、扬州、杭州、温州、嘉兴、绍兴、衢州、台州、丽水的 t 统计量不显著。连云港、淮安、盐城、镇江在 1% 的水平下显著；上海、徐州在 5% 的水平下显著。影响最大的是镇江，即 FDI 每增加一个百分点，工业烟尘排放量将减少 1.128 7 个百分点，其次分别是徐州的 -0.789 0%、上海的 -0.499 9%、连云港的 -0.403 4%、盐城的 -0.288 6%、淮安的 -0.218 3%。常州、南通、泰州、宿迁、宁波、湖州、金华、舟山的 FDI 增加对工业烟尘排放量有正向影响，即 FDI 增加导致工业烟尘排放量增加。常州、宿迁、宁波、湖州的 t 统计量不显著；南通、泰州、金华、舟山在 5% 的水平下显著。影响最大的是舟山，即 FDI 每增加 1%，工业烟尘排放量增加 0.651 1%。其次分别为金华的 0.607 5%、泰州的 0.450 8%、南通的 0.149 4%。

长三角地区 FDI、人均地区生产总值对环境污染指标的影响如表 2 所示。

表 2 　　　　　　　长三角地区 FDI、人均地区生产总值
对环境污染指标的影响

变量	LNFS			LNSO₂			LNGYYC		
	系数	T 值	固定效应	系数	T 值	固定效应	系数	T 值	固定效应
C	8.178 4***	16.706 3		-12.965***	-2.489 6		-159.850**	-2.241 2	
LNY	0.250 0***	5.653 7		4.765 0***	4.718 7		50.799 2***	2.389 7	
LN²Y				-0.227 5***	-4.762 2		-4.989 5***	-2.371 8	
LN³Y							0.162 5**	2.345 8	
上海-LNFDI	-0.785 0***	-5.345 1	10.518 3	0.075 1	0.265 3	-0.196 7	-0.499 9**	-2.212 7	6.038 6
南京-LNFDI	-0.007 5	-0.021 0	-0.060 6	-0.052 6	-1.522 4	0.548 0	-0.237 8	-1.040 3	2.042 1
无锡-LNFDI	-0.518 9	-1.385 8	6.209 4	-0.509 2	-0.885 9	6.145 6	-0.229 6	-0.270 2	2.040 3
徐州-LNFDI	-0.301 7**	-1.896 5	1.794 6	-0.559 5	-1.305 9	5.830 5	-0.789 0**	-1.997 7	7.076 0
常州-LNFDI	0.033 3	0.241 2	-0.950 1	0.119 3	0.542 4	-2.216 6	0.133 7	0.401 3	-2.866 3
苏州-LNFDI	-0.562 9*	-2.037 2	7.661 5	-0.057 4	-0.226 0	1.207 1	-0.720 0	-1.417 6	9.014 0
南通-LNFDI	0.041 9	0.608 0	-1.611 3	-0.047 4	-0.381 2	0.007 0	0.149 4**	2.165 7	-2.895 8
连云港-LNFDI	-0.367 3***	-4.771 5	1.664 7	-0.441 5***	-5.592 7	3.597 9	-0.403 4***	-4.321 9	2.168 1
淮安-LNFDI	0.133 9**	1.945 7	-2.950 1	-0.139 4	-0.973 0	0.360 0	-0.218 3***	-2.650 5	0.528 9
盐城-LNFDI	-0.135 7	-1.538 7	0.021 3	-0.221 4***	-3.746 4	1.027 0	-0.288 6***	-3.125 0	1.063
扬州-LNFDI	-0.249 9	-1.480 9	1.353 1	-0.089 3	-1.134 1	0.423 9	-0.062 9	-0.581 2	-1.271 0
镇江-LNFDI	-0.164 6	-0.863 2	0.233 7	-0.463 3***	-5.620 6	4.573 6	-1.128 7***	-4.382 6	11.392
泰州-LNFDI	-0.136 8*	-1.621 5	0.546 5	0.330 7***	2.441 7	-4.907 1	0.450 8**	1.894 5	-7.103 8
宿迁-LNFDI	0.026 6	1.328 3	-2.325 9	-0.042 3	-0.226 6	-1.259 7	0.042 4	0.161 9	-3.036 3
杭州-LNFDI	-0.026 7	-0.236 8	0.660 6	-0.054 0	-0.588 4	0.360 4	-0.116 6	-1.188 9	0.448 4

表2(续)

变量	LNFS			LNSO₂			LNGYYC		
	系数	T值	固定效应	系数	T值	固定效应	系数	T值	固定效应
宁波-LNFDI	0.122 8	0.255 0	-2.805 4	-0.264 3	-0.581 2	3.423 6	0.084 2	0.144 3	-2.447 2
温州-LNFDI	-0.023 0	-0.363 9	-1.158 9	-0.141 4	-0.867 7	0.631 1	-0.065 0	-0.614 6	-1.990 8
嘉兴-LNFDI	-0.338 8***	-4.963 8	2.846 1	0.992 5***	5.234 3	-12.127 5	-0.171 8	-0.401 4	0.631 5
湖州-LNFDI	-0.307 2**	-2.347 3	1.915 1	-0.660 5***	-3.349 7	6.317 9	0.383 9	1.316 6	-6.370 7
绍兴-LNFDI	0.758 6**	2.042 4	-9.378 3	0.113 1	0.706 9	-2.135 8	-0.158 2	-0.199 7	0.242 1
金华-LNFDI	0.231 7	1.084 9	-4.094 9	-0.100 4	-1.143 9	-0.407 8	0.607 5**	1.840 2	-8.507 1
衢州-LNFDI	-0.195 2***	-2.809 3	0.653 0	-0.256 6**	-2.011 8	0.648 0	-0.231 5	-1.031 5	-0.434 1
舟山-LNFDI	0.164 0	1.550 1	-4.848 9	0.021 9	0.530 8	-1.999 4	0.651 1**	2.244 0	-7.687 6
台州-LNFDI	0.079 0	0.639 3	-3.071 4	0.584 1**	2.067 2	-6.873 8	-0.249 8	-0.807 0	0.061 4
丽水-LNFDI	0.143 2	0.561 6	-2.822 3	0.088 0	0.406 9	-2.977 1	-0.612 4	-1.472 9	1.863 6
Adj-R²	0.999 9			0.999 9			0.999 5		
F-statistic	38 294.34			44 367.59			6 206.717		
D-W	2.151 8			1.822 6			2.040 2		

注：＊＊＊表示1%的显著水平；＊＊表示5%的显著水平；＊表示10%的显著水平，下同

（二）珠三角地区外商直接投资、经济增长对环境污染指标的影响

1. 外商直接投资、经济增长对城市工业废水排放量的影响

由 LNFS 对 LNY 和 LNFDI 进行回归得模型：

$$LNFS_{it} = -186.036\ 8 + 56.165\ 2LNY_{it} - 5.500\ 7 LN^2 Y_{it} + 0.180\ 3 LN^3 Y_{it} + \gamma_i LN\ FDI_{it}$$

回归结果显示，经济增长与珠三角地区的工业废水排放量呈 N 形曲线关系，并且在 1%的水平下显著。FDI 对工业废水排放量的影响存在差异。广州、汕头、佛山、湛江、河源、清远、云浮的 FDI 增加对工业废水排放量存在负向影响，即 FDI 增加有利于减少工业废水排放量。汕头、佛山、湛江、河源、清远、云浮的 t 统计量均不显著，广州在 5%的水平下显著，即 FDI 每增加 1%，工业废水排放量减少 0.664 6%。韶关、深圳、珠海、江门、茂名、肇庆、惠州、梅州、汕尾、阳江、东莞、中山、潮州、揭阳的 FDI 增加对工业废水排放量有正向影响，即 FDI 增加引致工业废水排放量增加。韶关、深圳、茂名、惠州、阳江、东莞、中山、潮州、揭阳的 t 统计量不显著。肇庆在 1%的水平下显著；珠海、梅州、汕尾在 5%的水平下显著；江门在 10%的水平下显著。影响最大的是汕尾，FDI 每增加 1%，工业废水排放量将增加 2.950 3%，其次是珠海的 0.914 2%，梅州的 0.654 7%，江门的 0.333 6%和肇庆的 0.084 0%。

2. 外商直接投资、经济增长对城市工业二氧化硫排放量的影响

由 LNSO₂ 对 LNY 和 LNFDI 进行回归得模型：

$$LNSO_{2it} = 258.895\ 2 - 78.558\ 2LNY_{it} + 8.074\ 2 LN^2 Y_{it} - 0.272\ 4 LN^3 Y_{it} + \gamma_i LN\ FDI_{it}$$

回归结果显示，经济增长与珠三角地区的工业二氧化硫排放量呈倒 N 形曲线

关系，并且在1%的水平下显著。FDI对工业二氧化硫排放量的影响存在差异。广州、深圳、珠海、汕头、佛山、江门、湛江、肇庆、清远、东莞、中山的FDI增加对工业二氧化硫排放量有负向影响，即FDI增加有利于减少工业二氧化硫排放量。深圳、珠海、汕头、江门、湛江、清远的t统计量不显著。广州、佛山、东莞、中山在1%的水平下显著；肇庆在10%的水平下显著。影响最大的是广州，即FDI每增加1%，工业二氧化硫排放量减少2.115 7%，其后依次是东莞、中山、佛山、肇庆，分别为-0.825 2%、-0.488 3%、-0.426 1%、-0.208 2%。韶关、茂名、惠州、梅州、汕尾、河源、阳江、潮州、揭阳、云浮的FDI对工业二氧化硫排放量产生正向影响，即FDI增加将引致工业二氧化硫排放量增加。韶关、梅州、潮州、云浮的t统计量不显著。河源、揭阳在1%的水平下显著；茂名在5%的水平下显著；惠州、汕尾、阳江在10%的水平下显著。影响最大的是揭阳，即FDI每增加1%，工业二氧化硫排放量将增加2.23%。其后依次是汕尾、河源、惠州、阳江、茂名，分别为2.209 1%、2.179 4%、0.833 7%、0.603 0%、0.281 6%。

3. 外商直接投资、经济增长对城市工业烟尘排放量的影响

由LNGYYC对LNY和LNFDI进行回归得模型：

$$LNGYYC_{it} = -34.599\ 3 + 7.452\ 7LNY_{it} - 0.326\ 5\ LN^2\ Y_{it} + \gamma_i LNFDI_{it}$$

回归结果显示，经济增长与珠三角地区的工业烟尘排放量呈倒U形关系，并且在1%的水平下显著。FDI对工业烟尘排放量的影响存在差异。广州、深圳、汕头、湛江、肇庆、河源、阳江、清远、云浮的FDI对工业烟尘排放量产生负向影响。广州、汕头、湛江、肇庆、阳江、云浮的t统计量不显著。深圳、河源在5%的水平下显著；清远在10%的水平下显著。影响最大的深圳为-2.071 1，其次为河源的-2.011 5和清远的-0.676 8。韶关、珠海、佛山、江门、茂名、惠州、梅州、汕尾、东莞、中山、潮州、揭阳的FDI对工业烟尘排放量产生正向影响。韶关、珠海、佛山、江门、茂名、惠州、梅州、汕尾、东莞、中山、潮州的t统计量不显著。揭阳在10%的水平下显著，即FDI每增加1%，工业烟尘排放量将增加2.448 1%。

珠三角地区FDI、人均地区生产总值对环境污染指标的影响如表3所示。

表3　珠三角地区FDI、人均地区生产总值对环境污染指标的影响

变量	LNFS			LNSO$_2$			LNGYYC		
	系数	T值	固定效应	系数	T值	固定效应	系数	T值	固定效应
C	-186.037***	-2.554 9		258.895***	3.672 5		-34.599***	-2.684 5	
LNY	56.165 2***	2.573 5		-78.558***	-3.712 7		7.452 7***	2.951 2	
LN^{2}Y	-5.500 7***	-2.541 1		8.074 2***	3.839 5		-0.326 5***	-2.533 5	
LN^{3}Y	0.180 3***	2.529 3		-0.272 4***	-3.931 4				
广州-LNFDI	-0.664 6**	-2.051 7	12.094 1	-2.115 7***	-4.664 3	29.188 2	-0.974 8	-1.108 6	14.079 4
韶关-LNFDI	0.147 9	0.518 8	2.352 8	0.355 7	1.178 5	-0.274 3	0.318 9	0.568 9	-0.271 4

变量	LNFS			LNSO₂			LNGYYC		
	系数	T值	固定效应	系数	T值	固定效应	系数	T值	固定效应
深圳-LN*FDI*	0.047 4	0.086 1	1.980 7	−0.450 0	−1.309 8**	7.174 2	−2.071 1**	−1.974 1	26.946 7
珠海-LN*FDI*	0.914 2**	2.096 2	−8.277 7	−0.099 1	−1.053 5	2.351 4	0.436 1	0.698 4	−4.374 4
汕头-LN*FDI*	−0.056 8	−0.526 2	3.409 0	−0.663 5	−1.103 8	8.423 2	−0.423 7	−1.048 3	5.682 8
佛山-LN*FDI*	−0.142 0	−0.249 3	5.540 8	−0.426 1***	−3.300 5	7.709 1	0.018 8	0.029 6	1.939 8
江门-LN*FDI*	0.333 6*	1.626 9	−0.167 5	−0.237 1	−0.768 2	4.798 1	0.274 8	0.752 5	−0.523 7
湛江-LN*FDI*	−0.050 9	−0.210 5	3.712 4	−0.139 4	−0.559 0	4.420 4	−0.091 1	−0.353 3	3.849 6
茂名-LN*FDI*	0.074 8	0.733 6	2.594 7	0.281 6**	1.994 8	0.459 0	0.105 8	0.386 5	1.873 2
肇庆-LN*FDI*	0.084 0***	2.626 7	2.499 0	−0.208 2*	−1.779 7	4.630 7	−0.008 8	−0.122 1	2.775 9
惠州-LN*FDI*	0.352 0	0.670 8	−1.355 3	0.833 7*	1.606 3	−8.786 2	0.467 5	0.573 7	−5.511 3
梅州-LN*FDI*	0.654 7**	2.065 5	−3.096 8	0.584 1	0.287 8	−2.822 7	0.577 1	1.042 6	−2.204 7
汕尾-LN*FDI*	2.950 3**	1.979 3	−26.597	2.209 1*	1.575 4	−21.079	3.131 1	1.261 6	−31.258
河源-LN*FDI*	−0.045 5	−0.063 0	2.801 7	2.179 4***	3.377 2	−20.539	−2.011 5**	−2.339 6	23.367 8
阳江-LN*FDI*	0.094 4	0.798 5	0.939 0	0.603 0*	1.541 8	−4.395 8	−0.054 0	−0.144 6	2.376 4
清远-LN*FDI*	−0.193 0	−1.135 3	4.609 6	−0.065 2	−0.303 2	3.265 1	−0.676 8*	−1.832 9	9.352 2
东莞-LN*FDI*	0.426 9	0.466 8	−0.943 5	−0.825 2***	−4.465 3	12.902 8	0.261 0	0.188 3	−1.147 5
中山-LN*FDI*	0.560 7	0.877 4	−3.126 1	−0.488 3***	−2.517 6	6.751 4	0.760 4	0.476 0	−7.507 8
潮州-LN*FDI*	0.270 4	0.324 7	−0.561 4	0.974 5	0.983 7	−7.931 8	2.150 2	0.898 3	−18.733 7
揭阳-LN*FDI*	0.410 2	0.887 5	−1.385 0	2.230 0***	2.397 4	−19.764	2.448 1*	1.629 7	−22.064
云浮-LN*FDI*	−0.046 4	−0.310 1	2.976 3	0.528 8	2.308 8	−1.616 3	−0.158 3	−0.311 6	3.699 3
Adj-R²	0.999 2			0.999 6			0.995 3		
F−statistic	3 379.12			7 608.74			612.251		
D−W	1.800 5			2.056 0			1.830 9		

四、结论

在长三角地区，经济增长与长三角地区的工业废水排放量呈单调递增关系，FDI 对工业废水排放量有显著负影响的城市有上海、徐州、苏州、连云港、泰州、嘉兴、湖州、衢州，表现最优的是上海，淮安和绍兴的 FDI 对工业废水排放量有显著正影响；在珠三角地区，经济增长与珠三角地区的工业废水排放量呈 N 形曲线关系，FDI 对工业废水排放量有显著负影响的城市只有广州，产生显著正影响的有珠海、江门、肇庆、梅州和汕尾。在长三角地区，经济增长与长三角地区的工业二氧化硫排放量呈倒 U 形曲线关系，FDI 对工业二氧化硫排放量有显著负影响的城市有连云港、盐城、镇江、湖州、衢州，表现最优的是湖州，产生显著正影响的有泰州和嘉兴；在珠三角地区，经济增长与珠三角地区的工业二氧化硫排放量呈倒 N 形曲线关系，FDI 对工业二氧化硫排放量产生显著负影响的城市有广州、佛山、肇庆、东莞、中山，表现最优的是广州，产生显著正影响的有茂名、惠州、汕尾、河源、阳江和揭阳。在长三角地区，经济增长与长三角地区的工业烟尘排放量呈 N 形曲线关系，FDI 对工业烟尘排放量有显著负影响的城市有上海、徐州、连云港、淮安、盐城、镇江，表现最优的是镇江，有显著正影响的有南通、泰州、金华和舟山；在珠三角地区，经济增长与长三角地区的工业烟尘排放量呈倒 U 形曲线关系，FDI 对工业烟尘排放量产生显著负影响的城市有深圳、河源、清远，表现最优的是深圳，产生显著正影响的只有揭阳。长三角地区和珠三角地区只有连云港的 FDI 对三个污染指标都产生负向影响。长三角地区的上海、徐州、盐城、镇江、湖州、衢州的 FDI 有利于减少污染；珠三角地区只有广州的 FDI 有利于减少污染。回归结果显示，长三角地区和珠三角地区有部分城市的 FDI 增加加剧环境污染，支持"污染天堂假说"，有部分城市的 FDI 增加有利于提高环境质量，支持"污染光环假说"。长三角地区的 FDI 比珠三角地区的 FDI 更"清洁"。因此，中国在引进外商直接投资时不能只求规模，更要追求质量，积极引进能改善环境质量的外商直接投资，提高生态环境的承载力，提高生活质量。

参考文献

[1] MANI M，D. WHEELER. In Search of Pollution Havens：Dirty Industry Migration in the World Economy [R]. World Bank Working Paper，1997（16）.

[2] ESKELAND G S，HARRISON A E. Moving to Greener Pastures? Multinationals and the Pollution Haven Hypothesis [J]. Journal of Development Economics，2003，70（1）：1-23.

[3] JIE HE. Pollution Haven Hypothesis and Environmental Impacts of Foreign Direct Investment：The Case of Industrial Emission of Sulfur Dioxide（SO_2）in Chinese Provinces [J]. Ecological Economics，2005，60（1）：228-245.

[4] 潘申彪，余妙志. 江浙沪三省市外商直接投资与环境污染的因果关系检验 [J]. 国际贸易问题，2005（12）：74-79.

[5] 杨海生，贾佳，周永章，等. 贸易、外商直接投资、经济增长与环境污染 [J]. 中国人口·资源与环境，2005（3）：99-103.

[6] 沙文兵，石涛. 外商直接投资的环境效应——基于中国省级面板数据的实证分析 [J]. 世界经济研究，2006（6）：76-81.

[7] 陈凌佳. FDI 环境效应的新检验——基于中国 112 座重点城市的面板数据研究 [J]. 世界经济研究，2008（9）：54-59.

[8] 贺文华. FDI、经济增长与环境污染的实证研究——基于中国东部 11 省（市）的面板数据 [J]. 湖南农业大学学报（社会科学版），2010（1）：64-71.

（原载于《重庆工商大学学报（社会科学版）》2010 年第 5 期）

11. FDI、经济增长与环境污染的实证研究
——基于中国东部 11 个省（市）的面板数据

一、引言

随着经济的发展，环境问题日益引起人们的重视。有研究预测，假设单位国内生产总值排放的二氧化碳比率保持 2001 年的水平，到 2018 年，全世界二氧化碳排放总量将增长 69%，达到 250 亿吨，中国排放总量将超过 90 亿吨，约占总排放量的 37%（Thomas，2007）。中国粗放型经济增长方式导致巨大的资源消耗和污染物排放。2005 年，被监测的 522 个城市中有 39.7% 的城市空气质量处于三级或三级以下，40.5% 的城市颗粒物超过二级标准；696 个被监测的市（县）中出现酸雨的市（县）占比达 51.3%；城市二氧化硫和氨氮的排放量年均增长 5% 以上。在 2009 年哥本哈根气候峰会上，中国承受了巨大压力。中国目前的环境问题，是现行经济发展方式的结果，2010 年经济发展导向是促转变、调结构，从单纯追求国内生产总值及由此而来的财政收入，转向更加注重经济增长的可持续性，这就意味着把环境因素纳入到经济增长中去。

环境库兹涅茨曲线（EKC）是指环境污染和经济发展之间一种倒 U 形关系，即在经济发展的初级阶段，经济发展将导致环境的恶化；当经济增长和人均收入达到并超越一定水平后，经济增长将伴随着环境的改善。EKC 假说最早是由格鲁斯曼和克鲁格（Grossman & Krueger，1991）提出的，他们在对 66 个国家 14 种空气和水污染指数 12 年的变动情况进行研究后，发现大多数污染指数与人均国内生产总值间呈现倒 U 形关系。许多实证研究都表明，在大多数环境质量指标与人均收入之间的确存在一种倒 U 形的关系（Shafik，1994；Selden & Song，1994）。二氧化碳排放量与人均收入之间呈单调上升关系（Shafik & Bandy Opadhyay，1992）或是三次方关系（Fridel & Getzner，2002）。国内学者也进行了大量研究。吴玉萍、董锁成（2002）使用 12 个质量指标研究了北京市经济增长和环境质量间的关系，发现存在明显的 EKC 特征，认为

北京施行了比较有效的环境政策。沈满洪（2002）等用浙江的数据得出各类污染指标的 N 形曲线。彭水军、包群（2006）利用中国的时序数据研究了经济增长和 6 类污染物之间的关系，并通过简化型模型，认为倒 U 形 EKC 曲线很大程度上取决于污染指标及估计方法的选取。李达、王春晓（2007）通过综合简化模型，研究了 3 种大气污染物和经济增长之间的关系，发现它们之间不存在倒 U 形曲线。高辉（2009）利用中国 1996—2007 年 29 个省、市、自治区的面板数据对经济增长和大气污染物排放之间的关系进行实证检验得出二氧化硫等污染物质的排放会达到一个环境库兹涅茨曲线的转折点，但省际二氧化硫排放有很强的异质性。

国际贸易能很好地解释环境库兹涅茨曲线。国际贸易使得一国的经济规模扩大，这样就增加了环境污染。随着国际贸易和全球一体化的发展，国际贸易能够提高发展中国家的收入水平。随着实际收入的提高，人们希望生活在更洁净的环境中，促使该国环境保护规则的制定。但是较低的贸易准入规则会使得具有严重污染的物质通过贸易转移到该国，从而使环境质量恶化（污染天堂假说，Pollution Haven Hypothesis，PHH）；对于不同国家或地区以及不同的污染物而言，环境污染与经济增长之间表现出来的关系并不完全符合倒 U 形的关系。不同的国家或地区经历的经济发展阶段不同，经济结构也不同，因此环境质量与经济增长之间的关系也略有不同。

二、经济增长和环境污染指标选取及数据处理

（一）经济增长和环境污染指标选取

环境污染指标数据来自 2001—2009 年中国统计年鉴及省（市）统计年鉴。考虑统计口径一致和数据的连续性，本文选取工业废气排放总量（亿标准立方米）、工业废水排放总量（万吨）、工业固体废物产生量（万吨）、工业固体废物排放量（万吨）、工业粉尘排放量（万吨）、化学需氧量排放量（万吨）和工业二氧化硫排放量（万吨）作为环境污染指标，人均地区生产总值（元）作为经济增长指标。此外，考虑国际贸易因素中污染的可输出性，有些发达国家通过 FDI 输出污染以便减轻国内环境压力，因此用 FDI（万美元）作为污染的输出指标。SO_2、COD、FS、FQ、$GYYC$、$GYFC$、$GTCS$、$GTPF$ 分别表示工业二氧化硫排放量、化学需氧量排放量、工业废水排放量、工业废气排放量、工业烟尘排放量、工业粉尘排放量、工业固体废物产生量、工业固体废物排放量，Y 表示人均地区生产总值，FDI 表示外商直接投资。因为是面板数据，为消除时间序列趋势，对所有数据取自然对数，$LNSO_2$、$LNCOD$、$LNFS$、$LNFQ$、$LNGYYC$、$LNGYFC$、$LNGTCS$、$LNGTPF$ 分别表示污染指标的自然对数，LNY 表示人均地区生产总值的自然对数，$LNFDI$ 表示外商直接投资的自然对数。GD、SH、ZJ、JS、BJ、LN、HN、SD、FJ、HB、TJ 分别表示广东、上

海、浙江、江苏、北京、辽宁、海南、山东、福建、河北、天津东部 11 个省
（市）。

（二）单位根检验

标准单位根检验在检验单变量时间序列时具有较低的检验功效，而考虑含
有时间和截面的面板情形则更为有效。本文选用的面板单位根检验方法包括
LLC 检验（Levin, Lin & Chu）、IPS 检验（Im, Pesaran & Shin）和 CH 检验
（Choi），面板协整检验方法则为佩德罗尼（Pedroni）提出的面板和组间检验。
本文用 Eviews 5.0 软件对各变量进行单位根检验，LLC 和 Breitung 检验的零假
设是各截面有相同的单位根；IPS、ADF 和 PP 检验的零假设是允许各截面有
不同的单位根（见表 1）。本文以个体效应为外生变量，对所有变量进行单位
根检验，一阶差分后都是平稳序列。

表 1　环境污染指标、FDI、人均地区生产总值对数值单位根检验

变量	LLC	Breitung t-stat	IPS	ADF	PP
$LNFDI$	1.288 0***	0.976 6	1.546 7	16.336 6	23.733 3
$\triangle LNFDI$	-7.376 4*	-1.455 8**	-1.921 9*	40.547 3*	39.449 3*
$LNSO_2$	-4.027 1*	0.783 7	-0.304 3	26.910 8	20.542 8
$\triangle LNSO_2$	-3.292 2*	-1.781 2**	-0.682 9	26.914 6	24.722 4
$LNCOD$	-3.323 6*	-0.721 0	-1.469 5***	34.237 7**	41.801 7*
$\triangle LNCOD$	-6.175 5*	-1.776 4**	-2.577 7*	45.506 1*	58.794 8*
LNY	3.457 0	-0.180 5	5.900 6	3.270 7	3.235 8
$\triangle LNY$	-8.107 7*	-0.629 5	-2.561 5*	46.438 2*	43.418 0*
$LNFQ$	-1.184 01	1.135 2	1.599 0	15.084 6	29.468 2
$\triangle LNFQ$	-6.462 6*	-2.438 1*	-3.260 5*	43.990 3*	70.051 1*
$LNFS$	-2.395 9*	-0.462 8	-0.796 5	32.777***	38.011 9**
$\triangle LNFS$	-8.161 6*	-4.472 9*	-3.232 7*	53.273 7*	71.608 8*
$LNGYYC$	-3.991 4*	-1.455 4***	-0.192 6	29.964 7	34.070 9**
$\triangle LNGYYC$	-11.457 3*	-2.037 9*	-5.810 8*	76.364 4*	73.427 5*
$LNGYFC$	-0.918 9	-1.429 9***	0.904 4	14.423 3	14.175 3
$\triangle LNGYFC$	-11.085 3*	-4.489 2*	-4.484 7*	67.133 1*	88.498 2*
$LNGTCS$	1.231 1	0.765 5	2.733 4	13.144 5	14.163 8

表1(续)

变量	LLC	Breitung t-stat	IPS	ADF	PP
△LN$GTCS$	−9.374 9*	−4.137 3*	−3.956 5*	60.676 7*	75.977 3*
LN$GTPF$	−7.590 1*	−0.158 0	−1.542 4***	32.474 2**	40.948 8*
△LN$GTPF$	−9.515 8*	−3.947 1*	−4.092 2*	55.449 0*	65.641 3*

注：*表示1%的显著水平，**表示5%的显著水平，***表示10%的显著水平，下同

三、面板数据回归模型

面板数据（Panel Data）是用来描述一个总体中给定样本在一段时间内的情况，并对样本中每一个样本单位都进行多重观察。这种多重观察既包括对样本单位在某一时期（时点）上多个特性进行观察，也包括对该样本单位的这些特性在一段时间的连续观察，连续观察得到的数据集称为面板数据。时间序列数据或截面数据都是一维数据。面板数据是同时在时间和截面空间上取得的二维数据。面板数据从横截面（Cross Section）上看，是由若干个体在某一时刻构成的截面观测值；从纵剖面（Longitudinal Section）上看是一个时间序列。

面板数据计量经济模型是近 20 年来计量经济学理论的重要发展之一。在实际研究中经常采用的面板数据回归模型是固定效应模型（FEM）和随机效应模型（REM）。在实证研究中一般通过对数据的豪斯曼（Hausman）检验以确定是选用固定效应模型还是随机效应模型。当横截面的单位是总体的所有单位时，固定效应模型是合理的模型。固定效应模型可表示为：

$$y_{it} = \alpha_{it} + x_{it}\beta + u_{it} \quad i = 1\cdots, \ n; \ t = 1, \ \cdots T$$

其中，x_{it} 为 1×K 维向量，β 为 K×1 维向量，K 为解释变量个数；u_{it} 为随机扰动项；α_{it} 称为非观测效应（Unobserved Effect），也就是横截面单元的固定效应。它概括了影响着 y_{it} 的全部观测不到的在时间上恒定的因素。也就是说，α_{it} 为模型中被忽略的反映个体差异变量的影响，因此模型的截距项抓住了每个截面单位的本质特征，随个体或截面单位而变化。

本文利用中国东部 11 个省（市）2000—2008 年的环境污染指标、FDI、人均地区生产总值数据构建面板数据模型。为了确定面板数据分析模型，本文利用 F 检验来进行模型设定检验，第一步用 Chow 检验的 F 统计量 F_1 检验是否接受零假设；若拒绝零假设，再进行第二步检验。计算 $F_2 = \dfrac{(RRSS - URSS)/N - 1}{URSS/(NT - N - K + 1)} \sim$ $F[N-1, \ N(T-1) -K+1]$，其中，$RRSS$、$URSS$ 分别表示有约束模型（即混合数据回归模型）和无约束模型 ANCOVA 估计的残差平方和或者是 LSDV 估计的残差平方和。在给定的显著性水平 α 下，如果 $F_2 > F_\alpha[N-1, \ N(T-1) -K+1]$，

则拒绝零假设，即可以采用个体固定效应面板数据模型。数据取自然对数，模型设定形式为：

$$LN(E_{it}) = \alpha + \beta LNFDI_{it} + c_{it} + \beta_{it}LN(Y_{it}) + \delta_{it}$$

E_{it} 为环境污染指标，FDI_{it} 为外商直接投资，Y_{it} 为地区生产总值，i 为截面数，t 为时序数。本文利用面板数据对选取的环境污染指标和人均地区生产总值、FDI 进行回归检验；采用广义最小二乘法进行估计来纠正截面个体的截面异方差性；借助 Eviews 5.0 软件包采用 Pooled EGLS（Cross-Section Weights）法对模型参数进行估计（见表 2）。

回归结果显示外商直接投资对工业粉尘排放量有负影响，但不显著。11 个省（市）中，广东、上海、浙江、北京、山东、天津、河北和海南的人均地区生产总值对工业粉尘排放量有负影响，但天津和河北的影响不显著；江苏、福建和辽宁的人均地区生产总值对工业粉尘排放量有正影响，但江苏和辽宁的影响不显著。经济增长对减少工业粉尘排放量最明显的是北京，为 -2.713 0，即人均地区生产总值每增加一个百分点，将会减少 2.713 0 个百分点工业粉尘排放量；其次是上海，为 -1.028 2。外商直接投资对工业烟尘排放量有负影响，但不显著。11 个省（市）中，上海、浙江、江苏、福建、北京、山东、天津、河北和海南的人均地区生产总值对工业烟尘排放量有负影响，但浙江、江苏、福建、河北和海南的影响不显著；广东和辽宁的人均地区生产总值对工业烟尘排放量有正影响，但辽宁的影响不显著。经济增长对减少工业烟尘排放量效果最明显的是北京，为 -1.058 4，即人均地区生产总值每增加一个百分点，将会减少 1.058 4 个百分点工业烟尘排放量；其次是上海，为 -0.586 3。

表2　　LNGYFC 和 LNGYYC 对 LNFDI、LNY 的回归结果

变量	LNGYFC			LNGYYC		
	参数	t-统计值	固定效应	参数	t-统计值	固定效应
α	10.411 1*	4.653 0		5.422 1*	11.228 4	
LNFDI	-0.159 4	-1.311 4		-0.042 3	-0.761 2	
GD-LNY	-0.679 1*	-4.797 0	2.112 7	0.327 2*	2.591 5	-4.902 5
SH-LNY	-1.028 2*	-5.543 5	-4.051 5	-0.586 3*	-4.683 6	-0.962 7
ZJ-LNY	-0.476 5***	-1 677 2	-0.179 4	-0.118 8	-0.976 1	-0.704 9
JS-LNY	0.086 0	0.330 4	-5.651 2	-0.069 3	-0.740 2	-0.512 2
FJ-LNY	0.246 5**	1.816 8	-7.851 1	-0.065 8	-0.361 7	-1.993 8
BJ-LNY	-2.713 0*	-1.263 0	22.628 2	-1.058 4*	-4.813 3	7.307 5

表2(续)

变量	LNGYFC			LNGYYC		
	参数	t-统计值	固定效应	参数	t-统计值	固定效应
SD-LNY	−0.719 1*	−3.218 3	2.541 4	−0.338 9*	−4.284 6	2.247 2
TJ-LNY	−1.137 2	−4.577 4	3.890 8	−0.398 2*	−4.363 5	1.251 3
LN-LNY	0.057 8	0.268 5	−5.258 2	0.071 4	0.548 3	−1.732 2
HB-LNY	−0.009 7	−0.036 7	−4.231 1	−0.141 1	−1.225 3	0.409 5
HN-LNY	−0.308 8	−2.385 1*	−5.684 1	−0.483 2	−1.268 2	−0.465 1
R²	0.994 9			0.996 5		
F	652.085			949.479 0		
D-W	2.137 0			1.647 7		

回归结果显示外商直接投资对工业固体废物产生量有正影响,但不显著,并且系数很小,趋于零。11 个省(市)的人均地区生产总值对工业固体废物产生量有正影响,并且都显著。影响最大的是天津,为 1.027 4,即人均地区生产总值每增加一个百分点,将会增加 1.027 4 个百分点工业固体废物产生量;其次是浙江、广东、江苏,分别为 0.868 5、0.851 6、0.796 2。外商直接投资对工业固体废物排放量有负影响,但不显著。11 个省(市)中,广东、浙江、福建、北京、山东、天津、辽宁、河北和海南的人均地区生产总值对工业固体废物排放量有负影响,但浙江的影响不显著;上海和江苏的人均地区生产总值对工业固体废物排放量有正影响,并且都显著。经济增长对减少工业固体排放量效果最明显的是天津,为−9.607 4,即人均地区生产总值每增加一个百分点,将会减少 9.607 4 个百分点工业固体废物排放量;其次是北京,为−6.674 2(见表3)。

表3　　　LNGTCS 和 LNGTPF 对 LNFDI、LNY 的回归结果

变量	LNGTCS			LNGTPF		
	参数	t-统计值	固定效应	参数	t-统计值	固定效应
α	1.213 1*	2.928 8		9.395 3**	1.895 6	
LNFDI	0.000 9	0.024 9		−0.005 4	−0.015 3	
GD-LNY	0.851 6*	14.126 9	−1.823 8	−0.623 6**	−1.810 7	−0.309 6
SH-LNY	0.536 6*	9.702 8	4.227 2	13.325 0*	3.577 3	−55.938 5
ZJ-LNY	0.868 5*	12.507 3	−2.224 8	−0.945 6	−1.340 5	1.563 0
JS-LNY	0.796 2*	12.164 2	−0.634 1	4.050 5***	1.707 0	−46.295 7

表3(续)

变量	LNGTCS			LNGTPF		
	参数	t-统计值	固定效应	参数	t-统计值	固定效应
FJ-LNY	0.478 4 **	1.856 1	2.371 0	−1.223 6 *	−2.984 8	4.202 2
BJ-LNY	0.135 1 ***	1.599 1	4.436 2	−6.674 2 *	−5.220 2	62.334 7
SD-LNY	0.499 5 *	2.290 2	3.026 7	−2.221 4 *	−4.117 3	11.249 9
TJ-LNY	1.027 4 *	11.677 4	−5.067 5	−9.607 4 *	−2.300 4	84.966 8
LN-LNY	0.778 2 *	10.740 5	0.403 6	−3.211 9 *	−4.438 5	24.664 9
HB-LNY	0.988 5 *	5.548 5	−1.119 9	−0.903 7 **	−1.639 8	3.115 4
HN-LNY	0.899 9 *	4.529 0	−4.781 6	14.165 6 **	2.140 1	−136.461 1
R²	0.999 8			0.963 6		
F	15 225.97			74.706 4		
D-W	2.085 0			2.083 3		

回归结果显示外商直接投资对工业废气排放量有正影响，但不显著。11个省（市）的人均地区生产总值对工业废气排放量都有正影响，并且都显著。影响最大的是河北，为1.532 8，即人均地区生产总值每增加一个百分点，将会增加1.532 8个百分点工业废气排放量；其次是辽宁、海南、福建，分别为1.291 4、1.223 3、1.180 4。影响最小的是上海，为0.421 6，其次是北京，为0.478 6。外商直接投资对工业二氧化硫排放量有负影响，但不显著。11个省（市）中，北京和天津的人均地区生产总值对工业二氧化硫排放量有负影响，但天津的影响不显著；广东、上海、浙江、江苏、福建、山东、辽宁、河北和海南的人均地区生产总值对工业二氧化硫排放量有正影响，除上海、江苏和山东外都显著。经济增长对减少工业二氧化硫排放量效果最明显的是北京，为−0.434 7，即人均地区生产总值每增加一个百分点，将会减少0.434 7个百分点的工业二氧化硫排放量（见表4）。

表4　　　　LNFQ 和 LNSO₂ 对 LNFDI、LNY 的回归结果

变量	LNFQ			LNSO₂		
	参数	t-统计值	固定效应	参数	t-统计值	固定效应
α	0.075 1	0.199 0		2.412 1 *	7.325	
LNFDI	0.056 7	1.232 3		−0.010 7	−0.257 9	
GD-LNY	0.690 8 *	11.314 5	1.673 1	0.265 2 *	3.860 8	−0.204 8

表4(续)

变量	LNFQ			LNSO$_2$		
	参数	t-统计值	固定效应	参数	t-统计值	固定效应
SH-LNY	0.421 6*	5.349 1	6.634 8	0.068 2	0.938 2	1.329 1
ZJ-LNY	0.738 3*	8.300 7	1.089 9	0.312 3*	2.734 3	-1.129 2
JS-LNY	0.678 0*	6.665 2	2.137 2	0.047 7	0.686 1	2.067 0
FJ-LNY	1.180 4*	13.848 4	-3.786 8	0.925 6*	4.562 6	-7.825 8
BJ-LNY	0.478 6*	3.263 8	2.334 8	-0.434 7*	-4.260 7	5.211 8
SD-LNY	0.790 6*	12.209 7	1.405 9	0.043 1	0.675 9	2.513 0
TJ-LNY	0.777 8*	3.750 5	-0.566 6	-0.133 6	-1.444 6	2.350 7
LN-LNY	1.291 4*	10.179 1	-3.726 4	0.445 1*	3.422 6	-2.019 1
HB-LNY	1.532 8*	20.893 8	-5.221 1	0.200 4*	3.020 4	0.783 5
HN-LNY	1.223 3*	4.733 8	-5.418 1	0.256 5*	3.268 7	-3.843 0
R^2	0.999 7			0.999 2		
F	12 276.27			4 005.783		
D-W	2.023 3			1.366 8		

　　回归结果显示外商直接投资对工业废水排放量有负影响，并且显著。11 个省（市）中，广东、浙江、江苏、福建、山东、天津、河北和海南的人均地区生产总值对工业废水排放量有正影响，除辽宁外都显著。影响最大的是福建，为 0.784 3，即人均地区生产总值每增加一个百分点，将会增加 0.784 3 个百分点工业废水排放量；其次是广东、山东、浙江，分别为 0.762 7、0.465 6、0.454 2。北京、上海和辽宁人均地区生产总值对工业废水排放量有负影响，但辽宁不显著。影响最大的北京为 -0.966 6，即人均地区生产总值每增加一个百分点，将会减少 0.966 6 个百分点工业废水排放量；其次是上海，为 -0.479 9。外商直接投资对化学需氧量排放量有负影响，但不显著，11 个省（市）中，上海、浙江、北京、山东和辽宁的人均地区生产总值对化学需氧量排放量有负影响，但浙江和辽宁的影响不显著。影响效果最大的是北京，为 -0.574 9，即人均地区生产总值每增加一个百分点，将会减少 0.574 9 个百分点化学需氧量排放量；其次是山东和上海，分别为 -0.227 4 和 -0.128 2。广东、江苏、福建、天津、河北和海南的人均地区生产总值对化学需氧量排放量有正的影响，除广东、天津和河北外都显著。经济增长对增加化学需氧量排放量最明显的是海南，为 0.553 9，即人均地区生产总值每增加一个百分点，将会增加 0.553 9 个百分点化学需氧量排放量；其次是福建和江苏，分别为 0.292 2 和 0.220 8（见表5）。

表 5 **LNFS 和 LNCOD 对 LNFDI、LNY 的回归结果**

变量	LNFS			LNCOD		
	参数	t-统计值	固定效应	参数	t-统计值	固定效应
α	10.401 4*	29.247 1		3.969 8*	13.418 7	
LNFDI	-0.094 6*	-2.941 4		-0.033 4	-1.262 5	
GD-LNY	0.762 7*	6.873 0	-4.606 8	0.019 8	0.329 5	0.908 6
SH-LNY	-0.479 9*	-11.582 1	3.625 8	-0.128 2**	-1.990 4	0.383 0
ZJ-LNY	0.454 2*	6.105 9	-1.656 2	-0.009 0	-0.167 4	0.614 8
JS-LNY	0.225 6*	2.580 8	1.160 0	0.220 8*	2.960 9	-1.273 9
FJ-LNY	0.784 3*	2.880 4	-5.342 9	0.292 2*	3.458 3	-2.817 7
BJ-LNY	-0.966 6*	-9.508 8	10.540 3	-0.574 9*	-9.804 8	5.109 8
SD-LNY	0.465 6*	11.990 6	-1.870 7	-0.227 4*	-7.334 4	3.081 0
TJ-LNY	0.184 9***	1.532 5	-1.102 6	0.070 5	0.446 6	-1.676 7
LN-LNY	-0.001 8	-0.023 9	2.322 2	-0.007 3	-0.069 4	0.650 7
HB-LNY	0.444 2*	5.457 1	-1.805 7	0.051 7	0.865 2	0.135 5
HN-LNY	0.152 8*	3.059 0	-1.882 3	0.553 9*	2.260 6	-6.557 2
R^2	0.999 9			0.999 5		
F	78 962.23			6 929.333		
D-W	2.171 0			1.702 1		

四、结论及建议

我国经济增长方式是增加物质资本、人力资本投入，即粗放型的经济增长方式，这种增长方式在极大地消耗资源的同时也加剧了环境污染，危害生存环境。回归结果显示，东部地区 11 个省（市）的经济增长都对工业废气排放量和固体废物产生量产生正的影响，经济增长越快，污染将越严重；经济增长对其他污染指标的影响，东部地区 11 个省（市）的影响不尽相同。相对来说，表现较好的是北京和上海，经济增长有利于改善环境。控制污染不仅有利于短期内的经济增长，而且有利于中国经济的长期发展。据英国公布的全球技术创新效率指数排名显示，2008 年，日本仍居世界第一，美国居第四，中国仅列第 54 位。中国必须加快技术创新，实现节能减排，以 2009 年哥本哈根气候峰会为契机，促转变、调结构，加快经济增长方式的转变。

（一）调整产业结构

中国经济在美国金融海啸冲击下，一度陷入困境，但在强有力的经济政策的刺激下，2009 年保持了 8% 的增长速度。同时，我们应该对我国的经济增长方式及模式进行反思。粗放型经济增长方式给我国环境造成了极大压力，也影响我国的可持续发展。我国应控制资源的出口数量，对产能过剩进行整合，节约资源；淘汰污染严重的产业，发展新兴产业和环保产业；转变环保理念，构建绿色家园。

（二）优化出口结构

政府部门应建立可持续的商品出口结构，提高附加值高的商品及生态商品在出口总额中的比重。政府部门应加大技术密集型、知识密集型产品的生产和出口，对污染密集型、资源密集型的产品应采取一定的限制措施。对于初级产品及污染密集型产业产品，政府部门应采取"限出奖进"的措施；而对于环境友好型产品，政府部门在必要时可采取鼓励出口的措施。

（三）引导FDI投资方向，调整规模和区域分布

政府部门要纠正盲目追求外资规模、数量以及忽略环境保护的做法，积极引导外商直接投资的产业结构和区域分布调整，健全和强化对外商直接投资企业的监督管理。政府部门应积极鼓励外商直接投资具有重大影响的可持续发展领域，积极引进清洁生产技术，鼓励外商投资环保产业。

参考文献

［1］GROSSMAN G M，KRUEGER A B. Environmental Impacts of the North American Free Trade Agreement ［Z］. NBER，Working Paper，1991.

［2］SELDEN T，SONG D. Environmental Quality and Development：Is There a Kuznets Curve for Air Pollution Emissions？［J］. Journal of Environmental Economics and Management，1994，27（2）：147-162.

［3］吴玉萍，董锁成，宋健峰. 北京市经济增长与环境污染水平计量模型研究［J］. 地理研究，2002（2）：239-246.

［4］沈满洪，许云华. 一种新型环境库兹涅茨曲线——浙江省工业化进程中经济增长与环境变迁关系研究［J］. 浙江社会科学，2000（4）：53-57.

［5］包群，彭水军，阳小晓. 是否存在环境库兹涅茨倒U型曲线？——基于六类污染指标的经验研究［J］. 上海经济研究，2005（12）：3-13.

［6］李达，王春晓. 我国经济增长与大气污染物排放的关系——基于分省面板数据的经验研究［J］. 财经科学，2007（2）：43-49.

［7］高辉. 环境污染与经济增长方式转变——来自中国省际面板数据的证据［J］. 财经科学，2009（4）：102-109.

［8］贺文华. FDI与经济增长区域差异：基于中国省际面板数据的研究［J］. 经济前沿，2009（2-3）：24-31.

（原载于《湖南农业大学学报（社会科学版）》2010年第1期）

12. FDI 是"清洁"的吗?
——中国东部和中部省际面板数据

一、引言

随着经济的发展，全球环境承载的压力越来越大。经济学家也密切关注环境质量变化，并提出了环境库兹涅茨假说、污染天堂假说以及环境竞次理论。

格鲁斯曼和克鲁格（Grossman & Krueger，1991）在考察环境—收入关系时发现它们呈倒 U 形曲线关系，提出了环境库兹涅茨（Envieonment Kuznets Curve，EKC）假说，即环境质量随着经济的增长呈现出先恶化后改善的关系。此后，众多学者从不同角度对 EKC 假说进行了实证检验。

环境竞次理论认为不同国家或地区间对待环境政策强度和实施环境标准的行为类似于"公地悲剧"的发生过程，每个国家都担心他国采取比本国更低的环境标准而使本国的工业失去竞争优势。因此，国家之间会竞相采取比他国更低的环境标准和次优的环境政策，结果是每个国家都会采取比没有国际经济竞争时更低的环境标准，从而加剧全球环境恶化。

污染天堂假说也称污染避难所假说或产业区位重置假说。该理论认为，在一国单方提高环境标准的情况下，国内企业和环境标准低的外国的企业相比失去了竞争优势，从而使高环境标准国家的企业将生产转向低环境标准国家，即环境规制宽松和环境标准低的国家会吸引外国污染产业而成为"藏污纳垢"之所。如果在实行不同环境政策强度和环境标准的国家间存在自由贸易，那么实行低环境政策强度和低环境标准的国家，由于其外部性内部化的差异，而使该国企业所承受的环境成本相对要低。企业在该国进行生产时，其产品价格就会比在母国生产出同样产品的价格相应要低。因此，该国在投资和生产方面具有更大的优势。这种由成本差异所产生的"拉力"会吸引外国的企业到该国安家落户，尤其是对于环境敏感型产业，这种影响更加强烈。

朗和西伯特（Long & Siebert，1991）建立了有两个国家、劳动和资本两种要素以及一个生产部门的模型。他们认为，对生产性污染征收排污税（Pollution Tax）降低了资本收益率，利益驱动资本流向国外，直到两国的资本收益率均等。资本外流使国内资本稀缺，导致国内工资水平下降和外国工资水平上升。马库森莫里和奥尔威勒（Markusen，Morey & Olewiler，1993、1995）建立了一个两国的非完全竞争市场，单个企业存在规模报酬递增的模型。两国都设置了环境税（Environmental Tax），企业要决定是在一国还是在两国投资生产。该模型区分了两种情形：一种是生产产生的环境损害严重，两国都以高环境标准将该企业驱逐出市场，这是一种"不要在我家后院"（Not-in-my-backyard，NIMBY）的情形；另一种是生产带来的环境损害小，两国之间在环境标准上存在一种竞次态势（Race to the Bottom，也称为竞次效应或触底竞赛），竞相以低环境标准吸引投资者。在类似的两国模型中，将市场结构作为外生变量，根据政府的污染调节政策，一国的两个企业要决定是在国内投资生产并出口到另一国，还是在国外直接投资生产。他们发现，只有两国环境规制差别较大时才会引起投资者转向国外。奥茨和施瓦布（Oates & Schwab，1998）建立了有多个国家、一种非贸易商品以及三种生产要素（可自由流动的资本、不可流动的劳动和环境）的模型，得到类似的结论。但他们在只考虑了两个国家并引入资本税的条件下，得出了排污税的边际收益超过了改善环境的成本，环境规制放宽，环境规制水平低于最优水平的结论。埃斯克兰和哈里森（Eskeland & Harrison，2003）认为污染密集型的外资企业运用的生产和污染消除技术通常比东道国本地的企业更先进和更有利于改善环境。如果这些企业能够替代部分东道国同行业低效生产的企业，则东道国的整个污染状况将有可能好转。郭红燕和韩立岩（2008）实证研究发现中国的 FDI 存量与环境管制变量呈正相关关系，表明中国宽松的环境管制是吸引外商直接投资的一个重要因素，显现出污染避难所效应。

二、变量选取及模型构建

（一）变量选取

考虑统计口径一致和数据的连续性，本文选取工业废气排放总量（亿标准立方米）、工业废水排放总量（万吨）、工业固体废物产生量（万吨）、工业固体废物排放量（万吨）、工业烟尘排放量（万吨）、工业粉尘排放量（万吨）和工业二氧化硫排放量（万吨）作为环境污染指标，人均地区生产总值（元）作为经济增长指标。此外，考虑国际贸易因素中污染的可输出性，本文用外商直接投资作为污染的输出指标（万美元）。SO_2、FS、FQ、$GYYC$、$GYFC$、$GTCS$、$GTPF$ 分别表示工业二氧化硫排放量、工业废水排放量、工业废气排放量、工业烟尘排放量、工业粉尘排放量、工业固体废物产生量、工业固体废物排放量，Y 表示人均地区生产总值（元），FDI 表示外商直接投资（万美元）。环境污染指标数据根据 1986—2009 年中国统计年鉴相关数据整理获得，地区人均生产总值和外商直接投资数据根据 1986—2009 年省（市）统计年鉴相关数据整理获得，因为是面板数据，为消除时间序列趋势，对所有数据取自然对数。$LNSO_2$、$LNFS$、$LNFQ$、$LNGYYC$、$LNGYFC$、$LNGTCS$、$LNGTPF$ 分别表示污染指标的自然对数，LNY、$LNFDI$ 分别表示人均地区生产总值和外商直接投资的自然对数。改革开放以来，中国吸收外商直接投资数量增长迅速，1979—1984 年总计 41.04 亿美元，而后从 1985 年的 19.56 亿美元快速增长到 2008 年 923.95 亿美元，1979—2008 年累计达 8 526.13 亿美元。2007 年，东部地区和中部地区利用 FDI 所占比重分别为 78.27%、15.30%。2008 年，广东、江苏、浙江、上海的 FDI 的总额为 543.710 4 亿美元，FDI 主要集中于东部地区。本文中的东部地区 11 个省（市）为广东、上海、浙江、江苏、北京、辽宁、海南、山东、福建、河北、天津；中部地区 8 个省为湖南、湖北、安徽、山西、江西、黑龙江、吉林、河南。本文通过东部地区和中部地区的数据比较研究各省（市）FDI 的"清洁"度。

（二）模型设定形式

由于面板数据模型同时具有截面、时序的两维特性，模型中参数在不同截面、时序样本点上是否相同，直接决定模型参数估计的有效性。本文根据截距向量和系数向量中各分量限制要求的不同，面板数据模型可分为无个体影响的不变系数模型、变截距模型和变系数模型三种形式。因此，在面板数据模型估计之前，需要检验样本数据适合上述哪种形式，避免模型设定的偏差，提高参数估计的有效性。设因变量 y_{it} 与 $1 \times k$ 维解释变量向量 x_{it} 满足线性关系：

$$y_{it} = \alpha_{it} + x_{it}\beta_{it} + \varepsilon_{it} \quad i = 1, 2, \cdots, N ; t = 1, 2, \cdots, T$$

其中，N 表示个体截面成员的个数，T 表示每个截面成员的观察时期总数，参数 α_{it} 表示模型的常数项，β_{it} 表示对应于解释变量 x_{it} 的 $k \times 1$ 维系数向量，k 表示解释变量个数。随机误差项相互独立，并且满足零均值、同方差假设。采用 F 检验如下两个假设：

H_1：个体变量系数相等。

H_2：截距项和个体变量系数都相等。

如果 H_2 被接受，则属于个体影响的不变系数混合估计；如果 H_2 被拒绝，则检验假设 H_1，如果 H_1 被接受，则属于变截距，否则属于变系数。变系数、变截距和混合估计的残差平方和分别为 S_1、S_2、S_3，面板个体数量为 N，面板时间跨度为 T，根据 Wald 定理在 H_2 假设条件下构建统计量 F_2，在 H_1 假设条件下构建统计量 F_1，其中：

$$F_2 = \frac{(S_3 - S_1)/[(N-1)(K+1)]}{S_1/[NT - N(K+1)]} \sim F[(N-1)(K+1), N(T-K-1)]$$

$$F_1 = \frac{(S_2 - S_1)/[(N-1)K]}{S_1/[NT - N(K+1)]} \sim F[(N-1)K, N(T-K-1)]$$

若计算得到的统计量 F_2 的值不小于给定置信度下的相应临界值，则拒绝

假设 H_2，继续检验假设 H_1；反之，则认为样本数据符合无个体影响的不变系数模型。若计算得到的统计量 F_1 的值不小于给定置信度下的相应临界值，则拒绝假设 H_1，用变系数模型拟合；反之，则用变截距模型拟合。

三、东部地区和中部地区模型回归结果分析

（一）东部地区回归结果

本文利用东部地区 11 个省（市）的相关数据，借助 Eviews 6.0 软件，采用固定效应模型对 7 个环境污染指标分别进行回归，回归结果见表 1~表 4。

表 1　　　　　　　　　LNFS、LNFQ 模型参数估计结果

变量	LNFS		LNFQ	
	参数	固定效应	参数	固定效应
C	38.622 6* (8.771 4)		12.597 8* (9.462 8)	
LNY	-9.169 5* (-6.061 3)		-1.449 8* (-4.354 9)	
LNY^2	1.027 9* (6.072 2)		0.119 3* (6.932 9)	
LNY^3	-0.037 8* (-5.954 7)			
海南-LNFDI	0.024 4 (0.404 3)	-3.099 0	0.310 3* (2.695 5)	-6.682 9
河北-LNFDI	0.092 1* (2.451 9)	-1.330 7	0.041 9 (0.974 2)	-0.134 5
上海-LNFDI	-0.252 5* (-8.268 3)	2.638 9	-0.317 1* (-8.590 1)	2.539 0
浙江-LNFDI	0.132 0* (3.752 0)	-1.591 6	0.057 32 (1.409 7)	-1.010 1
辽宁-LNFDI	-0.224 4* (-8.319 9)	2.588 8	-0.130 9* (-2.855 7)	1.592 1
广东-LNFDI	-0.011 7 (-0.220 9)	0.222 9	-0.021 4 (-0.439 7)	-0.239 1
北京-LNFDI	-0.355 3* (-6.467 3)	2.424 4	-0.404 4* (-7.244 9)	2.925 1
天津-LNFDI	-0.083 1* (-3.085 5)	-0.883 8	-0.157 8* (-5.484 6)	-0.128 8

表1(续)

变量	LNFS		LNFQ	
	参数	固定效应	参数	固定效应
江苏-LNFDI	-0.001 7 (-0.081 6)	0.560 7	-0.055 3 * * (-2.183 1)	0.484 9
福建-LNFDI	0.032 9 (0.703 3)	-1.014 2	-0.020 2 (-0.431 3)	-1.112 6
山东-LNFDI	0.042 6 ** (1.827 1)	-0.716 4	-0.031 2 (-1.102 4)	0.476 5
R^2	0.998 3		0.995 5	
F	5 587.855		2 165.344	

注:括号内为 t 值, * 表示1%的显著水平, * * 表示5%的显著水平, * * * 表示10%显著水平,下同

工业废水排放量与人均地区生产总值呈现倒 N 形关系。海南、河北、浙江、福建、山东的 FDI 对工业废水排放量产生正影响,河北、浙江在1%的水平下显著,山东在5%的水平下显著,海南和福建的 t 统计量不显著。影响最大的浙江为 0.132 0,其次是河北。上海、辽宁、广东、北京、天津、江苏的 FDI 对工业废水排放量产生负影响,并且上海、辽宁、北京、天津在1%的水平下显著,广东和江苏的 t 统计量不显著。影响最大的北京为 -0.355 3,即 FDI 每增加一个百分点,工业废水排放量将减少 0.355 3 个百分点;其次是上海。

工业废气排放量与人均地区生产总值呈现 U 形关系。海南、河北、浙江的 FDI 对工业废气排放量产生正影响,海南在1%的水平下显著,河北、浙江的 t 统计量不显著。上海、辽宁、广东、北京、天津、江苏、福建、山东的 FDI 对工业废气排放量产生负影响,广东、福建、山东的 t 统计量不显著,上海、辽宁、北京、天津在1%的水平下显著,江苏在5%的水平下显著。影响最大的北京为 -0.404 4,即 FDI 每增加一个百分点,工业废气排放量将减少 0.404 4 个百分点;其次是上海。

表 2　　　　　　LNGYYC、LNGYFC 模型参数估计结果

变量	LNGYYC		LNGYFC	
	参数	固定效应	参数	固定效应
C	26.849 9 * (4.200 8)		63.322 7 * (7.553 6)	

表2(续)

变量	LNGYYC		LNGYFC	
	参数	固定效应	参数	固定效应
LNY	-8.352 6* (-3.821 6)		-21.903 3* (-7.692 4)	
LNY^2	1.019 9* (4.191 0)		2.652 1* (8.426 3)	
LNY^3	-0.041 2* (-4.534 0)		-0.105 7* (-9.066 7)	
海南-LNFDI	0.084 3 (0.851 6)	-4.975 9	-0.085 2 (-0.503 6)	-2.502 2
河北-LNFDI	-0.029 7 (-0.513 6)	0.098 6	0.058 0 (0.761 3)	-0.456 6
上海-LNFDI	-0.184 7* (-4.920 2)	0.533 7	-0.228 4* (-4.257 5)	0.537 9
浙江-LNFDI	-0.070 4 (-1.313 2)	-0.376 5	-0.065 1 (-0.881 3)	0.272 7
辽宁-LNFDI	-0.188 9* (-4.174 6)	2.159 6	-0.187 3* (-3.594 9)	2.197 2
广东-LNFDI	0.006 9 (0.104 5)	-1.100 7	-0.070 1 (-0.866 5)	0.855 9
北京-LNFDI	-0.418 8* (-4.590 6)	2.781 5	0.133 4 (0.439 9)	-3.001 9
天津-LNFDI	-0.068 9 (-1.436 7)	-1.167 9	-0.224 8* (-6.155 4)	-0.120 1
江苏-LNFDI	-0.099 8* (-3.337 4)	0.904 2	-0.134 3* (-2.822 8)	1.397 6
福建-LNFDI	-0.060 3 (-1.060 4)	-1.281 7	-0.035 8 (-0.499 8)	-0.474 6
山东-LNFDI	-0.155 3* (-4.034 4)	1.755 9	-0.085 0*** (-1.767 9)	1.046 9
R^2	0.982 6		0.973 3	
F	529.463		325.586	

工业烟尘排放量与人均地区生产总值呈现倒 N 形关系。海南、广东的 FDI 对工业烟尘排放量产生正影响,但 t 统计量不显著。河北、上海、浙江、辽宁、北京、天津、江苏、福建、山东的 FDI 对工业烟尘排放量产生负影响,河

北、浙江、天津、福建的 t 统计量不显著,上海、辽宁、北京、江苏、山东在 1% 的水平下显著。影响最大的北京为 -0.418 8,即 FDI 每增加一个百分点,工业烟尘排放量将减少 0.418 8 个百分点;其次是辽宁,再次是上海。

工业粉尘排放量与人均地区生产总值呈现倒 N 形关系。河北、北京的 FDI 对工业粉尘排放量产生正的影响,但不显著。海南、上海、浙江、辽宁、广东、天津、江苏、福建、山东的 FDI 对工业粉尘排放量产生负影响,但海南、浙江、广东、福建的 t 统计量不显著,上海、辽宁、天津、江苏在 1% 的水平下显著,山东在 10% 的水平下显著。影响最大的上海为 -0.228 4,即 FDI 每增加一个百分点,工业粉尘排放量将减少 0.228 4 个百分点;其次是天津。

表 3 　　　　　　　　　　LNGTCS、LNGTPF 模型参数估计结果

变量	LNGTCS		LNGTPF	
	参数	固定效应	参数	固定效应
C	22.825 0* (5.433 9)		86.520 2* (3.661 6)	
LNY	-4.681 9* (-3.257 6)		-28.958 9* (-3.459 4)	
LNY^2	0.417 4* (2.600 3)		3.505 0* (3.605 3)	
LNY^3	-0.010 2*** (-1.691 7)		-0.141 8* (-3.758 4)	
海南-LNFDI	-0.156 5*** (-1.722 1)	-0.709 6	1.802 4*** (1.732 3)	-23.049 4
河北-LNFDI	0.179 0* (4.355 4)	-0.078 3	-0.055 3 (-0.290 4)	-1.612 9
上海-LNFDI	-0.129 1* (-4.730 4)	1.207 0	1.283 4* (2.390 6)	-17.985 5
浙江-LNFDI	0.206 3* (5.666 0)	-2.260 1	-0.298 9** (-1.903 1)	-0.696 6
辽宁-LNFDI	-0.069 1* (-2.397 2)	2.670 3	-0.667 8* (-3.378 8)	5.808 5
广东-LNFDI	-0.099 2** (-2.228 4)	1.678 3	-0.340 8*** (-1.677 4)	1.775 8
北京-LNFDI	-0.144 8* (-3.413 1)	1.115 6	-0.700 4* (-2.629 6)	5.772 0
天津-LNFDI	-0.029 7 (-1.055 4)	-0.661 3	-0.820 7* (-2.413 7)	3.871 7

表3(续)

变量	LNGTCS		LNGTPF	
	参数	固定效应	参数	固定效应
江苏-LNFDI	0.047 1** (2.131 9)	0.265 2	−0.113 5 (−0.469 4)	−1.138 2
福建-LNFDI	0.264 0* (3.798 3)	−3.133 4	−0.427 5* (−2.538 7)	1.658 5
山东-LNFDI	0.107 7* (3.865 8)	0.178 3	−0.989 9* (−6.768 4)	6.976 5
R²	0.997 6		0.874 6	
F	3 854.795		56.718	

工业固体废物产生量与人均地区生产总值呈现倒 N 形关系。河北、浙江、江苏、福建、山东的 FDI 对工业固体废物产生量产生正影响,除江苏的 t 统计量在 5% 的水平下显著外,其他在 1% 的水平下显著,主要集中在长三角地区。影响最大的福建为 0.264 0,其次是浙江,再次是河北。海南、上海、辽宁、广东、北京、天津的 FDI 对工业固体废物产生量产生负影响,广东的 t 统计量在 5% 的水平下显著,海南在 10% 的水平下显著,其他省的在 1% 的水平下显著。影响最大的海南为−0.156 5,即 FDI 每增加一个百分点,工业固体废物产生量将减少 0.156 5 个百分点;其次是北京,再次是上海。

工业固体废物排放量与人均地区生产总值呈现倒 N 形关系。海南、上海的 FDI 对工业固体废物排放量产生正影响,并且都显著,与其他省(市)相比回归结果反差很大。河北、浙江、辽宁、广东、北京、天津、江苏、福建、山东的 FDI 对工业固体废物排放量产生负影响,但河北和江苏的 t 统计量不显著,广东在 10% 的水平下显著,浙江在 5% 的水平下显著,辽宁、北京、天津、福建、山东都在 1% 的水平下显著。影响最大的山东为−0.989 9,即 FDI 每增加一个百分点,工业固体废物排放量将减少 0.989 9 个百分点;其次是天津,再次是北京。

表4 $LNSO_2$ 模型参数估计结果

变量	$LNSO_2$	
	参数	固定效应
C	2.093 3* (18.035 0)	
LNY	0.222 8* (9.426 1)	
海南-LNFDI	0.145 4* (2.362 6)	−4.898 3

表4(续)

变量	$LNSO_2$	
	参数	固定效应
河北-LNFDI	-0.021 4 　　(-1.338 6)	0.992 8
上海-LNFDI	-0.078 2* 　(-3.733 2)	0.401 2
浙江-LNFDI	-0.001 6 　　(-0.081 4)	0.070 2
辽宁-LNFDI	-0.091 3* 　(-3.038 0)	1.494 1
广东-LNFDI	0.149 5* 　(3.829 9)	-1.907 9
北京-LNFDI	-0.258 2* 　(-5.022 0)	1.809 3
天津-LNFDI	-0.099 5* 　(-3.186 1)	0.082 3
江苏-LNFDI	-0.041 0* 　(-3.006 6)	1.068 6
福建-LNFDI	0.071 6*** 　(1.674 0)	-1.982 8
山东-LNFDI	-0.095 9* 　(-5.580 9)	2.229 3
R^2	0.995 9	
F	2 545.378	

工业二氧化硫排放量与人均地区生产总值呈现递增关系。海南、广东、福建的 FDI 对工业二氧化硫排放量产生正影响，并且都显著。影响最大的广东为 0.149 5，其次是海南。河北、上海、浙江、辽宁、北京、天津、江苏、山东的 FDI 对工业二氧化硫排放量产生负影响，河北和浙江的 t 统计量不显著，其他省的在 1%的水平下显著。影响最大的北京为 -0.258 2，即 FDI 每增加一个百分点，工业二氧化硫排放量将减少 0.258 2 个百分点；其次是天津，再次是山东。

从以上回归结果分析显示，东部 11 个省（市）的污染指标与人均地区生产总值大多呈现倒 N 形关系。相对来说，3 个直辖市的 FDI 是清洁的，最清洁的是北京。东部多数省（市）的 FDI 对工业废水、工业废气、工业粉尘、工业烟尘、工业二氧化硫、工业固体废物的排放量和工业固体废物产生量产生负向影响。

（二）中部地区回归结果

本文利用中部地区 8 个省的相关数据，借助 Eviews 6.0 软件，采用固定效应模型对 7 个环境污染指标分别进行回归，回归结果见表 5~表 8。

表 5　　　　　　　　　LN*FS*、LN*FQ* 模型参数估计结果

变量	LN*FS*		LN*FQ*	
	参数	固定效应	参数	固定效应
C	17.298 3* (19.468 6)		16.881 1* (14.917 2)	
LN*Y*	−1.298 6* (−5.861 1)		−2.521 0* (−8.935 7)	
LN*Y*²	0.064 6* (5.173 4)		0.176 2 (11.184 9)	
湖南-LN*FDI*	−0.004 2 (−0.285 8)	0.845 8	0.011 7 (0.644 3)	−0.050 4
山西-LN*FDI*	0.030 0** (1.952 7)	−0.663 5	0.068 1* (3.603 1)	−0.015 4
吉林-LN*FDI*	0.009 1 (0.770 2)	−0.383 4	−0.054 1* (−2.935 5)	0.302 8
安徽-LN*FDI*	0.033 9** (2.310 1)	−0.136 4	0.080 6* (3.555 8)	−0.603 4
黑龙江-LN*FDI*	−0.102 5* (−5.586 5)	1.188 4	−0.152 1* (−7.348 7)	1.633 9
河南-LN*FDI*	0.144 4* (6.397 4)	−0.948 9	0.081 9* (2.872 3)	−0.162 0
江西-LN*FDI*	0.054 2* (2.784 5)	−0.596 9	0.054 2* (2.498 7)	−0.919 9
湖北-LN*FDI*	−0.008 5 (−0.493 9)	0.806 7	0.044 7** (2.164 8)	−0.203 0
R²	0.998 9		0.997 4	
F	9 360.168		3 816.452	

　　工业废水排放量与人均地区生产总值呈现 U 形关系。山西、吉林、安徽、河南、江西的 FDI 对工业废水排放量产生正影响，山西、安徽在 5% 的水平下显著，河南和江西在 1% 的水平下显著，吉林的 t 统计量不显著。影响最大的河南为 0.144 4，其次是江西。湖南、黑龙江、湖北的 FDI 对工业废水排放量产生负影响，黑龙江在 1% 的水平下显著，湖南和湖北的 t 统计量不显著。影响最大的黑龙江为 −0.102 5，即 FDI 每增加一个百分点，工业废水排放量将减少 0.102 5 个百分点。

　　工业废气排放量与人均地区生产总值呈现 U 形关系。湖南、山西、安徽、河南、江西、湖北的 FDI 对工业废气排放量产生正影响，湖南的 t 统计量不显

著，湖北在 5% 的水平下显著，其他省都在 1% 的水平下显著。影响最大的河南为 0.081 9，其次是安徽。吉林、黑龙江的 FDI 对工业废气排放量产生负影响，并且都在 1% 的水平下显著。影响最大的黑龙江为 -0.152 1，即 FDI 每增加一个百分点，工业废气排放量将减少 0.152 1 个百分点；其次是吉林。

表6　　　　　　　　　　LNGYYC、LNGYFC 模型参数估计结果

变量	LNGYYC		LNGYFC	
	参数	固定效应	参数	固定效应
C	4.101 8* (16.183 2)		116.783 4* (7.668 5)	
LNY	0.082 3*** (1.469 4)		-41.566 9* (-7.473 5)	
LNY²			5.060 2* (7.538 5)	
LNY³			-0.202 6* (-7.528 7)	
湖南-LNFDI	-0.017 9 (-0.561 3)	-1.057 5	-0.014 2 (-0.308 1)	-0.520 8
山西-LNFDI	-0.010 6 (-0.269 6)	-0.497 2	-0.005 4 (-0.147 4)	-0.816 4
吉林-LNFDI	-0.178 9* (-5.498 7)	0.509 4	-0.170 2* (-5.337 7)	-0.397 4
安徽-LNFDI	-0.133 8* (-3.986 3)	-0.134 3	-0.118 5* (-2.809 7)	0.108 8
黑龙江-LNFDI	-0.260 9* (-6.704 3)	1.927 0	-0.379 7* (-8.125 4)	2.082 7
河南-LNFDI	-0.046 0 (-1.274 0)	-0.199 1	-0.024 9 (-0.441 4)	-0.422 9
江西-LNFDI	-0.087 1* (-2.859 7)	-0.803 8	-0.037 7 (-0.887 5)	-0.859 2
湖北-LNFDI	-0.144 4* (-4.057 9)	0.106 9	-0.169 4* (-4.081 2)	0.754 6
R²	0.918 1		0.875 9	
F	119.222		62.762	

工业烟尘排放量与人均地区生产总值呈现递增关系。中部地区 8 个省的 FDI 对工业烟尘排放量产生负影响，湖南、山西和河南的 t 统计量不显著，吉林、安徽、黑龙江、江西、湖北都在 1% 的水平下显著。影响最大的黑龙江为

−0.260 9，即 FDI 每增加一个百分点，工业烟尘排放量将减少 0.260 9 个百分点；其次是吉林，再次是湖北。

工业粉尘排放量与人均地区生产总值呈现倒 N 型关系。中部地区 8 个省的 FDI 对工业粉尘排放量都产生负影响，湖南、山西、河南、江西的 t 统计量不显著，吉林、安徽、黑龙江、湖北的 t 统计量在 1% 的水平下显著。影响最大的黑龙江为 −0.379 7，即 FDI 每增加一个百分点，工业粉尘排放量将减少 0.379 7 个百分点；其次是吉林，再次是湖北。

表7　　　　　　　　　　　LN$GTCS$、LN$GTPF$ 模型参数估计结果

变量	LN$GTCS$		LN$GTPF$	
	参数	固定效应	参数	固定效应
C	14.699 5* (18.245 1)		207.946 5* (3.981 0)	
LNY	−1.948 1* (−9.701 7)		−71.994 9* (−3.790 5)	
LNY^2	0.140 5* (12.524 4)		8.630 7* (3.784 0)	
LNY^3			−0.345 4* (−3.791 1)	
湖南-LNFDI	−0.040 6* (−2.348 1)	−0.086 4	0.055 3 (0.482 6)	−3.714 6
山西-LNFDI	0.069 8* (4.692 7)	−0.300 1	0.192 2*** (1.692 5)	−3.204 6
吉林-LNFDI	−0.059 9* (−3.908 9)	−0.344 7	−0.327 7* (−3.202 0)	−2.022 8
安徽-LNFDI	0.001 6 (0.103 7)	−0.206 9	−1.164 5* (−5.120 3)	4.968 5
黑龙江-LNFDI	−0.225 6* (−12.979)	1.996 5	−1.484 9* (−6.200 6)	9.305 5
河南-LNFDI	0.063 6* (3.526 4)	−0.827 3	−0.298 9** (−1.926 8)	−1.690 8
江西-LNFDI	0.009 9 (0.600 8)	0.048 6	−0.263 4** (−2.149 2)	−1.554 6
湖北-LNFDI	−0.019 7 (−1.386 1)	−0.316 1	−0.214 9*** (−1.788 6)	−1.827 8
R^2	0.998 6		0.900 6	
F	7 179.601		80.058	

工业固体废物产生量与人均地区生产总值呈U形关系。山西、安徽、河南、江西的FDI对工业固体废物产生量产生正影响，安徽和江西的t统计量不显著，山西和河南在1%的水平下显著。影响最大的山西为0.069 8，其次是河南。湖南、吉林、黑龙江、湖北的FDI对工业固体废物产生量产生负影响，湖北的t统计量不显著，湖南、吉林、黑龙江在1%的水平下显著。影响最大的黑龙江为-0.225 6，即FDI每增加一个百分点，工业固体废物产生量将减少0.225 6个百分点；其次是吉林。

工业固体废物排放量与人均地区生产总值呈现倒N形关系。湖南、山西的FDI对工业固体废物排放量产生正影响，湖南的t统计量不显著，山西在10%的水平下显著。吉林、安徽、黑龙江、河南、江西、湖北的FDI对工业固体废物排放量产生负影响，河南、江西在5%的水平下显著，湖北在10%的水平下显著，吉林、安徽、黑龙江在1%的水平下显著。影响最大的黑龙江为-1.484 9，即FDI每增加一个百分点，工业固体废物排放量将减少1.484 9个百分点；其次是安徽。就FDI对工业固体废物排放量的影响来说，这两省与其他省形成很大反差。

表8　　　　　　　　　　$LNSO_2$ 模型参数估计结果

变量	$LNSO_2$		
	参数		固定效应
C	7.978 0*	(5.941 3)	
LNY	−1.251 5*	(−3.737 4)	
LNY^2	0.097 6*	(5.174 6)	
湖南−$LNFDI$	−0.053 1**	(−2.332 3)	0.353 8
山西−$LNFDI$	0.001 9	(0.083 1)	0.116 0
吉林−$LNFDI$	−0.074*	(−3.623 8)	−0.556 1
安徽−$LNFDI$	−0.048 7**	(−2.169 6)	−0.169 6
黑龙江−$LNFDI$	−0.106 3*	(−4.091 3)	−0.015 3
河南−$LNFDI$	0.035 8	(1.119 9)	−0.440 2
江西−$LNFDI$	−0.065 6**	(−2.205 4)	−0.097 8
湖北−$LNFDI$	−0.125 5*	(−4.868 2)	0.895 6
R^2	0.978 5		
F	452.818		

工业二氧化硫排放量与人均地区生产总值呈U形关系。山西、河南的FDI

对工业二氧化硫排放量产生正影响，但 t 统计量不显著。湖南、吉林、安徽、黑龙江、江西、湖北的 FDI 对工业二氧化硫排放量产生负影响，湖南、安徽、江西在 5% 的水平下显著，吉林、黑龙江、湖北在 1% 的水平下显著。影响最大的湖北为 -0. 125 5，即 FDI 每增加一个百分点，工业二氧化硫排放量将减少 0. 125 5 个百分点；其次是黑龙江，再次是吉林。

以上回归结果分析显示，中部地区 8 个省的污染指标与人均地区生产总值大多呈现 U 形关系。FDI 相对较清洁的是黑龙江和吉林。中部地区 8 个省只有部分省的 FDI 对工业废水、工业废气、工业固体废物、工业二氧化硫的排放量和工业固体废物产生量产生负向影响，即有利于环境改善；但对工业粉尘和工业烟尘排放量都产生负向影响。

四、结论

东部地区的上海、辽宁、北京、天津的 FDI 对工业废水排放量产生显著的负影响，影响最大的北京为 -0. 355 3；中部地区只有黑龙江的 FDI 对工业废水排放量产生显著的负影响，为 -0. 102 5。东部地区的上海、辽宁、北京、天津、江苏的 FDI 对工业废气排放量产生显著的负影响，影响最大的北京为 -0. 404 4；中部地区的吉林、黑龙江的 FDI 对工业废气排放量产生显著的负影响，影响最大的黑龙江为 -0. 152 1。东部地区的上海、辽宁、北京、江苏、山东的 FDI 对工业烟尘排放量产生显著的负影响，影响最大的北京为 -0. 418 8；中部地区的吉林、安徽、黑龙江、江西、湖北的 FDI 对工业烟尘的排放量产生显著的负影响，影响最大的黑龙江为 -0. 260 9。东部地区的上海、辽宁、天津、山东的 FDI 对工业粉尘排放量产生显著的负影响，影响最大的上海为 -0. 228 4；中部地区的吉林、安徽、黑龙江、湖北的 FDI 对工业粉尘排放量产生显著的负影响，影响最大的黑龙江为 -0. 379 7。东部地区的海南、上海、辽宁、广东、北京的 FDI 对工业固体废物产生量产生显著的负影响，影响最大的海南为 -0. 156 5；中部地区的湖南、吉林、黑龙江的 FDI 对工业固体废物产生量产生显著的负影响，影响最大的黑龙江为 -0. 225 6。东部地区的浙江、辽宁、广东、北京、天津、福建、山东的 FDI 对工业固体废物排放量产生显著的负影响，影响最大的山东为 -0. 989 9；中部地区的吉林、安徽、黑龙江、河南、江西、湖北的 FDI 对工业固体废物排放量产生显著的负影响，影响最大的黑龙江为 -1. 484 9。东部地区的上海、辽宁、广东、北京、天津、江苏、山东的 FDI 对工业二氧化硫排放量产生显著的负影响，影响最大的北京为 -0. 258 2；中部地区的湖南、吉林、安徽、黑龙江、江西、湖北的 FDI 对工业二氧化硫排放量产生显著的负影响，影响最大的湖北为 -0. 125 5。东部地区 FDI 最清洁的是北京，其次是上海；中部地区 FDI 最清洁的是黑龙江，其次是吉林。我们需要进一步研究北京的 FDI 产业分布，借鉴经验调整中国 FDI 的区位和产业分布。东部地区和中部地区的 FDI 对污染指标的影响存在较大差异，总体来说，东部地区的 FDI 比中部地区的更清洁，这可能是因为中国的 FDI 主要集中于东部地区，因而存在结构效应和规模效应。宽松的环境管制是吸引 FDI 进入的一个重要因素，具有一定的污染避难所效应特征，但中国并未成为世界的"污染避难所"。这主要有三方面的原因：一是政府在对待外资方面，针对不同产业分别采取了鼓励、允许、限制和禁止四种态度来引导和规范外资，使其发挥推动自主创新、产业升级以及环境保护等方面的积极作用；二是在吸引 FDI 的诸多因素中，巨大的市场潜力、廉价的劳动力以及日益改善的市场环境对 FDI 更具吸引力，污染密集型外资企业只占其中较小部分；三是政府日益严格的环境管制阻止了部分污染密集型外资企业的进入，促进了高质量外资的进入。但环境污染的治理任重而道远，中国在提高 FDI 规模时还需进一步提高环保标准，引进具有先进污染治理技术的 FDI，发挥 FDI 的技术外溢效应。中国在调整产业结构的关键时期，要引导 FDI 在中国三大区域的合理分布，优化产业布局，充分发挥 FDI 的规模效应和结构效应，避免发达国家把中国变成世界的"污染避难所"。

参考文献

［1］ GROSSMAN G, KRUEGER A. Environment Impacts of The North American Free Trade Agreement［Z］. NBER, Working Paper, 1991.

［2］ LONG N, H SIEBERT. Institutional Competition Versus Exante Harmonization: The Case of Environmental Policy［J］. Journal of Institutional and Theoretical Economics. 1991（147）: 296– 311.

［3］ MARKUSEN J R, E R MOREY, N OLEWILER. Environmental Policy When Market Structure and Plant Locations are Endogenous［J］. Journal of Environmental Economics and Management. 1993（24）: 69–86.

［4］ MARKUSEN J R, E R MOREY, N OLEWILER. Competition in Regional Environmental Policies When Plant Locations are Endogenous［J］. Journal of Public Economics. 1995, 56（1）: 55–77.

［5］ OATES W, R SCHWAB. Economic Competition Among Jurisdictions: Efficiency Enhancing or Distortion Inducing?［J］. Journal of Public Economics, 1998（35）: 333–354.

［6］ ESKELAND G S, HARRISON A E. Moving to Greener Pasture? Multinationals and the Pollution Haven Hypothesis［J］. Journal of Development Economics, 2003, 70（1）: 1–23.

［7］ 郭红燕，韩立岩. 外商直接投资、环境管制与环境污染［J］. 国际贸易问题，2008（8）: 111–118.

[8] 贺文华. FDI 与经济增长区域差异：基于中国省际面板数据的研究 [J]. 经济前沿，2009（2-3）：24-31.

[9] 赵细康. 环境保护与国际竞争力 [J]. 中国人口·资源与环境，2001（4）：12-16.

[10] 佘群芝. "污染天堂" 假说与现实 [J]. 中南财经政法大学学报，2004（3）：86-90.

（原载于《辽东学院学报（社会科学版）》2010 年第 4 期）

13. 东部、中部和西部的外贸依存度比较研究

　　经济全球化的核心是资源配置的国际化，主要包括贸易国际化、资本国际化、生产国际化等方面的内容，贸易国际化程度一般用外贸依存度来表示。外贸依存度是指一国（地区）在一定时期（通常为1年）内进出口总额占该国（地区）生产总值的比重，用于衡量该国（地区）参与国际分工的程度和对国际市场的依赖程度。外贸依存度是反映一国经济对外开放程度的一个指标，也是反映一国与国际市场联系程度的标准。对外贸易分为出口和进口两部分，相应地外贸依存度又可以细分为出口依存度和进口依存度。在2004年，我国对外贸易额高达11 547.4亿美元，比2003年增长35.7%，成为继美国和德国之后的世界第三大贸易国，进出口总额分别突破5 000亿美元，其中出口总额达5 933.6亿美元，增长35.4%；进口总额达5 613.8亿美元，增长30%。以当年全国国内生产总值19 309.26亿美元计算，名义外贸依存度达到60%，我国外贸依存度一直呈现出逐步升高的趋势。然而，由于自然条件、经济基础、政策优势等方面的因素，我国地区间外贸依存度不平衡，呈现"东高西低"的特征。从东部、中部、西部三大区域来看，东部地区外贸依存度约为75%，中部地区和西部地区均约为10%。在经济最发达的东部地区内部，外贸依存度也存在差异。

一、中国东部、中部、西部三大区域的外贸依存度

　　中国外贸依存度从1984年开始呈现一种波动中上升的趋势，2003年突破50%，而后出现快速上升趋势（见图1）。

　　由于东部沿海地区对外开放程度高，东部、中部和西部的开放程度呈现出明显的区域特点。本文利用1981—2005年东部、中部、西部30个省、市、自治区（缺西藏自治区、台湾省、香港特别行政区、澳门特别行政区数据，重庆市数据从1996年开始，下同）的进出口总额与其地区生产总值计算各省、市、自治区的外贸依存度，其中地区生产总值单位是亿元，通过当年的平均汇率换算为万美元，进出口总额单位是万美元，数据来自各省、市、自治区的统计年鉴。本文利用传统的外贸依存度计算方法，得到1981—2005年的名义外

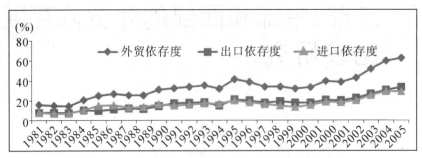

图1 1981—2005中国外贸依存度、进口依存度、
出口依存度（进出口总额/国内生产总值）

贸依存度。

东部地区 11 个省、市中的北京、天津、上海、江苏、广东在 2005 年的外
贸依存度分别为 149.30%，118.03%；166.75%、101.99%、156.74%；河北、
辽宁、浙江、福建、山东、海南分别为 13.04%、41.95%、65.46%、67.85%、
33.95%、23.28%。北京从 1998 年的 26.78% 急剧增加到 1999 年的 130.81%。
天津、上海、江苏、广东分别在 2004 年、2002 年、2005 年、1990 年突破
100%。东部地区 11 个省、市的外贸依存度的峰点是 1994 年的广东，达
184.45%；外贸依存度最低的河北 2004 年的外贸依存度为 13.21%。1994 年达
峰点的有广东（184.45%）、海南（70.24%）；2000 年达峰点的有北京
（165.72%）；2004 年达峰点的有河北（13.21%）、辽宁（42.69%）、福建
（68.25%）；2005 年达峰点的有天津（118.03%）、上海（166.75%）、江苏
（101.99%）、浙江（65.46%）、山东（33.95%）。从图 2 中可以看出，除北
京、天津、广东、上海外，其余省份都有一致的变化趋势。

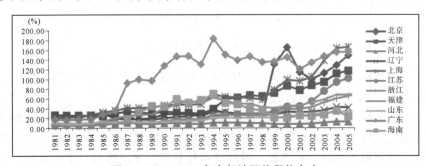

图2 1981—2005 年东部地区外贸依存度

中部地区 8 个省的外贸依存度 2005 年都低于 15%，山西、吉林、黑龙江、
安徽、江西、河南、湖北、湖南的外贸依存度分别为 10.87%、14.77%、
14.22%、13.90%、8.21%、5.98%、11.38%、7.55%。中部地区 8 个省的外

贸依存度的峰点是吉林省的 22.65%。1994 年达峰点的有吉林（22.65%）、黑龙江（16.47%）、江西（12.56%）、湖北（13.07%）、湖南（13.77%）；2004年达峰点的有山西（12.47%）、河南（6.41%），其中河南 1994 达 6.32%；2005 年达峰点的是安徽（13.90%）（见图 3）。

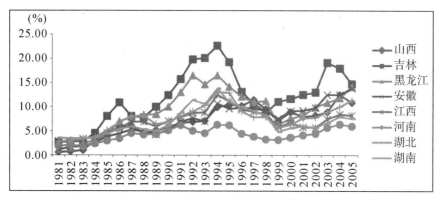

图 3　1981—2005 年中部地区外贸依存度

西部地区 11 个省、市、自治区外贸依存度除新疆在 2005 年达到了24.98%外，其余都低于 20%，大部分在 1994—1996 年达到高峰值，1995 年，广西外贸依存度达到了 17.91%。2005 年，除新疆外贸依存度达到 24.98%外，贵州为 5.81%，青海为 6.23%，四川为 8.76%，其余省份都超过了 10%，宁夏达到 13.06%。1994 年达峰点的有陕西（16.89%）、甘肃（9.72%）、内蒙古（13.42%）、四川（10.28%）；1995 年达到峰点的有广西（17.91%）、贵州（9.03%）、云南（14.68%）；2004 年达到峰点的有青海（10.22%）、宁夏（13.99%）、重庆（11.86%）；2005 年达到峰点的有新疆（24.98%）（见图 4）。

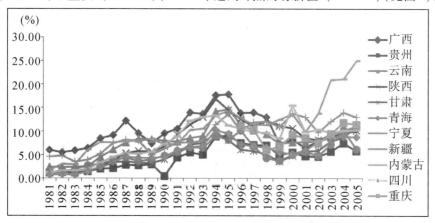

图 4　1981—2005 年西部地区外贸依存度

全国的外贸依存度从 1989 年的 24.46% 增加到 2005 年的 63.86%，除 2004 年和 1998 年两年出现波动，总趋势是稳步上升的。出口依存度从 1989 年的 11.51% 增加到 2005 年的 34.22%，进口依存度从 1989 年的 12.95% 增加到 2005 年的 29.64%，两者也是呈稳定上升趋势。

2005 年，东部地区 11 个省、市进出口总额占全国进出口总额的 92.77%，地区生产总值占全国国内生产总值的 64.41%；中部地区 8 个省的进出口总额占全国进出口总额的 4.05%；西部地区 11 个省、市、自治区的进出口总额占全国进出口总额的 3.16%。

从以上可以看出，东部地区的外贸依存度远高于中部地区和西部地区，中部地区和西部地区的外贸依存度差别不大。2005 年，外贸依存度最高的上海（166.75%）比最低的贵州（5.81%）高 160.94 个百分点，广东（156.74%）、北京（149.30%）分别比贵州高 150.93 个百分点、143.49 个百分点。受 1994 年我国汇率体制改革的影响，大部分省、市、自治区的外贸依存度在 1994 年达到峰值。受东南亚金融风暴的影响，大部分省、市、自治区的外贸依存度在 1998 年比 1997 年有所下降。中国的高外贸依存度主要是受东部地区高外贸依存度的拉动。

传统的外贸依存度=外贸总额/国内生产总值，在该公式中，分子外贸总额=出口+进口，分母国内生产总值=消费+投资+净出口。显然，分子未完全包括在分母中。在对外贸易大进大出的国家里，分子有可能大于分母，由此得到的外贸依存度就可能超过 100%。例如，新加坡 2002 年的外贸依存度是 175.5%。我们对公式进行调整，即外贸依存度=外贸总额/经济活动总量。该公式中，经济活动总量=国内中间使用+国内最终产品+进口=总产出+进口。表 1 列出了北京、天津、上海、广东按新公式计算得到的外贸依存度。调整以后，这四个省（市）的外贸依存度在 2005 年都高于 70%，广东、上海分别达到 92.46%和 89.86%，出口依存度大于进口依存度。此外，江苏外贸依存度也达 69.4%。

表 1　　　　　　　1981—2005 北京、天津、上海、广东

对外贸易依存度、出口依存度、进口依存度　　　　单位:%

年份	北京			天津			上海			广东		
	外贸	出口	进口	外贸	出口	进口	外贸	出口	进口	外贸	出口	进口
1981	8.52	7.68	0.83	25.98	23.72	2.26	21.40	19.63	1.77	17.17	13.41	3.76
1982	8.34	7.42	0.92	25.03	23.19	1.84	21.51	19.92	1.59	16.30	12.03	4.27
1983	7.43	6.29	1.13	24.67	22.31	2.36	22.62	19.94	2.69	16.93	12.17	4.75
1984	8.08	6.63	1.45	24.41	18.27	6.13	24.99	20.37	4.62	17.30	11.94	5.36
1985	10.69	6.82	3.87	23.53	18.25	5.28	29.22	18.98	10.24	24.35	13.37	10.98
1986	18.01	7.04	10.96	27.52	20.75	6.77	32.86	22.62	10.24	31.10	19.42	11.68

年份	北京			天津			上海			广东		
	外贸	出口	进口	外贸	出口	进口	外贸	出口	进口	外贸	出口	进口
1987	16.19	8.20	7.99	31.42	23.68	7.74	36.36	25.23	11.13	62.53	30.14	32.39
1988	16.55	8.25	8.30	30.09	22.22	7.87	36.12	22.96	13.16	65.66	31.36	34.30
1989	15.62	7.79	7.83	27.49	20.94	6.56	36.82	23.61	13.21	65.70	33.45	32.25
1990	18.70	9.75	8.95	31.91	25.78	6.13	41.46	29.69	11.77	80.16	42.51	37.64
1991	20.53	9.84	10.69	29.48	23.44	6.04	42.13	30.06	12.07	86.08	44.37	41.71
1992	22.03	10.50	11.53	29.40	21.69	7.72	41.68	28.00	13.68	85.75	43.64	42.11
1993	23.58	7.69	15.88	27.39	19.16	8.23	40.50	23.30	17.20	77.95	37.20	40.74
1994	30.65	12.80	17.86	35.52	25.73	9.78	53.48	30.59	22.89	97.78	50.79	46.99
1995	26.89	11.50	15.39	45.03	20.63	24.40	51.51	31.34	20.16	89.60	48.77	40.83
1996	23.71	9.17	14.54	47.49	23.17	24.31	50.68	30.13	20.54	85.22	46.00	39.23
1997	22.97	9.80	13.17	50.35	25.21	25.14	48.97	29.11	19.85	90.48	51.85	38.63
1998	23.26	10.11	13.14	50.13	27.18	22.95	48.00	30.09	17.91	86.63	50.47	36.16
1999	67.74	19.52	48.21	52.98	26.62	26.36	56.33	27.42	28.91	85.11	47.11	38.00
2000	73.41	17.71	55.70	60.55	30.45	30.10	64.87	30.06	34.81	87.28	47.16	40.11
2001	60.94	13.94	47.00	57.03	29.79	27.24	63.29	28.71	34.58	77.91	42.13	35.79
2002	56.94	13.68	43.26	61.38	31.30	30.08	66.05	29.14	36.92	83.19	44.57	38.62
2003	60.99	15.04	45.96	63.59	31.10	32.49	77.60	33.47	44.13	88.02	47.45	40.57
2004	64.24	13.97	50.27	71.52	35.48	36.04	86.94	39.94	47.00	90.76	48.69	42.08
2005	70.23	17.27	52.96	75.00	38.55	36.46	89.86	43.75	46.11	92.46	51.46	41.01

按新公式计算得全国1981—2005外贸依存度、进口依存度、出口依存度如图5所示。外贸依存度从1981年的21.65%上升到2005年的49.26%；出口依存度从1989年的10.19%上升到2005年的26.39%；进口依存度从1989年的11.46%上升到2005年的22.87%。三者都呈现一种稳定的上升趋势。

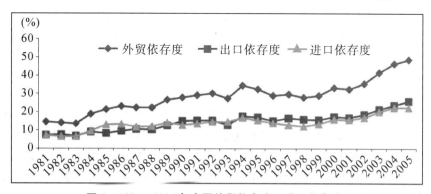

图5　1981—2005年中国外贸依存度、进口依存度、
出口依存度（外贸总额／经济活动总量）

二、外贸依存度影响分析

根据库兹涅茨对 19 世纪中叶到 20 世纪 70 年代的一些国家外贸依存度的分析比较，一国外贸依存度的高低与其国民经济大小呈负相关关系。原因是小国国内市场狭小，为了克服先天市场规模的制约，只有通过发展对外贸易来促进本国经济增长；而大国国内市场规模较大，通过发展内需也能推动经济的快速增长。但中国的情形却恰恰与之相悖，外贸依存度很高。中国高外贸依存度主要是由于珠三角地区和长三角地区高外贸依存度的拉动。东部地区的高外贸依存度主要受地处沿海的自然条件和对外开放的经济政策影响。从 1985 年开始实行的出口退税政策对增强出口产品的国际竞争力、扩大出口、赚取外汇收入、加快资本积累、提高专业化水平和资源的配置效率等方面起到了积极的促进作用。经济全球化对发展中国家来说往往挑战多于机遇，并且当今世界政治局势、经济形势动荡起伏，突发事件很多，国际经济环境仍存在着较大的不确定性。在世界经济联系日益紧密的环境下，任何一个国家的内部失衡都会反映为外部失衡，进而会很快波及与其有密切贸易和投资关系的国家。因此，过度依靠外部市场也会给经济发展带来较多不确定性。过高的外贸依存度会给经济发展带来一定的负面影响。

（一）资源配置偏向

外贸依存度的提高表明东部地区已是外向型经济，出口企业的投资增多。劳动力资源、资金和技术等要素向出口部门流动，使得全社会资源配置出现偏向，区域内的进口替代型部门和内向型经济部门的发展受到抑制，各部门难以平衡发展，影响经济稳定和经济结构协调。同时，由于出口的主要是劳动密集型的低端产品，资源消耗大、利润率低，社会有限资源得不到最大化利用，影响可持续发展。

（二）依赖国际市场

外贸依存度的提高使东部地区经济增长更加依赖于国际市场。高外贸依存度一方面说明国际分工深化，另一方面也说明经济发展隐藏风险。国际市场上的任何突发事件都可能直接或间接影响到东部地区经济的发展，进而波及全国，而且这种事件和影响不可预测，有可能影响到中国经济政策的独立决策能力。约瑟夫·E. 斯蒂格利茨认为，中国过分依赖外需的战略已经表现出局限性，如果这一问题不加以解决，就可能在下一个十年中导致发展的中断。东部地区进出口贸易中，加工贸易占很高比重，而加工贸易这种利用外资方式的特点是主要原材料和半成品全部进口，国外企业随时可以转移投资地点，国内企业只投入劳动力，这样一旦国际市场出现波动，就必然损害劳动者的权益。

（三）影响财政收支

由于财政收入中很高比重是通过进出口贸易而获得的，外贸依存度提高意味着财政对外贸经济的依存度也会相应提高。国际环境的变化必然通过外贸经济影响财政收入，财政收入的波动性增大。同时，外贸依存度提高也说明了出口规模扩大了，出口退税的数额也必然增大，加重财政负担。出口退税改革前，出口退税完全由中央财政负担。由于近年来我国外贸出口大幅度上升，年均增幅达 30% 以上，出口应退税额也以几乎相同的速度递增，使得中央财政不堪重负。1999—2003 年，我国出口应退税额年均增长约为 35%，而中央财政收入年均增长仅为 20.7%。1997—2002 年，出口退税指标的年均增长率为 17.8%。出口应退税额与实退税额之间的差距巨大。例如，2002 年，我国的出口应退税额为 2 118 亿元，而当年的实退税额为 1 150 亿元。截至 2003 年，我国累计欠退税额已高达 2 770 亿元。这不仅对国家信用造成了负面影响，还严重影响财政政策的实施和效果。从 2004 年起建立的中央、地方共同负担的出口退税新机制将加大地方财政负担。

三、结论及建议

中国幅员辽阔，自然条件、经济条件存在差异导致外贸依存度的差异，具体表现为：东部地区高外贸依存度而中、西部较低的外贸依存度。自然条件方面的原因为：东部地区拥有地处沿海的地理优势，经济条件方面的原因则为最早对外开放的经济政策优势。此外，中国的出口退税政策也对出口量的增加起到了不可低估的作用。

中国作为一个大国却拥有高外贸依存度与库兹涅茨的一国外贸依存度的高低与其国民经济规模大小呈负相关关系的结论相悖。高外贸依存度会给中国经济带来一些不确定性的影响。为了稳定中国经济可持续增长与发展，我们必须充分发挥自身优势。中国东、中、西三大区域经济发展差距有扩大趋势，为了减缓外贸依存度的快速上升，在发展对外贸易的同时必须充分发展国内贸易。中国三大区域的资源、技术、劳动力等要素差别巨大，可以三大区域为基础构建三大经济圈，实施优势互补、携手合作战略。东部地区向中、西部地区提供技术支持，培训劳动力，提供高附加值的机器设备，发挥东部地区的辐射作用；中、西部地区通过分析自身的发展特点，挖掘潜力，形成各自独特的发展模式，中、西部地区向东部地区提供丰富的原材料、富余的劳动力。为了降低外贸依存度，尽量避免经济全球化可能带来的风险，中国必须注意以下方面：

（一）坚持扩大内需

在外需不太稳定的情况下，要提高中国经济抵抗国际市场变化风险的能力，就必须从扩大国内市场的需求出发，使国内需求成为推动本国经济发展的引擎。这样既可以减少对国外市场的依赖，又可以扩展国内企业的市场生存空间，扶持本国的民族工业，加快经济发展。在出口低迷的形势下，坚持扩大内需是中国能在复杂的国内外经济环境中保持经济稳定增长的重要因素。中国存在一个巨大的潜在内需市场：一是中国消费率偏低，消费率提升空间很大；二是中国居民金融资产大幅增加，只要有适当条件，这些金融资产就有部分可以转化为现实购买力。如果一味地依靠出口，则背离了大国经济增长以内需为引擎的发展规律。坚持以内需为主意味着一国的需求结构偏重于内需，并要有一个适当的外贸依存度。为了今后稳定的经济增长需要适当降低外贸依存度，减缓国际经济波动可能给中国经济带来的影响，宏观政策应着眼于积极地扩大内需，适当调整需求结构中的国内需求与国外需求的比重，增加国内消费和投资。

（二）改善贸易进出口结构

对外开放以来，中国外贸进出口结构不断改善，但出口仍以低附加值的劳动密集型产品为主，贸易增长主要依靠量的增长，外贸竞争力较弱；部门内部的深加工不足，产品附加值偏低。在出口贸易中，中国必须坚持以质取胜，从优化产业结构入手调整出口结构，加快提高出口商品质量和附加值，拉长出口产业链，占据附加值更高的生产环节，努力扩大高新技术产品、机电产品、成套设备出口。中国必须调整产业结构，即不但要加强工业品的科技含量和附加值，而且要注意服务的跟进，在调整产业结构时，加大对服务业和信息产业的扶持，将工业的发展与信息产业的发展协调并进，既要输出商品又要输出服务。此外，由于加工贸易的增值率低、产业关联带动效应差、与国内经济联系不够密切。政府必须加强对加工贸易的引导。应提高加工贸易进入的门槛，提高加工贸易企业对加工增值、投资设备、国内采购和科技含量的要求；保护和利用资源，禁止某些具有战略意义的矿产资源的出口，走高效低耗的可持续发展道路；同时，对于能源和资源的进口要多元化。

参考文献

［1］贾欢欢. 我国外贸依存度走高的风险及对策分析［J］. 华东经济管理，2006（3）：56-58.

［2］张瑞华，谢秀峨. 解读我国对外贸易依存度［J］. 黑龙江对外经贸，2005（7）：9-10.

［3］沈利生. 中国外贸依存度的测算［J］. 数量经济技术经济研究，2003（4）：5-12.

［4］汪晓文，韩雪梅，祝伟. 出口退税机制改革的原因、影响及对策［J］. 开发研究，2005（1）：26-28.

（原载于《重庆工商大学学报（西部论坛）》2007年第4期）

14. 中美贸易的政治经济学分析

中国加入世界贸易组织后,中美两国的贸易达到了相当规模。对美贸易已成为中国对外贸易的重要组成部分,对拉动中国经济持续稳定增长具有重要意义。美国经济学家约瑟夫·E.斯蒂格利茨用经济模型证明,两国间的经常项目收支逆差如果超过国民生产总值(GNP)的1.5%,两国之间就会发生"激烈摩擦";要是超过2%,就会引起报复措施;如果对一国的贸易顺差超过该国贸易额的25%~30%,那就不仅是经济问题了,而是会成为政治问题。2003年,中国贸易顺差达到中美贸易额的46.39%,就中美贸易不平衡规模而言,这个问题已经演变成美国国内的政治问题了。

一、中美贸易现状

中国于1988年开始进入美国的前10位逆差国行列,1989年从第9位发展到第6位,1990年攀升到第3位。1991年,中国成为仅次于日本的美国第二大逆差对象。2004年,美中之间的贸易额达到2 300亿美元,美中贸易逆差前所未有地上升到1 600亿美元,占美国全年贸易逆差的25%(美国口径);2004年,中美贸易顺差为586亿美元(中国口径)。虽然中美两国统计口径相差很大,但是美国对中国贸易逆差是毋庸置疑的。

表1和表2分别列出了2001年中国向美国出口最多的5类产品以及从美国进口最多的5类产品。双方贸易量最大的是机械电器产品。中国向美国出口最多的产品第二类是家具玩具,第三类是鞋帽。中国的纺织品竞争力相当强,但美国一直对中国的纺织品设置进口配额,制造了贸易瓶颈。在向美国出口的产品中纺织品只排第四位。除了机械电器之外,美国向中国出口最多的有光学仪器、化工产品、车辆运输设备和植物产品。其中,美方顺差最大的是植物产品。美方顺差第二大的项目是纸制品,这恰恰反映了中国在造纸资源上的弱点。

表3列出了2001年中美贸易顺差最大的5类产品。第一类就是家具玩具。中国向美国出口了将近80亿美元,而从美国进口还不到1亿美元。中美双方产业结构存在巨大差别,中国的比较优势在于劳动力相对密集的产业,而美国的比较优势则在技术和人力资本密集的产业。中美贸易顺差最大的产品是体现中国劳动力成本优势的普通机械电器、家具玩具、鞋帽和纺织制品。2003年,

以上四类产品贸易顺差为 522 亿美元，占当年中美贸易顺差的 89.2%。

2003 年，中方逆差的产品依次是植物产品、化工产品和纸制品，逆差分别为 21 亿美元、15.7 亿美元和 9.5 亿美元。其中，美方顺差最大的是植物产品，主要是小麦和大豆。美国农产品的优势可能不仅反映美国土地的相对充裕，更可能反映了其在生物技术方面的领先地位。美方顺差第三大的项目是纸制品，这恰恰反映了中国在森林资源方面的贫乏。

表 1　　　　　　　　　中国向美国出口最多的五类产品　　　　　单位：亿美元

排名	产品	出口	进口	贸易顺差
1	机械电器	179.76	113.77	65.99
2	家具玩具	79.54	0.72	78.82
3	鞋帽	58.3	0.61	57.69
4	纺织制品	45.64	3.49	42.15
5	钢铁及金属制品	34.29	12.43	21.86

资料来源：国家统计局贸易外经统计司. 中国对外经济统计年鉴 [M]. 北京：中国统计出版社，2002.

表 2　　　　　　　　　中国从美国进口最多的五类产品　　　　　单位：亿美元

排名	产品	出口	进口	贸易顺差
1	机械电器	179.76	113.77	65.99
2	光学仪器	20.81	24.36	−3.55
3	化工产品	18.12	23.86	−5.74
4	车辆运输设备	18.29	23.08	−4.79
5	植物产品	1.84	13.68	−11.84

资料来源：国家统计局贸易外经统计司. 中国对外经济统计年鉴 [M]. 北京：中国统计出版社，2002.

表 3　　　　　　　　　中美贸易顺差最大的五类产品　　　　　单位：亿美元

排名	产品	出口	进口	贸易顺差
1	家具玩具	79.54	0.72	78.82
2	机械电器	179.76	113.77	65.99
3	鞋帽	58.3	0.61	57.69
4	纺织制品	45.64	3.49	42.15
5	钢铁及金属制品	34.29	12.43	21.86

资料来源：国家统计局贸易外经统计司. 中国对外经济统计年鉴 [M]. 北京：中国统计出版社，2002.

自 1972 年之后，利用贸易不平衡和自己的贸易逆差来不断吸收其他国家的贸易盈余就逐渐成为美国政府采取的一种有意识和精心设计的战略。尤其是 80 年代之后，美国便变本加厉地推行贸易逆差战略，贸易逆差也成为一种常态。在 20 世纪 90 年代中期，逆差额急剧增加，美国经常账户逆差 2005 年为 7 920 亿美元。

二、中国出口贸易的经济学分析

赫克歇尔—俄林要素禀赋理论认为各国的要素禀赋是国际贸易中各国具有比较优势的基本原因和决定因素，各国在国际贸易中趋向于出口该国相对丰裕和便宜的要素密集型的产品，进口该国相对稀缺和昂贵的要素密集型的产品。在中美贸易中，中国对美国的出口应该是劳动密集型产品，而美国对中国的出口应该是资本与技术密集型产品，这样两国才能达到经济利益的最优化。中美贸易更多的是一种产业间的贸易，是一种互补贸易，符合比较优势规律。

中国农村的联产承包和国有企业的减员增效、下岗分流，使原先处于隐性失业的劳动力变成显性失业，巨大的失业人口给就业造成了巨大压力，但释放出来的劳动力也给经济增长提供了机遇。为了增加就业，必须设法扩大总需求。

我们用一个方盒图表示中国两要素经济中的资源配置，生产的两类产品是资本技术密集型（制造品）和劳动密集型（纺织品）（见图 1）。方盒的长代表资本的总供给，方盒的高代表劳动的总供给。两部门间的资源配置可以用方盒中的一个点来表示，如点 1。用点 Q_K 到点 1 这条线段的水平距离和垂直距离来分别衡量在制造品生产部门中使用的资本和劳动。在点 1，$Q_K K_M^1$ 是投入制造品生产中的资本，$Q_K L_M^1$ 是投入的劳动。在衡量纺织品部门的投入时则从对角点出发，$Q_C^1 L_C^1$ 是纺织品生产中投入的劳动，$Q_C^1 K_C^1$ 是投入的资本。当劳动供给增加、两种商品的价格和资本供给固定时，方盒会变得更高。原来的直线 $Q_C^1 F^1$ 被 $Q_C^2 F^2$ 替代。因此，资源分配点从点 1 移到点 2，从而使得更多的资本和劳动用于纺织品生产，制造品产量下降，纺织品产量增加，其增长的幅度超过劳动供给的增长幅度。为了缓解就业压力，中国在一定时期需优先发展劳动密集型产业，提供更多的就业机会，因此必须开拓国际市场，增加劳动密集型产品的出口，但市场单一化导致贸易摩擦不断，因而在出口时应尽量实现市场多元化。

图 2 中曲线 TT^1 代表劳动供给增加之前生产的可能性边界，产出在点 1，此时生产可能性边界的斜率等于制造品的相对价格（$-P_M/P_L$），生产 Q_M^1 数量的制造品和 Q_L^1 数量的纺织品。曲线 TT^2 显示劳动供给增加的生产可能性边界，生产可能性边界向外扩张。但在扩张的过程中，出现了生产可能性的偏向性扩张：在相对价格不变的情况下，生产从点 1 移到点 2，从而使制造品的生产从

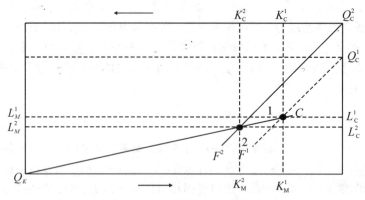

图 1 劳动供给增加的资源配置

Q_M^1 下降到 Q_M^2，纺织品的生产从 Q_L^1 大幅度增加到 Q_L^2。因此，在一定时期内，中国经济的增长主要得益于释放出来的劳动力的拉动。劳动密集型产品的出口为中国经济增长做出了贡献。劳动力的释放大大提高了产出，并使中国在世界市场上成为一个重要的出口国。中国巨大的富余劳动力给就业造成了极大的压力，为缓解就业压力，优先发展劳动密集型产业，吸纳大量富余劳动力是一定时期一个重要的宏观调控目标。很多劳动密集型产品需求弹性较低，国内需求有限，国家采取各种优惠政策鼓励出口，为劳动密集型产品寻找国外市场。这样中国劳动密集型产品出口不仅增加了就业和外汇储备，还扩大了总需求，因而有力地促进了中国经济增长。中国经济增长又会增加资本与技术密集型产品的进口，进一步拉动全球的总需求，成为影响全球经济的重要力量。中国产品在国际市场争夺市场份额，各种贸易摩擦难以避免。尤其与美国的贸易摩擦愈演愈烈，最后变成美方对中方汇率的干预。

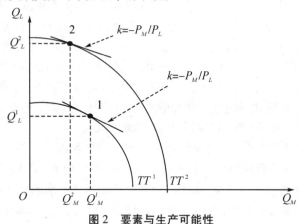

图 2 要素与生产可能性

三、中美贸易摩擦的原因

近年，随着中美贸易顺差的增加，中美贸易间的冲突也不断升级。据美国劳工部的统计资料显示，2003 年 7 月美纺织成衣业平均每天有 587 人失业，单月失业人口达 1.82 万人。与 2002 年同期相比，就业人数减少 60 400 人。中美纺织品贸易比较优势的巨大反差，导致纺织品贸易摩擦一直是双边贸易摩擦的焦点。为了保护其夕阳产业纺织业，美国采取了各种手段限制中国纺织品出口，中美双方贸易谈判难以达成共识。最终，美国利用其经济优势，以中美贸易不平衡为促使人民币升值的一种"巧妙借口"，给中国施压，要求人民币升值，以便减少中国对美国的出口，同时增加中国对美国的进口，减少美国的贸易逆差，贸易冲突转化成了一场货币战争。

中美贸易产生摩擦的原因是多方面的。

（一）美国的利益集团加强了对其国内产业的保护

在中美贸易过程中，美国各产业逐步形成两大利益集团。一个是所谓的受到中国出口产品冲击的利益集团，主张限制从中国进口，这主要是一些劳动密集型产业。另一个就是对中国大量出口产品的集团，希望能有一个良好的政治气氛。另外，美国的一些中间加工商想利用来自中国的比较便宜的配件和原材料制造生产产品，希望中美经贸关系平稳、快速发展。劳动密集型产业，如纺织业、家具业等行业，频频向美国政府施压，希望美国政府加强对这些产业的保护，减少从中国等国进口产品。

（二）美国对华技术出口实施限制

在美国可以自由进口中国的劳动密集型产品的同时，美国对国内企业向中国出口技术密集型产品设置了诸多限制。美国基于所谓的国家安全利益的考虑不愿向中国出口超大型计算机、数控机床等中国需要的产品。这种贸易的不对称是导致美国对华贸易逆差的一个重要原因。

（三）中美居民需求结构存在着巨大差异

由于中美经济发展水平的巨大差距，两国居民的需求结构也存在着巨大差异。同时，中美之间存巨大的劳动力成本差异，这就导致美国必然大量进口中国生产的劳动密集型产品。但是，由于中国居民的收入水平比较低，中国居民对美国生产的高端产品的需求也非常低。这种由于收入水平的巨大差异而导致的两国对贸易产品需求的不对称是造成美对华贸易逆差的长期因素。

（四）美国对华采取歧视性贸易政策

中国虽然已经加入世界贸易组织，但根据中美协议中国加入世界贸易组织 15 年内美国仍然可以把中国视为"非市场经济国家"。根据世界贸易组织的《反倾销协议》的规定，对于从非市场经济国家进口的产品实施反倾销调查时，用"替代国"类似产品国内价格来比较，这样就导致美国对世界贸易组织反倾销条款的滥用。美国对华实行歧视性贸易政策也是引发中美贸易摩擦不断的重要原因。

（五）美国所谓的"中国威胁论"

美国的反华势力视中国为潜在敌人，认为中国发展强大之后必然会谋求亚洲的霸主地位。美国不愿看到中美经贸关系得到进一步发展，认为这样是在制造一个潜在的敌人。"中国威胁论"激化了贸易摩擦。

（六）美国储蓄率偏低

美国贸易逆差的根本原因是美国经济结构上的总需求大于总供给。根据国民经济恒等式 $CA = S^P - I - (G-T)$，私人储蓄（S^P）、投资（I）和政府赤字（$G-T$）都是决定经常项目（CA）的变量。总投资与总储蓄的差额要用贸易差额平衡，这就是贸易逆差和顺差的根源。约瑟夫·E.斯蒂格利茨认为，美国工人看到工作岗位在消失，他们会说政府的宏观政策出错，有人受到不公平待遇。政客对选民做出的回应则是应该谴责中国。而真正的原因是美国的储蓄率过低。

（七）中国企业自身及政府部门的原因

中国企业有"薄利多销"的传统，再加上中国长期对外贸企业进行出口补贴，导致不少外贸企业为完成出口指标对出口产品定价过低，经常被控倾销。甚至还有企业为了换取出口补贴和出口退税无利也要销售，造成不规范的定价行为。这也是中美贸易摩擦的重要因素。

四、结论及建议

随着经济全球化的发展，各国为了自己的利益，国家之间的贸易摩擦难以避免，但为了减少冲突和避免麻烦，中国在与美国的贸易中可以采取措施，绕过对方的壁垒。

（一）积极发展对美国的直接投资

积极发展对美国的直接投资不仅可以避开贸易壁垒，大大减少贸易摩擦，而且通过投资设厂可以更有效地引进先进的技术与管理经验，提高中国企业的综合国际竞争能力。

（二）推动出口市场多元化

为了减轻中国出口贸易对美国市场的过度依赖，中国需要加快推进区域经济一体化建设，东盟、澳大利亚、新西兰等是中国建设自由贸易区的首选伙伴。

（三）扩大内需应成为我国经济发展的长期战略

中国对外贸易的发展，有力地拉动了经济增长。但同时也应看到，如果外贸依存度过高，也会给经济发展带来隐患。由于对美贸易依存度过高，中国与美国发生各种形式的贸易摩擦在所难免，今后应致力于扩大内需。

参考文献

［1］宋泓. 美国的霸权地位与中美经贸关系［J］. 国际经济评论，2006（5）：17-21.

［2］保罗·克鲁格曼，茅瑞斯·奥伯斯法尔德. 国际经济学［M］. 4 版，海闻，等，译. 北京：中国人民大学出版社，2003.

［3］徐滇庆. 中美贸易纠纷的来龙去脉［EB/OL］.（2003-12-04）［2006-12-20］. http：//paper. usc. cuhk. edu. hk/Details. aspx？id＝2769.

［4］马淑琴. 2003 年中美贸易摩擦的焦点分析［J］. 山西财经大学学报，2004（4）：56-59.

（原载于《科技和产业》2010 年第 1 期）

15. 对外贸易与经济增长的实证研究
——基于江苏和湖南的比较

江苏进出口总额从 1981 年的 11.93 亿美元增加到 2005 年的 2 279.23 亿美元，2005 年占全国进出口总额 14 273.2 亿美元的 15.97%；地区生产总值从 1981 年的 350.02 亿元增加到 2005 年的 18 305.66 亿元，2005 年占全国国内生产总值 183 956.1 亿元的 9.95%。江苏对外贸易的快速发展对推动经济增长起到了十分重要的作用。江苏的对外贸易堪称中国外贸奇迹的典型代表。湖南进出口总额从 1981 年的 4.353 亿美元增加到 2005 年的 60.0 亿美元，2005 年占全国进出口总额 14 273.2 亿美元的 0.42%；地区生产总值从 1981 年的 209.68 亿元增加到 2005 年的 6 511.34 亿元，2005 年占全国国内生产总值 183 956.1 亿元的 3.53%。从占全国的份额看，地处东部的江苏是高进出口、高产出，而地处中部的湖南则是低进出口、低产出。本文对两省进出口对地区生产总值的贡献进行对比研究，考察两省的地区经济的增长有多大程度是受进出口的拉动。

一、数据的检验

本文中的数据来自两省历年的统计年鉴，由于是时间序列数据，为了避免伪回归，先对时间序列进行平稳性检验，再进行协整检验和格兰杰因果关系检验。

（一）平稳性检验

我们对两省的时间序列进行平稳性检验。

EX、IM、GDP 分别代表出口、进口和地区生产总值，数据来自江苏和湖南的统计年鉴，EX、IM 的单位是万美元，GDP 的单位是亿万元人民币，通过当年的平均汇率换算为亿万美元。从图 1 中可以看出两省的 GDP、EX、IM 具有共同的趋势，只是江苏的进出口自 1981 年以来已基本达到对外贸易平衡；湖南是净出口。我们先对 GDP、EX、IM 序列分别取自然对数，再对两省的对数数据进行平稳性检验（见图 2）。

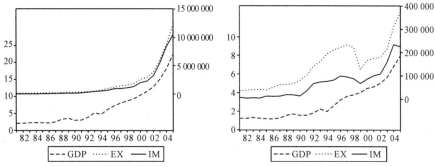

图1 1981—2005年江苏、湖南两省的EX、IM、GDP图
（EX、IM单位为万美元，GDP单位为亿万美元）

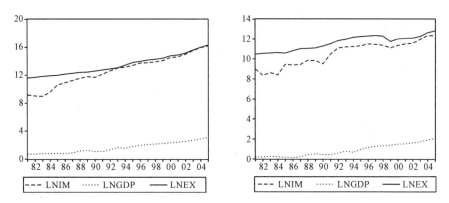

图2 1981—2005年江苏、湖南两省的EX、IM、GDP的对数数据图

1. 江苏数据的平稳性检验

对LNGDP进行ADF检验得：

$$\triangle^2 \text{LN}GDP_t = 0.128\,4 - 1.266\,0\,\triangle \text{LN}GDP_{t-1} - 0.359\,9\,\triangle^2 \text{LN}GDP_{t-1}$$

     (3.374) (-4.213)   (1.649) D—W=1.968

ADF值为-4.213，小于1%水平下的临界值-3.77。LNGDP是I（1）序列。

对LNEX进行ADF检验得：

$$\triangle^2 \text{LN}GEX_t = 0.045\,3 + 0.009\,6t - 0.834\,\triangle \text{LN}EX_{t-1}$$

      (1.072) (2.582) (-3.785) D—W=2.12

ADF值为-3.785，小于5%水平下的临界值-3.622。LNEX是I（1）序列。

对LNIM进行ADF检验得：

$$\triangle^2 \text{LN}IM_t = 0.305\,6 - 0.004\,69t - 0.777\,\triangle \text{LN}IM_{t-1}$$

      (2.495\,2) (-0.624\,5) (-3.877\,7) D—W=1.979

ADF值为-3.878，小于5%水平下的临界值-3.622。LNIM是I（1）序列。

2. 湖南数据的平稳性检验

对 LNGDP 进行 ADF 检验得：

$$\triangle^2 \text{LN}GDP_t = 0.074\,4 - 0.909\,\triangle\,\text{LN}GDP_{t-1}$$
$$(2.705)(-4.187) \qquad \text{D-W} = 1.963$$

ADF 值为 $-4.186\,8$，小于 1% 水平下的临界值 -3.75。LNGDP 是 I（1）序列。

对 LNEX 进行 ADF 检验得：

$$\triangle^2 \text{LN}EX_t = 0.086 - 0.862\,\triangle\,\text{LN}EX_{t-1}$$
$$(1.99)\quad(-3.967) \qquad \text{D-W} = 1.996$$

ADF 值为 -3.967，小于 1% 水平下的临界值 -3.75。LNEX 是 I（1）序列。

对 LNIM 进行 ADF 检验得：

$$\triangle^2 \text{LN}IM_t = 0.220\,7 + 0.110\,3\,\triangle^2\text{LN}IM_{t-1} - 1.321\,\triangle\,\text{LN}IM_{t-1}$$
$$(2.312)\quad(0.530) \qquad\qquad (-3.928) \qquad \text{D-W} = 1.959$$

ADF 值为 -3.928，小于 1% 水平下的临界值 -3.77。LNIM 是 I（1）序列。

对数变量的 ADF 平稳性检验如表 1 所示。

表 1　　　　　　　　　　对数变量的 ADF 平稳性检验

	江苏				湖南			
一阶差分	ADF 值	5%	1%	D-W 值	一阶差分	ADF 值	5%	1%	D-W 值
$\triangle$LNGDP	-4.213^{**}	-3.005	-3.77	1.968	$\triangle$LNGDP	-4.187^{**}	-2.998	-3.753	1.963
$\triangle$LNEX	-3.786^{*}	-3.622	-4.416	2.12	$\triangle$LNEX	-3.967^{**}	-3.622	-3.753	1.996
$\triangle$LNIM	-3.388^{*}	-3.622	-4.416	1.979	$\triangle$LNIM	-3.928^{**}	-3.005	-3.77	1.959

注：$*$ 为 5% 的显著水平，$**$ 为 1% 的显著水平

（二）协整检验

1. 江苏数据的协整检验

Johansen 协整检验，滞后区间从 1 到 3 期都有 LNGDP、LNIM 与 LNEX 存在协整关系。从第一期开始滞后 3 期的结果如表 2 所示。

表 2　　　　　　　LNGDP、LNIM 与 LNEX 的 Johansen 协整检验

特征值	LR 似然值	5%	1%	原假设	结论
0.745 3	56.292	34.91	41.07	None**	拒绝
0.571	26.21	19.96	24.60	At most 1**	拒绝
0.291	7.568	9.24	12.97	At most 2	不拒绝

注：$*$ 为 5% 的显著水平，$**$ 为 1% 的显著水平

在 1% 的水平下存在两个协整关系，LNGDP、LNIM 与 LNEX 协整参数如表 3 所示。

表 3

表 3　　　　　　LN*GDP*、LN*IM* 与 LN*EX* 协整个数检验

LN*GDP*	LN*IM*	LN*EX*	*C*
1.000	−0.400（0.377）	−0.079（0.446）	4.746（1.092）
1.000	0.000	−0.541（0.012）	5.167（0.150）
0.000	1.000	−1.155（0.131）	1.928（1.713）

2. 湖南数据协整检验

Johansen 协整检验，滞后区间从 1 到 3 期都有 LN*GDP*、LN*IM* 与 LN*EX* 存在协整关系。从第一期开始滞后 3 期的结果如表 4 所示。

表 4　　　　　　LN*GDP*、LN*IM* 与 LN*EX* 的 Johansen 协整检验

特征值	LR 似然值	5%	1%	原假设	结论
0.904	77.377	34.91	41.07	None **	拒绝
0.650 1	28.059	19.96	24.60	At most 1 **	拒绝
0.248 6	6.003	9.24	12.97	At most 2	不拒绝

注：＊为 5% 的显著水平，＊＊为 1% 的显著水平

在 1% 的水平下存在两个协整关系，LN*GDP*、LN*IM* 与 LN*EX* 协整参数如表 5 所示。

表 5　　　　　　LN*GDP*、LN*IM* 与 LN*EX* 协整个数检验

LN*GDP*	LN*IM*	LN*EX*	*C*
1.000	−2.018（0.541）	3.256（1.101）	−15.66（6.687）
1.000	0.000	25.646（235.12）	−241.297（2 218.7）
0.000	1.000	11.095（113.58）	−111.81（1 071.8）

（三）格兰杰因果关系检验

本文分别用 *GDP*、*EX*、*IM* 表示国内生产总值、出口、进口，先对 *GDP*、*EX*、*IM* 分别求对数得到 LN*GDP*、LN*EX* 和 LN*IM*。通过对两省的数据进行格兰杰因果分析得到检验结果如表 6 所示。

表 6　　　　　　格兰杰因果关系检验（5% 的显著水平）

滞后期	格兰杰因果性	江苏			湖南		
		F 值	F 的 P 值	结论	F 值	F 的 P 值	结论
1	LN*EX* 不是 LN*GDP* 的原因	18.318	0.000 3	拒绝	5.465	0.029	拒绝
	LN*IM* 不是 LN*GDP* 的原因	4.305	0.050	拒绝	5.331	0.031	拒绝

滞后期	格兰杰因果性	江苏			湖南		
		F 值	F 的 P 值	结论	F 值	F 的 P 值	结论
2	LNEX 不是 LNGDP 的原因	12.53	0.000 4	拒绝	2.662	0.097	不拒绝
	LNIM 不是 LNGDP 的原因	1.84	0.187	不拒绝	2.541	0.107	不拒绝
3	LNEX 不是 LNGDP 的原因	4.966	0.014	拒绝	2.81	0.075	不拒绝
	LNIM 不是 LNGDP 的原因	1.743	0.201	不拒绝	2.749	0.079 4	不拒绝
4	LNEX 不是 LNGDP 的原因	2.677	0.083	不拒绝	2.21	0.129	不拒绝
	LNIM 不是 LNGDP 的原因	1.749	0.204	不拒绝	2.37	0.111	不拒绝
5	LNEX 不是 LNGDP 的原因	1.671	0.237	不拒绝	1.151	0.402	不拒绝
	LNIM 不是 LNGDP 的原因	5.244	0.015 7	拒绝	2.572	0.103	不拒绝
6	LNEX 不是 LNGDP 的原因	1.643	0.281	不拒绝	0.589	0.732	不拒绝
	LNIM 不是 LNGDP 的原因	5.35	0.030 4	拒绝	1.589	0.294	不拒绝

从格兰杰因果分析可以看出，在 5% 的显著水平下，滞后 1 期，江苏和湖南的进出口都是经济增长的格兰杰原因；滞后 2 期，江苏的出口是经济增长的格兰杰原因，但进口却不是；滞后 2 期，湖南的进出口都不是经济增长的格兰杰原因；滞后 3 期，江苏的出口是经济增长的格兰杰原因，滞后 5 期、6 期，进口是江苏经济增长的格兰杰原因，但湖南却不是。

二、构建误差修正模型

（一）江苏省对外贸易模型

1. 模型回归结果

对模型 $LNGDP_t = \beta_0 + \beta_1 LNGDP_{t-1} + \beta_2 LNEX_t + \beta_3 LNIM_t + \varepsilon_t$ 进行回归得：

$$LNGDP_t = -3.318 + 0.377LNGDP_{t-1} + 0.291LNEX_t + 0.036\ 1LNIM_t$$
$$\quad (-3.305)\quad (2.065)\qquad\quad (2.726)\qquad\quad (1.056)$$

$R^2 = 0.987$　$Adj\text{-}R^2 = 0.985$　$F = 518.34$　$D\text{-}W = 1.88$

$T_{0.025}(20) = 2.086$，变量 $LNIM_t$ 在 5% 的水平下不显著，但根据经济理论和格兰杰因果检验 $LNIM$ 是 $LNGDP$ 的原因，用 G-Q 检验得 $F(9, 9) = 103.29 > 3.18$，存在异方差性，用 WLS 回归得：

$$LNGDP_t = -3.043 + 0.430\ 9LNGDP_{t-1} + 0.268LNEX_t + 0.031\ 9LNIM_t$$
$$\quad (-10.65)\quad (6.389)\qquad\quad (10.49)\qquad\quad (2.949)$$

$R^2 = 0.999\ 9$　$Adj\text{-}R^2 = 0.999\ 9$　$F = 36\ 507.7$　$D\text{-}W = 2.11$

$T_{0.025}(20) = 2.086$，变量在 5% 的水平下显著异于零，查 D-W 值表 $d_l = 1.10$，$d_u = 1.66$，$1.66 < D\text{-}W < 2.34$ 不存在自相关。

2. 残差项的平稳性检验

用扩展的 E-G 检验法对残差项的平稳性进行检验得：

$$\triangle e_t = -0.969 e_{t-1}$$

$$(-4.56) \quad D\text{-}W = 1.97$$

ADF = -4.56，小于 1% 水平下的临界值 -2.67，残差项是平稳的。

3. 建立误差修正模型

$$\triangle \text{LN}GDP_t = 1.057\ \triangle \text{LN}GDP_{t-1} + 0.058\ 2\ \triangle \text{LN}EX_t + 0.010\ 4\ \triangle \text{LN}IM_t$$

$$(14.42) \qquad\qquad (1.295\ 7) \qquad\qquad (0.45)$$

$$- 1.647 e_{t-1}$$

$$(-18.67)$$

$$R^2 = 0.982 \quad adj\text{-}R^2 = 0.979 \quad D\text{-}W = 1.90$$

（二）湖南对外贸易模型

1. 模型回归结果

对模型 $\text{LN}GDP_t = \beta_0 + \beta_1 \text{LN}GDP_{t-1} + \beta_2 \text{LN}EX_t + \beta_3 \text{LN}IM_t + \varepsilon_t$ 进行 WLS 回归得：

$$\text{LN}GDP_t = -0.82 + 0.906 \text{LN}GDP_{t-1} + 0.015\ 6 \text{LN}EX_t + 0.074\ 4 \text{LN}IM_t$$

$$(-20.14)(77.92) \qquad\qquad (1.674) \qquad\qquad (8.63)$$

$$R^2 = 1.000 \quad Adj\text{-}R^2 = 1.000 \quad F = 18\ 865.4 \quad D\text{-}W = 1.68$$

$T_{0.05}(20) = 1.725$，$\text{LN}GDP_{t-1}$ 和 $\text{LN}IM_t$ 变量在 10% 的水平下显著异于零，$\text{LN}EX_t$ 的显著水平接近 10%，与 t 相伴随的 p 值是 0.109 7。查 D-W 值表 $d_l = 1.10$，$d_u = 1.66$，$1.66 < D\text{-}W < 2.34$ 无自相关。

2. 残差项的平稳性检验

用扩展的 E-G 检验法对残差项的平稳性进行检验：

$$\triangle e_t = -1.091 e_{t-1}$$

$$(-5.155) \quad D\text{-}W = 2.06$$

ADF = -5.155，小于 1% 水平下的临界值 -2.67，残差项是平稳的。

3. 建立误差修正模型

$$\triangle \text{LN}GDP_t = 0.878\ 6\ \triangle \text{LN}GDP_{t-1} + 0.018\ 37\ \triangle \text{LN}EX_t + 0.087\ 4\ \triangle \text{LN}IM_t$$

$$(23.87) \qquad\qquad (0.421) \qquad\qquad (3.31)$$

$$-0.908 e_{t-1}$$

$$(-7.65)$$

$$R^2 = 0.999 \quad Adj\text{-}R^2 = 0.999 \quad D\text{-}W = 1.788$$

三、结论及政策建议

江苏进出口对江苏经济增长有较大的影响，当年的进口每增加一个百分点，地区生产总值增加 0.032 个百分点，进口的长期弹性是 0.051，短期弹性是 0.010 4，长期影响更为显著；在其他条件不变的情况下，出口每增加一个百分点，地区生产总值将增加 0.268 个百分点，出口的长期弹性是 0.471，短期弹性是 0.058。出口比进口的贡献更大。

湖南进口对湖南经济增长有较大的影响，当年的进口每增加一个百分点，地区生产总值增加 0.074 个百分点，进口的长期弹性是 0.79，短期弹性是 0.074，长期影响更为显著；在其他条件不变的情况下，出口每增加一个百分点，地区生产总值将增加 0.015 6 个百分点，出口的长期弹性是 0.166，短期弹性是 0.018。进口比出口的贡献更大。

两省之间的巨大差异主要源于两省的进出口数量及结构差异。江苏的进出口已达到对外贸易平衡；同时，江苏进出口商品的结构也较为平衡，从格兰杰因果分析看，进口影响的时滞更长。湖南出口的商品主要有纺织纱线、织物及制品、亚麻及苎麻纱线，未锻造的锌及锌合金，未锻造的锑，未锻造的锡及锡合金，服装及衣着附件等，基本是原材料和初级产品；进口的主要有建筑及采矿用机械、自动数据处理设备及其部件、数字式自动数据处理设备、集成电路及微电子组件、计量检测分析自动仪器及器具等，基本是含有高附加值的加工制成品，并且主要是设备的进口，对促进湖南经济发展和技术进步起了不可忽视的作用。

为了促进对外贸易，加快经济发展，必须实施相应的政策措施：第一，加快中小民营企业的发展。民营企业在进出口方面起了不可忽视的作用，应以此为契机培育新的出口增长点，加大出口拉动经济增长的力度。第二，实施科教兴贸战略，提高出口产业的技术进步，优化出口产品的结构。加快出口产业的技术进步，优化产业结构，增加出口产品技术和资本含量，增加高附加值产品的出口，减少原材料的出口，达到可持续发展。第三，鼓励先进技术的进口，加快经济增长方式的转变。引进国外先进的生产技术，提高全要素生产率，同时限制低科技含量商品的进口。第四，形成良好的机制，加快要素自由流动市场的形成。东部地区的技术、要素可以向中部地区、西部地区传递，由沿海地区向全国辐射，充分发挥东部沿海地区在全国的龙头作用。

参考文献

[1] 查贵勇. 江苏省外贸发展与经济增长关系的实证分析 [J]. 江苏商论，2006（8）：76-78.

[2] 周惠，王志明. 江苏省对外贸易与经济增长关系的协整分析 [J]. 上海商学院学报，2006（2）：6-11.

[3] J. M. 伍德里奇. 计量经济学导论 [M]. 黄剑平，林相森，译. 北京：中国人民大学出版社，2003.

[4] 古扎拉蒂. 计量经济学 [M]. 3 版. 林少宫，译. 北京：中国人民大学出版社，2002.

（原载于《重庆交通大学学报（社会科学版）》2007 年第 5 期）

16. 中国进口与经济增长关系的区域差异分析

一、中国外贸状况

近年来，中国的进出口额不断增加，中国的外贸依存度也在上升，2004年达到70%。2004年，美中之间的贸易额达到2 300亿美元，美中贸易逆差前所未有地上升到1 600亿美元，占美国全年贸易逆差的25%（美国口径）；2004年，中美贸易顺差为586亿美元（中国口径）。中国在进口额增加的同时，出口额以更快的速度增加。外贸顺差在2005年达1 020.0亿美元。同时，中国的外汇储备不断增加，2006年2月底，中国的外汇储备达到8 536.72亿美元，超过日本（8 501亿美元）居世界第一。到2006年年底，中国的外汇储备超过了1万亿美元。美国借口其逆差主要是因为中国的外贸顺差，因而对中国的人民币升值不断施压。人民币升值将会增加中国的进口，减少中国的出口，抑制美国逆差的增加。

中国外贸顺差在2000年是241.09亿美元，在2004年增加到320.97亿美元，在2005年快速上升到1 020.0亿美元，2004—2005年的年增长率达217.8%。东部地区的北京、天津、上海、海南在2004年、2005两年都出现逆差，北京、天津的逆差呈增长趋势，江苏、辽宁在2004年存在逆差。2005年，顺差最大的广东达4 276 611万美元，占全国外贸顺差的41.93%，其出口和进口分别达24 097 511万美元和19 820 900万美元，分别占全国出口额和进口额的31.63%和30%。上海、浙江、江苏、福建2005年的进口额分别达9 492 204、4 225 953、11 387 843、2 085 358万美元，占全国进口额的14.3%、6.4%、17.26%和3.16%。江苏、浙江、福建三省外贸顺差占全国外贸顺差的63.82%。2005年，东部地区11个省（市）外贸顺差占全国外贸顺差的91.4%，进口额占全国进口额的91.84%，出口额占全国出口额的91.78%（见图1）。中国进出口额最大的区域是东部地区的广东省和长三角地区（见图4）。中部地区的吉林、湖北在2004年和2005年都存在逆差，2005年中部地区8个省外贸顺差占全国外贸顺差的5.2%，中部地区2005年进口额和出口额分别占全国进口额和出口额的 4.68% 和 4.76%（见图 2）。西部地区在 2004 年、2005 年都存在逆差的有内蒙古、广西，新疆在 2004 年存在逆差，甘肃、云南在 2005 年存在逆差，甘肃 2005 年逆差达 -77 472 万美元。2005 年，西部地区 12 个省（市、自治区）外贸顺差占中国外贸顺差的 3.36%，进口额和出口额分别占全国进口额和出口额的 3.47% 和 3.46%（见图 3）（资料来源为 2006 年中国统计年鉴，下同）。

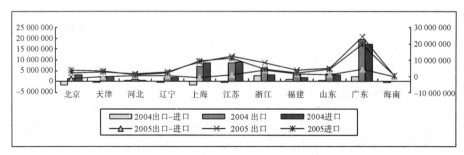

图 1　2004 年、2005 年东部地区 11 个省（市）
进口、出口、出口-进口（单位：万美元）

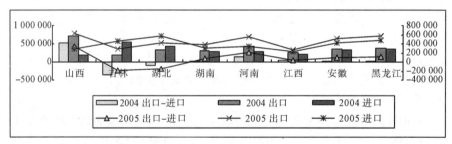

图 2　2004 年、2005 年中部地区 8 个省进口、出口、出口-进口（单位：万美元）

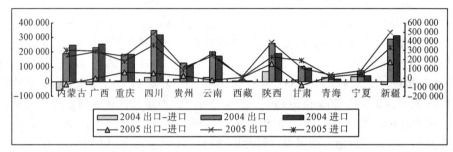

图 3　2004 年、2005 年西部地区 12 个省（市、自治区）
进口、出口、出口-进口（单位：万美元）

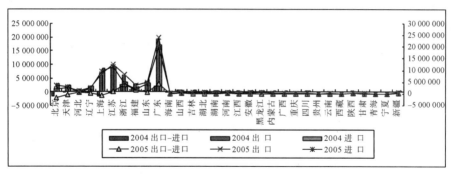

图4　2004年、2005年中国的31个省（市、自治区）
进口、出口、出口-进口（单位：万美元）①

外贸顺差是国外对一国出口商品的需求大于该国对国外进口商品的需求（$AC=EX-IM$）。它主要由两个因素决定：第一，本币对外币的实际汇率，即以本国消费商品篮子来衡量的外国消费商品篮子的价格；第二，国内可支配收入。进口主要取决于实际汇率 e（$e=EP^*/P$）和可支配收入 Y_d，因而进口的函数式为 $IM=IM（e，Y_d）$。但实际汇率变动对 IM 的影响较为复杂。国内消费者对价格变动的反应是购买较少的价格上涨的外国产品，但并不意味着 IM 一定下降。IM 指的是以本国产出来衡量的进口产品的价值，而非进口产品的国外商品数量。因为 e 的上升会提高本国单位产出来衡量的每单位进口商品价格，所以尽管外国产品的进口数量下降，以本国单位产出来衡量的进口值也可能上升。因此，当 e 上升时，IM 可能上升也可能下降，实际汇率对 IM 的影响不确定。由于 Y_d 的上升会使国内消费者增加对包括进口产品在内的所有产品的支出，因此在其他条件不变时，可支配收入增加会增加进口。

二、东部、中部、西部面板数据回归模型

本文采用面板数据研究中国东部、中部、西部进口额与经济增长的区域差异。

面板数据（Panel Data）是用来描述一个总体中给定样本在一段时间内的情况，并对样本中每一个样本单位都进行多重观察。这种多重观察既包括对样本单位在某一时期（时点）上多个特性进行观察，也包括对该样本单位的这些特性在一段时间的连续观察，连续观察将得到的数据集称为面板数据。时间序列数据或截面数据都是一维数据。面板数据是同时在时间和截面空间上取得的二维数据。面板数据从横截面（Cross Section）上看，是由若干个体在某一

① 考虑数据可获得性，未包括我国台湾、香港、澳门数据。

时刻构成的截面观测值；从纵剖面（Longitudinal Section）上看是一个时间序列。

面板数据计量经济模型是近 20 年来计量经济学理论的重要发展之一。在实际研究中经常采用的面板数据回归模型是固定效应模型（FEM）和随机效应模型（REM）。在实证研究中，一般通过对数据的 Hausman 检验以确定是选用固定效应模型还是随机效应模型。当横截面的单位是总体的所有单位时，固定效应模型是合理的模型。固定效应模型可表示为：

$$y_{it} = \alpha_{it} + x_{it}\beta + u_{it} \quad i = 1, \cdots, n; \ t = 1, \cdots, T$$

其中，x_{it} 为 $1 \times K$ 维向量，β 为 $K \times 1$ 维向量，K 为解释变量个数。u_{it} 为随机扰动项。α_{it} 称为非观测效应（Unobserved Effect）也就是横截面单元的固定效应。它概括了影响着 y_{it} 的全部观测不到的在时间上恒定的因素。也就是说，α_{it} 为模型中被忽略的反映个体差异变量的影响，因此模型的截距项抓住了每个截面单位的本质特征，它随个体或截面单元而变化。

本文利用中国 29 个省（市、自治区）（不包括我国西藏、台湾、香港、澳门数据）1981—2005 年的进口、地区生产总值及平均汇率的数据，其中进口的单位是万美元，地区生产总值的单位是亿元，通过当年的平均汇率换算为万美元（资料来源为中国及各省统计年鉴 1982—2006）。我们对各变量进行单位根检验，变量是平稳的。在进行数据的处理时，用地区生产总值替代 Y_d，用年平均汇率近似替代实际汇率，但回归的结果显示汇率的 t 统计量不显著（大部分省份）。我们先进行 F 检验，分别采用含有个体影响的变截距模型、含有个体影响的变系数模型、无个体影响的不变系数模型进行回归得残差平方和 S_1、S_2、S_3，再结合 N、T 以及 K 计算 F_2，若 F_2 小于或等于给定置信水平下临界值，则选择无个体影响的不变系数模型；若 F_2 大于给定置信水平下临界值，则继续计算 F_1。若 F_1 小于或等于给定置信水平下的临界值，选择固定效应模型；若 F_1 大于给定置信水平下的临界值，选择随机效应模型。模型设定形式为：

$$\text{LN}IM_{it} = c + c_{it} + \beta_{it}\text{LN}GDP + \gamma_{it}\text{LN}IM_{t-1} + \delta_{it}\text{LN}IM_{t-2}$$

本文采用 Pooled EGLS（Cross-section weights）法对模型参数进行估计。

（一）东部地区回归模型

我们选择固定效应模型，利用东部 11 个省（市）的面板数据进行回归得到回归结果如表 1 所示。

$$\text{LN}IM_i = -2.875 + 0.642\text{LN}IM(-1) - 0.261\text{LN}IM(-2) + c_i + \beta_i\text{LN}GDP$$

$R^2 = 0.980$ Adj-$R^2 = 0.977$ F = 327.37 AIC = 0.061 SC = 0.493 D-W = 1.907

表1   东部地区 11 省（市）回归结果

变量	系数	t-值	P 值	固定效应	
C	-2.875	-6.097	0.000 0		
LN*IM*（-1）	0.642	8.022	0.000 0		
LN*IM*（-2）	-0.261	-3.430	0.000 8		
北京-LN*GDP*	1.362	7.276	0.000 0	北京-*C*	-2.444
天津-LN*GDP*	1.326	7.005	0.000 0	天津-*C*	-1.929
河北-LN*GDP*	1.023	6.379	0.000 0	河北-*C*	-0.936
辽宁-LN*GDP*	1.291	6.205	0.000 0	辽宁-*C*	-2.895
上海-LN*GDP*	1.232	7.144	0.000 0	上海-*C*	-1.430
江苏-LN*GDP*	1.302	7.019	0.000 0	江苏-*C*	-3.147
浙江-LN*GDP*	1.214	6.835	0.000 0	浙江-*C*	-2.325
福建-LN*GDP*	0.581	4.588	0.000 0	福建-*C*	5.196
山东-LN*GDP*	1.257	7.012	0.000 0	山东-*C*	-3.171
广东-LN*GDP*	0.595	4.988	0.000 0	广东-*C*	5.763
海南-LN*GDP*	0.315	2.362	0.019 5	海南-*C*	7.318

滞后一期的进口会对 t 期的进口有正向的促进作用，即 $t-1$ 期的进口增加 1%，t 期的进口会增加 0.642%。但滞后两期的进口对 t 期的进口有抑制作用，即 $t-2$ 期的进口增加 1%，t 期的进口会减少 0.261%。这可能是因为进口技术、设备在短期会对国外的技术设备有依赖性，但经过一段时间后，会形成自己的生产能力，因而会减少进口。表 2 中的回归结果显示，东部地区除福建、广东、海南（1988 建省）的 β_i 大于 1，也即地区生产总值增加 1% 会导致进口增加量超过 1%。短期内进口对地区生产总值弹性最大的是北京（1.365），最小的是海南（0.315），其中广东、海南和福建与东部地区其他省（市）相比出现异常，这可能与福建的厦门和广东的深圳、珠海、汕头是中国改革开放最早的经济特区有关。其余省（市）固定效应在 -3.171～-0.936 之间，是各省（市）个体因素对平均值的偏离，除地区生产总值因素外，其他因素，如消费偏好、收入结构、地域文化等对进口产品的需求都有影响。东部的进口对地区生产总值的长期弹性如表 2 所示。

表2   东部地区 11 个省（市）进口对地区生产总值的长期弹性

省（市）	北京	天津	河北	辽宁	上海	江苏	浙江	福建	山东	广东	海南
弹性	0.454	0.467	0.605	0.479	0.502	0.475	0.510	1.065	0.492	1.040	1.965

（二）中部地区回归模型

我们选择固定效应模型，利用中部地区 8 个省的数据进行回归得到回归结果如表 3 所示。

$$LNIM_i = -1.533 + 0.793LNIM(-1) + c_i + \beta_i LNGDP$$

$$R^2 = 0.952 \quad Adj\text{-}R^2 = 0.947 \quad F = 215.785 \quad AIC = 0.634 \quad SC = 0.922 \quad D\text{-}W = 1.953$$

表 3　　　　　　　　　　中部地区 8 个省参数回归结果

变量	系数	t-值	P 值	固定效应	
C	−1.254	−2.211	0.028 3		
$LNIM$ （−1）	0.821	19.385	0.000 0		
山西-LNGDP	0.402	3.061	0.002 6	山西−C	−0.642
吉林-LNGDP	0.312	2.148	0.033 1	吉林−C	0.413
黑龙江-LNGDP	0.253	1.635	0.103 9	黑龙江−C	0.864
安徽-LNGDP	0.395	2.598	0.010 2	安徽−C	−0.628
江西-LNGDP	0.331	2.544	0.011 8	江西−C	−0.004
河南-LNGDP	0.330	2.645	0.008 9	河南−C	−0.172
湖北-LNGDP	0.338	2.327	0.021 1	湖北−C	−0.083
湖南-LNGDP	0.299	2.279	0.023 9	湖南−C	0.252

滞后一期的进口会对 t 期的进口有正向的促进作用，这可能是因为进口的技术、设备短期会对国外的技术、设备配件有依赖性。但中部地区 $t-2$ 期进口对 t 期的进口没有显著影响，这可能是与中部地区的地理位置有关，中部地区外贸依存度最低。表 3 中的回归结果显示，中部地区的 β_i 在 0.253 ~ 0.402 之间，也即地区生产总值增加 1% 会导致进口增加 0.253% ~ 0.402%，山西最高是 0.402，黑龙江最低为 0.253。中部地区 8 个省的固定效应在 −0.642 ~ 0.864 之间，表示各省个体因素对均值的偏离。中部地区 8 个省的进口对地区生产总值的长期弹性如表 4 所示。

表 4　　　　　　中部地区 8 个省进口对地区生产总值的长期弹性

省份	山西	吉林	黑龙江	安徽	江西	河南	湖北	湖南
弹性	0.445	0.574	0.708	0.453	0.541	0.542	0.530	0.599

（三）西部地区回归模型

我们选择固定效应模型，利用西部地区 10 个省（市、自治区）（缺西藏数据，把重庆数据并入四川）的数据进行回归得回归结果如表5所示。

$$LNIM_i = -1.496 + 0.809LNIM(-1) - 0.148LNIM(-2) + c_i + \beta_i LNGDP$$

$$R^2 = 0.951 \quad Adj\text{-}R^2 = 0.946 \quad F = 189.6 \quad AIC = 0.982 \quad SC = 1.315 \quad D\text{-}W = 1.976$$

表5　　　　　　　西部地区10个省（自治区）参数回归结果

变量	系数	t-值	P 值	固定效应	
C	-1.496	-3.236	0.001 4		
LNIM （-1）	0.809	12.219	0.000 0		
LNIM （-2）	-0.148	-2.259	0.024 9		
广西-LNGDP	0.406	2.928	0.003 8	广西-C	1.301
贵州-LNGDP	0.368	2.618	0.009 5	贵州-C	1.411
云南-LNGDP	0.477	3.269	0.001 3	云南-C	0.616
陕西-LNGDP	0.439	2.542	0.011 8	陕西-C	0.997
甘肃-LNGDP	0.843	4.877	0.000 0	甘肃-C	-2.849
青海-LNGDP	0.474	2.963	0.003 4	青海-C	0.519
宁夏-LNGDP	0.545	3.667	0.000 3	宁夏-C	0.218
新疆-LNGDP	0.620	4.118	0.000 1	新疆-C	-0.489
内蒙古-LNGDP	0.622	3.972	0.000 1	内蒙古-C	-0.619
四川-LNGDP	0.601	4.327	0.000 0	四川-C	-0.933

　　滞后一期的进口会对 t 期的进口有正向的促进作用，即 $t-1$ 期的进口增加1%，t 期的进口会增加0.809%。但滞后两期的进口对 t 期的进口有抑制作用，即 $t-2$ 期的进口增加1%，t 期的进口会减少0.148%。与东部地区的0.261相比，西部地区的0.148抑制作用较弱。西部地区的技术外溢性与劳动力对技术的掌握都不如东部地区。

　　西部地区的 β_i 大于0.3而小于0.9，也即地区生产总值增加1%会导致进口增加0.3%~0.9%。贵州最小为0.368，甘肃最大为0.843。新疆、内蒙古、四川都大于0.6（重庆1997年建立直辖市，把相应数据并入四川计算）。西部地区10个省（自治区）的固定效应在-2.849~1.411之间，是各省（自治区）个体因素对均值的偏离。西部地区进口对地区生产总值的长期弹性如表6所示。

表6　　　西部地区10个省（自治区）进口对 GDP 的长期弹性

省份	广西	贵州	云南	陕西	甘肃	青海	宁夏	新疆	内蒙古	四川
弹性	0.835	0.921	0.711	0.772	0.402	0.715	0.622	0.547	0.545	0.564

三、结论

中国除广东、福建、海南外，其余省份的长期弹性都低于 1。东部地区除广东、福建、海南外，弹性最高的河北为 0.605，其余省份的弹性在 0.5 左右；中部地区除黑龙江的弹性达 0.708 外，其余省份的弹性也在 0.5 左右；西部地区除甘肃的弹性为 0.402 外，其余省份的弹性都高于 0.5，贵州的弹性达到了 0.921。数据显示，中国作为一个大国，其经济增长对拉动全球经济的增长起了重要作用。中国的进口额的变化对汇率不敏感，汇率的变化主要是影响出口，美国对中国的人民币升值施压，给中国乃至全球经济都会带来不良影响。人民币升值，将减少中国的出口，同时会增加中国的进口，导致中国的总需求降低，进而减少收入，引起中国经济增长减缓，中国经济增长减速最终会影响全球经济增长。

中国的东部、中部、西部三个区域，除广东、福建、海南外，总体来说，东部地区的长期弹性低于中部地区，中部地区低于西部地区。也就是说，随着经济增长，西部地区的进口额将会迎来一个快速增长期，如果进口的主要是技术和设备，随着技术的外溢和生产能力的形成，又会加快经济增长，进口和经济增长形成一种良性互动。

随着全球经济一体化的形成，中国已是全球经济增长和发展中极为重要一极，任何"阻击"中国经济的行为最后都会给世界经济造成损失。

参考文献

[1] 高铁梅. 计量经济分析方法与建模 [M]. 北京：清华大学出版社，2006.

[2] J. M. 伍德里奇. 计量经济学导论 [M]. 费剑平，林相森，译. 北京：中国人民大学出版社，2003.

[3] 杜莉，李丹. 中国省际收入差距的面板数据分析 [J]. 东北师大学报（哲学社会科学版），2006（6）：67-73.

[4] 唐五湘，李冬梅，周飞跃. 基于面板数据的我国各地区科技资源配置效率的评价 [J]. 科技管理研究，2007（3）：44-46.

（原载于《经济前沿》2008 年第 2-3 期）

17. 农村人力资本投资对农村居民收入结构的影响研究
——中国中西部的面板数据

一、引言

改革开放以来，东南沿海地区快速发展，中西部地区发展相对滞后。自农村联产承包责任制改革以来，中央政府对"三农"的支持力度显著增加，农民收入快速增长。在粮食主产量稳步增长的同时，农村剩余劳动力得到释放。户籍制度的松动、沿海地区经济增长的拉力以及广大农村地区经济发展相对滞后的推力，刺激了中西部地区"民工潮"的涌动。随着农村剩余劳动力的大量转移，农村经济社会出现了"代际分工"，即具备一定知识储备的年轻人外出打工，获得工资性收入；年龄偏大但在种地方面有比较优势的老年人经营农业，获得家庭经营收入。此外，农村纯收入的来源还有财产性收入和转移支付收入，但工资性收入和家庭经营收入占了农村居民纯收入的90%左右。随着城乡收入差距的扩大，进一步刺激了农村劳动力转移，促使其追求获取更多的工资性收入。但要获取更多的工资性收入，必须具备一定的技能，要进行前期的人力资本投资。人力资本投资将会影响工资性收入和家庭经营收入在农村居民纯收入中的份额，刺激农村居民收入结构的变化。农村居民收入结构的变化也意味着居民收入分配状况的变化。收入分配状况的变化又会进一步影响收入结构。随着中西部地区农村劳动力的大量转移，工资性收入占农村居民纯收入的比重逐步提高，对农村收入结构的变化产生了重要影响。那么，农村人力资本投资对农村居民收入结构的影响如何衡量以及对城乡结构变迁将产生怎样的影响，将是本文研究的主要内容。

舒尔茨（Schultz, 1960）、明瑟（Mincer, 1974）、贝克尔（Becker, 1975）构建的关于收入分配的人力资本模型认为，人口总体的平均受教育程度和教育分布状况都会影响收入分配状况，通常教育不平等与收入不平等之间存在正相关关系，而平均受教育程度的提高对收入不平等的影响可能是正向的，也可能是负向的，这取决于教育收益率的演变。叶静怡、李晨乐（2011）对人力资本、非农产业与农民工返乡意愿进行研究发现农村非农产业越不发达，返乡农民工人力资本的期望回报率就越低，负向选择就越严重。邹薇、张芬（2006）通过对中国各地区劳动力受教育水平和居民收入差距的横截面数据分析，利用以教育度量的人力资本积累水平因素解释了农村地区间收入差距问题。熊广勤、张卫东（2010）通过对中国农村的经验研究发现相对于高收入群体，中国农村居民中低收入群体的收入水平对教育不平等程度的变化更敏感，教育不平等程度的加剧恶化了农村居民内部收入分配状况。贺文华（2012）认为，农村人力资本投资对农村居民工资收入的增加有显著的正影响。

二、中西部地区农村居民收入结构变化趋势

（一）中部地区农村居民收入结构变化趋势

农村居民的纯收入由工资性收入、家庭经营收入、财产性收入和转移性收入构成。改革开放以来，农村居民的纯收入显著增加。外出打工收入占纯收入的比重逐步提高，这种现象一方面源于近年来国家经济发展较快，城市化建设快速发展，农民工就业机会增多；另一方面反映出农民的经济意识不断增强，在农村劳动力富裕的情况下，大多数青壮年农民都能够走出家门外出务工，从而增加了收入。从发展趋势看，农民外出务工所得逐步成为农村家庭收入的主要来源。2004年，湖南、湖北、山西、吉林、安徽、黑龙江、河南、江西的农村居民纯收入分别为 2 837.76 元、2 890.01 元、2 589.60 元、2 999.62 元、2 499.33 元、3 005.18 元、2 553.15 元、2 786.78 元。2012 年，农村居民纯收入分别增加到 7 440.17 元、7 851.71 元、6 356.63 元、8 598.17 元、7 160.46 元、8 603.85 元、7 524.94 元、7 829.43 元。除山西外，其余省都在 7 000 元以上，农村居民纯收入最高的黑龙江达到了 8 603.85 元，吉林也达到了 8 598.17 元（见图 1）。与 2004 年相比，2012 年，中部地区 8 个省的农村居民纯收入的增长率分别为 162.2%、171.7%、145.5%、186.6%、186.5%、186.3%、194.7%、180.9%。其中，山西的增长率最低。在农村居民纯收入快速增长的同时，农村居民纯收入的结构也发生了很大变化。工资性收入和家庭经营收入占了农村居民纯收入的绝大部分，但工资性收入和家庭经营收入在农村居民纯收入中的比重也存在差异。中部地区 8 个省都有共同的趋势，即工资性收入所占比重在增加，农业经营性收入所占比重在减少。2004—2012 年，湖南、湖北、山西、吉林、安徽、黑龙江、河南、江西的工资性收入占农村居民纯收入的比重分别从 2004 年的 38.1%、26.1%、38.1%、15.3%、35.4%、13.7%、29.5%、36.5% 增加到 2012 年的 51.7%、40.6%、50.0%、20.8%、45.3%、21.1%、39.7%、45.1%；家庭经营收入占农村居民纯收入的比重分别从 2004 年的 56.9%、71.0%、57.8%、76.4%、59.6%、77.5%、67.2%、59.9% 下降到 2012 年的 39.0%、52.5%、36.7%、65.3%、45.6%、63.2%、52.8%、47.8%；财产性收入和转移性收入占农村居民纯收入的

比重在波动中缓慢增加，2012年两者占农村居民纯收入的比重只有吉林和黑龙江达到了14%，其他省都在10%以下（见图2）。

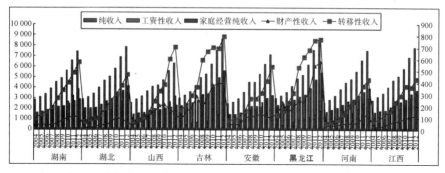

图1 中部地区8个省农村居民收入的变化趋势（单位：元）
数据来源：2005—2013年中国统计年鉴

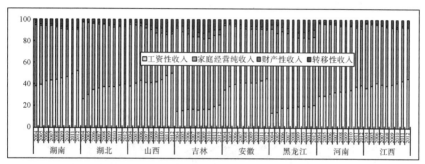

图2 中部地区8个省农村居民收入结构的变化趋势（单位:%）
数据来源：根据2005—2013年中国统计年鉴相关数据计算整理获得

（二）西部地区农村居民收入结构变化趋势

2004年，广西、贵州、云南、陕西、甘肃、青海、宁夏、新疆、内蒙古、四川、重庆、西藏的农村居民纯收入分别为2 305.22元、1 721.55元、1 864.19元、1 866.52元、1 852.22元、1 957.65元、2 320.05元、2 244.93元、2 606.37元、2 518.94元、2 510.41元和1 861.31元。2012年，上述省份的农村居民纯收入分别增加到6 007.55元、4 753.00元、5 416.54元、5 762.52元、4 506.66元、5 364.38元、6 180.32元、6 393.68元、7 611.31元、7 001.43元、7 383.27元和5 719.38元（见图3）。与2004年相比，2012年西部地区12个省（市、自治区）的农村居民纯收入的增长率分别为160.6%、176.1%、190.6%、208.7%、143.3%、174.0%、166.4%、184.8%、192.0%、178.0%、194.1%、207.3%。其中，甘肃的增长率最低。在农村居民纯收入快速增长的同时，农村居民纯收入的结构也发生了很大变化。工资性收入和家庭经营收入占了农村居民纯收入的绝大部分，但工资性收入和家庭经营收入在农村居民纯收入中的比重也存在差异。除西藏外，西部地区其他 11 个省（市、自治区）都有共同的趋势，即工资性收入所占比重在增加，农业经营性收入所占比重在减少。2004—2012 年，广西、贵州、云南、陕西、甘肃、青海、宁夏、新疆、内蒙古、四川、重庆的工资性收入占农村居民纯收入的比重分别从 2004 年的 37.2%、29.3%、17.5%、37.0%、28.5%、23.5%、26.7%、6.2%、15.1%、32.9%、37.1% 增加到 2012 年的 37.4%、41.6%、26.5%、47.3%、39.7%、37.1%、40.6%、15.8%、19.2%、44.1%、46.1%，但广西增加的比重不显著，而西藏则从 28.5% 降为 21.0%；而上述省份的家庭经营收入占农村居民纯收入的比重分别从 2004 年的 59.2%、64.8%、74.4%、55.1%、66.3%、68.1%、64.9%、87.8%、78.2%、62.3%、56.5% 下降到 2012 年的 53.8%、47.3%、61.4%、39.8%、46.9%、41.4%、49.7%、66.3%、61.6%、42.9%、40.3%，但西藏却从 59.3% 增加到 64.3%；除西藏外，其他省（市、自治区）的财产性收入和转移性收入占纯收入的比重有所增加，在 2012 年两者占纯收入的比重青海达到了 20%，其他省份也都超过了 10%（见图 4）。

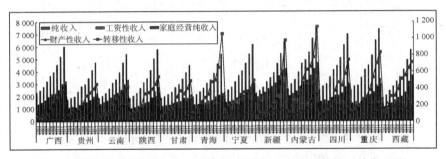

图 3　西部地区 12 个省（市、自治区）农村收入的变化趋势（单位：元）
数据来源：2005—2013 年中国统计年鉴

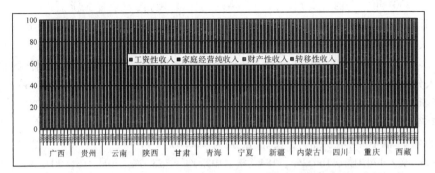

图 4　西部地区 12 个省（市、自治区）农村收入结构的变化趋势（单位:%）
数据来源：根据 2005—2013 年中国统计年鉴相关数据计算整理获得

三、变量、数据的选择及数据检验

（一）数据来源与变量选择

人力资本投资由教育投资、健康投资和迁移投资构成，选取农村居民人均文教娱乐用品及服务支出替代农户的教育投资，用农村居民人均医疗保健支出替代农户的健康投资，用农村居民人均交通和通信支出替代农户的迁移投资。本文在进行数据处理时用交通和通信、医疗保健、文教娱乐用品及服务三者之和替代人力资本投资；财产性收入和转移性收入所占农村居民纯收入比重低，对农村居民收入结构的变化影响较小，并且与农村人力资本投资的相关性弱，农村居民收入结构的变化主要是工资性收入和家庭经营收入的变化。工资收入和家庭经营收入是农村居民家庭纯收入中按收入来源划分的工资性收入和家庭经营收入，而农业经营收入是家庭经营收入的主要来源。因此，采用农村人力资本投资对工资收入和家庭经营收入的影响体现农村人力资本投资对农村居民收入结构的影响。所有数据均来自 1999—2013 年的《中国统计年鉴》，样本区间为 1998—2012 年，单位为元。为避免数据剧烈波动对拟合效果的影响，对各序列分别取自然对数。

中部地区的湖南、湖北、山西、吉林、安徽、黑龙江、河南和江西分别用 HN、HB、SX、JL、AH、HLJ、HEN、JX 替代；西部地区的广西、贵州、云南、陕西、甘肃、青海、宁夏、新疆、内蒙古、四川、重庆、西藏分别用 GX、GZ、YN、SHX、GS、QH、NX、XJ、NMG、SC、CQ、XZ 替代。本文用 WAG、JYSR、JY 分别替代农村居民工资性收入、家庭经营收入、人力资本投资；用 LWAG、LJYSR、LJY 分别表示工资性收入、家庭经营收入、人力资本投资的自然对数。

（二）数据检验

1. 单位根检验

标准单位根检验在检验单变量时间序列时具有较低的检验功效，而考虑含有时间和截面的面板情形则更为有效。选用的面板单位根检验方法包括 LLC 检验（Levin, Lin & Chu）和 IPS 检验（Im, Pesaran & Shin）。本文用 Eviews 7.2 软件对各变量进行单位根检验，LLC 检验的零假设是各截面有相同的单位根；IPS、ADF 和 PP 检验的零假设是允许各截面有不同单位根。本文以个体效应为外生变量，对原序列和一阶差分序列进行平稳性检验，一阶差分后都是平稳序列（见表 1）。

表 1　农村居民工资收入、人力资本投资和经营收入对数值的单位根检验

变量	中部地区				西部地区			
	LLC	IPS	ADF	PP	LLC	IPS	ADF	PP
LWAG	6.982 1	9.371 2	0.093 8	0.085 8	4.897 5	8.590 5	1.708 5	1.451 7
LJYSR	9.948 1	9.525 6	0.082 5	0.060 6	11.723 7	11.787 6	0.265 1	0.020 3

表1(续)

变量	中部地区				西部地区			
	LLC	IPS	ADF	PP	LLC	IPS	ADF	PP
LJY	0.695 5	4.136 6	2.292 0	1.149 8	0.487 8	5.057 7	13.382 7	7.428 3
DLWAG	−5.054 1*	−3.184 2*	36.729 5*	41.250 1*	−8.094 2*	−5.970 5*	75.315 0*	74.119 8*
DLJYSR	−5.591 3*	−2.885 2*	36.206 7*	55.609 8*	−8.144 3*	−4.696 3*	111.662*	89.312 2*
DLJY	−8.263 2*	−5.950 1*	62.219 2*	90.456 7*	−9.628 8*	−7.360 2*	96.607 7*	127.228 0*

注:滞后长度根据 SIC 法则自动选择,＊＊＊表示10%的显著水平,＊＊表示5%的显著水平,＊表示1%的显著水平(表2~表4同)。

2. 协整检验

由于所有序列的一阶差分都是平稳的,都是 I(1)序列,因此继续对其进行协整检验,Kao 检验和 Pedroni 检验的滞后阶数由 SIC 准则确定。同质面板数据的协整检验(Kao,1999)也称为 Kao 检验,包括 DF 检验和 ADF 检验。Kao 检验显示中西部工资性收入、家庭经营收入和农村人力资本投资在5%的显著水平下存在协整关系。佩德罗尼(Pedroni)提出了7个统计量来检验面板数据的协整性,当样本期较短(T≤20)时,Panel ADF 和 Group ADF 的检验效果较好。鉴于本文采用的样本时间跨度为 1998—2012 年(T=15),Pedroni 检验显示只有部分统计量在5%的显著水平下存在协整关系。当7个统计量的检验结果不一致时,参照 Panel ADF 统计量和 Group ADF 统计量对变量协整关系做出判断。经检验,LWAG、LJYSR 分别与 LJY 存在协整关系(见表2)。

表2　　　　中西部地区的工资性收入、家庭经营收入与
农村人力资本投资的 Kao 检验和 Pedroni 检验

中部地区				西部地区			
		LWAG	LJYSR			LWAG	LJYSR
检验方法	统计量名	统计量值	统计量值	检验方法	统计量名	统计量值	统计量值
Kao 检验	ADF	−2.735 1*	−2.365 0*	Kao 检验	ADF	−4.681 2*	−3.608 2*
Pedroni 检验	Panel v	1.667 9**	1.013 7	Pedroni 检验	Panel v	3.973 6*	1.360 2
	Panel rho	−0.165 8	−0.525 1		Panel rho	−1.829 1	−0.463 1
	Panel PP	−0.406 9	−1.727 2**		Panel PP	−4.239 1**	−1.266 6**
	Panel ADF	−1.272 0***	−1.066 3		Panel ADF	−3.591 8**	−0.686 9**
	Group rho	0.990 7	0.527 9		Group rho	0.634 9	1.343 0
	Group PP	0.271 0	−2.002 6**		Group PP	−1.893 6**	−0.685 8
	Group ADF	−1.018 4	−0.591 9		Group ADF	−1.922 7**	−1.204 0***

四、计量模型的选择及回归结果分析

(一)中西部地区工资性收入、家庭经营收入与人力资本投资散点图

为了清晰地显示农村居民工资性收入与农村人力资本投资的关系以及农村

居民家庭经营收入与农村人力资本投资的关系，分别描出 1998—2012 年中部地区 8 个省和西部地区 12 个省（市、自治区）的散点图（并附拟合线，见图 5 和图 6）。中部地区 8 个省农村居民家庭经营收入与农村人力资本投资存在正向关系，但山西和江西的散点较平缓，而吉林和黑龙江的散点显得较陡峭；西部地区 12 个省（市、自治区）农村居民家庭经营收入与农村人力资本投资也存在正向关系，但陕西和青海的散点较平缓，而新疆和西藏的散点则显得陡峭。

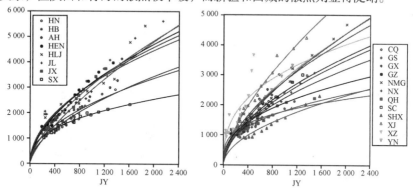

图 5　中部地区 8 个省和西部地区 12 个省（市、自治区）的家庭经营收入与农村人力资本投资的关系（单位：元）

数据来源：根据 1999—2013 年中国统计年鉴相关数据整理获得

　　中部地区 8 个省农村居民工资性收入与农村人力资本投资存在正向关系，但吉林和黑龙江的散点较平缓，主要是这两省家庭经营收入占了较大比重；西部 12 个省（市、自治区）农村居民工资性收入与农村人力资本投资存在正向关系，但新疆和内蒙古的散点较平缓。

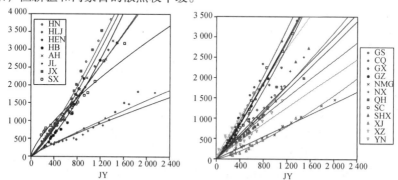

图 6　中部地区 8 个省和西部地区 12 个省（市、自治区）的工资性收入与农村人力资本投资的关系（单位·元）

数据来源：根据 1999—2013 年中国统计年鉴相关数据整理获得

　　从散点图及拟合线可以看出，随着农村人力资本投资增加，家庭经营收入以递减的速度增加，而工资性收入与人力资本投资呈现出一种线性增加关系。

（二）模型设定形式

面板数据模型中参数在不同截面、时序样本点上是否相同，直接决定模型参数估计的有效性。根据截距向量和系数向量中各分量限制要求的不同，面板数据模型可分为无个体影响的不变系数模型、变截距模型和变系数模型三种形式。在面板数据模型估计之前，需要检验样本数据适合上述哪种形式，避免模型设定的偏差，提高参数估计的有效性。设有因变量 y_{it} 与 $1 \times k$ 维解释变量向量 x_{it}，满足线性关系：

$$y_{it} = \alpha_{it} + x_{it}\beta_{it} + \varepsilon_{it} \qquad i = 1, 2, \cdots, \text{N}; \ t = 1, 2, \cdots, T$$

其中，N 表示个体截面成员的个数，T 表示每个截面成员的观察时期总数，参数 α_{it} 表示模型的常数项，β_{it} 表示对应于解释变量 x_{it} 的 $k \times 1$ 维系数向量，k 表示解释变量个数。随机误差项相互独立，并且满足零均值、同方差假设。

本文采用 F 检验进行固定效应模型和混合 OLS 模型的筛选，根据 BP 检验进行随机效应模型和混合 OLS 模型的筛选，使用 Hausman 检验和 Likelihood Ratio 检查进行固定效应模型和随机效应模型的选择。本文用 Eviews 7.2 软件进行模型形式设定检验，对个体截面数据采用固定效应模型，而对时序数据采用随机效应模型，根据研究目的而选择个体固定效应模型。随机效应的优势是节省自由度，对于从时间和截距两方面都存在比较大变化的数据，随机效应模型能明确描述出误差来源的特征。固定效应的优势是很容易分析任意截面数据所对应的因变量与全部截面数据所对应的因变量均值的差异程度。在实际应用时，本文选择固定效应和随机效应的经验做法是，若是建立面板数据模型推断样本空间的经济关系，设定为固定效应模型更合理。

因此，模型设定形式为：

$$LWAG_{it} = \alpha_{it} + \beta_0 + \beta_{it} \, LJY_{it} + \varepsilon_{it} \tag{1}$$

$$LJYSR_{it} = \alpha_{it} + \beta_0 + \beta_{it} \, LJY_{it} + \varepsilon_{it} \tag{2}$$

其中 WAG_{it}、$JYSR_{it}$ 分别为农村居民工资性收入和家庭经营收入，JY_{it} 表示农村人力资本投资。本文采用 Pooled EGLS（Cross-section SUR）法对模型参数进行估计。

（三）中西部地区工资性收入、家庭经营收入与人力资本投资的回归分析

中部地区的模型回归结果显示（见表3），农村人力资本投资对农村居民工资性收入和家庭经营收入的增加都有正向影响。但人力资本投资对工资性收入增加的影响更大。人力资本投资对农村居民工资性收入的影响在中部地区8个省之间存在差异。人力资本投资对农村居民工资性收入的影响在1%的水平下显著，影响最大的是湖北，人力资本投资每增加一个百分点，农村居民工资性收入增加1.372 9个百分点；其后依次是湖南的1.244 8、江西的1.214 7、河南的1.073 8、安徽的1.039 8、黑龙江的0.916 0、吉林的0.858 6，最低的是山西的0.731 3。除吉林、黑龙江和山西外，其他省都在1.0以上。人力资

本投资对家庭经营收入的影响在1%的水平下显著，影响最大的是江西，人力资本投资每增加一个百分点，农村居民工资性收入增加0.721 5个百分点；其后依次是湖北的0.643 5、湖南的0.574 3、河南的0.564 8、吉林的0.532 8、黑龙江的0.504 6、安徽的0.503 8，最低的是山西的0.385 0。除山西外，其他省都在0.5以上。

表3　　　　　中部地区8个省工资性收入、家庭经营收入与
农村人力资本投资的回归模型

LWAG				LJYSR			
Variable	Coefficient	t-Statistic	Fixed Effects（Cross）	Variable	Coefficient	t-Statistic	Fixed Effects（Cross）
C	0.146 7	1.198 8		C	4.086 0*	31.677 6	
HN-LJY	1.244 8*	16.049 0	HN-C	-0.960 7	HN-LJY	0.574 3*	10.291 0	HN-C	-0.307 8
HB-LJY	1.372 9*	21.662 2	HB-C	-1.967 5	HB-LJY	0.643 5*	14.040 4	HB-C	-0.491 8
SX-LJY	0.731 3*	20.224 0	SX-C	2.369 2	SX-LJY	0.385 0*	15.113 5	SX-C	0.828 5
JL-LJY	0.858 6*	16.310 5	JL-C	0.584 4	JL-LJY	0.532 8*	8.279 5	JL-C	0.296 6
AH-LJY	1.039 8*	26.364 0	AH-C	0.324 5	AH-LJY	0.503 8*	8.557 6	AH-C	0.205 2
HLJ-LJY	0.916 0*	15.929 2	HLJ-C	0.250 6	HLJ-LJY	0.504 6*	9.026 8	HLJ-C	0.483 1
HEN-LJY	1.073 8*	38.822 7	HEN-C	0.081 5	HEN-LJY	0.564 8*	14.860 5	HEN-C	0.078 8
JX-LJY	1.214 7*	20.915 6	JX-C	-0.682 1	JX-LJY	0.721 5*	8.153 9	JX-C	-1.092 6
R^2	0.979 8		F	336.16	R^2	0.931 7		F	94.517
Adj-R^2	0.976 9		D-W	0.886 0	Adj-R^2	0.921 8		D-W	0.766 3

西部地区的模型回归结果显示（见表4），农村人力资本投资对农村居民工资性收入和家庭经营收入都有正向影响。人力资本投资对农村居民工资性收入的影响在西部地区12个省（市、自治区）之间存在差异。人力资本投资对农村居民工资性收入的影响在1%的水平下显著，影响最大的是新疆，人力资本投资每增加一个百分点，农村居民工资性收入增加1.319 0个百分点；其后依次是广西的1.228 5、重庆的1.125 3、四川的1.115 1、贵州的1.113 3、陕西的1.077 1、内蒙古的1.010 9、甘肃的1.002 6、宁夏的0.986 9、云南的0.956 9、青海的0.920 7，最低的是西藏的0.875 3。除宁夏、云南、青海、西藏外，其他省（市、自治区）都在1.0以上。人力资本投资对农村家庭经营收入的影响在1%的水平下显著，影响最大的也是新疆，人力资本投资每增加一个百分点，农村家庭经营收入增加0.652 2个百分点；其后依次是广西的0.641 2、云南的0.608 6、内蒙古的0.582 2、重庆的0.558 9、四川的0.554 2、陕西的0.531 5、宁夏的0.515 5、贵州的0.404 4、甘肃的0.384 4、西藏的0.366 5，最低的是青海的0.293 7。除贵州、甘肃、西藏和青海外，其他省（市、自治区）都在0.5以上。

表 4　西部地区 12 个省（市、自治区）工资性收入、家庭经营收入与
农村人力资本投资的回归模型

	LWAG					LJYSR			
Variable	Coefficient	t-Statistic	Fixed Effects（Cross）		Variable	Coefficient	t-Statistic	Fixed Effects（Cross）	
C	-0.011 4	-0.106 0			C	4.273 7*	46.994		
GX-LJY	1.228 5*	15.765 0	GX-C	-0.772 6	GX-LJY	0.641 2*	6.883 0	GX-C	-0.762 0
GZ-LJY	1.113 3*	29.823 9	GZ-C	0.104 0	GZ-LJY	0.404 4*	8.570 3	GZ-C	0.570 0
YN-LJY	0.956 9*	15.655 4	YN-C	0.368 2	YN-LJY	0.608 6*	23.048 6	YN-C	-0.514 1
SHX-LJY	1.077 1*	20.581 0	SHX-C	-0.132 7	SHX-LJY	0.531 5*	10.340 1	SHX-C	-0.566 5
GS-LJY	1.002 6*	16.687 0	GS-C	0.336 5	GS-LJY	0.384 4*	7.614 9	GS-C	0.571 6
QH-LJY	0.920 7*	14.995 9	QH-C	0.804 4	QH-LJY	0.293 7*	7.291 3	QH-C	1.191 9
NX-LJY	0.986 9*	13.980 8	NX-C	0.511 9	NX-LJY	0.515 5*	10.532 4	NX-C	-0.121 6
XJ-LJY	1.319 0*	15.703 1	XJ-C	-2.662 5	XJ-LJY	0.652 2*	23.425 3	XJ-C	-0.594 4
NMG-LJY	1.010 9*	26.036 2	NMG-C	-0.448 4	NMG-LJY	0.582 2*	12.826 7	NMG-C	-0.355 5
SC-LNJY	1.115 1*	21.631 7	SC-C	0.074 1	SC-LJY	0.554 2*	15.916 8	SC-C	-0.295 0
QC-LNJY	1.125 3*	24.771 7	QC-C	0.107 8	QC-LJY	0.558 9*	10.180 7	QC-C	-0.365 1
XZ-LNJY	0.875 3*	11.469 9	XZ-C	1.709 3	XZ-LJY	0.366 5*	5.435 8	XZ-C	1.240 7
R^2	0.976 0		F	276.04	R^2	0.949 3		F	127.097
Adj-R^2	0.972 5		D-W	1.104 0	Adj-R^2	0.941 9		D-W	0.693 5

中西部地区的农村人力资本投资对农村居民工资性收入和家庭经营收入的增加都有正向影响，并且人力资本投资对工资性收入增加的影响更大。除中部地区的吉林、山西和西部地区的西藏外，农村人力资本投资对农村居民工资性收入的弹性均介于 0.9~1.3 之间。中部地区最高者是湖北的 1.372 9，而西部地区的最高者是新疆的 1.319 0；中部地区最低者是山西的 0.731 3，而西部地区最低者是西藏的 0.875 3，没有显示出地域的强相关性。除中部地区的山西和西部地区的甘肃、西藏和青海外，农村人力资本投资对农村居民家庭经营收入的弹性均介于 0.40~0.75 之间。中部地区最高者是江西的 0.721 5，而西部地区最高者是新疆的 0.652 2；中部地区最低者是山西的 0.385 0，而西部地区最低者是青海的 0.293 7，也没有显示出强的地域相关性。但新疆的人力资本投资对农村居民工资性收入和农村家庭经营收入的影响在西部地区具有最大弹性。

五、结论及建议

中西部地区农村居民人力资本投资对工资性收入的效应较高，人力资本投资每增加 1%，大部分省（市、自治区）将会使工资性收入的增加超过 1%；人力资本投资每增加 1%，大部分省（市、自治区）将会使家庭经营收入增加

0.5%。随着农村人力资本投资的增加，农村居民的收入结构将发生变化，即工资性收入的比重逐渐增加，家庭经营收入的比重逐渐降低。改革开放以来，农村家庭联产承包责任制为农村劳动力转移提供了资金筹备，农村义务教育和职业教育为农村劳动力转移提供了智力支持，沿海地区的快速发展为农村劳动力转移提供了动力源泉。随着农村劳动力转移数量的日益增加，农村的代际分工也日益发达，进一步促进了农村居民收入结构的变化，即工资性收入在农村居民纯收入中的比重逐步增加。城乡比较收益的差异会导致农村人力资本投资主要是为了获取工资性收入。工资性收入的增加又进一步诱导农村劳动力的转移。与此同时，增加家庭经营收入对人力资本投资的激励会弱化。这在一定程度上会推动高素质农村劳动力转移，农村劳动力转移会加快城镇化进程。在农村劳动力转移的过程中，留守农村经营农业的劳动力素质出现弱化现象，导致农业的弱质化和农村空心化。因此，在城镇化的发展过程中，要加快发展现代农业和农村经济，政府要实施对农村的政策偏向。在农业比较收益偏低的情形下，理性的农村劳动力必定放弃经营农业而进城打工，获取工资性收入。要避免在城镇化发展过程中的农村发展滞后而引发城乡差距的进一步扩大，政府必须在对农业和农村提供政策支持的同时还要提供资金和智力支持。现阶段，中国经济发展所具备的物质基础已具备了城市支持乡村、工业反哺农业、促进城乡统筹协调发展的条件。2013年12月的中央农村工作会议指出：中国要强，农业必须强；中国要美，农村必须美；中国要富，农民必须富。因此，必须改变"农村真穷，农民真苦，农业真危险"的状况，加快实现农业现代化和新农村建设的进程，实现农业现代化和新农村建设是中国今后经济发展的重要战略，是实现中华民族复兴之梦的必然选择，也是构建和谐社会实现人的发展的必由之路。

在农村收入结构发生变化的过程中，农民群体也开始出现分化。一些农民已开始从农民工向市民转化，以适应新型城镇化的发展；一些农民已成为新型职业农民，以适应现代农业发展的需要。农民群体的分化有利于解决城乡协调发展过程中谁将成为市民、谁将依然是农民的难题。农民身份烙印将转化为新时代的职业特征。农村居民收入结构的变化推动农民群体分化，进而推动产业升级和经济结构优化，实现经济社会和谐。但关键是提高农村劳动力的素质和促进人的全面发展。

农业现代化和新农村建设的动力和最终目标是人的发展，因此要加快提升农村人力资本，提高农村人口素质。农村人力资本投资对于加快我国农村劳动力市场转型和增加农村居民收入的影响也在日益上升。提升农村人力资本是加快我国农村经济转型的重要途径。本文就提升农村人力资本提出以下建议：

一是提高农村人力资本要根据就业选择有针对性分阶段进行。对以适应城镇工作和生活为目标的农村劳动力，要进一步提升其人力资本，使其适应产业结构升级和经济结构优化的需要，创造条件使其尽快实现从"农民"向"市民"的真正转变。但在农民市民化的新型城镇化发展过程中，要避免城镇化过程中"贫民窟"的出现。选择农业生产经营的农村劳动力的人力资本拥有的知识资源要与现代农业的发展相适应。在农村劳动力转移和城镇化发展过程中，农业的经营规模和经营方式以及土地流转模式也相应发生变化，对经营农业的劳动力提出更高的要求，要加快培养新型职业农民的步伐。因此，要充分调节好农村教育与农村经济发展的关系，使农村教育适应农村经济社会发展的需要，保证农村教育发展与农村经济社会发展相协调。

二是变革政策的城市偏向，实施教育投资的农村偏向。经济发展加快了城市化进程，城市具有完善的公共设施、高收入推动的高质量生活方式。而与此同时，农村居民收入偏低，生活水平难以改善，城乡差距扩大。城市的拉力和农村的推力激发农村高素质劳动力的转移，导致农村劳动力素质有相对降低的趋势。而农业现代化、新型城镇化的发展都需要较高素质的劳动力。因此，增加农村教育投资是实现城乡协调发展的关键。与此同时，现阶段应鼓励民间资金投资农村教育，回报社会；鼓励城市反哺农村，通过提升农村人力资本提高农村的发展能力。

三是实现农村人力资本投资与农村人口增长协调一致。在新的经济社会发展阶段，注意控制农村人口数量，提高农村人口素质，为经济结构调整、产业优化升级创造条件，进一步优化农村收入结构。在农村居民纯收入一定的条件下，每个家庭的教育投资能力与家庭子女数量呈反向关系。家庭子女数量越多，单个孩子分享到的教育资源和资金就越少，将影响家庭教育投资能力的提升，影响家庭的发展能力，进而影响人口素质的提升。

四是根据经济社会发展的需要发展农村职业技能教育。促进农村职业技能教育发展，提高农村人力资本是加快调整农村收入分配格局的重要举措，也是体现公平正义和人的发展的重要因素。面对日益扩大的城乡收入分配差距，通过进一步扩展农村职业技能教育来提高那些未能升入大学且又缺乏专业技能的普通高中毕业生在劳动力市场上的就业能力，为其提供再教育机会或专业技能培训，仍不失为一种缩小城乡劳动收入差距的有效策略。现阶段应尽快实现教育均等化，城乡居民享受均等公共服务和发展机会，为农村人口发展提供智力储备，从而在日益竞争的市场中实现机会均等，为城乡协调发展创造条件。

参考文献

[1] SCHULTZ T W. Capital Formation by Education [J]. Journal of Political Economy, 1960, 68 (12)：571-583.

[2] MINCER J. Schooling, Experience and Earnings [M]. New York：National Bureau of Economic Research, 1974.

［3］BECKER G S. Human Capital：A Theoretical and Empirical Analysis with Special Reference to Education ［M］. Second Edition. New York：National Bureau of Economic Research，1975.

［4］叶静怡，李晨乐. 人力资本、非农产业与农民工返乡意愿——基于北京市农民工样本的研究 ［J］. 经济学动态，2011（9）：77-82.

［5］邹薇，张芬. 农村地区收入差距与人力资本积累 ［J］. 中国社会科学，2006（2）：67-79.

［6］熊广勤，张卫东. 教育与收入分配差距：中国农村的经验研究 ［J］. 统计研究，2010（11）：40-46.

［7］贺文华. 农村居民工资收入与农村人力资本投资的区域差异研究——基于经济发展的视角 ［J］. 经济与管理评论，2012（4）：125-132.

［8］胡咏梅，陈纯槿. 农村职业教育投资回报率的变化：1989—2009 年 ［J］. 教育与经济，2013（1）：22-30.

（原载于《经济与管理评论》2014 年第 6 期）

18. 工资水平与经济增长的区域差异研究
——基于湖南14个市的面板数据

一、引言

古典经济学和新古典经济学认为经济增长取决于资本的积累，利润是资本积累的唯一源泉，收益一定时，利润与工资呈反向变化，低工资成本可以增加资本积累，还可以避免工资成本推动通货膨胀，因此有利于经济增长。效率工资理论认为工资与劳动生产率有相互促进关系，而劳动生产率的高低会直接作用于经济增长。艾伦（Allen）指出，18世纪英国的工资上涨是第一次科技革命的动因。著名的哈巴卡克（Habakkuk）假设提出，19世纪美国的技术进步超过了英国，其动因正是美国的劳动力短缺所激发的机械化需求。希格诺（Seguino，2007）研究指出，当工资很高时，工资成本会挤压创新投入或使企业破产，此时高工资抑制生产率提高。阿西莫格鲁（Acemoglu，2009）证明了劳动力的短缺造成劳动力成本上涨，进而促使企业实行节约劳动的技术创新。劳动力短缺推动工资上涨，而工资上涨促使企业加快技术研发以资本替代劳动，或采用劳动节约型技术进而促进经济发展。西奥多·舒尔茨提出，人力资本是由医疗和健康、在职人员培训、正式初中高等教育、非企业组织的成人学习项目以及就业变动而带来的迁移等方面的投资所形成的资本，教育是形成人力资本的主要途径。加里·S.贝克尔强调在职培训对于人力资本投资的重要性。罗伯特·卢卡斯强调人力资本是经济持续增长的引擎，人力资本能够节省生产中劳动和物质资本的使用数量，同时人力资本具有外部性。技术外溢效应和扩散效应需通过人力资本传导，可促进经济增长方式转变。这主要体现在三个方面：一是工资上涨的成本压力迫使企业加大职工培训力度，以提高劳动生产率。霍彻斯（Hutchens，1989）研究表明，劳动力成本上升，迫使企业裁减员工，在机器数量不变的情况下，企业将加大对在岗工人的培训力度以提高其劳动生产率。二是高工资具有激励效应。佐拉和加勒（Zeira & Galor，1993）

发现教育的高回报促使工人增加教育投入以获得更高工资，进而产生高工资、高人力资本的良性循环。三是高工资产生的诱导作用会吸引高素质的人员进入该行业或区域，促进行业或区域整体人力资本水平的提升。因此，工资上涨会促使企业或个人加大人力资本投资，提高劳动生产率，进而促进经济发展。

改革开放以来，劳动力市场的分割减弱，劳动力的流动性快速提高。与此同时，大量农村剩余劳动力得到释放。由于中国区域经济发展不平衡，劳动力资源为追逐高工资水平而不断涌向东部地区，即所谓的劳动力"潮涌"现象。而近年来出现的中西部地区的劳动力回流及所谓的"返乡潮"，则源自于近年来东部地区向中西部地区的产业转移和中西部地区工资水平的提升，东部地区产业结构升级而对低素质劳动力需求减少。劳动力要素流动背后是强烈逐利诉求的驱动。产业转移的过程本身也是东部地区产业结构升级的过程，这使得东部地区依旧拥有较高的相对平均工资，劳动力流动配合产业的区域间布局调整揭示的是就业与岗位的匹配机制。即使在一个省的内部，发展差距也不平衡，以地处中部的湖南来说，其所辖 14 个市发展差距较大，并有加剧扩大之势。由于湖南省委、省政府经济发展战略的推动，湖南的经济发展已呈现"一个核心、三道弧线"的局面。一个核心是长株潭地区，第一道弧线是长株潭地区周边县（区）；第二道弧线是"3+5"城市群中的"5"再加上郴州；第三道弧线则是大西部。改革开放以来，湘东京广线沿线的岳阳、长沙、株洲、湘潭、衡阳、郴州等地发展较快，尤其是长株潭地区取得了巨大成就。湘西大片地区包括湘西自治州、怀化、张家界、邵阳却发展缓慢，与长株潭地区的差距越来越大。尤其是地处西部的怀化、邵阳有被边缘化之势。在完全竞争的市场环境里，在其他条件不变的情况下，较高的工资水平意味较高的边际生产力，具有较高的人力资本。因此，可以把工资作为人力资本的代理变量以研究工资（人力资本）与地区经济增长的关系。

二、湖南区域经济发展状况

改革开放以来湖南经济取得巨大成绩，在各方面都获得了长足的发展。但与沿海发达地区存在较大差距的同时，湖南省内各市（州）的差距也有扩大之势。人均地区生产总值长株潭区域优势明显，尤其是长沙地区的人均地区生产总值远远高于其他区域。2013 年，长沙的人均地区生产总值为 99 570 元，株洲、湘潭分别为 49 723 元、51 717 元；除长株潭地区外，人均地区生产总值突破 3 万元的地区有岳阳、常德、郴州和衡阳，分别为 43 953 元、39 169 元、36 256 元和 30 030 元；其他区域都低于 3 万元，介于 2 万~3 万元之间的依次是娄底、益阳、张家界、怀化、永州，分别为 29 249 元、25 773 元、24 259 元、23 285 元和 22 210 元；湘西和邵阳的人均地区生产总值则低于 2 万元，分别为 16 170 元和 15 727 元。与经济发展的差异相随的是在岗职工工资的巨大差异。长沙在岗职工年均工资 2012 年突破了 5 万元，为 50 904 元，2013 年达到 56 381 元；株洲在 2013 年达到了 46 319 元。其他各市（州）介于 3 万 ~4 万元之间，依次是湘潭、郴州、张家界、岳阳、常德、娄底、益阳、怀化、湘西、永州、邵阳、衡阳，分别为 43 078 元、40 792 元、38 131 元、38 117 元、38 059 元、37 984 元、37 835 元、37 670 元、37 361 元、37 132 元、36 481 元、36 361 元。按从业人员数量计算的人均固定资产投资状况，湖南 14 个市（州）的差异巨大。2013 年，按投资额高低排列依次是长沙、湘潭、株洲、郴州、岳阳、常德、益阳、娄底、永州、衡阳、怀化、张家界、邵阳、湘西，分别为 10.06 万元、6.59 万元、6.20 万元、4.63 万元、4.27 万元、3.59 万元、3.18 万元、3.12 万元、3.11 万元、3.02 万元、2.64 万元、2.16 万元、2.02 万元、1.34 万元（见图 1）。人均地区生产总值与人均固定资产投资、人均工资水平呈现高度相关性。

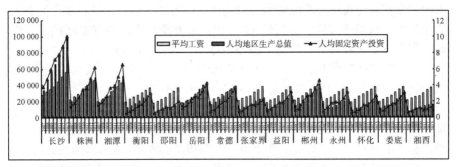

图 1　2007—2013 年湖南 14 个市（州）人均地区生产总值、工资水平（单位：元）和人均固定资产投资（单位：万元）状况

由于湖南 14 个市（州）经济发展存在着巨大差异，必然会影响其经济发展环境以及政府对经济发展的调控能力。从 14 个市（州）的财政赤字看，每个市（州）财政赤字都在快速增加且区域间差异较大。2013 年，财政赤字从高到低依次是邵阳、衡阳、常德、永州、怀化、岳阳、长沙、郴州、益阳、湘西、娄底、株洲、湘潭、张家界，赤字分别为 238.66 亿元、207.09 亿元、194.86 亿元、187.62 亿元、180.34 亿元、173.99 亿元、165.19 亿元、156.04 亿元、148.58 亿元、141.12 亿元、126.76 亿元、111.10 亿元、85.53 亿元、62.33 亿元；14 个市（州）的存贷比也存在较大差异，2013 年长沙的存贷比为 92.72%，是湖南省区域内最高者并一直稳定在 90% 以上。存贷比高于 50%的有湘潭、张家界、娄底、怀化、岳阳、株洲，分别为 70.07%、72.39%、61.04%、54.93%、51.27%、50.48%；其他市（州）存贷比在 50% 以内，依次是益阳、常德、永州、湘西、郴州、邵阳、衡阳，存贷比分别为 49.39%、49.00%、47.36%、43.78%、42.54%、41.29%、40.79%（见图 2）。

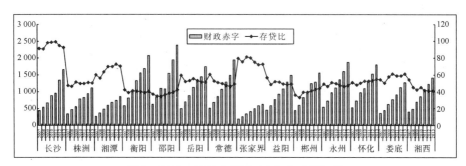

图 2　2007—2013 年湖南 14 个市（州）的
财政赤字（单位：千万元）和存贷比（单位：%）变化情况

湖南 14 个市（州）的发展水平存在较大差异，其差距有扩大趋势。从 2000—2013 年湖南 14 个市（州）的经济数据的统计分析表可以看出，从工资水平看，在岗职工年工资额最低为 6 892 元，是 2000 年的邵阳，而同一时期的怀化、湘西都超过了 7 000 元；最高为 56 381 元，是 2013 年的长沙；均值为 21 746.6 元。2013 年邵阳在岗职工的年均工资为 36 481 元，仅略高于长沙 2009 年 34 889 元的水平，低于长沙 2010 年的水平。人均地区生产总值最低为 2 534.0 元，是 2000 年的湘西，最高为 99 570 元，是 2013 年的长沙；均值为 17 263.3 元。2013 年湘西的人均地区生产总值达到了 16 170 元，高于同期邵阳的 15 727 元。2013 年其他市（州）的人均地区生产总值都超过了 2 万元，张家界、怀化、永州分别为 24 259 元、23 285 元和 22 210 元。其他经济指标，如财政收入、财政支出、存款、贷款、外商直接投资、出口、进口以及固定资产投资均存在巨大差异（见表 1）。

三、变量、数据的选择及数据检验

（一）变量选择

外商直接投资对经济增长的作用及其影响程度历来颇受争议。一些外商投资企业在华投资的目的主要是利用我国廉价的自然资源和劳动力以及我国政府给予外资的超国民优惠待遇。外商直接投资主要集中于沿海地区，中西部地区相应较少。本文把外商直接投资、出口量作为对外开放程度的代理变量。

在改革开放的推动下，政府职能转变是否会对经济发展产生积极的影响也是经济发展过程中必须关注的重要问题。经济发展的良好态势说明政府做对了很多事情。考虑到数据的可得性以及政府管理机构的职能特征，本文将地方政府的财政预算支出以及银行贷款量作为政府职能的代理变量。作为经济增长的影响因素之一，预计政府财政支出对地区经济增长具有正向作用。

资本投入是推动湖南经济发展的重要引擎，但投资效率不高。从固定资

表 1　湖南 14 个市（州）2000—2013 年经济数据的统计分析

	工资	人均地区生产总值	财政支出	财政收入	存款	贷款	FDI	固定资本	出口	进口
Mean	21 746.6	17 263.3	1 074 290.	473 111.5	834.7	567.01	26 831.3	457.3	46 024.2	32 063.3
Median	19 839.0	12 516.0	680 889.0	241 961.0	466.2	256.0	11 000.0	210.0	16 703.7	5 902.0
Maximum	56 381	99 570	7 018 238	5 366 331	10 077.2	9 344	340 043	4 593.4	616 591	372 662
Minimum	7 234.0	2 745.0	76 003.0	30 115.0	44.8	49.6	174.0	22.4	2.0	0.0
Std. Dev.	10 429.6	14 989.5	1 074 189.	726 983.2	1 301.6	1 243.3	48 553.1	645.3	84 394.0	61 609.7
Skewness	0.65	2.53	2.31	4.28	4.69	5.14	4.04	3.59	3.94	3.20
Kurtosis	2.67	11.62	10.74	24.97	28.12	30.81	21.51	19.21	21.62	14.91
Jarque-Bera	13.51	753.84	612.34	4 192.23	5 423.92	6 628.5	3 077.06	2 370.05	3 083.91	1 379.56

注：外商直接投资、进口、出口的单位为万美元，固定资产投资的单位为万元，财政支出和财政收入的单位为亿元，存款和贷款的单位为亿元，工资和人均地区生产总值的单位为元

投资的变动趋势看，在湖南的 14 个市（州）中，固定资产投资基本保持上升趋势。这说明湖南各地区近年来的快速经济增长很大程度上是由资本的大规模投入带动的，这与湖南这一阶段正处于重工业化阶段的大环境有关。但是资产投资的比重过大同时也反映出经济发展中存在的问题，单纯靠投资促进经济增长不是长久之计，必须加快增长方式转变和优化经济结构。这又要加快人力资本投资，从而提高人力资本水平。

经济增长对高素质人力资本的需求在不断增加，人力资本的数量和水平直接决定于劳动力的受教育程度。现有文献主要用每万人中的在校大学生人数来表示人力资本变量。但大学生毕业后都会向收入水平或者说工资水平高的地区流动。劳动力具有的人力资本水平越高，越容易流动。高素质的劳动力趋于向高工资区域流动。根据边际生产力理论，在完全竞争市场条件下，实际工资取决于劳动的边际生产力。在技术水平和资本存量不变的情况下，人力资本水平提高，则意味着边际产量线向右上方移动，雇佣相同数量的劳动必须支付更高的工资。由于 $MP_L = W/P$，高素质的劳动力相应具有高边际生产力，在其他条件不变的条件下要求更高的工资。因此，可用实际工资作为人力资本代理变量。当然，工资水平与经济发展应该具有双向关系，在相同条件下，高工资意味着较高的人力资本，有利于推动经济发展，同时经济发展又会推动工资水平进一步提高，也会激励人们提升人力资本水平。工资是收入的重要组成部分，在其他条件不变且消费倾向稳定的情况下，较高的工资意味着较高的收入，根据稳定的消费函数，则意味着较高的消费支出，较高的消费支出将刺激经济增长。

所有数据均来自 2001—2014 年《湖南统计年鉴》，样本区间为 2000—2013 年，为避免数据剧烈波动对拟合效果的影响，对各序列分别取自然对数。

湖南 14 个市（州）的长沙、株洲、湘潭、衡阳、邵阳、岳阳、常德、张家界、益阳、郴州、永州、怀化、娄底和湘西，分别用 CS、ZZ、XT、HY、SY、YY、CD、ZJJ、YIY、CZ、YZ、HH、LD、XX 替代。

（二）数据检验

1. 格兰杰因果检验

从理论上可以推出较高的工资水平意味着较高的人力资本和较优的产业结构以及相应较高的消费支出，因此较高的工资在一定程度上促进经济增长；快速稳定的经济增长则意味着较多较好的工作机会以及较优越的工作待遇，因而可获得优厚的工资收入，这也体现了人们享受经济发展的成果。本文分别用 H 和 Y 代表人均工资和人均地区生产总值，对数据进行格兰杰因果关系检验，结果显示从 8 阶滞后开始，在 5% 的显著水平下，不拒绝 H 是 Y 的格兰杰原因，也不拒绝 Y 是 H 的格兰杰原因（见表 2）。从较长时期看，两者存在双向格兰杰因果关系。

表2　　　　　　　　工资水平与人均地区生产总值的格兰杰检验结果

Null Hypothesis：	Obs	F-Statistic	Prob.
Y does not Granger Cause H	174	1. 990 8	0. 050 9
H does not Granger Cause Y		3. 996 0	0. 000 2

2. 单位根检验

由于面板模型研究的是跨截面的时间序列问题，因此在对面板模型进行回归分析之前也要进行单位根检验，从而避免伪回归。标准单位根检验在检验单变量时间序列时具有较低的检验功效，而考虑含有时间和截面的面板情形则更为有效。本文选用的面板单位根检验方法包括 LLC 检验（Levin，Lin & Chu）；IPS 检验（Im，Pesaran & Shin）以及 ADF 和 PP 检验。本文用 Eviews 7.2 软件对各变量进行单位根检验，LLC 检验的零假设是各截面有相同的单位根；IPS、ADF 和 PP 检验的零假设是允许各截面有不同单位根。以个体效应为外生变量，对原序列和一阶差分序列进行平稳性检验，一阶差分后都是平稳序列（见表3）。

表3　　　　　　　　　　变量对数值的单位根检验结果

变量	水平值				一阶差分值			
	LLC	IPS	ADF	PP	LLC	IPS	ADF	PP
lny	5. 608 2	9. 927 4	0. 257 9	0. 144 5	−11. 311 *	−7. 507 4 *	100. 899 *	103. 531 *
lnh	−2. 557 9 *	2. 939 6	9. 549 7	20. 143 3	−9. 614 2 *	−6. 742 1 *	93. 357 2 *	133. 115 *
lnfdi	−4. 744 5	1. 154 5	25. 497 8	32. 555 7	−12. 977 9 *	−10. 000 1 *	130. 653 *	177. 591 *
lnx	−2. 858 *	0. 508 9	23. 269	31. 113	−9. 697 8 *	−7. 699 3 *	103. 277 *	133. 375 *
lncaz	1. 106 6	5. 997 6	1. 788 9	2. 187 2	−5. 921 1 *	−4. 394 4 *	64. 797 4 *	65. 264 4 *
lnk	0. 878 8	5. 542 2	7. 943 5	20. 557 0	−6. 503 0 *	−4. 443 0 *	69. 282 3 *	79. 668 4 *

注：滞后长度根据 SIC 法则自动选择；＊＊＊表示 10% 的显著水平，＊＊表示 5% 的显著水平，＊表示 1% 的显著水平（下同）

3. 协整检验

由于所有序列的一阶差分都是平稳的，都是 I（1）序列，因此继续对其进行协整检验，Kao 检验和 Pedroni 检验的滞后阶数由 SIC 准则确定。同质面板数据的协整检验（Kao，1999）也称为 Kao 检验，包括 DF 检验和 ADF 检验。Kao 检验显示中西部地区工资性收入、经济发展水平与其他变量在 1% 的显著水平下存在协整关系。佩德罗尼（Pedroni）提出了 7 个统计量来检验面板数据的协整性，检验原假设为面板变量之间不存在协整关系。如果各个统计量均在 1%（或 5%）的显著性水平下拒绝"不存在协整关系"的原假设，表明非平稳的面板数据存在着协整关系，经验表明各个统计量绝对值越大越能拒绝原假设。当样本期较短（$T \leqslant 20$）时，Panel ADF 和 Group ADF 的检验效果较好。本文鉴于采用的样本时间跨度为 2000—2013 年（$T = 14$），Pedroni 检验显示只有部分统计量在 5% 的显著水平下存在协整关系。当 7 个统计量的检验结果不一致时，参照 Panel ADF 统计量和 Group ADF 统计量对变量协整关系做出判断。Pedroni 检验中，4 个统计量拒绝了原假设，并且各统计量的绝对值较大，可以认为变量之间存在协整关系。Kao 检验与 Pedroni 检验基本相同，结果表明，Kao 检验拒绝原假设，说明变量之间存在协整关系（见表 4）。

表 4　　　　人均地区生产总值与其影响因素的 Kao 检验和 Pedroni 检验

检验方法	统计量名称	统计量值
Kao 检验	ADF	−7.122 5*
Pedroni 检验	Panel v	0.110 2
	Panel rho	2.077 7
	Panel PP	−3.960 8*
	Panel ADF	−2.716 3*
	Group rho	3.808 4
	Group PP	−5.019 7*
	Group ADF	−3.210 6*

综上所述，衡量经济增长的指标人均地区生产总值和各影响因素之间存在协整关系。本文进行随机效应的 Hausman 检验，以便确定是采用固定效应模型还是随机效应模型（见表 5）。Hausman 检验表明在 5% 的显著性水平下拒绝接受"随机效应模型有效"的原假设，应该采用固定效应模型。

表 5　　　　　　　　随机效应 Hausman 检验结果

Test Summary	Chi−Sq. tatistic	Chi−Sq. d. f.	Prob.
Period random	12.520 9	4	0.013 9

四、计量模型的选择及回归结果分析

（一）湖南 14 个市（州）人均地区生产总值与人均工资水平散点图

为了更直观地显现湖南 14 个市（州）的人均工资水平和人均地区生产总值的关系，做出散点图如图 3 所示。从图 3 中可以看出，长沙、湘潭、株洲、岳阳、常德位于散点图的上方，当工资水平突破 4 万元以后，长沙的地区生产总值出现快速提升，远高于其他市，"领头雁"的趋势十分明显，其次则是株

洲、湘潭，随后是岳阳、常德；娄底、衡阳、益阳、郴州处于中间位置；处于底部的是湖南西南部地区的市（州），如湘西、张家界、怀化、邵阳、永州，在工资水平处于 1.5 万元以前，邵阳一直处于最底部，比湘西还低，在工资高于 2 万元以后，两个地区已进入相同层次，比这两个地区略高的是怀化、永州和张家界。

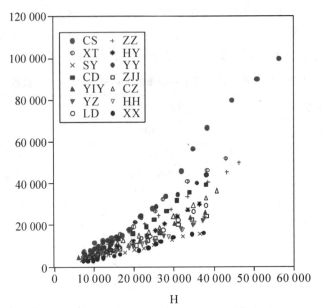

图 3　湖南 14 个市（州）工资水平与人均地区生产总值散点图

（二）模型设定形式

面板数据模型中参数在不同截面、时序样本点上是否相同，直接决定模型参数估计的有效性。根据截距向量和系数向量中各分量限制要求的不同，面板数据模型可分为无个体影响的不变系数模型、变截距模型和变系数模型三种形式。在面板数据模型估计之前，需要检验样本数据适合上述哪种形式，避免模型设定的偏差，提高参数估计的有效性。设因变量 y_{it} 与 $1 \times k$ 维解释变量向量 x_{it} 满足线性关系：

$$y_{it} = \alpha_{it} + x_{it}\beta_{it} + \varepsilon_{it} , \ i = 1, \ 2, \cdots, \ N; \ t = 1, \ 2, \cdots, \ T$$

其中，N 表示个体截面成员的个数，T 表示每个截面成员的观察时期总数，参数 α_{it} 表示模型的常数项，β_{it} 表示对应于解释变量 x_{it} 的 $k \times 1$ 维系数向量，k 表示解释变量个数。随机误差项相互独立，并且满足零均值、同方差假设。

本文采用 F 检验进行固定效应模型和混合 OLS 模型的筛选，根据 BP 检验进行随机效应模型和混合 OLS 模型的筛选，使用 Hausman 检验和 Likelihood Ratio 检验进行固定效应模型和随机效应模型的选择。本文用 Eviews 7.2 软件进行模型形式设定检验，对个体截面数据采用固定效应模型，而对时序数据则采用随机效应模型，根据研究目的而选择个体固定效应模型。随机效应的优势是节省自由度，对于从时间和截距两方面都存在比较大变化的数据，随机效应模型能明确描述出误差来源的特征。固定效应的优势是很容易分析任意截面数据所对应的因变量与全部截面数据所对应的因变量均值的差异程度。在实际应用时，选择固定效应和随机效应的经验做法是如果建立面板数据模型推断样本空间的经济关系，设定为固定效应模型更合理。

因此，模型初始设定形式如下：

$$\ln y_{it} = \alpha_{it} + \beta_0 + \gamma \ln caz_{it} + \phi \ln x_{it} + \lambda \ln fdi_{it} + \kappa \ln dk_{it} + \tau \ln k_{it} + \beta_{it} \ln h_{it} + \varepsilon_{it}$$

其中，$\ln y_{it}$、$\ln h_{it}$、$\ln caz_{it}$、$\ln x_{it}$、$\ln fdi_{it}$、$\ln dk_{it}$、$\ln k_{it}$ 分别为人均地区生产总值、人均工资水平、财政支出、出口、外商直接投资、贷款量、人均固定资本投资的自然对数。

（三）湖南 14 个市（州）经济增长与工资水平的回归分析

由于存在多个截面个体，为了减少由截面数据造成的异方差的影响，这里采用 Pooled EGLS（Cross-section Weights）方法对模型进行广义最小二乘估计。模型 I 估计结果表明，外商直接投资、人均固定资本投资的 t 统计量不显著，并且符号与经济理论不吻合，可能是贷款量与投资以及外商直接投资之间存在高度共线性，因此剔除外商直接投资和贷款量，保留人均固定资本投资，得到模型 II。因此，最后的回归方程如下：

$$\ln y = 1.5779 + 0.4005 \ln caz + 0.0168 \ln x + 0.1240 \ln k + \beta \ln h$$

$$(3.5328) \quad (7.1143) \quad (2.2306) \quad (4.1317)$$

模型回归结果显示，政府财政支出每增加一个百分点，人均地区生产总值增加 0.4005 个百分点；出口每增加一个百分点，人均地区生产总值增加 0.0168 个百分点；人均固定资产投资每增加一个百分点，人均地区生产总值增加 0.1240 个百分点。用实际工资替代人力资本分析，人力资本对人均地区生产总值增加的影响，各个地区存在较大差异。工资水平（人力资本）每提高一个百分点，人均地区生产总值增加的百分数从高至低依次为长沙、湘西、娄底、常德、岳阳、张家界、郴州、湘潭、株洲、衡阳、益阳、怀化、永州、邵阳，其弹性分别为 0.4958、0.4180、0.2939、0.2907、0.2884、0.2782、0.2745、0.2388、0.2361、0.1699、0.1354、0.0895、0.0649、0.0597。弹性介于 0.2~0.4 的是长沙、湘西、娄底、常德、岳阳、张家界、郴州、湘潭、株洲，在 1% 的水平下显著；弹性介于 0.1~0.2 的是衡阳和益阳，衡阳在 10% 的水平下显著，益阳的 t 统计量不显著；弹性小于 0.1 有怀化、永州、邵阳，并且其 t 统计量不显著（见表 6）。

表6　　　　　　　　　　　　人均GDP增长模型的回归结果

Variable	模型 I			模型 II		
	Coefficient	t-Statistic	Fixed Effects (Cross)	Coefficient	t-Statistic	Fixed Effects (Cross)
C	-0.346 4	-1.025 5		1.577 9*	3.532 8	
$\ln caz$	0.306 4*	6.162 5		0.400 5*	7.114 3	
$\ln x$	0.019 9*	3.714 0		0.016 8**	2.230 6	
$Ln k$	-0.000 6	-0.021 0		0.124 0*	4.131 7	
$\ln fdi$	-0.037 2*	-2.777 5				
$\ln dk$	0.169 9*	5.301 0				
CS-$\ln h$	0.717 3*	7.370 8	CHS-c	-2.235 8	0.495 8*	4.910 4	CHS-c	-2.331 6
ZZ-$\ln h$	0.501 7*	6.433 4	ZZ-c	0.177 8	0.236 1*	2.758 8	ZZ-c	0.347 1
XT-$\ln h$	0.504 2*	6.011 1	XT-c	0.333 6	0.238 8*	2.485 4	XT-c	0.471 4
HY-$\ln h$	0.434 2*	4.954 7	HY-c	0.396 1	0.166 9***	1.717 7	HY-c	0.599 4
SY-$\ln h$	0.267 1*	3.270 4	SY-c	1.590 2	0.059 7	0.633 5	SY-c	1.195 7
YY-$\ln h$	0.549 5*	7.121 7	YY-c	-0.307 6	0.288 4*	3.330 8	YY-c	-0.231 9
CD-$\ln h$	0.581 6*	6.486 0	CD-c	-0.776 4	0.290 7*	3.095 5	CD-c	-0.361 1
ZJJ-$\ln h$	0.425 8*	4.504 4	ZJJ-c	0.867 8	0.278 2*	2.755 0	ZJJ-c	-0.155 4
YIY-$\ln h$	0.406 5*	5.187 6	YIY-c	0.734 8	0.135 4	1.540 8	YIY-c	0.945 1
CZ-$\ln h$	0.512 7*	6.023 4	ZZH-c	-0.156 7	0.274 5*	2.964 0	ZZH-c	-0.351 2
YZ-$\ln h$	0.361 5*	4.506 2	YZ-c	1.050 1	0.064 9	0.716 0	YZ-c	1.471 7
HH-$\ln h$	0.371 4*	4.301 4	HH-c	0.898 4	0.089 5	0.964 5	HH-c	1.269 1
LD-$\ln h$	0.546 3*	6.253 1	LD-c	-0.596 3	0.293 9*	3.115 8	LD-c	-0.527 6
XX-$\ln h$	0.637 2*	8.022 8	XX-c	-1.930 6	0.418 0*	4.953 9	XX-c	-2.181 1
R^2	0.999 9		F	32 733.66	R^2	0.999 8	F	26 014.01
$Adj-R^2$	0.999 8		D-W	1.436 0	$Adj-R^2$	0.999 8	D-W	1.164 8

五、结论及建议

工资水平的高低与经济发展水平相关，但在同一经济环境下，工资水平由劳动的边际生产力决定，而劳动的边际生产力又取决于劳动者拥有的知识量和技能水平。以工资水平高低作为人力资本的替代变量，计量模型的结果显示，湖南的14个市（州）中，人力资本对经济增长贡献最大的是长沙，湘西人力资本水平对经济增长的贡献也较大，这可能取决于湘西的民俗文化等区域特征内涵于人力资本之中，对经济增长产生独特的影响。湘潭和株洲却并没有明显的证据可以与其他区域分离开来。怀化、永州和邵阳三者却具有共同的特征，处于湖南西南部，经济发展相对落后，人力资本对经济增长的贡献不明显，其弹性在0.1以下，并且不显著。湖南经济增长的区域差异较大，其中一个重要的原因就是湖南西南部地区的人力资本和资金的流失，形成一个经济发展洼地，这个洼地形成后若没有政策性因素的影响抑制这种趋势，则这种现象会自我维持并逐步加速，进而使发展差距进一步扩大。因此，必须制定措施抑制区域差异的扩大，实现区域间的协同发展。

一是湖南在发展长株潭地区一体化的过程中，应加快打造湖南经济增长极，尽快发挥增长极对周边地区的辐射效应。以长株潭地区为中心构建两个经济带，一个是以岳阳、常德、益阳、张家界、湘西为东北带；一个是以衡阳、郴州、娄底、邵阳、永州、怀化为西南带。形成一个以长株潭地区为龙头，东北带和西南带为两翼的面向东南沿海地区腾飞的态势。同时，以长株潭地区为中心构建两个圈层，一个是以紧邻长株潭区域中心的岳阳、常德、益阳、衡阳、郴州、娄底为一个圈层，远离中心的张家界、湘西、邵阳、永州、怀化为第二个圈层。发挥增长极的辐射功能，以中心带动第二个圈层的发展，进而带动第三个圈层的发展。在增长极发展的同时，要加大中心对第三圈层的扶持力度，包括技术、人才、资金等的回流，特别要防止经济发展过程中偏远区域被边缘化。

二是各个地区在继续加强教育投入的同时，要从满足市场需求的角度积极推进现有教育资源的分配结构优化。政府要提升职业教育在国民教育序列中的占比，从学科设置、资金与师资配置上向应用型人才培养提供支持。地方性本科院校的人才培养计划要适应地方经济发展的需要，服务地方经济发展。政府对就业人员的人力资本投资给予一定的财政支持，鼓励并扶持用人单位开展员工技能型培训和继续教育，提高人力资本的知识存量和劳动的边际生产力。在教育资源投入的区域配置上，应尽可能向经济发展落后、资金稀缺、教育薄弱的区域进行倾斜。应加大政府在劳动力岗位选择指导、岗前教育和培训等方面的投入力度，提高劳动力的就业—岗位匹配性。

三是地方政府要因地制宜实施发展战略，要转变高投入、低产出的经济增长模式，要改变只注重"引资"却忽略"引人"的发展思路，要改变把工资水平低看成成本低从而具备竞争力的惯性思维。低工资只能是低人力资本、低消费能力，从而只能是低经济发展水平。政府要完善基础设施建设，建设良好的发展环境，设法打造具有地方特色和优势的产业，在人才引入方面，确定以较高工资吸纳能给地方经济发展做出较大贡献的人才，政府可给予适当津贴，发挥优秀人才在经济发展中的"鲶鱼效应"。通过优惠政策甚至财政补贴引进资金、技术、人才，打造支柱产业，以期带动其他相关产业的发展，逐步形成产业集聚，提升竞争力，从而进一步吸纳人才和资金，形成上升式螺旋发展轨道。通过培养、留住、吸纳人才推动地方经济发展，经济发展推动工资水平提高，提高消费能力，增加人力资本投资，提高人力资本水平，进而推动经济发展，实现人的发展与经济发展的良性互动。

参考文献

［1］SEGUINO S. Is More Mobility Good? Firm Mobility and the Low Wage-Low Productivity Trap ［J］. Structural Change and Economic Dynamics，2007，18（1）：27-51.

［2］ALLEN R C. Engels'pause：Technical Change，Capital Accumulation，and Inequality in the British Industrial Revolution ［J］. Explorations in Economic History，2009，46（4）：418-435.

［3］HUTCHENS R M. Seniority，Wages and Productivity：A Turbulent Decade ［J］. Journal of Economic Perspectives，1989，3（4）：49-64.

［4］GALOR O，ZEIRA J. Income Distribution and Macroeconomics ［J］. Review of Economic Studies，1993，60（1）：35-52.

［5］贺文华. 区域经济发展差距的理论与实证分析——基于长沙与邵阳的比较 ［J］. 山东工商学院学报，2013（5）：12-19.

［6］任杰，王雨飞. 珠江三角洲经济区经济增长实证分析 ［J］. 城市问题 2014（3）：74-79.

［7］李平，宫旭红，张庆昌. 工资上涨助推经济增长方式转变——基于技术进步及人力资本视角的研究 ［J］. 经济评论，2011（3）：69-76.

（原载于《山东工商学院学报》2015 年第 6 期）

下　篇

微观经济学、宏观经济学理论应用与教学
——县域经济发展与经济学教学

1. 农村资金流失与农村经济发展

改革开放以来，农村经济得到一定程度的发展，农民收入也相应增加。但总的情况不容乐观，农民收入增长缓慢，农村经济的发展水平与其在国民经济中的地位很不相称。农村经济的发展受到很多因素的制约，其中一个很重要的原因是农村的资金极为短缺。在资金极为短缺的情况下，还存在农村资金的大量流失，这严重制约着农村经济的发展。

一、农村资金流失的现状

农村资金的流失主要是通过工农业"剪刀差"、农业税、农村信用社、征地及乱收费等途径流出。

（一）"剪刀差"属于一种隐形流失，并且数额巨大

1952 年"剪刀差"绝对量为 24.56 亿元，之后迅速上升，1960 年达 127.23 亿元，1961 年减少为 71.59 亿元，之后又有上升，1964 年超过 100 亿元，1973 年突破 200 亿元，1983 年超过 300 亿元，1989 年最高，达到 797.44 亿元。改革开放以来"剪刀差"依然大幅度增加，1990 年"剪刀差"绝对量为 1952 年的近 30 倍。1952—1990 年，农民通过"剪刀差"为工业化提供了高达 8 708 亿元（累计，没有折现）的剩余，平均每年达 223 亿元。从改革开放之初测算，从农民那里集中的剩余，仅"剪刀差"一项就达 6 000～8 000 亿元。

（二）农业税的征收为工业体系建立做出巨大贡献，也是农村资金流失渠道

以货币额计算，农业税 1950 年为 19.1 亿元，占国家财政收入的 29.3%，占国家各种税收的 39%，1952 年增加到 27 亿元，占国家财政收入的 14.7%，占国家各种税收的 27.6%，以后各年均为 30 亿元左右，1985 年后呈明显上升趋势，1991 年达到 71 亿元。农业税的绝对量从 1992 年起迅速增长，1992 年为 119 亿元，1994 年达 231 亿元，1996 年达 369 亿元，1997 年达 397 亿元，1999 年达 423.5 亿元。农业税占各项税收的比重，在波动中呈现上升趋势，1992 年为 3.61%，1995 年为 4.61%，上升了一个百分点，而 1999 年下降为 3.96%，农业税占产值的比重稳定上升，1992 年为 1.31%，1995 年为 1.36%，1999 年为 1.73%。

（三）以农村信用社为中介汲取农村资金

农村信用社农户的存贷差逐年扩大，依据对江苏省 34 个县 3 400 个农户的调查，1984 年农户的存贷比为 3.7（以贷人为 1），1994 年升至 8.6，1995 年达到两位数后便居高不下。2001 年这 3 400 户人均存贷款分别为 395.6 元、35.3 元。推及全省为 203.5 亿元、18.3 亿元，存贷相差 185.2 亿元。由于金融政策的制定在中央一级，农村资金的流出具有全国性。中国社会科学院人口与劳动经济所农民收入课题组根据国家统计局的《中国统计年鉴》和中国金融学会《中国金融年鉴》的数据，计算了 1978—2000 年每年通过农村信用社转移出农村的资金总额证明了这一点。从农村流出的资金 1978 年为 120.9 亿元，1980 年为 190.7 亿元，1985 年为 324.9 亿元，1990 年为 731.9 亿元，1991 年为 900.9 亿元，1992 年为 1 023.8 亿元，1993 年为 1 153.4 亿元，1994 年为 1 512.5 亿元，1995 年为 1 938.6 亿元，1996 年为 2 503.7 亿元，1997 年为 3 282.5 亿元，1998 年为 3 851.3 亿元，1999 年为 4 132.5 亿元，2000 年为 4 639.9 亿元，农村资金的流失情况越来越严重。

（四）以征地、乱收费等方式掠夺农村资源

根据国土资源部门的测算，从改革开放以来，通过对农地的征用，从农民那里集中的资金超过 2 万亿元。此外，还存在农业资金的渗漏。第一，农民除了支付乡村两级公共产品开支的"三提五统"以外，还要承担名目繁多的乱收费项目，并且"三乱"收费是农民负担的大头，正所谓"一税轻，二税重，'三乱'是个无底洞"。而这些乱收费有一部分实际上流出了农村地区，形成农村资金的流失。第二，政府有关部门对农业资金的挤占、挪用。为了巩固农业的基础地位，中央和地方各级财政每年都要形成一定的支农资金，但由于对这部分资金的监管不力，支农资金常被各级机构挪用、挤占，其他如扶贫资金、移民安置资金等被变相截留、挪用的现象也很严重。第三，由于高校并轨，农村家庭为子女的高学历付出高额的教育成本，有的家庭因为子女的沉重教育负担，甚至倾家荡产，债台高筑，而农村出来的大学生几乎全部留在了城市，这也是农村资金的一种隐性流失。

二、农村资金流失的原因分析

我国农村资金流失严重，有多方面的原因。

（一）特定历史时期经济政策的制定对农村资金流失的影响

在新中国成立初期，中国的资金极为短缺，而当时的国际国内形势是国内资金奇缺而西方列强又对中国实施经济封锁。在这种压力下，中国迫切需要建立自己的工业体系和国民经济体系，采取的方式则是建立集权的政治体制，通过农业税和"剪刀差"的方式汲取农村的本该用于发展农业的资金。在当时来说，是迫于国际形势的压力和国内经济发展的需要，而这种机制一旦建立，就有其一直存在下去的惯性，要消除这种惯性，就必须施加一定的外力，这是政府应该承担的责任。

（二）金融政策制定的城市偏向

轻乡重城的金融政策是农村信用社资金流失的原因之一。这些政策规定了财政性存款、建筑业存款不得存入农村信用社，使农村信用社难以吸收低成本的存款；规定了农村信用社不得在大中城市设点经营，而商业银行却可以到乡镇设点吸储，商业银行的贷款多面向城市，这就加剧了农村资金的外流。据2001年上半年苏北地区某县的一项调查显示，分布在重点乡镇的5个商业银行营业网点的存款有1.18亿元。这些资金全由上级进行统一调度，对当地农民的资金需求根本不予考虑。某市的调查也证实了这一点，这个市1999—2001年邮政储蓄增加10.55亿元，同期农村信用社只增加5.34亿元，全市邮储资金的70%来自县及县以下，其揽储的资金全都上调，根本不沾"三农"的边。

（三）资金的趋利性

市场经济条件下资金的趋利性将驱使资金流向回报率较高的领域。农业资金只有在获得社会平均利润率的前提下，农业才会保持一定投资规模。如果农业投资的收益长期低于社会平均水平，就会迫使农业资金流向其他行业和领域，城乡分离的二元结构及大量的歧视性政策等因素，降低了农业的比较利益。资金的投资必须具备三个条件：盈利性、流动性、安全性。农村信用社面对的客户是分散的千家万户的农户，主要是小额的贷款，因此运营成本高、盈利率低。农户经营种植业，没有固定的收入来源，不能按时还贷的可能性很大，影响资金的流动性。农户收入增长缓慢，并且因病致贫、因灾致贫的比例很高，导致农户没有偿还能力，影响信用社资金的安全性。如果剥离政策性方面的原因，农村信用社把资金投向城市是信用社作为经济主体理性的经济决策。因为信用社如果把资金投向城市，其面对的是较大的客户，可以对客户进行客观的信用等级评判，在一定程度上可以保证贷款的盈利性、流动性、安全性，防范呆账、坏账风险。

（四）农民贷款存在很高的信用风险

信用社担心农民不能按时还款而影响信用社的资金安全，形成经营风险。第一，农业是一种弱质产业，受气候和自然灾害的影响较大，干旱、洪涝、冰雹和病虫害等都可能对其带来致命打击。以种植业为主的农户基本是靠天吃饭，抗风险能力极差。如果遇到大的自然灾害，农户的各种投入就会面临较低的产出，信贷资金的按期足额偿还必然受到影响。第二，农户生产处于一种封闭状态，在信息不对称的市场上农户处于一种弱势地位，农户进行的是分散化经营，组织化程度低，造成他们对农产品价格和供求信息十分匮乏，搜寻信息需要极高的成本，分散经营的农户不会花费高额成本进行信息搜索，农户在生产中只能依赖蛛网模型进行产量决策，决策严重滞后于产品价格变化。由于市场经济中产品价格的变化频率很高，价格的变化可能给农户带来风险，给农户带来经济利益损失，从而影响还贷。第三，小额农贷是自上而下的支持农业、农村和农民的金融措施，具有较强的政策性业务色彩，信用社在资金、人员方面投入很大，信用社在开展农村小额农贷业务时不能要求农户提供有效担保和抵押，不能获得财政贴息，而且还要缴纳等同于其他商业性银行贷款的各种税收。第四，小额农贷的利率变化也可能给小额农贷带来损失。小额农贷的经营过程中借贷双方最为敏感的问题就是小额农贷的利率问题。利率过高，会加重农户的经济负担，利率过低，会减少信用社的利息收入，可能导致信用社的亏损。第五，小额农贷是采用无担保信贷方式发放的，由于信用社面对的是成千上万的分散农户，农村小额信贷具有巨大的工作量，各地农村信用社在评估农户信用程度时，一般依靠当地政府的力量而获得一些数据，并核定农户的效益等级，这会给农村信用社带来很大的信用风险。

三、资金流失对农村经济发展的影响

农村资金的流失对农村经济发展的负面影响将是深远的，也是全方位的。

（一）融资渠道单一，难以缓解农业生产经营困境

目前在农村金融领域，信用社处于垄断地位，而近年来农村信用社存贷比逐渐扩大，大量资金流入城市，农民很难从信用社得到贷款。农民贷款，在很多情况下要以自己或他人的存单作为抵押。江苏省农村社会经济调查队 2001 年调查的 3 400 户农户中 1996—2001 年借入的资金中，来自金融机构的仅占 26.2%，73.8%来自民间借贷。在许多地方的调查都表明，农民从信用社得到的贷款占其总借额比重不足 20%。一些农民和企业有很好的项目，产品更新换代有市场，但缺乏资金，有挣钱的门路也只能作罢。越需要资金越得不到贷款，越得不到贷款就越阻碍经济发展，这形成一种恶性循环，影响整个农村经济的发展。

（二）农村资金净流出影响农村的自我发展能力

农村资金净流出导致农村的低地效应越来越严重，难以逃脱因果贫困的陷阱。由于农业剩余被掠夺，农业生产只是农民赖以求生的一种方式，农民没有能力对农业生产追加资金，定位于一种生存农业。现代农产品市场已达到供求基本平衡，丰年有余，已转为买方市场。农业人口比例过大，并且农民的消费是以自给自足的消费方式为主，种植结构单一导致农产品在一定程度上供给大于需求，加之农产品需求弹性较低，提升农产品价格的空间又极为有限，在农村资金大量流出的同时，农民收入不能得到应有的补偿，因此没有能力对农业进行必要的投资。财政支农的逐年减少，导致农业的基础水利设施不能及时得到修整和完善，农业生产成本逐年提高，农业生产收益逐年降低，有些地方农

业生产的净收益已为零甚至为负。农民进行农业生产不但不能从中得到收益，反而要从非农产业中搜寻资金用于农业投资，在迫不得已的情况下，农民只有抛荒土地，远走他乡。

（三）农业资金流失阻碍农村人口素质提高

农业资金流失破坏农村人口的生存环境和抑制农业人口生存能力的提高。因为大量农业资金流失，农民不能集储自己的养老基金，也无法建立农村人口的保障体系，导致农村中的"养儿防老，多子多福"的传统观念得到加强，给计划生育政策的实施带来一定的负面影响。农民有义务让自己的子女接受义务教育，但在农民收入降低乃至生存都有困难的时候，农村大量学龄儿童失学也就在情理之中了，这又将影响今后农村人口整体素质的提高，农村人口的生存能力也难以进一步提高，因此阻碍了农村经济发展。

（四）收入差距扩大，影响社会公平，危及社会稳定

现阶段仍然有相当一部分处于绝对贫困状态下的农村人口，按 625 元的贫困标准，我国的农村贫困人口 1993 年是 8 000 多万人，2002 年依然有 2 800 多万人。来自农村扶贫基金会的数字显示，农村现在未解决温饱问题的人口约3 000万人，低收入人口（人均收入以 865 元为标准）约 6 000 万人，总计约9 000万人，占农村人口的 11%。以 2000 年为例，农村家庭人均纯收入为2 253.4元，城镇居民人均可支配收入为 6 280.0 元，即农民的人均可支配收入只相当于城镇居民人均可支配收入的 35.9%，却依然要负担相对较重的税负，加剧了农村人口的相对贫困化。

四、防止资金流失的策略研究

防止农村资金流失，同时向农村注入反哺资金已到了刻不容缓的地步，必须采取切实可行的政策措施阻止农村资金流失。

（一）取消农业税和"三提五统"等有关费用，增大对农业的财政支持力度

改革现行财政分配体制，加大农业投入。从财政渠道看，要解决农村资金的外流问题，有两条途径：一是取消农业税，二是加大农业投入。通过农业投入的增加把从农村流出的资金返回到农村，减少资金的净流出，直到形成净流入。现行产业投资体制是国家对农业投入不足的根本原因，因此必须改革现行产业投资体制，适应经济发展形势，建立新的产业投资体制。财政对农业的投入应着重于以下几方面：一是农业基础设施建设，如水利建设、农田改造等。完备的农业基础设施是农业生产顺利开展的重要保障。据农业部统计，全国现有大量的中小水库是"病危库"，亟须资金来治理。另外，农业基础设施老化也导致农业抗灾减灾能力降低。二是增加农村文化教育、卫生保健、通信和电网改造等的投入，提高农村人口的科学文化素质，改善农村人口的生活质量，

改变农村人口传统的生活方式,分享经济发展带来的利益。三是增加农业科技的投入,降低农村人口对农业的投资成本,增加农业的收益。

(二)缩小工农价格"剪刀差"

为了建立完善的工业体系和国民经济体系,国家通过工农业产品价格"剪刀差"汲取了大量的农业剩余和农村资金。但随着经济的发展,"剪刀差"的积累功能逐步弱化,国家财政收入对农业剩余的依赖性降低。进入 20 世纪 90 年代后,通过"剪刀差"积累的农业剩余大量地转化为消费基金。这为缩小"剪刀差"提供了可能。此外,我国已进入工业化中期阶段,具备了工业反哺农业的能力。第一,在可能的空间内提高农产品价格。提高农产品价格是缩小"剪刀差"的重要途径。但是一些农产品已经接近甚至超过国际市场价格,而农产品品质较低。我国加入世界贸易组织后,限制了农产品的提价空间。第二,提高农业劳动生产率。在提升农产品价格已没有潜力的情况下,解决"剪刀差"的有效途径是提高农业劳动生产率,降低生产成本,提高农业比较利益。现阶段的农业生产已进入一个怪圈,农村长期投资不足影响劳动生产率提高,而增加投资却提高了农业经营成本,从而丧失竞争力。因此,政府必须增加财政支农力度,利用财政资金在农业中实施先进的科学技术和基础设施方面的投资,降低单位农产品的资源消耗。第三,减少农业人口。加快城镇化建设步伐,扶植乡镇企业发展,进一步减少农业人口,减少农产品供给,同时增加农产品需求,利用供需原理提高农产品价格。第四,调整农业产业结构,实施多元化经营。加长农产品生产链条,实施产供销一体化和农产品深加工,增加农产品在生产过程中的附加值,争取把大量的农业剩余留在农业内部,有效防止农业剩余的流失。不断增加农产品的花色品种,提高农产品品质。

(三)在农村进行金融创新,纠正金融政策的城镇偏向,改善农村的投资环境

第一,为了减少农村资金流失,撤销没有支农任务的商业性银行在农村的网点,保留邮政储蓄,形成与农村信用合作社的有序竞争,有利于提高金融服务质量。国家金融管理部门应采取必要的经济和行政手段,保证来自农村的储蓄又回到农村。第二,规范农村金融市场。目前农村金融市场的主体除了商业银行、合作信用社的网点,还有民间借贷行为和地下高利贷组织,一些主体的存在极大地影响和扰乱了农村金融市场秩序,因此必须依法规范民间借贷行为。第三,进一步推进农村信用合作社改革,激励制度创新,由国家对农村信用合作社实行政策倾斜和相应的财政支持,适当降低存款准备金比例,对亏损进行补贴,减免税收,自动调整利率,以解决农村信用社的自身利益问题,避免农村资金流失,保护农村存款确实用于农业和农村经济发展。

参考文献

[1] 江苏省农村社会经济调查队. 调整国民收入分配格局促进三农问题的解决——江苏及全国三农与国民收入分配关系问题的研究 [J]. 调研世界, 2003（4）：11-16.

[2] 中国社科院人口与劳动经济所农民收入课题组. 农村大量资金净流出须予重视 [J]. 农业经济导刊, 2003（3）：21-22.

[3] 杨永华. 外商直接投资农业与农业发展 [J]. 南京社会科学, 2002（3）：11-15.

[4] 阮红新, 杨海军, 雷春柱. 信贷资产分散条件下的风险与收益：对农户小额信用贷款的实证研究 [J]. 管理世界, 2003（7）：95-102.

[5] 李新生, 谢元态. 关于农村资金流失的实证分析及理论思考 [J]. 江西财经大学学报, 2002（6）：27-30.

（原载于《湖北经济学院学报（人文社会科学版）》2004年第2期）

2. 湖南县域经济发展差距研究
——基于邵阳和长沙县域经济的对比

一、引言

全国县域内陆地国土面积为874万多平方千米，占全国陆地国土面积的94.0%。2003年，全国县域内人口达9.16亿人，占全国总人口的70.9%，全国县域经济国内生产总值为6.45万亿元，占全国国内生产总值的55.15%。湖南省有县域单位86个（不包括市辖区），面积为18.3万平方千米，占全省总面积的89%。2003年，湖南省县域内人口占全省人口的83%，县域经济地区生产总值占全省地区生产总值的68%，县域人口平均规模为62万人，财政收入平均规模为1.2亿元，县域地区生产总值为31亿元。

湖南省位于长江中游南岸，总面积21万多平方千米，受地质地貌条件、人口素质和经济基础等方面的影响，各县的经济发展水平差异显著。

县域经济是县域范围内所有经济活动的总和，属于中观经济和区域经济范畴，又是农村经济和城市经济的结合部，是实现国家对整个经济活动进行调控的重要环节，县域经济以乡村经济为基础，以小城镇为中心，并与各种不同的区域经济及外资经济结成一个整体。乡村经济和小城镇经济是县域经济的基本构件，在县域经济发展中处于十分重要的地位。县域经济与人民群众的切身利益息息相关，县域兴则全省兴，县域活则全省活，湖南省全面建设小康社会的重点、难点在农村，抓重点、破难点的关键在于大力推进县域经济发展。

2003年，湖南省评出的20个经济强县中长浏宁望（长沙县、浏阳市、宁乡县、望城县）、资兴、汨罗、醴陵位列"第一集团"。紧随其后的是耒阳、冷水江、桂阳、邵东、攸县、永兴、澧县、桃源、吉首、华容、湘乡、临湘、湘阴。邵东县的地区生产总值名列第四，在长沙县、浏阳市、宁乡县之后。长沙县、浏阳市、望城县的地方财政收入、农民人均纯收入都位列前三名。

二、邵阳地区和长沙地区县域经济发展差距分析

邵阳地区的县域单位包括邵东、洞口、隆回、新邵、邵阳、城步、新宁、绥

宁和武冈（县级市）。长沙地区的县域单位包括长沙、宁乡、望城和浏阳（县级市）。2004年，长沙地区的浏阳市和宁乡县人口数量都超过了130万人，人口最多的浏阳达到了133.21万人，长沙县和望城县人口也都超过了70万人。邵阳地区人口最多的是邵东县，人口达到了118.14万人，隆回县的人口达到了111.13万人，邵阳县人口达到了97.16万人，新邵和武冈的人口都超过了73万人，和长沙县的人口相当，城步和绥宁的人口较少，城步是苗族自治县，人口只有25.8万人。

2004年，邵阳地区生产总值最高的邵东县也只有86.47亿元，洞口为41.813亿元，隆回为35.48亿元，武冈为31.05亿元，其余县的地区生产总值都在30亿元以下，地区生产总值最低的城步苗族自治县只有10.43亿元。同期长沙地区的"四小龙"，除望城县的地区生产总值只有80.78亿元外，其余三个县都突破了100亿元，地区生产总值最高的长沙县达到了149.49亿元，是洞口的3.58倍，隆回的4.21倍，是邵阳地区生产总值最低的城步的14.13倍（见图1）。

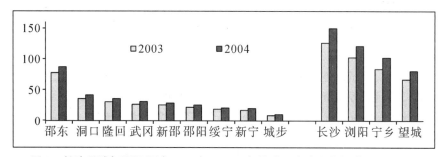

图1 长沙县域与邵阳县域2003年、2004年的地区生产总值（单位：亿元）

2004年，邵阳地区生产总值增长率最高的新宁达到了20.58%，城步为17.72%，新邵只有11.0%，进入湖南前20强的邵东的地区生产总值增长率也只达到11.6%，地区生产总值排在邵阳地区第二位的洞口的增长率也只有11.61%。同时期，长沙地区的"四小龙"中，地区生产总值增长率最高的宁乡达到了21.85%，地区生产总值最高的长沙县的地区生产总值增长率达到了20.69%，增长最慢的浏阳也达到了18.25%。因为长沙地区"四小龙"的地区生产总值基数大，如果以这种发展差距持续下去的话，两个地区的差距将会越来越大。

2004年，邵阳地区人均地区生产总值最高的邵东为7 780元，绥宁为5 977元，洞口为5 226元，最低的邵阳县只有2 636元，新宁也只有2 945元。同时期，长沙地区的"四小龙"中人均地区生产总值最高的长沙县达到了20 267元，是邵东的2.61倍，绥宁的3.39倍，洞口的3.87倍，邵阳县的7.69

倍（见图2）。

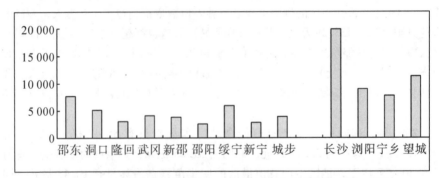

图2　长沙县域与邵阳县域 2004 年人均地区生产总值（单位：元）

2004 年，邵阳地区各县的财政收入除邵东外，都少于 2 亿元，城步、新宁在 2004 年刚刚突破 1 亿元，邵东在 2004 年的财政收入也不足 4 亿元，隆回为 1.8 亿元，武冈为 1.6 亿元，洞口为 1.33 亿元。长沙地区的"四小龙"的财政收入都超过了 5 亿元，财政收入最高的长沙县达到了 15.17 亿元，浏阳市的财政收入是 12 亿元，最少的宁乡县也有 5.60 亿元。邵阳地区的大部分县的财政常常是入不敷出。

2004 年，邵阳地区各县的固定资产投资最多的邵东达到了 18.38 亿元，洞口为 12.93 亿元，固定资产投资最少的城步只有 5.078 亿元。同时期，长沙地区的"四小龙"除望城只有 51.771 亿元外，其余三个县都超过了 60 亿元，固定资产投资最多的浏阳市达 66.05 亿元。与 2003 年相比，2004 年固定资产投资增长率除邵东、洞口和新邵外都达到 60% 以上，增长率最高的武冈达 80.9%，绥宁也达73%，增长率最低的邵东只有 31%，新邵为 40%。长沙地区的长沙、浏阳、宁乡、望城分别为 35.6%、27.8%、18.9%、32.1%（见图3）。

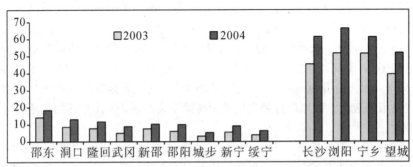

图3　长沙县域与邵阳县域 2003—2004 年固定资产投资情况（单位：亿元）

2003—2004 年，长沙地区和邵阳地区的产业结构都在不断调整，长沙地区"四小龙"产业结构都有一个共同的特点,第一产业比重较低,第一产业比重最大的宁乡也只有26.8%,比重最低的长沙只有16.3%,第二产业和第三产业的比重之和都接近或超过了80%。三次产业结构中比重最高的是第二产业,其比重都超过了40%,比重最高的长沙达到了59.1%,第三产业的比重都低于35%,第三产业比重最高的宁乡也只有32.9%。除邵东外,邵阳地区各县三次产业结构中的第一产业的比重都超过30%,比重过大,而第三产业的比重除洞口和城步外都超过了30%,邵东、隆回、武冈、新邵、新宁的第三产业的比重都超过了长沙地区"四小龙"的比重。隆回是全国贫困县,但第三产业的比重却达到了39.68%,第一产业的比重达31.62%。而第二产业中的比重都低于长沙地区"四小龙"的第二产业的比重,比重最高的是洞口和城步,但也只有38.9%,低于长沙"四小龙"中第二产业比重最低的宁乡的40.3%。从邵阳地区的总体情况来看,第一产业比重过大,第二产业比重偏低,有些县几乎没有效益很好的企业,而第三产业出现了超前发展,邵阳地区第三产业主要集中于餐饮贸易服务,没有工业化的支撑,没有第二产业作为依托,很难出现经济持续快速发展(见图4)。

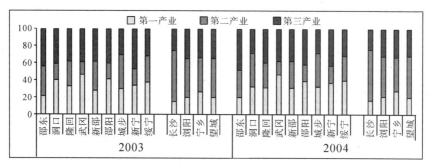

图4 长沙县域与邵阳县域2003—2004年产业结构变化情况 (单位:%)

长沙地区和邵阳地区金融机构中的存贷款余额差别也很大。2004年,邵阳地区存款最多的邵东达到了58.84亿元,洞口为36.55亿元,隆回为31.47亿元,但贷款的数量相对都较少,邵东只有17.47亿元,洞口为11.10亿元,隆回为16.61亿元。2003—2004年,除城步和邵阳县外,其余各县的存贷比都低于50%,存贷比最低的邵东只有29.7%,并且从2003年至2004年,各县的存贷比都是下降的。同时期,长沙地区四个县的存贷比都超过了55%,并且从2003年至2004年,存贷比都是上升的,存贷比最高的浏阳达69.05%(见表1)。这说明邵阳地区的投资不活跃,民间缺乏投资热情,金融资源没有得到良好运用。

2004年,邵阳地区消费品零售总额除邵东和武冈外,消费品零售总额都在10亿元以下,最低的城步还不足3.7亿元。但消费品零售额最多的邵东却达 28.2 亿元，直追长沙地区的长沙县，比望城高 10.8 亿元，这主要是由于邵东家电批发市场的贡献。长沙地区的"四小龙"的餐饮业在消费零售总额中所占比例最高的望城也只有 10.1%，长沙县和宁乡分别为 8.62% 和 7.62%。而邵阳地区的城步、新邵、隆回的餐饮业在社会消费零售总额中所占的比例却分别达到了 15%、14.03%、9.46%，绥宁和洞口也分别达到了 7.21% 和 7.11%。这显示出这些县的餐饮业较为发达（见图 5）。

表 1　　长沙县域与邵阳县域的年末存款余额、贷款余额及存贷比

		2003 年			2004 年		
		存款 （亿元）	贷款 （亿元）	存贷比 （%）	存款 （亿元）	贷款 （亿元）	存贷比 （%）
邵阳地区	邵东	51.33	16.48	32.11	58.84	17.47	29.7
	洞口	26.165 8	10.828 7	41.38	31.470 2	11.102 4	35.23
	隆回	30.571 1	14.107 9	46.15	36.55	16.61	45.44
	武冈	20.442 0	8.186 4	40.05	25.395 3	9.579 8	37.72
	新邵	19.608 6	9.573 1	48.82	22.963 2	11.050 4	48.12
	邵阳	16.462 5	8.632 4	52.44	19.161 2	9.686 4	50.55
	城步	7.613 2	6.893 1	90.54	9.028 6	7.581 7	83.97
	新宁	14.639 5	6.513 5	44.49	17.685 2	7.126 9	40.30
	绥宁	13.610 8	5.879 3	43.20	16.078 1	6.622 1	41.19
长沙地区	长沙	60.98	39.5	64.78	77.77	53.5	68.79
	浏阳	61.649 7	39.139 8	63.49	70.380 5	48.599 9	69.05
	宁乡	51.800 3	30.338 3	58.57	59.808 0	35.864 7	59.97
	望城	35.524 8	19.845 7	55.86	42.805 1	25.088 6	58.61

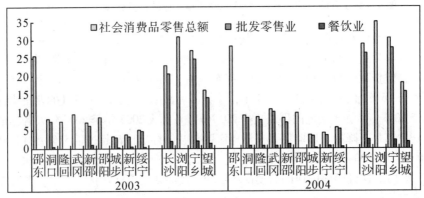

图 5　社会消费品零售额、批发零售业零售额、餐饮业零售额（单位：亿元）

三、结论及建议

长沙地区县域经济发展走在全省的前列,有其独特的地理区位优势,"近水楼台先得月",能最先受到长沙市政治、经济、文化等因素的影响。长沙市的经济观念、文化理念能很快地向周边辐射,长沙地区的"四小龙"能较快地调整经济观念,改变文化理念,以最快的步伐进入工业化。邵阳地区和长沙地区县域经济的差距主要是工业化程度的差距,邵阳地区工业化进程缓慢,产业结构中第一产业和第三产业的比重偏高,第二产业的比重偏低。邵阳市委、市政府提出了"兴工强市"战略,积极振兴邵阳工业,邵阳下属各县同时推进"兴工强县"战略。邵阳地区和长沙地区的存贷比差别极大,2004年与2003年相比,长沙地区四个县存贷比都呈上升趋势,而邵阳地区的9个县的存贷比都呈下降趋势。这说明邵阳地区的投资不活跃,金融资源未充分利用。这主要是因为邵阳地区的民营企业少、投资环境差。长沙地区的"四小龙"地区生产总值增长速度高于邵阳地区除新宁县以外的其余各县,长沙地区增速最低的浏阳市比邵阳地区增速最低的邵阳县高7.25个百分点。而长沙地区的"四小龙"地区生产总值基数大,2004年长沙地区地区生产总值总量最低的望城比邵阳地区生产总值总量最低的城步高70.352亿元,地区生产总值总量最高的长沙县是城步地区生产总值的14.3倍。长沙地区在基数大、增速快的优势下,与邵阳地区发展差距将会出现马太效应,因此邵阳地区经济的发展任重而道远。

为了加快邵阳县域经济发展,必先振兴工业,加快产业结构调整步伐,改善投资环境,鼓励民间投资。

(一)加大经济结构调整力度

在产业结构转型战略上,县域经济要从以农业经济为主向以工业经济为主转变,工业由分散向集聚转变。从资源市场转型战略视角来看,县域经济要由单纯依靠当地资源和国内市场向利用两种资源、开拓两个市场转变。调整产业结构,应建立适应生产力发展的多元化产业结构。邵阳地区大部分县属于农业主导型产业结构,在市场竞争日益激烈的形势下,其适应市场的能力较弱。因此,应重点培育各县具有比较优势的产业带,甚至产业群体,优化调整产业结构,建立适应市场竞争机制的多元化产业结构,逐步打破农业主导产业经济结构模式,大力发展第二产业和第三产业,提高其产业所占的比重,逐步建立起三次产业协调发展的宏观经济结构。

(二)调整优化县域经济所有制结构

在所有制转型战略上,县域经济应由国有、集体所有制为主向积极构建以民营企业为主体的经济框架、全方位发展民营经济转变。要积极培育"农民老板",抓住民营资本在全国范围内大规模流动的时机,到民营经济发达地区学习并吸引大型民营企业落户邵阳。改革开放以来，逐步打破了公有制一统天下的格局，形成了以公有制为主体，个体经济、私营经济、"三资"经济等非公有制经济共同发展的所有制结构。这种所有制结构在一定程度上推动了县域经济发展，但仍不能满足所有县域经济快速发展的需要，要因地制宜构建各县的所有制结构，根据生产力发展的现状和要求，构建多种经济成分共同发展的结构，扩大民营经济在县域经济中的比例。

（三）发展特色产业

要像提到浏阳就会想到烟花，提到醴陵就会想到瓷器，提到桂阳就会想到烟叶那样，县域经济要由雷同型经济向特色型经济转变。在经济属性转型战略上，县域经济实质上就是特色经济，必须立足当地优势，围绕"特"字做文章；必须依据当地区位和自然资源优势，因地制宜打造特色产业和名牌产品，改变"小而全"和自求平衡的农业区域格局。邵阳县域经济要打造自己的特色产业、支柱产业，有旅游资源优势的县域要积极开发旅游资源，如新宁的崀山、隆回的魏源故居、城步的南山牧场；同时，开发特色资源，如邵东的黄花菜、隆回的金银花等。

（四）推进工业化进程，走新型工业化道路

工业化是一个国家、一个地区迈向现代化的必由之路。无农不稳，无工不富，工业兴则经济兴，工业强则经济强。一个地方的经济发展离不开工业的振兴，县域经济的发展首先是加快推进工业化进程。县域经济要立足本土优势，走出一条科技含量高、经济效益好、资源消耗低、环境污染少、人力资源优势得到充分发挥的新型工业化道路；推进产业结构优化升级，形成以高新技术产业为先导、基础产业和制造业为支撑、服务业全面发展的产业格局，积极发展对经济增长有带动作用的高新技术产业，积极发展能带动基地生产和区域经济发展的加工型龙头企业，使之上联市场，下联基地和农户，在农工商、产加销之间形成利益共享、相互促进的利益共同体，积极推进农业产业化经营，提高农民进入市场的组织化程度和农业综合效益，发展农产品加工业，壮大县域经济。

参考文献

［1］谭艺平. 湖南省县域经济发展问题研究——以浏阳市为例［J］. 经济地理，2003（4）：472-475.

［2］赵国如. 县域经济的经济学思考［J］. 山东农业大学学报（社会科学版），2005（2）：28-31.

［3］谢功梅，郑应平. 县城经济带动县域经济 县域经济发展研讨会昨召开［N］. 潇湘晨报，2004-09-20（1）.

（原载于《中国民营科技与经济》2006年第5期）

3. 湖南省贫困县的发展现状及对策

  "贫困"是所有发展中国家面临的最重大的社会问题之一。近年来，世界经济增长相当显著，而国家之间的贫富差距却越来越大了。据联合国 1997 年的《人文发展报告》披露，近年来世界贫穷国从 27 个增加到 48 个，贫困人口从 10 亿人增至 13 亿人，并且仍在以每年 2 500 万人的速度增加。与世界的情形截然不同，通过政府部门和社会各界的共同努力，中国在缓解农村贫困方面取得了举世瞩目的成就。中国在世界增加 3 亿贫困人口的期间减少了本国的 2 亿贫困人口。2000 年，湖南省共有贫困县（含市、区、州，下同）31 个，其中国家级贫困县 10 个：水顺、保靖、平江、双植、新化、沅陵、花垣、安华、隆回、心田。省级贫困县 21 个：城步、桂东、汝城、古丈、泸溪、凤凰、通道、江华、龙山、麻阳、慈利、宜章、新晃、炎陵、茶陵、吉首、石门、芷江、永定区、浏阳市、武陵源区。贫困地区土地面积达 7.98 万平方千米，占全省土地总面积的 37.68%；贫困地区总人口达 1 449.2 万人，占全省总人口的 22.90%。

一、湖南省贫困县的现状

  2000 年，湖南省贫困地区人均地区生产总值为 3 150.22 元，相当于全省平均水平的 55.86%；人均财政收入为 133.39 元，相当于全省平均水平的 49.44%；人均工农业总产值为 2 459.68 元，相当于全省平均水平的 25.94%；人均粮食产量为 388 千克，相当于全省平均水平的 88.38%；农民人均纯收入为 1 522.75 元，相当于全省平均水平的 69.31%。其中，国家级贫困县的水平更低（见表 1）。

表 1 2000 年湖南省贫困地区主要经济发展指标与全省的比较

区别	人均国内生产总值（元）	人均工农业总产值（元）	人均财政收入（元）	人均粮食产量（千克）	农民人均纯收入（元）
全省	5 639.00	9 481.50	269.79	439	2 197.16
贫困地区	3 150.22	2 459 68	133.39	388	1 522.75
其中：国家级贫困县	2 587.35	2 153.47	105.28	371	1 195.58

  资料来源：湖南省第五次人口普查办公室《湖南贫困地区人口现状及对经济发展的制约》

2004 年, 湖南省贫困地区人均地区生产总值为 4 084.97 元, 相当于全省平均水平的 44.81%; 人均财政收入为 209.35 元, 相当于全省平均水平的 26.87%; 人均工业增加值为 991.42 元, 相当于全省平均水平的 37.28%; 人均粮食产量为 375.82 千克, 相当于全省平均水平的 89.57%; 农民人均纯收入为 1 749.17 元, 相当于全省平均水平的 61.63%。其中, 国家级贫困县的水平更低 (见表 2)。

表 2　　　　2004 年湖南省贫困地区主要经济发展指标与全省的比较

区别	人均国内生产总值 (元)	人均工业增加值 (元)	人均财政收入 (元)	人均粮食产量 (千克)	农民人均纯收入 (元)
全省	9 117.00	2 659.33	907.77	419.59	2 838.00
贫困地区	4 084.97	991.42	243.88	375.82	1 749.17
其中: 国家级贫困县	3 529.69	901.39	209.35	356.78	1 499.15

资料来源: 2005 年《湖南统计年鉴》

(一) 湖南省国家级贫困县的发展现状

根据新的评定标准, 2004 年湖南省国家扶贫开发重点县有 20 个, 即张家界市桑植县, 益阳市安化县, 岳阳市平江县, 郴州市桂东县、汝城县, 永州市新田县、江华县, 邵阳市隆回县、城步县、邵阳县, 怀化市沅陵县、通道县, 娄底市新化县, 湘西州古丈县、泸溪县、保靖县、永顺县、凤凰县、花垣县、龙山县。

湖南省国家扶贫开发重点县中, 新化、隆回、平江三县的人口都超过了 100 万人, 分别为 129.19 万人、111.13 万人和 100.08 万人, 邵阳和安化两县的人口均接近 100 万人, 分别为 97.16 万人、96.20 万人, 其余的县除龙江和沅陵外, 人口都在 50 万人以内, 人口最少的古丈县只有 13.76 万人。生产粮食最多的平江县达 48.92 万吨, 人均 488.81 千克; 人口达 25.85 万人的城步县生产的粮食只有 1.73 万吨, 人均 66.925 千克。2004 年, 平江县的人均粮食产量最高, 城步县最低 (见图 1)。

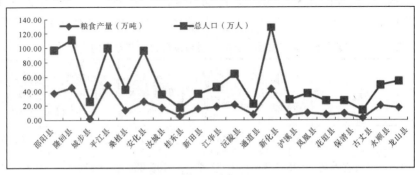

图 1　2004 年湖南省国家级贫困县的总人口、粮食产量

地区生产总值最高的平江县达 465 834 万元，人均 4 654.6 元，第一产业增加值达 139 453 万元。工业增加值最高的是沅陵县，达 219 421 万元，其余各县除平江县为 120 353 万元外，均在 10 亿元以内，古丈县只有 6 326 万元。地区生产总值最低的古丈县为 39 081 万元，人均 2 840.2 元，第一产业增加值最低的古丈县为 12 345 万元。2004 年，湖南省国家级贫困县的人均地区生产总值都在 5 000元以下，平江县最高，最低的桑植县只有 2 560.794 元（见图 2）。

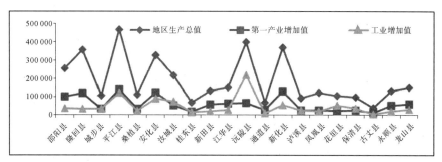

**图 2　2004 年湖南省国家级贫困县的地区生产总值、
第一产业增加值和工业增加值（单位：万元）**

2004 年，财政收入最高的新化县达 24 497 万元，最低的古丈县是 2 171 万元；农民人均收入最高的汝城县达 1 797 元，最低的城步县是 1 347 元（见图 3）。

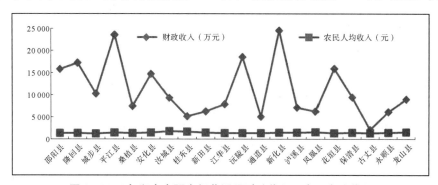

图 3　2004 年湖南省国家级贫困县财政收入、农民人均收入

（二）湖南省省级贫困县的发展现状

2004 年，湖南省扶贫开发重点县有茶陵、炎陵、新邵、新宁、石门、慈利、宜章、安仁、宁远、辰溪、麻阳、新晃、芷江、双牌、涟源、吉首、永定区、武陵源区。

2004 年，湖南省省级贫困县中涟源、茶陵、新宁、石门的人口都超过了 30万人，分别为 40.10 万人、33.46 万人、32.60 万人和 30.68 万人，新邵、宁远和慈利人口都接近 30 万人，分别为 28.82 万人、27.70 万人和 27.42 万人，其余的县除安仁和宜章外人口都在 10 万人以内，人口最少的武陵源区只有 1.35 万人。生产粮食最多的涟源市是 109.62 万吨，人均 2 733.65 千克；武陵源区生产的粮食只有 4.65 万吨，人均 3 444.445 千克。2004 年，人均粮食最多的是永定区，达 13 856.68 千克，最低的安仁县为 1 511.026 5 千克（见图 4）。

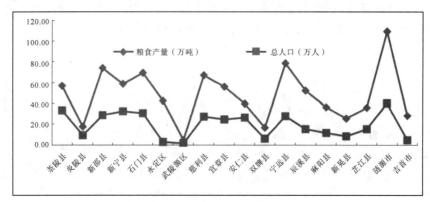

图 4　2004 年湖南省省级贫困县的总人口、粮食产量

2004 年，地区生产总值最高的石门县达 476 966 万元，人均 15 546.48 元，第一产业增加值 155 099 万元。工业增加值最高的是宜章县，达 121 399 万元，其余除涟源市 116 416 万元、石门县 108 613 万元外，均在 10 亿元以内，武陵源区为 2 165 万元。地区生产总值最低的武陵源区为 84 537 万元，第一产业增加值最低的武陵源区为 5 071 万元。2004 年，人均地区生产总值最低的新宁县为 6 191.166 元（见图 5）。

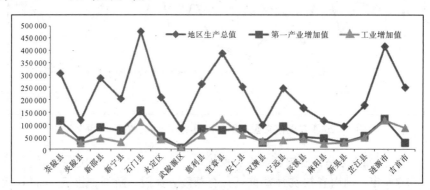

图 5　2004 年湖南省省级贫困县的地区生产总值、
第一产业增加值和工业增加值（单位：万元）

2004 年，财政收入最高的涟源市达 32 018 万元，最低的新晃县为 4 503 万元；农民人均收入最高的武陵源区是 2 745.87 元，最低的新宁县是 1 337.00

元（见图6）。

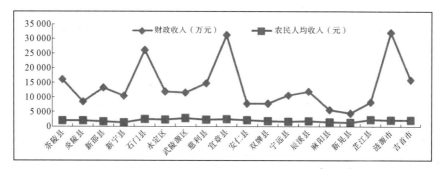

图6　2004年湖南省国家级贫困县财政收入、农民人均收入

二、贫困地区经济发展的制约条件

湖南省贫困区域形成的原因是多方面的，包括地理位置、文化理念、人口素质、产业结构等自然和社会因素。

（一）人口自然增长率高、文化素质低

全省贫困地区1999年11月1日至2000年10月31日人口自然增长率为5.09‰。贫困地区文盲人口达91.85万人，占15岁及以上人口的比例为8.30%，比全省平均水平高出3.65个百分点。茶陵、桑植、麻阳、新晃、吉首、泸溪、凤凰、花垣、保靖、古丈、永顺、龙山12个县的文盲率还超过了10%，最高的保靖达到15%。特别是女性人口的文盲率更高，平均达到12.92%，凤凰、花垣、保靖、永顺、龙山5个县该比例还超过了20%。

（二）少数民族人口比重大

贫困地区大多地处湖南省边陲，属山区或半山区，也是少数民族人口居住比较集中的地方。湖南省现有16个民族县（市、区），除靖州苗族侗族自治县外，其余均属贫困县。2000年，湖南省有少数民族人口658万人，其中居住在贫困地区的达509.28万人，占到了77.40%。

（三）经济生产条件差

2000年，贫困地区的机耕面积为334.29万亩（1亩＝666.67平方米，下同），只占区域耕地面积的13.76%（全省平均为43.88%）；有效灌溉面积为820.13万亩，占耕地面积的57.38%（全省平均为68.27%）；拥有农业机械动力为420.23万千瓦，每亩耕地平均占有0.29千瓦（全省平均为0.40千瓦）。

（四）城镇化水平低

2000年，贫困地区城镇人口占总人口的比重为15.64%，比全省平均水平低14.11个百分点。不计4个市、区，27个贫困县的城镇化水平为11.15%，并且还有桂东（9.53%）、平江（8.27%）、汝城（7.66%）3个县的城镇化水平在10%以下。贫困地区城镇化水平较低，是非农产业不发达的一种反映。2000年，贫困地区非农业户口人数占总人口的比例为12.26%，较全省平均水平低7.34个百分点，特别是有7个县的非农业户口比例还在10%以下，最低的隆回县仅为7.49%。

三、结论及对策

湖南省县域经济的发展存在巨大差距。贫困县都是农业县，农民收入微薄，财政收入少，赤字严重；工业基础薄弱，交通设施等基础设施破败，地理位置偏僻，交通不便，有许多区域为少数民族聚居地。但这些地方也有其独特的发展优势，有些地方地理位置偏僻，为少数民族聚居地，因而有其独特的自然景观和民族风情。新宁的崀山、城步的南山牧场、新化的波月洞、凤凰的凤凰古城、武陵源的旖旎风光、隆回的魏源故居、双植的贺龙故居等，可以充分利用地缘优势，发展旅游业，开发各地的特色产品。在对贫困县加大财政投入的同时，应正确处理好授人以"渔"和授人以"鱼"的关系，把自主创业和政府扶持结合起来。

（一）改善发展条件，减轻农民负担

国家对所有尚未解决温饱的贫困农户，免除税费，适当延长扶贫贷款的使用期限，放宽抵押和担保条件，扶贫贷款实行优惠利率。同时，省和地方政府制定有利于贫困地区休养生息的政策；逐步加大对贫困地区的转移支付力度，为贫困地区提供更多的财力支持；全部免除贫困地区学生的九年义务制教育费用，设立义务教育基金，给予特困学生资助，依靠多种途径筹集教育经费，改善办学条件。贫困地区的人才缺乏是多方面、多层次的，引进人才是必要的，但基点还必须放在发展教育、开发内部人才上。贫困地区应精简乡镇机构，减少不必要的财政支出，真正减轻农民负担；建立农村医疗保障体系，改变农民"小病挨，大病扛"的现状。

（二）改善投资环境，吸引外部资源

国家应改善贫困地区的投资环境，加大交通、通信、电力等基础设施的投资力度，发展硬件设施；同时，完善法律法规制度，严格执法，防止相关部门的"索、拿、卡、要"的出现，杜绝"三乱"行为，为民营企业的投资创造良好环境，鼓励自主创业，发展县域经济。政府对贫困县新办企业和发达地区到贫困区兴办的企业，实施减免税优惠政策；同时，积极推动发达地区与贫困地区在政府、民间、企业等层次上的大跨度横向联合和扶贫协作。

（三）诱导自愿移民，组织劳务输出

国家应在缺乏基本生产和生活条件的少数特困地区诱导自愿移民。其政策是群众自愿、就近安置、量力而行、适当补助。贫困地区的农业劳动力剩余状况与其他地区别无二致，同样存在着转移的紧迫性。同时，贫困地区在城镇发展、产业结构、经济发展水平等方面落后于其他地区，农业劳动力的转移又存在着特殊性。因此，把产业间流动同地域间流动有机地结合起来，有组织地实施劳务输出，既可以缓和农业劳动力剩余严重而本地实难解决的矛盾，又可以促使边远山区的人口从偏僻落后的、甚至被历史遗忘的穷山僻野中走出来。劳务输出项目不仅可以增加农民现金收入，解决温饱问题，更重要的是可以通过项目的组织和管理，使贫困地区劳动力在异地工作、生活，更新了观念，掌握了技术，提高其自我发展的能力。这对于贫困家庭和贫困地区彻底摆脱贫困，走上稳定发展的道路意义十分重大。

（四）关注弱势群体，加大投入力度

中国是一个多民族的国家，其中少数民族人口约占总人口的10%。由于少数民族地区的发展起点低、起步晚，目前大多仍处于相对落后的状态，少数民族地区的贫困人口占全国贫困人口的比例超过40%，少数民族地区的贫困问题突出。对此，国家应采取以下措施：第一，在确定贫困县时对少数民族地区给予特殊照顾；第二，扶贫资金向少数民族地区倾斜；第三，加大基础设施建设力度，完善道路、水利等公共基础设施；第四，促进教育、卫生等社会事业的发展。

参考文献

[1] 湖南省统计局. 湖南统计年鉴 [G]. 北京：中国统计出版社，2005.

[2] 贺文华，胡茜. 湖南省县域经济发展差距研究——基于邵阳和长沙县域经济的对比 [J]. 中国民营科技与经济，2006（5）：74-76.

[3] 湖南省第五次人口普查办公室. 湖南贫困地区人口现状及对经济发展的制约 [EB/OL]. (2002-07-04). http://www.hntj.gov. cn/rkpc/200207240113.htm.

（原载于《台湾农业探索》2007年第1期）

4. 整合支农资金 发展县域经济
——以湖南隆回县为例

　　根据财政部《关于做好财政支农资金整合试点工作的通知》（财政部财农便〔2004〕31号），2005年5月中旬湖南省财政厅农业处赴怀化市辰溪县和邵阳市隆回县实地了解支农资金使用情况，6月底，初步确定了全省指导性方案——《湖南省财政支农资金整合试点工作方案》，与农业综合开发办公室（简称农开办）联合在怀化的辰溪和邵阳的隆回、永州的祁阳、益阳的赫山区四个县区开展支农资金整合试点工作。

　　隆回县位于湘中偏西南，地处雪峰山南麓与衡邵干旱走廊交接地带，总面积2 866平方千米，是国家扶贫开发工作重点县，下辖26个乡镇1 010个村（居）委会，其中省定扶贫工作重点村180个，总人口110万人，农业人口98万人。到2004年年底，全县农民人均纯收入仅为1 450元，贫困人口达18.9万人、5.4万户，低收入贫困人口14.22万人、4万户，未解决贫困人口4.68万人、1.4万户。

一、隆回县财政收入及支出状况

（一）财政收支概况

　　1978年，隆回县的财政收入是1 518万元，财政支出是1 236.31万元，其中经济建设支出占财政支出的46.84%，财政收支盈余。1996年，隆回县财政收支出现赤字，收入12 818万元，支出16 101.0万元，并且经济建设支出占总支出的比例也有下降趋势。2002年，隆回县经济建设支出占财政支出的10.60%（见表1、表2）。因此，作为一个国家级贫困县，如何提高财政资金的使用效率显得尤为重要。

表1　　　　　　　　　隆回县1990—2002年财政收入情况　　　　单位：万元

年度	总收入	其中县级一般预算收入							
		合计	工商各税	农业税收	企业收入	专项收入	其他收入		
							国家预算调节基金	国有资产经营收益	其他
1991	6 345	3 788.9	2 517.2	646.5	236.9	72.6	29.8		285.9
1992	6 342	6 098.0	4 734.0	661.0	37.0	113.0	28.0		525.0
1993	8 031	7 698.0	5 781.0	886.0	43.0	98.0	16.0		874.0

表1(续)

年度	总收入	其中县级一般预算收入							
		合计	工商各税	农业税收	企业收入	专项收入	其他收入		
							国家预算调节基金	国有资产经营收益	其他
1994	8 632	4 636.0	1 807.0	1 351.0	107.0	95.0	9.0		1 267.4
1995	10 728	6 383.0	2 343.0	1 384.0	62.0	224.0	4.0		2 366.0
1996	12 818	8 194.0	2 743.0	1 778.0	51.0	217.0			3 405.0
1997	14 791	9 891.0	3 234.0	2 140.0	145.0	237.0			4 135.0
1998	16 646	11 269.0	3 831.0	1 783.0	191.0	249.0		182.0	5 033.0
1999	16 320	12 664.0	4 158.0	1 770.0	447.0	303.0		144.0	5 842.0
2000	18 358	12 817.0	4 707.0	1 777.0	379.0	361.0		161.0	5 432.0
2001	20 335	14 122.0	5 920.0	1 571.0	439.0	353.0		221.0	5 618.0
2002	21 259	13 521.0	4 416.0	2 508.0	141.0	353.0		131.0	5 972.0

资料来源:《隆回县志（1978—2002 年）》（隆回县志编撰委员会）

表 2　　　　　　　隆回县 1990—2002 年财政支出情况　　　　　单位：万元

年度	合计	其中					财政支出比上年增减	经济建设支出占财政支出%
		经济建设	文教科卫	抚恤社教	行政管理	其他支出		
1991	5 518.3	1 398.1	2 310.8	225.7	931.3	652.4	8.80	25.34
1992	6 177.0	1 130.0	2 737.0	198.0	1 395.0	717.0	11.94	18.29
1993	7 458.0	1 489.0	3 006.0	249.0	1 697.0	1 017.0	20.74	19.97
1994	8 465.0	1 109.0	4 381.0	266.0	2 183.0	526.0	13.50	13.10
1995	9 879.0	1 403.0	3 876.0	397.0	2 512.0	1 691.0	16.70	14.20
1996	13 864.0	2 959.0	4 946.0	720.0	2 756.0	2 483.0	40.34	21.34
1997	16 101.0	3 086.0	5 148.0	1 648.0	2 993.0	3 226.0	16.14	19.17
1998	17 399.0	4 588.0	4 668.0	1 824.0	4 185.0	2 134.0	8.06	26.37
1999	20 842.0	5 207.0	5 463.0	2 531.0	5 132.0	2 509.0	19.79	24.98
2000	21 689.0	3 681.0	6 951.0	2 920.0	5 567.0	2 570.0	4.06	16.97
2001	25 970.0	4 113.0	8 771.0	3 656.0	6 475.0	2 955.0	19.74	15.84
2002	30 493.0	3 235.0	10 451.0	5 083.0	7 181.0	4 543.0	17.42	10.60

资料来源:《隆回县志（1978—2002 年）》（隆回县志编撰委员会）

　　2004 年，隆回县共完成财政总收入 17 272 万元，其中地方财政总收入完成 12 498 万元；完成财政总支出 40 518 万元，其中财政支农支出完成 4 219 万元，占财政总支出的比重为 10.41%。支农支出中，农口部门与乡镇农业事业费支出 1 941 万元，占支农支出的 46%；农业综合开发支出 594 万元，占支农支出的 14.08%；农业专项支出 326 万元，占支农支出的 7.72%；农村科教文卫支出 65 万元，占支农支出的 1.55%；财政扶贫资金支出 1 293 万元，占支农支出的 30.65%。2005 年，隆回县共完成财政总收入 17 853 万元，其中地方财政总收入完成 12 312 万元；完成财政总支出 48 728 万元，其中财政支农支出完成 5 372 万元，占财政总支出的比重为 11.51% 。支农支出中，农口部门与乡镇的农业事业费支出 2 287 万元，占支农支出的 42.57%；农业综合开发支出 382 万元，占支农支出的 7.11 %；农业专项支出 490 万元，占支农支出的9.12%；农村科教文卫支出 92 万元，占支农支出的 1.71%；财政扶贫资金支出 1 362 万元，占支农支出的25.35%。2004 年，省市下达隆回县支农资金总额为 11 614.6 万元，其中通过财政部门下达的 9 141.9 万元，农口部门单独下达的 982.2 万元（省级农口部门下达 82 万元，市级农口部门下达 900.2 万元）。财政部门下达的支农资金中，农业科 2 864 万元（含财政扶贫资金1 293.2 万元），农开办 594 万元，经建科 4 124 万元，教科文 416 万元，企业科 27 万元，社保科 343 万元。2005 年，省市下达隆回县支农资金总额为12 866.28万元，其中通过财政部门下达的 11 615.06 万元，农口部门单独下达的 869.22 万元（省级农口部门下达 200 万元，市级农口部门下达 669.22 万元）。财政部门下达的支农资金中，农业科 3 238.58 万元（含财政扶贫资金1 346.42万元），农开办 382 万元，经建科 5 276 万元，教科文 446 万元，企业科 6 万元，社保科 2 648.48 万元。

2004 年和 2005 年，隆回县财政支出远大于财政收入，其中支农支出分别为 4 219 万元和 5 372 万元。2004 年和 2005 年省市下达给隆回县的支农资金分别为 11 614.6 万元和 12 866.3 万元，是通过农口部门和财政部门分别下达（见表3）。财政支农资金支出主要是农口部门与乡镇农业事业费、农业综合开发、农业专项支出、农村科教文卫、财政扶贫五方面支出（见表4）。

表3　　隆回县 2004—2005 年省市下达隆回县的支农资金情况　　单位：万元

2004 年	2005 年
省市下达县支农资金总额　11 614.6	省市下达县支农资金总额　12 866.28
农口部门 982.2 　其中：省级农口部门 82 　　　　市级农口部门 900.2	农口部门 869.22 　其中：省级农口部门 200 　　　　市级农口部门 669.22
财政部门 9 141.9 　其中：农业科 2 864 　　　　农开办 594 　　　　经建科 4 124 　　　　教科文 416 　　　　企业科 27 　　　　社保科 343	财政部门 11 615.06 　其中：农业科 3 238.58 　　　　农开办 382 　　　　经建科 5 276 　　　　教科文 446 　　　　企业科 6 　　　　社保科 2 648.48

资料来源：隆回县财政局农业股《隆回县支农资金有关情况》

表 4   隆回县 2004—2005 年财政支农情况   单位：万元

	2004 年	2005 年
农口部门与乡镇农业事业费	1 941	2 287
农业综合开发	594	382
农业专项支出	326	490
农村科教文卫	65	92
财政扶贫	1 293	1 362

资料来源：隆回县财政局农业股《隆回县支农资金有关情况》

（二）县级支农专项资金预算安排情况及资金来源

2004 年，隆回县共安排支农专项资金 326 万元，主要分为两个方面：一是重点项目专项，共计 11 个项目，共计金额 296 万元，其中沼气生态能源建设 50 万元，金银花入药典、硒资源普查评审 60 万元，畜牧专项事业费 75 万元；二是农技推广专项，共计 16 个项目，金额 30 万元。2005 年，隆回县共安排支农专项资金 490 万元，其中沼气生态能源建设 50 万元，农村劳动力转移培训与配套 20 万元，畜牧事业费 60 万元，防汛抗旱 20 万元，水土保持项目配套 10 万元，农业发展机动金 40 万元，烤烟发展基金 100 万元。

2004 年，隆回县来源各渠道的支农资金达 11 614.6 万元，其中农业综合开发资金 594 万元，财政扶贫资金 1 293.2 万元（含以工代赈），长治水保项目资金 171 万元，教育危改 316 万元，农村社会救助 1 064.63 万元，国债交通 1 020 万元，基本建设 40 万元，种粮补贴 1 553.25 万元，退耕还林补助 3 468.5 万元，农业专项资金 126.2 万元，水利建设资金 89.5 万元，林业专项资金 61.1 万元，其他 109.55 万元。省市农口部门单独下达的支农资金达 982.2 万元。2005 年，隆回县来源于各渠道的支农资金达 12 866.28 万元，其中农业综合开发资金 382 万元（含长治水保 184 万元），财政扶贫资金 1 346.42 万元（含以工代赈），农村社会救助 2 648.48 万元，教育危改 362 万元，科技富民强县 84 万元，国债 635 万元，基本建设 575 万元，种粮补贴 1 795.72 万元，退耕还林补助 3 552.49 万元，农业专项资金 56.5 万元，水利建设资金 275.5 万元，林业专项资金 147.4 万元，其他 136.55 万元。省市农口部门单独下达的支农资金达 869.22 万元。[①]

二、隆回县支农资金整合的特点

隆回县在进行支农资金整合的过程中，结合县域经济的特点，摸索出了自

---

① 数据来源：隆回县财政局农业股《隆回县支农资金有关情况》。

身的整合特色，主要是精心选好项目，以项目为整合平台，提高资金的使用效率。

（一）基础设施建设

在农田水利基本建设方面，隆回县从改善农业生产条件入手，克服县级财政资金紧缺的困难，充分发挥政府组织的协调作用，把分散在各部门的支农资金整合起来，用于全县的农田水利基本建设。2002年，隆回县实施了六都寨水库库尾围堤复耕工程，该项目通过两年多时间的实施，完成总投资2 364万元，上级财政只安排专项资金1 000万元，缺口资金达1 364万元。为解决这一难题，县政府将财政、农业综合开发、以工代赈、六灌局、国土、扶贫六项支农资金进行整合，共整合农业综合开发资金300万元，国土资金200万元，扶贫资金200万元，六灌局400万元，县级财政配套安排300万元等部门资金1 300余万元，用于平整土地、渠道开挖与砼化、河堤修筑、机耕道建设等项目，确保项目顺利实施。资金整合使用后，有效改善了项目区的生产和农民的生活条件，进一步提高了农业产业化水平，使支农资金产生了巨大的社会、经济效益。2004年，项目建成后，项目区农民人均收入增加到1 345.2元，比全县平均水平高出86.2元。20世纪五六十年代修建的246座中小型水库，近90%出现了裂缝、水库干渠严重毁损等现象。大部分水库和渠道已不能正常发挥蓄水灌溉功能，并且给水库下游群众的生命财产安全埋下了隐患。从2005年开始，隆回县共整合水利、水保、防洪保安、以工代赈、烤烟、国债、农业综合开发七个部门的资金，共计500多万元，对县内的20余座病型水库进行了改造和维修，从而确保基本农田灌溉用水需要，促进了当地农业增产和农民增收。两年多来，隆回县还实施了山塘硬化工程、渠系改造工程、土地平整工程以及节水灌溉工程等项目，整合水利、以工代赈、农业综合开发、国土、财政扶贫等涉农项目资金达6 000多万元，维修改造水利工程16 000处，增加蓄水量4 000多万立方米，新增和改善有效灌溉面积20余万亩，增强了农业综合生产能力和抗旱抗灾能力。

在交通建设方面，近几年，隆回县实施了"通乡油路、通村公路与千里村级路网改造工程"等项目，将以工代赈、交通、国债、扶贫等专项资金整合使用，整合支农资金近亿元，新修村级公路195千米，改造公路450多千米，基本实现了"村村通"的目标。

（二）优势产业培植

隆回县确定了中药材、优质稻、烤烟、蔬菜、楠竹五大农业优势产业。为了扶持这些优势产业壮大发展，隆回县制定了资金整合扶持优势产业规划，按照"以规划定项目、资金跟着项目走"的原则，整合一批支农资金，发展壮大一个优势产业。五大农业优势产业中，县域南面的烤烟和北面的中药材最具代表性。

烤烟是隆回县的传统产业，种植历史悠久，早在清朝嘉庆年间县内南面的7个乡镇就有种植习惯，但由于种植区的交通、水利等基础设施落后，导致这一传统产业无法形成规模。在烤烟生产方面，隆回县采取"上级部门资金捆、本级财政资金奖、烟农配套资金投"等措施筹措资金1 800多万元，实施了"烟水、烟田、烟路"等配套改造工程，新建标准化烟田1.5万亩，新增密集式烤房200余座。这些措施大大激发了广大农民的种烟积极性，使烤烟生产取得重大突破。2005年，隆回县烤烟面积达到1.6万亩，产量达到3.2万担，烟叶产值达到1 487万元，创税600余万元，面积、产量创造了1998年以来的最好水平。2006年，隆回县烤烟种植面积突破2万亩，产量达4.5万担，烟叶产值达到1 972万元，是2002年产值的近3倍。在中药材生产方面，隆回县选准金银花这一主导产业，在巩固原有种植规模的基础上，积极实施品种改良、标准化种植、规范化管理、无害化加工等措施，进一步提升金银花的质量，同时对金银花进行深加工，延伸产业链。2005年，隆回县整合农业综合开发、农业、扶贫、以工代赈等部门支农资金200余万元，新建了一个占地面积达50亩的良种繁育基地和一个种植面积达200亩的金银花示范基地，基地内配套设施齐全、技术服务到位，有效带动了当地药农发展金银花的积极性，促进了药农增收。种植金银花15万亩，其他中药材10万亩，隆回县由此跻身全国药材生产重点基地县行列，成了名副其实的"中国金银花之乡"。

（三）生态环境建设

自2005年以来，隆回县实施了退耕还林工程、水保长治工程、改水改厕工程、安全饮水与沼气能源建设工程，整合资金600余万元，完成退耕还林面积4.6万亩，新建沼气池2 300口，社会效益、经济效益和生态效益得到了充分发挥。①

三、支农资金整合过程中的困难分析

在支农资金整合过程中，县级政府部门往往存在一种整合上级财政资金的积极性，希望向上级要资金，要优惠政策，而对本级的财政资金整合积极性不高；在资金的审批和管理上埋怨上级管得太严、统得太死；在申报、审批和资金安排上要求更高的自主权，希望上级财政部门对资金量大的项目给予重点支持，对资金量小的项目要保障全额安排。支农资金整合并不是只整合上级资金，整合支农资金是一种资源的再配置问题，是把好钢用在刀刃上。如果整合资金使用得到的收益能够补偿各部门资金减少的损失且还有剩余，这是资金使用的一种帕累托改进。在各个部门分散使用的资金都会受到边际收益递减的约束，即随着使用资金的增加，单位资金边际收益递减，甚至对社会经济发展没

---

① 数据来源：隆回县财政局农业股《县级财政支农资金整合的实践与思考》

有促进作用，只是增加了部门收益，形成了资金的无效使用，是一种稀缺资源的浪费。如果能整合各部门的资金用于社会经济发展的重要领域，必然会增加资金的使用效益，增加社会收益。因为部门利益的客观存在，各部门为了维护本部门的利益，使本部门的利益最大化，所以在资金的整合过程中会出现各种矛盾和冲突，困难在所难免，主要表现在以下四个方面。

（一）本位意识强，协调配合难

整合支农资金就是将部门掌握的专项资金由县政府统一安排，减少了部门因分散资金而获得的一些既得利益。由于受长期以来项目资金分配、使用的惯性影响，有的部门考虑局部利益多、整体利益少，整合资金积极性不高，存在协调配合难的问题。

（二）体制不统一，整合效率低

由于受当前支农资金管理体制的制约，各种支农专项资金均以部门为主分配下达，形成了自下而上申报项目，以部门为主管理项目的管理体制，并且上级部门对项目实施有严格的规定，各部门对项目有不同的审批标准。在项目实施过程中，存在项目重叠管理现象，降低了整合效率。

（三）趋利心理强，管理难度大

在整合过程中，支持同一项目建设支农资金有可能来自多个部门，但必须明确一个责任主体。由于资金管理和使用会带来某些方面的利益驱动，部门之间争功趋利，加大了管理难度。

（四）机构不健全，实施操作难

支农资金涉及多个部门及单位，并且政策性强，开展整合工作需要一个权威的办事机构来负责组织、协调。隆回县组建的整合机构具有临时性的特点，实施整合操作难度相当大。

四、支农资金整合的经验及建议

通过几年来支农资金整合实践，隆回县在整合支农资金方面也取得了一定成绩，得出了一些具有一定借鉴意义的经验。

（一）强化整合意识

支农资金整合是对公共财政资源进行的一次优化配置，涉及各级政府多个部门的自身利益。整合的有来自中央、省、市、县的支农资金。把各部门的资金进行有效整合，需要各级政府的统筹协调。首先，需要增强各级政府领导的整合意识。其次，各部门要强化整合意识，局部利益服从整体利益，避免各部门为了部门利益相互博弈而形成巨额摩擦成本，导致资源浪费。

（二）做好整合规划

整合支农资金是一个复杂的系统工程，需制定长期的整合规划，制定的规划应具备前瞻性、可行性、连续性。在短期还需制定项目规划，项目是资金整合的载体，项目质量直接影响整合效益。

（三）加强整合监管

资金整合后，资金量大，使用相对集中，容易产生一些新问题，因此一定要加强整合资金的监管力度。首先，县财政局要设立财政支农资金整合账户。其次，严格项目资金报账审批程序，全面推行县级报账与县级验收审批乡镇核算报账相结合的报账制度。

（四）完善整合机制

资金整合是关系到各部门的利益调整及利益格局的重新安排，因而必须要有一个强有力的机构进行管理，负责各部门以及部门内部机构之间分配、管理、使用财政支农资金中工作的协调，因而需加强机构队伍建设。同时，还要激发部门整合力度，围绕支农资金整合规划，建立切实可行的激励机制，即实施各部门支农资金整合业绩与单位预算安排、评先评优、干部提拔任用、单位文明建设考核、今后目标安排的"五挂钩"机制。

参考文献

［1］湖南省财政厅农业处. 关于支农资金整合有关情况的汇报［R］. 2005-10-14.

［2］邵阳市农业局财政科. 支农资金整合有关情况汇报［R］. 2005-10-14.

［3］隆回县财政局农业股. 县级财政支农资金整合的实践与思考［R］. 2006-9-30.

［4］隆回县财政局农业股. 隆回县支农资金有关情况［R］. 2006-8-10.

（原载于《台湾农业探索》2008年第2期）

5. 财政支农资金现状及使用效率分析

　　财税政策不仅是政府调节收入分配的最重要工具之一，也是现阶段缩小我国收入分配差距的有效选择。在建设新农村的各种措施中，财政支农资金起着至关重要的作用。财政支农资金对于新农村建设的作用，不仅在于其支农的数量，更在于其支农的质量和效率。我国财政支农政策体系多年来不仅处于较低的水平，而且受农业比较利益下降、改革步伐滞缓等多方面因素的影响，还呈现出不断缩减和恶化的趋势，阻碍了农业快速发展和农民持续增收。

一、财政支农资金投入量及结构分析

（一）财政支农资金投入量分析

　　国家财政用于农村农业的支出从 1978 年的 150.66 亿元增长到 2004 年的 2 357.89亿元，年均增长 11.16%。其中，增长最快的是支农支出，年均增长 12.63%。多年来，国家财政用于农业的支出占财政支出的比重不仅没有提高，反而有所下降。1996 年为 8.82%，1997 年为 8.30%，1998 年为 10.69%，1999年为 8.23%，2000 年为 7.75%。其中，1998 年比重有所提高，原因是这一年发生了特大水灾。国家财政收入从 1996 年的 7 400 亿元增至 2000 年的 16 386亿元，增幅达 121%，但财政对农业支出只从 700 亿元增至 1 231 亿元，增幅仅为 75%。农业各税增长速度快于国家财政用于农业支出的增长速度，年均增长 14.23%，因而用于农业支出与农业各税的比值呈下降趋势，1996 年、1997 年均小于 2，2003 年也只有 2.01，2004 年有所恢复，为 2.61。

　　从图 1 可以看出，财政用于农业支出占财政支出的比重从 1991 后一直呈下降趋势，由于从 1998 年开始"农业基本建设支出"包括增发国债安排的支出，支出比重从 1997 年的 8.30%增加到 1998 年的 10.69%，之后又呈下降趋势，到 2003 年达到了最低点，2004 年呈现恢复性增长，为 8.28%。

　　1990—2004 年，我国农业各税为国家财政累计增加收入 5 961.06 亿元。但农村公共产品主要靠农民自筹解决，国家仅给予少量补助。据统计，目前占全国总人口近 60%的农村居民仅享用了 20%左右的医疗卫生资源，农村每千

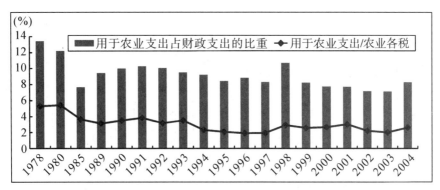

图1　1978—2004 年财政用于农业支出占财政支出的比重、
用于农业支出/农业各税之比

人拥有的病床数仅为城市的 32.9%；农村中学生享受到的国家中学教育经费仅为城市的 38%；城乡社会保障覆盖率之比高达 22：1。同时，农村中本应由政府提供的公共产品，往往以农民承担为主。有些应由中央财政承担的事权下放到了乡镇，甚至村委会，致使乡镇政府事权大于财权，摊派或举债运作屡屡发生，乡镇财政不堪重负，村级负担过重。

（二）财政支农资金投入结构分析

我国的财政支农支出，由以下支出构成：农林水利和气象支出、农业综合开发支出、农业基本建设支出、农业科技三项费用、农村救济费。以 2004 年为例，全国财政用于农业的支出总额为 2 358 亿元。

目前，我国财政农业投入状况与农业可持续发展还存在许多问题。其中比较突出的是财政农业投入总量不足和结构不尽合理。一是财政农业支出总体水平偏低。据统计，1995 年财政农业支出占国内生产总值的比重是 0.95%，2004 年该比重是 1.5%，尽管有较大提高，但所占比重依然不高。1995 年财政农业支出占财政支出的比重是 8.43%，2004 年该比重是 8.28%，支农支出占了财政用于农业支出的绝大部分（见图 3、图 4）。二是在财政农业投入结构上，用于"养人吃饭"的钱多，而用于"办事建设"的钱少。生产性支出少，非生产性支出多，经常出现行政费挤占事业费、事业费挤占生产性支出的现象。例如，2004 年全国用于农林水利气象等事业费支出占农业投入总额的比例高达 64.0%。由于实施积极的财政政策，农业基本建设支出有比较大的增长，1996 年是 141 亿元，2004 年达到 565 亿元。农业科技三项费用绝对额不大，1996 年是 5 亿元，2004 年是 13 亿元，占财政农业总投入的比重不到 1%。

2005 年，中央财政继续加大对"三农"的支持力度，中央财政全年安排用于"三农"的支出比 2004 年增长 16.1%。支农资金主要用在以下几个方面：第一，深化农村税费改革。牧业税和除烟叶外的农业特产税全部免除，继

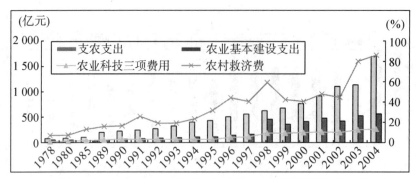

图2　1978—2004 年国家财政用于农业支出的构成变化情况

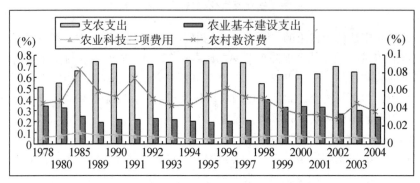

图3　1978—2004 年国家财政用于农业支出的构成比重的变化情况

续扩大免除农业税的省份范围，为此中央财政安排转移支付 662 亿元，比 2004 年增长 26.3%。第二，落实"三补贴"政策。中央财政用于粮食直补的资金达到 132 亿元，比 2004 年增长了 3.8%；兑付良种补贴资金 38.7 亿元，比 2004 年增长了 35.8%，兑付农业机械购置补贴资金 3 亿元，是 2004 年的 4 倍之多。同时，中央财政实施对企业生产销售的尿素免征增值税的税收优惠政策。第三，实行"三奖一补"政策。2005 年，中央财政安排 1.50 亿元资金，对财政困难县级政府增加税收收入和省市级政府增加对财政困难县财力性转移支付给予奖励，对县乡政府精简机构和人员给予奖励，对产粮大县给予奖励，对以前缓解县乡财政困难做得好的地区给予补助。第四，支持农村新型合作医疗试点。新型合作医疗制度改革试点范围由 11.6% 的县（市、区）扩大到 23.5% 的县（市、区），涉及农民 2.33 亿人，国家财政每人每年补助不低于 20 元，其中中央财政对中西部地区每人每年补助 10 元。第五，支持农村和农民的长远发展。中央财政加大了农村劳动力转移培训、扶贫开发等方面的投入，加大了农业综合开发的投入，发挥其引导、示范和带动作用。总体来看，我国财政支农支出占财政支出比重低和财政支农支出比例结构不合理,与农业在我国国民经济发展中的基础性地位和农业发展要求政府支持与保护的需求相比,仍有很大差距。

二、财政支农资金使用效率及管理机制分析

(一)财政支农资金使用效率分析

近年来,农民收入增长缓慢,已成为制约国内市场和经济增长的重要因素。2002年,农村居民人均纯收入为2 476元,大约相当于城镇居民人均可支配收入7 703元的三分之一。提高农民收入,已成为政府和社会各界十分关注的重要问题。但是,财政支农力度不强。

政府支农资金主要是指国家财政用于支持农业和农村发展的建设性资金投入,主要包括固定资产投资(含国债投资和水利建设基金)、农业综合开发资金、财政扶贫资金、支援农村生产支出、农业科技投入等。各级政府对"三农"的投入不断增加,有力地促进了农业生产、农村发展和农民增收。但是,由于资金渠道来自不同部门,各自有不同的管理方式,也在一定程度上出现了支农资金使用管理分散现象,影响支农资金使用效益和政策效应的发挥。政府必须逐步规范政府农业资金投向,合理有效配置公共财政资源;转变政府和部门的职能,消除"缺位"和"越位"现象;集中力量办大事,提高支农资金的整体合力。由于支农资金目前还是多渠道投入,因此中央部门也面临着支农资金整合问题。例如,针对部门和行业特点,明确各自的投入重点和支出范围,适时推进中央预算安排的支农资金整合,统筹安排支农资金的使用。长期以来,项目靠"跑",资金靠"争",一些地方财政支农资金的使用与管理存在严重的分散现象。原本是规范管理,有着严格申报、审批、使用、监管程序的支农资金却存在着凭关系分配的潜规则。个别地区存在有关系的基层干部能够在掌握支农资金的实权部门争取到更多的资金,没关系的基层单位只能干等。"人情"盖过规范的分配方式,使支农资金很难发挥应有的作用,好钢难用在刀刃上。国家有关政策表明,新农村建设的核心在于生产发展。这就意味着基层干部的主要任务在于充分调动农民的积极性,挖掘农业内部的增收能力,通过生产发展来带动农民生活富裕。然而,不少基层干部却将主要精力放在向上"跑款"上,甚至在"跑款"的途径及数量上互相攀比。跑到款的基层干部理直气壮,跑不到款的基层干部垂头丧气。有些基层干部通过各种关系从上级部门争取到的支农资金大多用于村子巷道硬化、街道绿化等"面子"工程,较少部分用于农田水利建设等帮助农民发展生产的项目上;有些基层干部甚至出现资金挪用等违规现象,如将水利资金用于巷道硬化等。这种支农资金的混乱使用,看得见的负面影响自不必说,同时也反映出某些基层干部轻"发展"重"形象"的错位政绩观。某省南部某贫困县的一个乡镇,通过从上

级部门争取各种支农资金，甚至从银行贷款来建设园林村，村子绿化得很漂亮，各级政府很满意，但农民生产增收并没有得到太大改善。农业、水利、林业、农机、海洋渔业等多条线资金单独分配，条线之间没有联系。"天女散花"式的资金分配方式，使得最需要解决的项目却往往拿不到资金，中间环节太多，也使涉农项目成本增加，甚至滋生腐败。

财政支农资金效益有待进一步提高，主要表现为：第一，财政部门滞留支农资金。有的单位将支农资金列支后，转入"暂存款"科目，于次年陆续拨付；有的单位将预算列支的支农资金转入农财部门，未及时拨付。第二，农口部门在管理和使用支农资金时，轻视效益。有的农口单位年底结余（包括往年结余）竟然占当年度财政拨款的82%。第三，缺乏科学论证盲目立项，造成支农资金的浪费损失。第四，资金投向失准，超出财政管理范围，造成财政支农资金的流失。有的主管部门将农业专项资金投入下属自负盈亏的独立实体，导致支农资金流入私人囊中。第五，财政支农资金投入分散，各农口主管部门缺少拉动地方农业发展的重点工程和龙头产业，影响支农资金整体效益的发挥。

（二）财政支农资金管理机制分析

财政支农资金是农业基础地位政策的体现和农业投入的具体实现形式，为促进和加强财政支农资金管理、提高资金使用效率、改善农业发展环境、提高农业综合实力、促进农业可持续发展起到了至关重要的作用，并奠定了坚实的基础。同时，财政支农资金在管理和使用等方面还存在一些问题，在某些环节上制约了财政支农资金作用的正常发挥，影响国家农业政策的切实贯彻落实。第一，财政支农政策出现偏差，农业投入比例失调。《中华人民共和国农业法》规定国家逐步提高农业投入的总体水平。国家财政每年对农业总投入的增长幅度应当高于国家财政经常性收入的增长幅度。但在实际操作过程中，财政支农政策出现偏差，农业投入不足且比例失调，达不到增长幅度。一些地方行政事业费用支出高于支援农业生产支出，用于农业基础设施的支出为空白点，农业项目的配套资金不能到位，不能按照农业项目计划规定配足配套资金。农村的小型农田水利建设、农村道路建设、农业科技推广、农村社会化服务体系建设等理应由政府财政投入，由于财政投入缺位，导致农村生产和农民生活条件改善不明显。第二，县乡财政无力提供配套，甚至截留挪用中央和省市财政支农专项资金。近年来，除少数发达地区外，我国县乡本级财政的支农能力有名无实，甚至是极其虚弱的，财政支农主要依赖中央和省级财政。特别是欠发达的中西部地区和粮食主产区，县乡财政困难的问题日益普遍和严重化，县乡政府支农的实际能力已经普遍弱化，这不仅妨碍了农业和农村经济发展，还严重制约着农业和农村的稳定运行。再加上政府能够向上争取到的资金支持项目，多属于农业项目，而争取到的项目资金经常被挪用于给政府部门发放工资。第三，支农资金项目管理模式落后，资金安排不科学。目前，支农项目投资的随意性和被动性很强，投资也不科学、不合理。支农资金项目管理基本上是延续计划经济时期高度集中的投资、建设、管理、使用四位一体的管理方式，导致行政权力直接介入工程项目的实施，缺乏有效的监督，易产生腐败现象，工程质量得不到保证，造成资源极大的浪费。第四，支农项目资金监管水平低下。首先是监管职能缺位，我国支农资金接受财政、审计、纪检等部门的监管，在实际工作中表现为多头监管、责权划分不明确、部门配合不协调、责任落实不到位的现象。支农资金透明度低，缺乏完善的举报系统，社会公众舆论没有发挥应有的监管作用。其次是事前监管严重缺乏，主要表现为对项目立项过程监管，工程开工前执行招投标、监理、合同管理、项目法人制情况的监管，项目开工前对法定代表人、项目单位财务人员上岗资质以及业务情况的管理等事前监督工作淡化，甚至缺位。有些支农项目没有按照基本建设管理程序（如财政部门负责的支农项目）实行"四制"管理，以致出现挤占挪用项目资金、工程不能按计划通过验收等问题。

中央政府直接分配与管理支农投资的部门有 16 个之多，这些资金指标又分别下拨给各省所属系统的厅、局、办，形成逐级分配的格局；有的"管钱"部门重资金分配、轻资金管理，加之支农项目审批制度公开化、科学化不够，助长了基层"跑资金、要项目"之风。这就需要在公共财政建设中，建立更重参与性的效果评估机制，减少资金分配和使用的盲目性和随意性。

三、结论与建议

为了加快农业和农村的发展，在加大支农资金力度的同时还要提高支农资金的使用效率。

第一，加大支农力度，合理调整国家资源分配制度，加大财政对农业的补贴，纠正国民收入重城市、轻农村的分配偏向。首先，确保财政支农投入的稳定增长。财政支农支出应该随着经济的发展和国家财力的增强而稳定增长，必须使财政支农支出的增长速度超过财政其他支出的增长速度。其次，明确支农投入重点。在财政支农资金有限的情况下，资金投向应该是农业和农村发展中面临的突出问题。这应该包括以下几个方面：一是加大农业、农村基础设施建设的投入；二是加大农业科研的投入；三是支持涉农服务体系的建设。

第二，建立起完善农村公共产品的供给体制。首先，建立起中央、省、市、县四位一体的农村公共产品的供给格局，政府应承担起农村公共产品供给的主体地位。其次，各级政府都应建立起相应的负责农村公共产品供给的组织，负责农村公共产品投入资金的筹集和使用，了解和掌握农民对公共产品的需求信息，并对供需信息进行分析，制定科学、合理的农村公共产品供给规划。

第三，深化农村税费体制改革。2006年，中央做出的取消农业税的决定给农业的发展带来了巨大促进作用。农村税费改革要实施差异化策略，要实行有利于相对落后地区和纯农户的农村税费政策。要加大中央财政对相对落后地区和纯农户的转移支付力度；加大相对落后地区乡镇机构的改革，精简机关工作人员；加强针对一切乱收费、乱集资、乱摊派等违法行为的专项治理。

第四，加强对财政支农资金的整合。一是加强机构队伍建设。资金整合工作阻力大，事关部门切身利益的调整和利益格局的重新分配，必须要有一个强有力的机构进行管理，具体负责各部门以及部门内部机构之间分配、管理、使用财政支农资金中的工作协调。该机构应作为一个常设机构。二是激发部门整合合力。要围绕支农资金整合规划，建立切实可行的奖惩激励机制，明确部门单位的职责、权限，落实好部门单位资金整合的年度目标任务。三是建立上下协调机制。通过协调机制，形成上下两头热的整合局面，下级政府要扎实工作，上级政府要给予大力支持。

参考文献

[1] 郑金水. 建设社会主义新农村问题的若干思考 [J]. 台湾农业探索，2006 (4)：36-39.

[2] 李宁辉. 新农村建设中的农村农业投资 [EB/OL]. (2006-09-08) [2016-12-20]. http://www.3-xia.cn/njxx/detail.asp? pubID=205215&page=1.

[3] 萧灼基. 加大财政支农力度，提高农民收入水平 [N]. 人民日报，2003-03-09 (7).

[4] 晏国政，罗博. 农村 "跑款" 风渐盛 支农资金凭关系 [EB/OL]. (2006-08-15) [2016-12-20]. http://business.sohu.com/20060815/n244803968.shtmml.

[5] 李晓嘉，李玉山. 我国农民增收的财税政策研究 [J]. 河北经贸大学学报，2006 (3)：69-74.

（原载于《台湾农业探索》2007年第2期）

6. 邵东民营经济的发展现状及对策研究

一、引言

县域经济是指县（市）行政区划内的生产、交换等经济活动，反映了县（市）的经济发展状况。县域经济在国民经济中起着举足轻重的作用。我国县域经济的国有经济比重低，绝大多数县内没有或很少有国有大中型企业，因此县域庞大的人口难以从国有大中型企业获得收入和就业机会。其就业和收入除依靠农业和流动进城镇打工之外，就是依靠当地非国有中小企业的发展和小城镇的繁荣。县域经济的成败，对我国近 10 亿农村人口的生活水平有着巨大的影响。因此，当前我国在强调搞好国有大中型企业的同时，如何保持县域经济、民营经济发展也应成为当前经济生活中，尤其是农村经济生活中的一个重大问题。

邵东地处湘中腹地，人多地少。2002 年以来，该县积极引导工业经济向规模化、产业化方向发展。2005 年，邵东全县规模企业达到 85 个，实现了工业总产值 86.56 亿元，同比增长 18.7%；规模工业总产值 30.39 亿元，同比增长 31.3%。

邵东是湖南省民营经济改革与发展试验区、国务院县域经济综合调研基地县、全国农村流通示范县、湖南省商品粮建设基地县、湖南省专业批发市场试点县。民营经济已成为邵东县域经济的主体。

二、邵东民营经济的发展现状

2002 年 9 月，邵东县委、县政府强力实施"兴工强县"战略，三年来，全县新办工业企业 768 个，其中投资 100 万元以上的工业企业 568 个，投资 1 000万元以上的工业企业 360 个。2004 年全年邵东实现生产总值 86.47 亿元，全县工业总产值达 72.93 亿元，规模工业产值达 22.4 亿元。邵东县域经济中民营经济的比重大，已成了邵东经济发展的亮点，为邵东经济综合实力进入中部六省"百强县"做出了巨大贡献。截至 2004 年年底，邵东共有个体工商户

25 536 家，注册资本 39 803 万元；私营企业 807 家，注册资本 91 414 万元，平均每户注册资本 4.98 万元，从业人员 56 855 人。民营经济总产值达 120 亿元，为县财政提供的收入占全县财政收入的 80% 以上。1998—2003 年，邵东民营规模企业产值呈稳步递增的趋势，年均增长率为 0.6%，2003 年与 1998 年相比规模企业产值增加值为 81 575 万元，其中民营规模企业产值增加值为 32 567 万元，占规模企业产值增加值的 39.99%（见表1）。部分民营经济通过自我创业，自我积累，形成了以焦炭、五金、打火机、铝制品、药材为主的特色规模经济，如曾氏铝业集团、邵东焦炭厂、湖南顺工五金工具制造有限公司等从家庭作坊企业发展到了今天的大型企业集团。

表 1　　　　　1998—2003 年邵东规模工业企业产值变化情况

年份	规模企业总产值（万元）	私营规模企业产值（万元）	私营规模企业所占比率（%）	年增长率（%）
1998	72 493	50 237	69.2	—
1999	67 810	58 469	86.2	16.3
2000	80 959	68 175	84.2	16.6
2001	96 529	70 350	72.9	3.1
2002	118 428	77 600	65.5	10.3
2003	154 068	82 804	53.7	6.7

资料来源：邵东 1999—2004 年统计年鉴

1980—2003 年，邵东全部工业产值大幅度增长，从 16 935 万元增长到 596 976 万元，增长了 25 倍，其中民营工业企业产值从 10 799 万元增长到 528 417 万元，增长了 38 倍。说明这期间工业产值增长得益于民营企业的发展（见表2）。

表 2　　　　　2000—2003 年邵东工业企业产值变化情况

年份	全部工业总产值（万元）	个体私营产值（万元）	个体私营贡献度（%）	个体私营产值增长率（%）
2000	441 261	391 287	86.7	—
2001	472 956	411 962	87.1	5.2
2002	528 580	457 420	86.5	11.1
2003	596 976	496 576	83.1	8.5

资料来源：邵东 2001—2004 年统计年鉴，表 3 至表 4 同

邵东是民营经济发展较早的地区之一，邵东人能商善贾。邵东民营经济的发展从地下隐匿活动到政府支持经历了一个重要的演变过程，具有一定特色，表现为小型个体工商业、私营企业和股份制企业三种形式；经历了民营企业资本的原始积累阶段、迅速发展和稳步创新三个阶段。值得注意的是，每个阶段都伴随着国家政策的重大调整和企业制度的变革，明显体现了民营企业发展和政府制度创新的互动（见表3）。2002年，邵东县委、县政府实施"兴工强县"的经济发展战略，民营经济发展迅速，产值从2001年的411 962万元增加到2003年的496 576万元。涌现了一大批规模工业企业，出现了产值过亿元的支柱产业，其中打火机产业的产值超过10亿元，产品产量占全国的45%，出口量占全国的60%。产值超过1 000万元的企业有36家，产值过亿元的企业有2家；出口企业116家，注册商标501个；13家企业获省、市名牌称号，19家企业获得了各种质量认证。

表3　　2000—2003年邵东各种工业类型的工业产值情况（当年价）

年份	国有（万元）	个体私营（万元）	股份制（万元）	全部工业总产值（万元）	个体私营工业的贡献（%）
2000	17 310	391 287	10 025	441 261	88.7
2001	26 256	411 962	12 217	472 956	87.1
2002	30 779	457 420	12 889	528 580	86.5
2003	68 559	496 576	13 076	596 976	83.1

　　从20世纪90年代初期到2000年，这一时期民营经济的特点是强商弱工型。邵东县政府制定了"民营主体"和"以商促工、工商并举"的经济发展战略，大力发展个体商业和私营企业。一方面，国企改制，中小型国企转变为私人企业；另一方面，民间投资力度加大。民营经济从20世纪80年代的"必要补充"而成长为县域经济的主要支柱。1980—2003年，民营工业产值从10 799万元增长到596 976万元，增加了517 618万元，相当于1980年的49倍。民营工业产值对工业总产值的贡献度平均达87.1%，凸显了民营经济的主体作用（见表4）。

表4　　　　　2000—2003年邵东工业企业产值变化情况

年份	工业总产值（万元）	非国有工业总产值（万元）	贡献度（%）	个体私营工业产值（万元）	贡献度（%）
2000	441 261	423 951	96.1	391 287	88.67

表4(续)

年份	工业总产值 (万元)	非国有工业 总产值 (万元)	贡献度 (%)	个体私营 工业产值 (万元)	贡献度 (%)
2001	472 956	446 700	94.5	411 962	87.1
2002	528 580	497 801	94.1	457 420	86.5
2003	596 976	528 417	88.5	496 576	83.1

1995—2004 年,邵东县生产总值年均增长速度为 9.3%,而民营经济的年均增长速度达到了 29.3%。1990 年民营经济对全县国民经济的贡献率为 25%,2002 年达 50.4%,2004 年达到了 62.4%。2003 年,全县财政收入 3 亿元,其中民营企业提供的税收及其他收入接近 2 亿元,占全部财政收入的 65%。2004 年全县财政收入为 3.83 亿元,增加 8 000 万元,增长 41%。全县当年增加税收 6 716 万元,基本上来自民营经济,其中工业税收占 70%(见表5)。

表5　　　　　　　　邵东县 2000—2004 年工商税收情况

年份	2000	2001	2002	2003	2004
个体私营企业(万元)	9 408	9 894	9 822	12 419	14 583
所占比重(%)	63.5	64.1	59.3	60.3	63.5

资料来源:2001—2005 年邵东统计年鉴

如果从就业角度来看,民营经济对邵东经济的贡献则更大,就新增就业而言,民营经济对邵东经济的贡献度达 80% 以上。在国有企业和集体企业从业人员净减少的同时,民营企业和外资企业缓解了社会就业压力,它们为社会稳定做出了无法替代的贡献。随着民营经济的发展,这一趋势更加明显。邵东县民营企业就业人数在 1998 年、1999 年达到最高点,1999 年民营企业就业人数为 319 057 人,占当年总人口的 27.3%,占农业总劳力的 60%,接下来的三年有所下降。但从 2003 年开始,民营经济就业人数又恢复了上升趋势。民营经济为扩大就业门路、改变就业观念、维护社会安定起了重要作用。

三、民营经济发展过程中存在的主要问题

民营经济为邵东经济发展做出了突出贡献,但还有诸多制约因素需要加以克服。民营经济发展过程中主要存在以下六个方面的问题:

(一) 思想观念落后

大部分民营企业主文化程度低,思想保守。许多民营企业主不敢闯市场、冒风险,缺乏进一步做大做强、搏击市场的勇气。

（二）管理模式陈旧

邵东的民营企业大部分都是从家庭小作坊发展起来的，这些民营业主大都是一些经济意识比较强的农民，通常采取"夫妻店""父子厂"的家庭管理模式，以家庭血缘关系为纽带对企业实施管理。随着企业的发展壮大，这种家族式管理模式束缚了企业发展。

（三）人才素质偏低

企业缺乏懂技术、会管理、善经营的高素质专业人才。思想保守、人才缺乏加重了原本落后的家族式管理模式，依赖亲情维系的运作方式容易将高素质人才排斥在外，形成了人员素质低、管理方式落后的恶性循环，影响了企业的进一步发展，限制了民营经济的活力。

（四）融资渠道不畅

资金匮乏是制约民营经济发展的瓶颈。民营企业要做大做强，单靠自身资金积累已无法应对。然而商业银行基本不愿意向民营企业提供贷款，企业又缺乏直接融资手段。这样企业就会失去很多迅速壮大、做大做强的机会。2004年，邵东居民存款余额为58.8361亿元，贷款仅为19.6亿元，存贷比为0.33，远低于湖南省平均水平。

（五）科技档次偏低

尽管邵东民营经济活跃，产值和效益不断提高，但民营经济多涉足技术简单、资本投入较少、劳动力密集的传统产业，精深加工、附加值较高的新型工业及精细工业较少，省级品牌、市级名牌不多，国家级品牌还是空白。

（六）经济环境仍不宽松

近年来，邵东通过放宽政策、整顿秩序、优化服务，加大了对经济发展环境的治理力度，经济环境有所好转，但问题仍然不少。一是治安环境不理想。二是服务意识不强，"四乱"现象仍然存在。三是基础设施不配套。

四、结论及建议

邵东民营经济已成为邵东县域经济的主体，为邵东经济发展、就业增加、社会稳定做出了突出贡献。邵东经济的发展、工业的振兴、人民生活的改善，其根本出路在于邵东民营经济的崛起，因此要继续推进"兴工强县"战略，设法为民营经济的发展提供良好的生存和发展环境。为了促进民营经济的发展，政府要有所为，同时也要有所不为。

（一）加强宏观引导

邵东经济的发展实质是民营经济的崛起，要实现民营经济的发展必须要整合优势。一是做大做强打火机、皮革制品、中药材、黄花菜、铝制品等支柱产业。二是做大做强民营经济的龙头企业。规模企业是工业经济的台柱子，因而必须扶持符合国家产业政策和行业走势的中小企业；对主业突出、产品具有竞争力的曾氏铝业、邵东焦化等，应想方设法集中各类生产要素，实现裂变式扩张和倍增式发展。三是做大做强产品品牌，不断提高打火机、皮革制品、铝制品、黄花菜等畅销产品的技术含量，扩大产品销售规模，力争创建名牌产品。四是加强投资方向的引导。邵东民营经济的发展存在着商贸市场领域投资过热、工业产业领域投资相对过少的现象，许多民营业主热衷于投资房地产开发和市场建设，而邵东的房地产和市场开发已趋于饱和，要着力引导民营业主把资金集中投向工业产业和基础设施领域，提高投资效益，振兴邵东产业，或把资金投向第三产业的餐饮贸易等行业，扩大民营经济的吸纳就业能力。

（二）强化科技投入意识

一是造就一批民营企业家。发展民营企业，关键是要有一批经济能人，有一支企业家队伍，因此要高度重视企业家队伍建设，加强对民营企业家的培训，培育大批素质较高的民营经济从业人员，同时通过多种途径提高民营企业家的综合素质，使善经营、懂管理的民营企业家脱颖而出。二是加快新技术、新工艺的引进。积极引导民营企业引进新技术、新设备、新材料、新工艺，着力提高五金制品、铝制品、机械配件、中药、打火机等传统产品的技术含量和附加值。三是创新科技协作方式。动员和组织曾氏铝业等规模民营企业增加技术创新资本投入，不断增强自身的开发研究能力，同时引导企业提高外向化程度，加快产学研联合。四是增加科技投入。制定利用民营资本的优惠政策措施，建立民间信贷担保机构，放宽民间投资领域，降低民间投资门槛；放宽金融机构对民营企业的信贷限制，努力加大对民营企业的信贷投入。积极引进县外资金项目，充分利用邵东作为湖南省唯一的民营经济试验区的特殊政策效应，扩充民营企业发展实力。

（三）加快体制创新

一是加快企业改制步伐。广泛吸引民营企业收购某些国有、集体企业，参与国有企业实行多种形式的兼并、联营、参股合作，鼓励民营企业吸纳国有企业和集体企业下岗职工，鼓励支持下岗职工兴办民营企业。二是创新投入机制。由于多数民营企业向银行借贷困难重重，民营业主不得不走渐进式自我积累之路，这严重制约了企业的发展。各金融机构要加大对民营经济的资金支持力度，对信誉好、具有贷款能力的民营企业，应积极予以资金扶持；要引导民营企业主拓宽融资渠道，通过招商引资、吸纳入股、股份合作等形式聚集发展资金。筹建国有资产经营管理公司，为优势民营企业提供信贷担保。三是创新企业管理模式。引导民营企业进行制度创新、管理创新、技术创新，打破家族制管理模式，实行股份制改造，建立现代企业制度。

（四）优化发展环境

一是着力改善投资硬环境。切实打好水、电、路、通信四大总体战，加强市政公用设施建设。二是营造良好的舆论环境。加大对民营经济的宣传力度，形成有利于民营经济发展的环境。三是营造良好的政策环境。在法律许可的范围内，民营经济需要什么政策就制定相应的政策，凡是国家法律法规没有明令禁止的领域，都允许民营资本进入，凡是政府有权减免的费用要尽可能减免。四是营造良好的法纪环境。严格规范执法行为，规范收费行为，坚决杜绝"四乱"，由民营企业主给执法部门打分，对破坏环境的人和事，要从严查处，使外来客商和民营企业主感到舒心、放心，从而大胆投资。

参考文献

［1］邵阳学院民营经济研究所．邵东民营企业制度变迁与创新调研报告［J］．邵阳学院学报（社会科学版），2005（6）：1-10.

［2］谢奉军，罗明．发展江西县域经济 促进江西农民增收［J］．南昌航空工业学院学报（社会科学版），2004（3）：20-24.

［3］王长忠．邵东县推进"兴工强县"战略的调查和思考［C］．兴工强市理论研讨会获奖论文集，2005.

（原载于《特区经济》2006年第7期）

7. 邵东县域物流业发展现状及定价模式研究

一、邵东县域经济特点

邵东县位于邵阳市东郊，东连双峰、衡阳，南邻祁东，西接邵阳县、邵阳市双清区，北交新邵、涟源。县城设两市镇，距邵阳市 20 千米。娄邵铁路横贯东西，国道 320 线、国道 1814 线、潭邵高速贯通全境，洛湛铁路邵东段、怀邵衡铁路、邵衡高速公路、邵东新火车站和改造扩建的邵东机场进一步提升了邵东的区位优势。邵东县域经济形成了"商业城、工业镇、专业村"式经济格局。商业城是以邵东工业品市场为核心，以 100 多个专业市场、综合市场和农副产品市场为支撑，编织了辐射全国的商业物流网络。活跃的流通网络，给邵东经济注入了活力。2004 年，邵东全县集市贸易成交总额达 57.33 亿元。邵东工业品市场带动了全县 200 多个专业村、1.5 万户家庭作坊、500 多家民营企业的发展，邵东产品在市场上的占有率达 35%，小五金、打火机、服装、针织等产业在当地市场占有率高达 80% 以上。廉桥药材市场年成交规模为全国第四，号称"南国药都"。廉桥药材市场的兴盛，带动了药材生产专业村、专业乡的出现。斫曹、双凤成为万亩药材生产乡，有 76 个村成为药材专业村。中药材已成为邵东的第一大经济作物，种植品种 60 余种，年产值近 5 亿元。徐家铺木材市场是我国中南地区最大的木材集散地之一。邵东县城家电批发城和五金批发城也在中南地区享有盛名。工业镇是指以打火机、铝制品、铁器、五金等产业为依托的小城镇。专业村是工业镇内部"一村一品"的分工单位。从两市镇到仙槎桥镇，有条"十里五金长廊"，平均不到百米就有一家小五金企业。沿线 10 个乡村被分解为锤子村、扳手村、钳子村、起子村等，各村又将每道工序发包至户。比如扳手，在黑田铺铸铁，然后转到廉桥加工成毛坯，再到火厂坪进行车床作业，又在仙槎桥镇完成电镀、打磨和组装。与此类似的还有两市镇的打火机、服装、渔网，黄坡桥的衣架、皮革，仙槎桥的铁锤、钳子、菜刀，火厂坪的钢球，廉桥的药材、眼镜，范家山的炉灶、皮鞋，灵官殿的小型水泵，堡门前的竹器。打火机、小五金、铝制品、皮革、电池是邵东县域经济的"五朵金花"，产业聚集成群，带动邵东县域经济发展。在邵东，民营工业企业多达5 586个，五大支柱产业中有3个产业增加值超过5亿元，仅打火机出口每年就有1 500多个集装箱，创汇达3 500多万美元。2005年，邵东打火机总产量15亿支，总产值达5亿元，产品畅销亚、欧、美、非地区的70余个国家，出口创汇5 000多万美元，实现利税4 200多万元。

二、邵东物流业发展现状

现代物流除了降低物资消耗、提高劳动生产率之外，还是推动国民经济增长的"第三利润源泉"。现代物流是利用先进信息技术和物流装备，整合传统运输、储存、装卸、搬运、包装、流通、加工、配送、信息处理等物流环节，实现物流运作一体化、信息化、高效化运营的先进组织方式。现代物流能加快资本周转，使有形货币在流通中产生更多的无形货币。现代物流的发展将从根本上解决成品大量库存的顽症，极大地减少库存占压资金。物流是企业最后的也是最有希望降低成本、增加利润的重要环节。谁掌握物流成本管理技术，谁就掌握了获利的技能，谁就能更高效地从物流运营中获利，并建立地区核心竞争优势。现代物流是联结生产与消费、城市与乡村的重要纽带。同时，现代物流在优化区域的资源配置、改善区域投资环境、促进区域经济发展和区域整体竞争力的提升、加速区域经济全球化的进程等方面发挥着重要而积极的作用。现代物流是衡量一个区域现代化程度的重要标志。

邵东产业集群的发展和商品市场的专业化呼唤物流企业和健全的物流网络。邵东物流业的发展也日益紧迫。邵东现有15家物流公司，线路160余条；独立托运站12个，经营线路12条，接货站68个，线路600多条；规范的物流收、接货站及信息部58个，物流从业人员近2万，车辆达100余辆。其业务涉及全国十几个省（市、自治区），100多个地级市。邵东作为全国闻名的小商品货物流通中心，原有的物流系统已具备较好的基础，但面对小商品市场产业提升的需要以及整个现代物流业快速发展的宏观态势，邵东现代物流业的发展正面临着有利的机遇和严峻的挑战。一方面，当前邵东整个联托运行业组织化程度不高，大多为个体私营企业，没有现代物流所需要的经营组织；另一方面，在卖方市场条件下形成的专业市场，在当前逐渐形成的买方市场环境下，亟须通过现代物流功能与专业市场原有交易功能的整合，实现市场功能的纵深发展，进而降低物流成本。

从邵东运往全国各地的货物主要有百货、纸、五金、打火机、针织品、药材、煤炭、纤维板、煤焦油、铜套、大米、化工原料等。百货主要运往赣州、常德、义乌、贵阳、成都、宜昌、临沂、潮州、福州、三明等市；五金主要运往贵阳、柳州、赣州、上海等市；打火机主要运往江门、广州等市；药材主要运往宜昌、遂宁、亳州、深圳、东莞、顺德等市。另外，每天有50吨煤焦油发往广州。

三、邵东物流业定价模式

湘运邵东分公司现有干部职工 871 人，拥有固定资产 2.5 亿元，年收入 4 000 万元；货物吞吐量达 3 000 多吨；客货运班线直达渝、鄂、贵等 12 个省（市）。分公司下辖的邵东湘运物流公司地处县城建设北路，南靠全国闻名的邵东工业品市场，北靠五金大市场，交通十分便利，现有一家大型的货运信息平台，仓储面积达 5 000 多平方米，停车场面积达 12 000 多平方米，有 15 条货运线路，直发全国各地，从业人员 100 余人，是一个集停车、运输、仓储信息化管理于一体的大型物流中心。该公司承办全省范围内快运，当天到达省外的贵阳、柳州、潜江、福州、梧州、湛江、宜昌、通城、昆明、广州、黎平、榕江。该公司根据物流发展需要，筹建湘运物流园区。邵东湘运物流公司已成为邵东物流业中的主力军。2003 年，邵东又注册了几家物流公司，邵东运一物流有限责任公司，注册资金 700 万元，职工 30 人；邵东永通物流有限责任公司，注册资金 30 万元，职工 21 人；邵东县金大地物流有限责任公司，注册资金 180 万元，职工 20 人；邵东县三联物流有限责任公司，注册资金 30 万元，职工 17 人；邵东县通达物流有限责任公司，注册资金 50 万元，职工 60 人；邵东县邮政劳动服务公司物流中心，注册资金 40 万元，职工 80 人；邵东县振兴物流有限责任公司，注册资金 50 万元，职工 15 人。此外，还有齐丰货运物流有限责任公司、南国药都物流公司、邵东县百货股份有限公司储运分公司、邵东平安物流公司。这些企业绝大部分是私营企业。邵东平安物流公司经营有邵东至上海、广州（车 8 辆）等线路。邵东三联物流有限公司经营有邵东至贵阳、毕节、凯里、都匀、宜昌等线路。

在邵东物流行业中，邵东的物流公司在线路的分配中采取一种按公司实力进行分割的方式，大的物流公司有 1~20 条线路，实力较弱的公司只有 1~2 条线路。实力较强的物流公司在市场占有额和价格制定方面具有优势。邵东湘运物流公司相当于一个价格领导厂商，在货物的运输过程中采用使自己获得最大利润的定价方式和销售量。在价格领导厂商模型中，一家大厂商拥有总销量的主要份额，而一组较小的厂商则供给市场的其余部分。这家大厂商可能会像一个主导厂商那样运行，确定一个实现其最大利润的价格。其他对价格只有很小影响力的厂商会像完全竞争者那样运行，将主导厂商所定的价格当成给定的。主导厂商为了使利润最大化，必须考虑其他厂商的业务量是怎样取决于它所定的价格。图 1 表明一个主导厂商是如何确定其价格的，图中 D 是市场需求曲线，S_0 是次要厂商的供给曲线。主导厂商必须确定它的需求曲线，这正好是市场需求与次要厂商们供给之间的差距，即折线 P_1AD。在价格 P_1 处次要厂商们的供给正好等于市场需求，所以主导厂商在这个价格就什么也卖不掉。在 P_2

或更低的价格，次要厂商们将不供给任何产品，因此主导厂商所面临的就是市场需求曲线。在 P_1 和 P_2 之间的价格处，主导厂商面临需求曲线 AR。对应于 AR 的是主导厂商的边际收益曲线 MR。MC 是主导厂商的边际成本曲线。为了使利润最大化，主导厂商生产 MR 和 MC 交点处的产量 Q_L，在此找出价格 P^*。在此价格，次要厂商们运输数量为 Q_0，因此运输总量为 $Q_T = Q_L + Q_0$。在邵东物流行业中，邵东湘运物流公司在市场中占有份额为 Q_L，其余物流公司占有份额为 Q_0，价格为 P^*。邵东平安物流公司在广州和上海的两条线上的价格分别为邵东—上海 350 元/T，邵东—广州 180 元/T。对其他公司而言相当于一种完全竞争的价格。

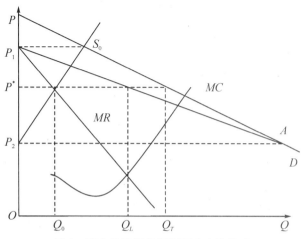

图1　邵东物流行业领导厂商定价模式

现在，邵东的物流行业的发展滞后严重制约邵东县域经济的发展。邵东许多民营企业家认为邵东物流行业具有较强的垄断力。一些物流公司根据运输成本和运输量调整价格。不仅价格高，而且服务态度恶劣，物流公司工作人员态度傲慢，"发不发由你，如果再说的话还继续上调！"不少民营企业主认为，有的线路基本属于垄断经营，大幅度调高价格难以让人接受，而且有价格垄断之嫌。从邵东到柳州的路程为 650 余千米，以前小件纸箱是 2 元/件，因油价较高，涨到了 4 元/件；货运价格从每吨 200 元涨到每吨 400 元。有些企业在长沙找物流公司，配送货物还需先把货物送到长沙，然后再从长沙返转，有些企业则建立自己的物流公司，进货送货由厂家自己完成。邵东现有的物流企业布局已成为邵东县域经济发展的瓶颈，有的企业家认为邵东物流发展的滞后将成为邵东县域经济发展的杀手。行业垄断、部门分割的体制性障碍尚未完全破除。在高速公路和提速铁路的冲击下，邵东交通条件虽然也有较大改善，但与全省先进县市相比区位劣势逐渐凸现。外地客商在利用邵东交易平台的同时，自身也从中积累了大量信息和经验，开始绕开邵东这一中转站，直接和厂家交易，商业出现"空心化"趋势，邵东物流中心地位开始下降。企业开辟新的线路必须经过政府部门批准，政府在物流行业中强行干预市场，导致寻租行为，浪费社会资源。县政府规定托运公司、经营业主除所有从事货物托运的车辆必须投保和办理道路运输货物保险外，经营托运业务的有限责任公司每条线路必须缴纳风险抵押金10万元，个体经营站每条线路缴纳风险抵押金20万元，同时规定从事托运业务的公司或个体经营户必须进入托运城、农林城、湘运邵东总站、县货运公司停车场经营。2002年，地方政府介入托运业务，将订货处与发货处强行分开，给托运双方带来不便。社会与政府之间的产权保护契约蜕变成政府单方面追求租金最大化的工具，那么私人之间的契约也就只能服从政府的意志。结果是私人要么转入地下，进行黑市交易；要么干脆放弃交易。经济出现停滞在所难免，改革成本增加也导致政府制度创新供给不足。

四、邵东物流业发展策略研究

（一）转变政府职能，加强对物流企业的扶持和引导

第一，鼓励民营物流企业发展，出台扶持政策加快其发展速度，加快原有大企业的改制速度，提升物流企业竞争力。第二，开展物流知识、技术创新活动，倡导和支持新技术在物流产业中的应用和推广。第三，在资本和金融市场给予物流企业金融支持。通过物流公司担当中间人和担保人的角色，银行以仓单质押方式向经销商或生产商进行融资，间接盘活整个供应链，以达到银行、厂商、经销商、物流公司四方共赢。第四，加强物流企业的联合。在优势互补和共赢的原则下，打破原有的条块分割，鼓励物流企业间的联合、并购和重组，并鼓励它们按照现代物流技术和理念积极融入由供应商、经销商、生产商组成的供应链体系。

（二）调整经营策略，整合企业资源

邵东物流企业拥有一定规模的用地、仓储设施、运输装卸手段和加工配送能力等物流资源，充分利用这些物流资源，按照现代物流管理方式进行整合。整合仓储系统，建立一套物流中心、物流基地选址模式。物流企业应根据企业实际情况，分析规划，优化物流中心的分布。经过认真的综合分析，确定设计运输批次、规模，确定规划运输路径，确定选择运输单位和控制运输质量的标准以及提高装载率和实车率等。由于柳州、宁波、临沂等地有到邵东的专线，因此必须加强邵东物流行业与其他物流公司的合作，充分利用共享资源进行资源整合，实现资源的优化配置，降低物流成本，提高运行效率。

（三）走集约化发展道路

企业信息化是一场管理革命，物流信息化的内涵是管理创新，确保物流、资金流、信息流协同一体，畅通无阻。物流、资金流、信息流协同管理是电子

商务发展的基础与前提。物流企业应通过因特网实时采购和接受客户的个性化定制,实现零库存的目标,减少资金积压,提高企业应变能力;做到物流、配送系统等在满足顾客需要的前提下实现物流成本最小的目标。

参考文献

[1] 罗瑛. 草根邵东面临转型之痛 [EB/OL]. (2005-06-19) [2016-12-20]. http://bbs.pinggu.org/thread-28509-1-1.html.

[2] 宁克. 对邵东地区发展现代物流的战略思考 [J]. 湖南社会科学, 2005 (5): 193-194.

[3] 吴德先, 兰宝英. 物资企业资源整合的思考与对策 [EB/OL]. (2006-9-1). [2016-12-20] www.jctrans.com.

(原载于《台湾农业探索》2007 年第 4 期)

8. 邵东县民营经济就业现状的实证研究

县域经济是指县（市）行政区划内的生产、交换等经济活动，反映了县（市）的经济发展状况。县域经济在国民经济中起着举足轻重的作用。我国县域经济的国有经济比重低，绝大多数县没有或很少有国有大中型企业，因此县域庞大的人口难以从国有大中型企业获得收入和就业机会。其就业和收入除依靠农业和流动进城镇打工之外，就是依靠当地非国有中小企业的发展和小城镇的繁荣。如何保持县域经济、民营经济发展是当前经济生活中的一个重大问题。

邵东县地处湘中腹地，人多地少，通过民营经济的发展，邵东县进入中部六省的"百强县"，是湖南县域经济的前二十强。2002 年以来，邵东县积极引导工业经济向规模化、产业化方向发展。2005 年，邵东县规模企业达到 85 个，实现了工业总产值 86.56 亿元，同比增长 18.7%，规模工业总产值 30.39 亿元，同比增长 31.3%。

邵东县是湖南省民营经济改革与发展试验区、国务院县域经济综合调研基地县、全国农村流通示范县、湖南省商品粮建设基地县、湖南省专业批发市场试点县。目前民营经济已成为邵东县域经济的主体。

一、邵东民营经济就业现状

民营经济范围的界定是一个复杂的问题。广义的民营经济是对除国有和国有控股企业以外的多种所有制企业的统称，包括个体工商户、私营企业、集体企业、港澳台投资企业和外商投资企业。狭义的民营经济则不包含港澳台投资企业和外商投资企业。本文中出现的民营经济是指狭义的民营经济。

邵东民营经济为邵东的经济发展做出了巨大贡献。邵东县域经济中民营经济比重大，已成了邵东经济发展的亮点，为邵东经济竞争力进入中部六省"百强县"做出了突出贡献。截至 2004 年年底，邵东县共有个体工商户 25 536 家，注册资本 39 803 万元，私营企业 807 家，注册资本 91 414 万元，从业人员 56 855 人。民营经济总产值达 120 亿元，为县财政提供的收入占全县财政收入的 80% 以上。1998—2003 年，邵东民营规模企业产值呈稳步递增的趋势，年均增长率为 0.6%，相比 1998 年，2003 年规模企业产值增加值为 81 575 万元，其中民营规模企业产值增加值为 32 567 万元，占规模企业产值增加值的 39.9%（见表 1）。部分民营经济通过自我创业、自我积累，形成了以焦炭、五金、打火机、药材为主的特色规模经济，如曾氏铝业集团、邵东焦炭厂、湖南顺工五金工具制造有限公司等从家庭作坊企业已发展成大型企业集团。

表 1　　　　　　　1998—2003 年邵东县规模工业企业产值情况

年份	规模企业总产值（万元）	民营规模企业产值（万元）	民营规模企业所占比（%）	年增长率（%）
1998	72 493	50 237	69.2	—
1999	67 810	58 469	86.2	16.3
2000	80 959	68 175	84.2	16.6
2001	96 529	70 350	72.9	3.1
2002	118 428	77 600	65.5	10.3
2003	154 068	82 804	53.7	6.7

民营经济为邵东经济的发展做出了巨大贡献，民营经济已成为邵东经济发展的主体。从吸纳就业的角度看，民营经济对邵东经济的贡献则更大。就新增就业而言，民营经济对邵东经济的贡献度在 80% 以上。近年在国企改革和经济结构调整中，国有和集体企业从业人员净减少的同时，民营企业和外资企业缓解了社会就业压力。它们为社会稳定做出了无法替代的贡献。随着民营经济的发展，这一趋势更加明显。邵东民营企业就业人数在 1998 年、1999 年达到鼎盛时期，1999 年民营企业就业人数达 319 057 人，占当年总人口的 27.3%。占农业总劳力的 60%。接下来的三年中有所下降，从 2003 年开始，民营经济就业人数又恢复了上升趋势。民营经济发展对扩大就业门路和维护社会安定具有重要意义。

2003 年年末，邵东县人口数为 117.62 万人，全县在岗职工为 35 992 人，比 2002 年增长 5.3%，全县下岗职工为 1.03 万人，下岗职工再就业工作难度大。2004 年年末，邵东县人口数为 118.14 万人，下岗职工减少，但就业压力仍然很大，全县在岗职工为 32 343 人，比 2003 年减少 10.1%，下岗职工为 1.01 万人。

邵东民营经济自改革开放以来，得到了快速发展，乡镇企业从 1980 年的 2 354 户，增加到 1999 年的 35 697 户，之后有所减少，2004 年为 23 743 户，与 1980 年相比增加了 5 倍多；乡镇企业就业人数也从 1980 年的 56 434 人增加到 2000 年的 202 107 人，之后逐年下降，2004 年出现恢复性增长，就业人数为 176 010 人，与 1980 年相比，增加了 3 倍多。私营企业户数从 1997 年的 868 户增加到 1999 年的 1 002 户，之后急剧下降，2000 年仅为 315 户，之后又缓慢增加，但直到 2004 年才达到 807 户；私营企业就业人数也是随企业户数的变化而变化的，1997 年达到最高点，为 17 595 人，私营企业就业最少的 2001 年只有 4 975 人，2004 年也只有 11 060 人。个体工商户从 1980 年的 183 户急剧增长到 1999 年的 60 338 户，之后稳定在 25 000 户左右，2004 年为 25 536 户；个体工商户的从业人员快速增加到 1999 年的 111 414 人，之后逐年下降，到 2003 年只有 40 370 人，2004 年开始回升，就业人数为 45 795 人。民营经济中的总就业人数从 1997 年的 247 366 人增加到 1999 年的 319 057 人，之后逐年减少，2003 年只有 194 816 人，2004 年又出现恢复性增长，为 232 865 人。民营经济的就业人数与民营经济的户数之间存在一种强的正相关关系（见表 2）。

表 2 　　　　　1980—2004 年邵东县民营企业从业人员情况

年份	乡镇企业		私营企业		个体工商户		就业总人数（人）
	户数	从业人员（人）	户数	从业人员（人）	户数	从业人员（人）	
1980	2 354	56 434			183	202	
1990	23 288	95 362			19 512	23 884	
1997	25 622	138 429	868	13 255	57 120	95 682	247 366
1998	32 926	169 794	1 000	17 595	60 020	100 125	287 514
1999	35 697	196 277	1 002	11 366	60 338	111 414	319 057
2000	35 211	202 107	315	9 803	26 423	68 482	280 392
2001	26 922	165 364	353	4 975	26 702	43 406	213 745
2002	20 192	152 135	373	5 537	24 574	42 672	200 344
2003	22 729	146 298	588	8 148	22 253	40 370	194 816
2004	23 743	176 010	807	11 060	25 536	45 795	232 865

资料来源：邵东县统计年鉴（1998—2005）

二、邵东民营经济就业的实证分析

邵东民营经济围绕县域工业品市场形成了针织、皮革、日化、服装等加工专业村，近两年来，通信、教育、娱乐、旅游、餐饮以及交通运输的发展尤为迅速，无一不是民营经济发展的结果。由于邵东民营经济对邵东就业的增加、社会的稳定起到了举足轻重的作用，本文对邵东私营企业和个体工商户的就业情况进行实证分析。

第一，设 Z 为私营企业户数，Y 为私营企业就业人数，利用 1989—2004 年的数据得到回归模型如下：

$$LNY = 4.722\ 7 + 0.692\ 7LNZ$$

$$(3.369\ 4)\ \ (3.170\ 7)①$$

$$R^2 = 0.626\ 2 \quad Adj\text{-}R^2 = 0.564\ 0$$

模型中变量的 t 统计值均大于 t 的临界值 $t_{0.005} = 2.681$，在 1% 的水平下显著。当其他条件不变时，私营企业户数每增加 1%，私营企业就业人数增加 0.692 7%。

第二，设 X 为个体工商户数，Y 为个体工商户就业人数，利用 1989—2004 年数据得到回归模型如下：

$$LNY = 1.533\ 1 + 0.910\ 8LNX$$

$$(3.12)\ \ \ \ (6.986\ 2)$$

$$R^2 = 0.890\ 5 \quad Adj\text{-}R^2 = 0.872\ 3$$

模型中变量的 t 值的绝对值均大于 t 的临界值 $t_{0.005} = 2.681$，在 1% 的水平下显著。当其他条件不变时，个体工商户户数每增加 1%，个体工商户就业人数增加 0.910 8%。邵东的个体工商户就业存在较大的就业弹性。

第三，设私营企业户数为 Z，个体工商户数为 X，个体私营企业中就业人数为 Y，利用 1989—2004 年的数据进行回归得到如下模型：

$$Y_t = -5\ 203.912 + 27.123\ 8Z_t + 0.742\ 1X_t + 0.916\ 2X_{t-1}$$

$$(-3.447\ 8)\ \ \ \ (7.737\ 3)\ \ \ \ (8.818\ 4)\ \ \ \ (18.392\ 7)$$

$$F = 1\ 353.62 \quad R^2 = 0.999\ 2 \quad Adj\text{-}R^2 = 0.998\ 5$$

$Adj\text{-}R^2 = 0.998\ 5$，拟合优度较高。$p$ 值均小于 0.05，模型变量在 5% 的水平下显著，$F = 1\ 353.62 > F_{0.05} = 4.07$，方程总体线性关系成立。当其他条件不变时，邵东私营企业当年每增加 10 户，就可以增加 271 人就业，个体工商户当年每增加 10 户，就可以增加 7 人就业，前一年个体工商户每增加 10 户，对当年的就业影响更大，增加近 9 人，即每增加十户个体工商户，在两年内可以增加 16 人就业。模型说明个体工商户主要是"夫妻店"或"父子厂"，但也说明邵东个体工商户的经营规模呈一种扩大的趋势。

第四，对全国私营企业、工商个体户的就业人数和户数进行回归分析，设个体工商户数为 X（万户），私营企业户数为 Z（万户），私营企业个体工商户就业人数为 Y（万人），利用 1989—2002 年的数据进行回归得到如下模型：

---

① 括号内为 t 值，下文同。

$$Y = -1\ 044.033 + 2.346X + 15.425Z$$

$$(-9.335) \qquad (43.65) \quad (34.45)$$

$$F = 3\ 373.586 \quad R^2 = 0.998\ 5 \quad \text{Adj-}R^2 = 0.998\ 2$$

Adj-R^2 = 0.998 2，拟合情况较好，p 值均小于 0.01，常数项 C 和 X、Z 变量在 1% 的水平下显著，F = 3 373.586 > $F_{0.01}$ = 7.21，方程总体线性关系显著成立。其他条件不变，私营企业每增加 1 万户，就业人数可以增加 15.425 万人；个体工商户每增加 1 万户，就业人数可以增加 2.346 万人。

从以上模型可以看出邵东私营企业对就业的吸纳能力远高于全国平均水平，是全国平均水平的近两倍，个体工商户的就业吸纳能力比全国平均水平略低。因此，为了增加就业，邵东必须鼓励民间创业，增加民间投资，发展私营企业。

三、结论及建议

邵东民营经济不仅对邵东经济的发展做出了突出贡献，而且对邵东就业的增加、社会的稳定起到了举足轻重的作用。以上分析显示，每增加 100 户私营企业，就可以增加 2 712 人就业。截至 2004 年，私营企业的平均注册资金是 4.98 万元，也就是民间投资增加 498 万元，就会增加近 2 712 人就业。这将极大地减轻邵东目前就业压力大的问题，因此政府在扩大民间投资促进民营经济发展和促进社会就业方面将大有可为。

政府可以给私营经济的产生和发展提供良好的生存空间和完善的市场环境，发挥政府在经济增长中的重要作用：一是健全促进民营经济发展的法律保障体系，消除制约民营经济发展的障碍，对劳动密集型的民营经济给予政策保护。劳动密集型企业属于人数多、工资低、利润少的行业，政府应当实施一定的投资收益保护政策。二是构建民营经济融资支持体系，解决民营经济贷款难问题。三是建立民营经济发展服务体系，政府应该摆正自己在市场经济中的位置，更多地为民营经济创业和发展服务，促进民营经济的健康发展。四是重视并发挥劳动保障部门在促进民营经济发展中的作用，降低民营经济的社会保障门槛，增加就业。民营经济中大部分是劳动密集型企业，其缴纳的社会保障费用通常比其他行业多。过高的劳动力成本抑制了就业，因此必须减少民营经济的社会保障费，促进就业。五是对农村和小城镇的民营经济给予灵活的支持政策。政府应改革农村民营经济的准入制度，对能转移大量富余农村劳动力的民营经济实行税收减免政策。

参考文献

[1] 邵阳学院民营经济研究所. 邵东民营企业制度变迁与创新调研报告 [J]. 邵阳学院学报（社会科学版），2005（6）：1-10.

　[2] 黄孟复. 中国民营经济发展报告 No.1 (2003) [M]. 北京：社会科学文献出版社，2004.

　[3] 国家统计局. 中国统计年鉴 (2004) [G]. 北京：中国统计出版社，2005.

　[4] 胡进祥. 扩大民间投资 增加就业需求 [J]. 前沿，2003 (11)：25-28.

　[5] 陈晖涛."发展小企业，促进大就业"的新思考 [J]. 中共福建省委党校学报，2003 (8)：53-55.

（原载于《价值工程》2006 年第 10 期）

9. 发展民营经济 增加社会就业

现阶段，我国的就业压力很大，解决就业难题是我国当前十分紧迫的任务。从我国人口众多、城镇新增就业规模大、国有企业和集体企业下岗分流任务重、农村富余劳动力转移压力大等国情以及由于体制转换和产业升级造成就业空间小的现实看，从根本上增加就业和降低失业率的主要途径只有一条，就是扩大民间投资，大力发展劳动密集型的民营企业。改革开放以来，中国民营企业发展比较迅速，在保持国民经济持续快速发展和创造就业机会方面发挥了举足轻重的作用。特别是进入20世纪90年代后，随着经济结构调整和国有企业改革力度的加大，民营企业吸纳就业和再就业人员的作用更加明显。21世纪初，中国必须进一步提高民营企业的发展速度和发展质量，利用民营企业的发展促进就业的有效增长。没有就业岗位增加的经济增长对于今天的中国帮助不大。1997年，我国国内生产总值增长率为8.8%，从业人员增加了1.1%；1998年，我国国内生产总值增长率为7.8%，但是从业人员只增加了0.6%；1999年，我国国内生产总值增长率为7.1%，从业人员比1998年年末仅增加0.4%。现在就业增长的速度下降得太快，我们必须设法抑制住这样一种趋势。

一、民营经济中就业现状

民营经济范围的界定是一个复杂的问题。广义的民营经济是对除国有和国有控股企业以外的多种所有制企业的统称，包括个体工商户、私营企业、集体企业、港澳台投资企业和外商投资企业。狭义的民营经济则不包含港澳台投资企业和外商投资企业。本文中出现的民营经济一般是指狭义的民营经济。

投资是推动一国经济增长、增加就业的重要因素。改革开放以来，民营经济投资对我国经济的增长起了举足轻重的作用。全社会固定资产投资中，民间投资成为社会投资的重要来源，有力地带动了社会投资的增长。1981—2002年，民间投资年均增长25%，2002年民间投资达到1.7万亿元，同比增长22.4%，占全社会投资比重的40.3%，而广义的民营经济占全社会投资的比重在2002年已经达到50.3%，从图1中可以看出，1981—1991年的11年间民间投资额增加缓慢，但从1992年以后，民间投资数量快速上升。

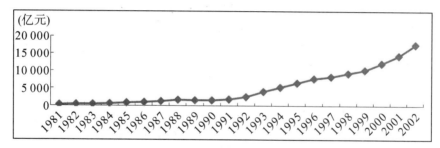

图1　1981—2002 年中国民间投资发展情况

民营经济就业的增长速度远高于全社会就业的增长速度，为缓解社会就业压力做出了突出贡献。2002 年，全社会及就业总数为 7.374 亿人，其中国有企业就业人员为 7163 万人，占全社会就业总量的 9.7%；民营经济就业（包括农业劳动力）占全社会就业总量的 90.3%；如果不包括农业劳动力，民营经济吸纳的就业总量为 3.09 亿人（见图 2），占全社会就业总量的 42%。民营经济在第二产业和第三产业的就业比重达到 84%，同时民营经济在城镇中的就业比重也已达到 71.1%。民营经济在第三产业就业量较大的增幅，为优化产业结构、促进城市化进程做出了贡献。目前中国的就业结构表现为：第一产业达 50%，比重过高，第二产业和第三产业合计为 50%，比重较低，而第二产业和第三产业当中的问题表现为第三产业的就业比重太低，没有发挥第三产业吸纳就业能力强的特点。

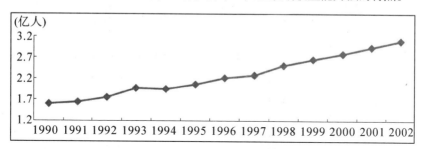

图2　1990—2002 城乡民营经济就业情况

相对于整个国民经济的就业结构情况，民营经济的就业结构要合理得多，这也是民营经济吸纳就业能力强的主要原因。1997 年以来，民营经济在第三产业的就业比重平均为 66.85%，明显高于国民经济的第三产业中平均就业比重 27.56%。事实上，农村劳动力转移的就业和国有企业下岗职工的安置以及新增的就业劳动力，大多被新兴的民营经济第三产业所吸纳。

由于市场进入障碍以及自身实力的原因，民营经济在发展过程中以市场为导向形成了自己的产业结构，其特征是第三产业比重较大，第二产业占的比重相对较低。民营经济的这一产业布局符合中国产业结构的调整和优化方向。民营经济在第二产业和第三产业的就业人数和民营经济就业在第二产业和第三产业中的比重一直呈上升趋势，就业人数从 1990 年的 15 960 万人增加到 2002 年的 30 905 万人，民营经济就业人数占社会第二产业和第三产业的比重也从 1990 年的 61.8% 上升到 2002 年的 83.8%（见图 3、图 4）。

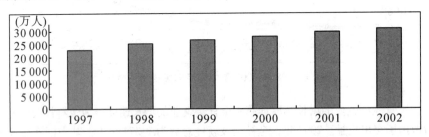

图 3 1997—2002 年民营经济在第二产业和第三产业中的就业人数

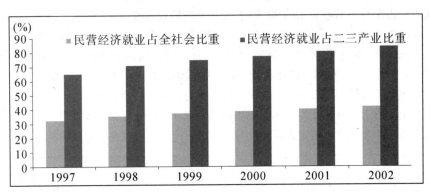

图 4 1997—2002 年民营经济就业在全社会和社会第二产业和第三产业中的比重

二、民营经济就业的实证分析

本文用就业衡量的民营经济中的个体私营经济的产业结构可以看出个体私营经济的第三产业所占比重都超过了 60%，最高的 1997 年达到了 71.6%；第二产业的比重在 30% 左右；第一产业的比重一直低于 5%（见表 1）。

表 1　　　　　　　　民营经济在三次产业中的就业比重　　　　　　单位:%

年份	2001	2000	1999	1998	1997
第一产业	3.29	4.53	5.03	4.86	4.86
第二产业	31.53	28.72	25.87	25.19	25.19
第三产业	67.1	66.7	69.2	70.2	71.6

民营经济在第三产业中的批发零售贸易和餐饮，交通运输、仓储、邮电通

信，社会服务方面就业人数都较多，在批发零售贸易和餐饮中就业人数的总趋势一直是上升的，在 1999 年达到了 4 161.6 万人，为 1989—2003 年间的最高点，之后有所下降，但在 2001 年后又呈上升趋势；民营经济在交通运输、仓储、邮电通信以及社会服务的就业人数呈较平缓的上升趋势。民营经济在第三产业中的批发零售贸易和餐饮所占的就业比重从 1989—2003 年则一直呈下降趋势，从 1989 年的 59.4% 降为 2003 年的 45.4%；在交通运输、仓储、邮电通信中比重的总趋势也呈下降趋势，1994 年的比重为 8.16%，而 2003 年为 4.36%；在社会服务中的就业比重却是稳中有升，2003 年达到最高点，为 11.52%（见图 5、图 6）。

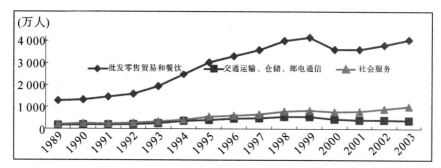

**图 5　1989—2003 年民营经济在批发零售贸易和餐饮，
交通运输、仓储、邮电通信，社会服务就业情况**

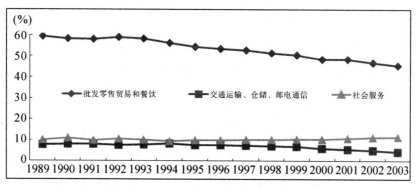

**图 6　1989—2003 年民营经济在批发零售贸易和餐饮，
交通运输、仓储、邮电通信，社会服务中就业比重**

以下建立模型进行实证分析。建立模型的理论基础：投资增加必然引致就业增加，就业增加将会增加国民收入，从而推动整个国民经济的增长和社会的和谐发展，因而可以进一步增加就业。

本文对民营经济投资和就业的关系进行回归分析。设民营经济就业人数为

Y（万人），投资数量为 I（亿元），利用 1985—2002 年的民营经济的投资数量和民营经济中的就业人数进行回归，得到如下回归模型：

$$LNY = 3.152 + 0.6165LNI$$
$$(9.055)\ (15.35)①$$

$$F = 235.709 \quad R^2 = 0.9516 \quad Adj\text{-}R^2 = 0.9475$$

$Adj\text{-}R^2 = 0.9475$，拟合情况较好，t 值均大于 t 的临界值 $t_{0.005} = 2.583$，常数项 C 和变量 LNI 在 1% 的水平下是显著的，$F = 235.709 > F_{0.01} = 8.53$，方程总体线性关系显著成立。从模型中可以得出民营经济的投资就业弹性为 0.6165，即假定其他条件不变的情况下，民营经济投资每增加一个百分点，城乡就业人数将增加 0.6165 个百分点。

民营经济在批发零售贸易和餐饮业中就业人数的总趋势一直是呈上升趋势的；批发零售贸易和餐饮业就业人数所占的民营经济就业人数的比重却从 1989—2003 年一直呈下降趋势。本文对民营经济的批发零售贸易和餐饮业的基本建设投资及新增固定投资和就业的关系分别进行回归分析。设批发零售贸易和餐饮业基本建设投资为 CI（亿元），NI 为当年新增固定投资（亿元），就业人数为 Y（万人），利用 1985—2003 年的数据进行回归得到模型：

第一，新增固定投资就业弹性系数模型。

$$LNY = 3.2090 + 0.7284LNNI$$
$$(6.1872)\quad (7.3746)$$

$$F = 54.385 \quad R^2 = 0.8192 \quad Adj\text{-}R^2 = 0.8042$$

$Adj\text{-}R^2 = 0.8042$，拟合情况较好，t 值均大于 t 的临界值 $t_{0.005} = 2.583$，常数项 C 和变量 $LNNI$ 在 1% 的水平下是显著的，$F = 54.385 > F_{0.01} = 8.53$，方程总体线性关系显著成立。从模型中可以得出民营经济新增固定投资就业弹性为 0.7284，即假定其他条件不变的情况下，民营经济新增固定投资每增加一个百分点，城乡就业人数将增加 0.7284 个百分点。

第二，基本建设投资就业弹性系数模型。

$$LNY = 3.1068 + 0.7924LNCI$$
$$(9.5028)\quad (12.0231)$$

$$F = 144.553 \quad R^2 = 0.9234 \quad Adj\text{-}R^2 = 0.9170$$

$Adj\text{-}R^2 = 0.9170$，拟合情况较好，t 值均大于 t 的临界值 $t_{0.005} = 2.583$，常数项 C 和变量 $LNCI$ 在 1% 的水平下是显著的，$F = 144.5546 > F_{0.01} = 8.53$，方程总体线性关系显著成立。从模型中可以得出民营经济的基本建设投资就业弹性为 0.7924，即民营经济基本建设投资每增加一个百分点，城乡就业人数将增加 0.7924 个百分点。与民营经济投资的总投资就业弹性相比，第三产业中的批发

---

① 括号内为 t 值，下文同。

零售贸易和餐饮业的投资就业弹性较高，民营经济新增固定投资就业弹性次之。

本文对民营经济就业人数及私营企业和工商个体户数进行回归分析。设个体工商户数为 X（万户），私营企业户数为 Z（万户），私营企业、个体工商户就业人数为 Y（万人），利用 1985—2003 年的数据进行回归得到如下模型：

$$Y = -1\,044.033 + 2.346\,2X + 15.424\,7Z$$

$$(-9.335\,3) \quad (43.650\,3) \quad (34.454\,9)$$

$$F = 3\,373.586 \quad R^2 = 0.998\,5 \quad Adj\text{-}R^2 = 0.998\,2$$

$Adj\text{-}R^2 = 0.998\,2$，拟合情况较好，t 值的绝对值均大于 t 的临界值 $t_{0.005} = 2.921$，常数项 C 和变量 X、Z 在 1% 的水平下显著，$F = 3\,373.586 > F_{0.01} = 6.23$，方程总体线性关系显著成立。从模型可以看出，其他条件不变，私营企业每增加 1 万户，就业人数可以增加 15.424 7 万人，个体工商户每增加一万户，就业人数可以增加 2.346 2 万人。

三、结论

从以上分析可以看出，拓宽民间资本的投资渠道是增加社会就业的重要途径，因此必须破解民营经济的融资瓶颈。民营经济有较高的投资就业弹性，当投资每增加一个百分点，就业量将增加 0.616 5 个百分点，因此要改善民营经济的投资环境，鼓励民营经济增加投资，从而增加社会就业量；民营经济在批发零售贸易和餐饮业中投资就业弹性更高，民营经济新增固定投资每增加一个百分点，城乡就业人数将增加 0.728 4 个百分点；基本建设投资就业弹性为 0.792 3，即民营经济基本建设投资每增加一个百分点，城乡就业人数将增加 0.792 3 个百分点。因此，要鼓励民营经济把资金更多地投向批发零售贸易和餐饮业，以便可以吸纳更多的人就业，解决当前就业压力大的问题，保持社会和谐稳定发展；鼓励民间投资创业，增加个体工商户数和私营企业数量，增加社会的就业数量。

参考文献

[1] 黄孟复. 中国民营经济发展报告 No.1 (2003) [M]. 北京：社会科学文献出版社，2004.

[2] 国家统计局. 中国统计年鉴 (2004) [G]. 北京：中国统计出版社，2005.

[3] 陈晖涛. "发展小企业，促进大就业" 的新思考 [J]. 中共福建省委党校学报，2003 (8)：53-55.

[4] 胡进祥. 扩大民间投资增加就业需求 [J]. 前沿，2003 (11)：25-28.

（原载于《价值工程》2006 年第 11 期）

10. 旅游方案选择的消费者行为分析

一、引言

行为经济学是以人类行为作为基本研究对象的经济理论，借助心理学的分析方法，对个体和群体的经济行为特征进行规律性的研究，通过实证方法验证传统理论的有效性，同时建立能够正确描述人类行为的研究框架和经验定律。行为经济学通过建立更为现实的心理学基础，提高了经济学的解释力。行为经济学研究的重点和方向一是效用理论的最大化假设，用种种动机假设代替最大化假设，而这种动机假设能够更精确地描述市场中的人类行为动机；二是不确定条件下的决策，要决定经济行为者是否能做出决策并实现其主观期望效用最大化。行为经济学促使经济学逐步向人性化发展，它的形成表明"人及其行为"正在成为经济学研究的核心和主题，它为现代经济学建构了一个充满"人性和人类价值"的理论框架，使经济学成为人的科学。

旅游目的地选择是人类行为分析的一个重要课题。早在 1967 年，坎贝尔（Campbell）就根据旅游过程中游览的不同目的将游客分为"旅游者"和"长期度假者"，即"观光"和"休闲"，两者旅游线路选择上存在差异。此后，学者们较多关注旅游目的地选择的影响因素，如过去经验（David Mazursky，1989），旅游者态度、抑制因素和促进因素的知觉（Um & Crompton，1992），家庭中的孩子（Cedric Cullingford，1995），消费者知觉距离（Paul & John，1996），旅游者文化背景与旅游目的地的文化之间的差距（Siew Imm Ng，2006）。塞维尔和阿兰（Sevil & Alan，1998）发现，态度、风险认知水平和收入直接影响旅游者国际度假目的地的选择。尼古劳（Juan L Nicolau，2006）认为，旅游目的地的距离与价格影响旅游者目的地选择，但是旅游动机对其具有调节作用。

20 世纪 80 年代，国内学者开始关注旅游目的地的选择。影响旅游目的地的选择的因素大体可以分成三类：第一类是旅游者外在因素，如外部刺激性输入因素（市场营销和其他信息影响渠道）、目的地因素（气候状况、旅游资源、安全状况、旅游接待设施、居民友好态度、距离、交通）和目的地旅游感知价值。旅游时空因素与旅游者选择旅游目的地之间存在相关性（肖洪根，1998）；旅游交通系统影响旅游者目的地选择与出行方式选择，旅游目的地形象影响旅游者旅游目的地选择及购后行为（卞显红，2005）；不同参照群体对旅游目的地选择的影响方式及强度存在差异（卫岭，2006）；大学生群体目的地选择的影响因素包括旅游区位、特色、旅游花费、知名度、交通等（翟亘，2006）；旅行距离对重游决策的影响很小，感知价值、满意度以及对自然山水风光的预期等因素对重游决策有明显的影响（陈钢华、黄远水，2008）。第二类是旅游者自身因素，如个体差异因素（个体收入、闲暇时间、旅游动机、身体状况）以及旅游经历。旅游者期望、偏爱与旅游目的地的感知形象之间差异越大，旅游者选择的可能性越小（王家骏，1994）；具有不同动机的旅游者在选择旅游目的地时偏好各异（张卫红，1999）；旅游者"个人性初始风景"以及心理学上"自我监测"与"刺激欲求"对目的地选择存在影响（王艳平，2005）；不同人口统计学特征的旅游者在目的地选择影响因素上存在差异（李萍等，2006）。第三类是旅游者目的地选择模型。旅游者目的地选择模型揭示了旅游者与旅游产品的特性在旅游者目的地选择过程中起着重要作用（卞显红，2003）；旅游目的地选择 TPB 模型认为意向、情境、旅游群体是旅游者目的地选择的基本影响因素（姚艳虹，2006）；NMNL 模型实证研究发现旅游者对某类型目的地组的知觉越愉快越放松，该类型的目的地组被选择的概率也就越大，对于同一类型的目的地来说，旅游者感知的限制因素越小，该目的地被选择的概率也就越大（熊勇清、彭希，2008）。

二、旅游方案选择及行为分析

（一）旅游方案选择

2010 年暑假由经济与管理系工会和旅游教研室设计两个旅游方案，研究在不同约束条件下，消费者的选择行为。

基本方案有两种：方案一是镇远古镇—神秘高过河、凤凰古城四日游。第一天乘旅游车从邵阳出发（全程高速）至镇远，穿古巷、看古码头、访古民居，感受古城的古风古韵。第二天乘车前往三寨村游览无底潭，乘观光车到达猴欢谷景区，享受高过河大峡谷漂流带来的刺激，晚上参加三寨村苗族篝火晚会。第三天，游览芷江受降坊，前往神秘湘西、凤凰古城，漫步石板街，品当地小吃。第四天感受古城的早晨，看沱江游船。返回结束旅程。

方案二是黄山—千岛湖、婺源五日游。第一天乘车抵达黄山。第二天游黄山风景区，经慈光阁游览玉屏景区迎客松、玉屏卧佛、远眺天都峰；步百步云梯，经天海、光明顶，远观飞来石西海景区；经白鹅岭、始信峰下山至云谷寺，欣赏古徽州独特的茶文化。第三天赴中国最美乡村——婺源游小桥流水人家——李坑，游中书桥、文昌阁、水口林、铜绿坊；游江湾景区；游千年古村落——汪口景区；游画里乡村——晓起敦彝堂、日升堂、礼耕堂。第四天直达天下第一丽水——千岛湖，乘船游览中心湖区四岛（梅峰观岛、神龙、五龙景区）。第五天乘车返回，结束旅程。

方案一的旅行社责任保险 20 万元/人，方案二的旅行社责任保险 30 万元/人。其他服务标准相同：全程空调旅游车，标准双人间，团餐十人一桌、八菜一汤，公司导游服务及目的地导游服务，景点首道大门票以及一顶旅游帽与每人每天一瓶矿泉水。

方案一由系部统一支出 M 元；方案二由系部统一支出 M 元，参加者自筹 M 元。这次活动鼓励所有员工参加，若有特殊情况不能出席，由系部支出的 M 元不返还。组织方式的选择有两种：其一是由系工会选择旅行社，全部费用交予旅行社；其二是由系教研室自行组织。对方案的选择由所有员工在 QQ 群上投票产生。在投票的同时可附言提出建设性意见。

QQ 群上的调查结果显示 87% 的员工选择方案一，并且有 63% 的人还附加一条建议：给不去旅游的员工返还系部补贴的一半。由于这是一次集体行动，这一建议被否决。如果采纳这一建议，参加这次集体活动的人数将会减少 30%。最后，参与率达到了 93%，除了有事不能参与这次活动的员工外，其余员工都积极参加了这次活动。投票选择的结果是由工会、旅行社组织这次活动，选择镇远古镇—神秘高过河、凤凰古城四日游。

（二）职工收入状况

经济与管理系组建时间短、发展快，共有教职员工 52 人，其中教授 3 人，副教授 17 人，讲师 20 人，助教 12 人。大部分是中青年教师，职称较低，收入相对偏低。教师收入主要是由两大部分构成：一部分是每月的工资部分，按月发放；另一部分是教师课酬部分，每学期发放一次。工资部分包括岗位工资、薪级工资、保留津贴、适当补贴、误餐费、煤气补贴。以处于中位数的讲师工资为例（见表 1）：每月岗位工资 680 元、薪级工资 341 元、保留津贴 38.8 元、适当补贴 155 元、误餐费 60 元、煤气补贴 15 元，应发工资 1 289.80 元，扣除住房公积金 65 元、工会费 5.30 元、失业保险 10.60 元、医疗保险 21.20，实发 1 187.70 元。教师课酬部分由学院给定总课时报酬，再由系部进行再分配。助教每节课为一个标准课时，讲师、副教授、教授分别乘以 1.2、1.4 和 1.6 的系数。如果上课少，每学期的课酬也低，职称低且上课数量不多的教师一年的收入是 2 万~3 万元。

表 1

全系教师按职称的应发工资和实发工资数据分析　　　单位：元

	教授		副教授		讲师		助教	
	应发工资	实发工资	应发工资	实发工资	应发工资	实发工资	应发工资	实发工资
Mean	2 480.800	2 278.167	1 778.388	1 635.116	1 337.550	1 214.875	1 157.633	1 066.700
Median	2 432.800	2 234.050	1 791.800	1 647.480	1 289.800	1 187.700	1 068.800	985.260 0
Maximum	2 587.800	2 376.320	2 042.800	1 876.700	1 651.800	1 519.030	1 496.800	1 377.280
Minimum	2 421.800	2 224.130	1 573.800	1 448.110	1 201.800	1 020.330	939.800 0	867.600 0
Std. Dev	92.827 8	85.147 9	140.981 4	128.949 0	128.145 4	122.878 5	196.066 2	179.403 4
Skewness	0.696 0	0.696 3	0.113 5	0.111 9	1.235 5	1.165 0	0.858 8	0.860 4
Kurtosis	1.500 0	1.500 0	1.871 6	1.868 5	3.647 3	3.985 3	2.176 3	2.177 3
Jarque-Bera	0.523 4	0.523 7	0.938 4	0.942 4	5.437 4	5.332 7	1.814 4	1.818 9
Probability	0.769 7	0.769 6	0.625 5	0.624 3	0.066 0	0.069 5	0.403 7	0.402 7
Obesrvations	3	3	17	17	20	20	12	12

（三）方案选择的消费者行为分析

旅游决策是指个人根据自己的旅游目的，收集和加工有关旅游信息，提出并选择旅游方案或旅游计划，并最终把选定的旅游方案或旅游计划付诸实施。旅游更多的是一种精神层面上的消费活动，旅游者追求旅游过程中的愉悦感、新奇感、美感和刺激感。旅游信息是影响旅游决策的重要因素。旅游也是一种消费活动，是对休闲的消费。旅游方案的选择受多种因素的制约。

1. 沉没成本效应

沉没成本是指业已发生或承诺、无法收回的成本支出。消费者进行决策时同样会面临沉没成本。比如丢失了一张高价音乐会入场券，其所花费的货币就是沉没成本，这一事实与消费者的后续决策没有关系。应该是过去的就让它过去；不过，个人往往盯着过去的支出，从而使经济行为错上加错。应该为某项糟糕的决策负责的决策者可能特别不愿意让过去的事成为过去。

由于其中有 M 元的支出（或投入），即使消费者不去旅游也无法收回，近似于一种投入的沉没成本。由于有先期的 M 元支出，如果某消费者放弃这次活动，则从 M 元支出中得不到任何收益，则变成参与这次活动者的一种公共资源。经济理论认为沉没成本不会影响一个人的决策行为，增量成本及其收益才是影响决策的因素，而沉没成本应该与决策无关；同时，对于所有可供选择的选项应该建立在每个选项各自的成本—收益分析之上。但一个非理性的消费者若能用某种行为对其进行平衡，并从这种行为中获益或感觉到一种心里满足，其实还是会影响其后续行为的。在现实生活中，沉没成本效应现象大量存在，沉没成本效应指一旦人们已经在某一项目上投入了金钱、精力或者时间的话，人们常常倾向于将项目完成，虽然继续该项目可能已经没有经济或者其他方面的意义。人们固执地认为，沉没成本即使再也回不来，也应该用相应的"收益"去平衡它，这就是沉没成本谬误。沉没成本效应显然是一个违反经济学原则的非理性行为。

心理账户（Mental Account）是理性经济人用一种非理性的态度看待事物，这种态度让相同的钱在不同的环境下变得不一样了。实际上，这种不理性的心理会影响到人们的决策。人们通过对事件结果的重新编辑来最大限度地增加效益，即人们总是尽量利用既成事实使自己快乐。第一，人们往往对事件的结果进行编辑，以最大限度地扩大自己的效益。第二，在编辑结果的过程中，依据如下原则：一是将给自己带来收益的不同事件的结果分开考虑；二是将给自己带来损失的不同事件的结果综合起来考虑；三是将小的损失和大的收益综合起来考虑，从而让自己感到自己得到的是净收益，以减轻因为厌恶损失而带来的痛苦；四是当在某一事件中遭受重大损失，但在该事件的某一方面得到某种微小的收益时，将小的收益从大的损失中分离出来进行考虑，以让自己从小的收益中得到一些安慰。

消费者消费数量的选择必须依据额外消费的收益与减少的休闲（机会）加以权衡。个人基于对消费和休闲的偏好，在预算约束下选择边际收益等于边际成本的点。

由于 M 元被消费者看成方案一的沉没成本，因而此时增加休闲消费的边际成本为零，只要旅游带来的收益高于天气炎热等因素引发的旅途劳累等心理成本，消费决策就应该选择旅游。由于方案二中每个消费者还要支出 M 元，因而采用方案二的边际成本就是 M 元，由于信息不对称，消费者难以判断方案二会给消费者带来的边际收益。根据能够搜索的信息判断可能带来的边际收益，消费者的边际收益根据需求价格估算，需求价格则是由消费者效用最大化的边际效用决定。因为信息不完备以及受心情、天气、偶发事件等不确定因素的影响，假设存在两种可能性，一种情况是给消费者带来高的预期边际收益 MR_1，其概率是 P；另一种情况是给消费者带来较低的预期边际收益 MR_0，其概率为 $1-P$，方案二的预期边际收益的期望值为 $P \times MR_1 + (1-P) MR_0$，若边际收益高于边际成本，则方案二是可选择的。需要进一步比较两方案边际收益与边际成本差的大小，从中选取较大者。由于方案二是一个风景名胜区，消费者可能给一个较高的 P 值。但为了避免"盛名之下，其实难副"的事后评价，消费者在信息不完备条件下采取谨慎策略，对边际收益和概率进行调整。为了避免一错再错的现象发生，消费者主动放弃方案二。

2. 消费者方案选择的效用分析

消费者的总效用函数可表示为 $TU = f(A, T, W)$，其中 A 表示旅游方案，T 表示休闲时间，W 表示工资率。

消费者为了最大化自己的效用，一般会在几个备选的旅游方案中进行决策。在决策的描绘和刻画阶段中，消费者要分析每个方案的期望效用，然后同消费者预期期望值进行比较，得出对消费者来说具有最大效用值的那个方案，并代表了消费者对受到情境因素约束的旅游地属性偏好的总体趋向。任何方案的选择都要考虑到限制因素（抑制因子），强调抑制因子的必要性是因为大多数人的选择会受到一定的预算约束，如资金、时间、个人资源和能力。最终选择出的方案是个体对方案的信心、消费动机以及众多约束因素综合考虑的产物。

消费者每次在选择旅游目的地时，都会对他将要去的旅游目的地有一个预期效用值，由于旅游者对某个特定目的地的偏好是基于一系列因素而形成的，包括内在环境影响和个人因素，因此每次形成的预期效用值是不同的。

如果消费者选择旅游目的地是一个久负盛名的旅游胜地，消费者事先从多方面了解目的地情况，对旅游目的地状况十分熟悉，对这次旅游充满了向往，这样旅游者的预期效用值就不知不觉中被自己的定位提高了。而当消费者真正去旅游的时候，在旅游过程中，难免会出现各种不尽如人意的事情，这些事情会使消费者的旅游感受大大受损，使得真实的旅游感受达不到消费者事先的预期效用值，消费者会对这个旅游目的地评价不高，因为其相对于参照点损失了。相反，一个不出名的旅游地，因消费者期望值定得低，也可能使其感觉到获益了，因而评价高。

由于有系部支出的 M 元，但又不能收回。消费者心理上将其视为沉没成本，同时又打开了心理账户，想方设法从这 M 元获取回报，以减少自己的心理损失。由于系部员工大部分是低职称的年轻教师，收入较低，M 元是一个不小的数目；而这 M 元是来自于教师课时费的扣除，是上课数量与课时单价的乘积，如果不去参与这次活动，感觉是一种净损失。若用水平轴表示休闲时间，纵轴表示工资率，采用无差异曲线分析，曲线会显得特别陡峭，增加休闲要放弃较高的收入。这里的休闲的价格包括先前投入的 M 元，以及不参与这次活动而是增加劳动获得的收入。对一个在经济十分落后的偏远地区工作的教师来说，其假期获取收入的概率极低，但先前的支出被低收入的消费者看成一个很高收入的支出。由于教师把 M 元看成先期劳动报酬的支出，不想在这里遭受净损失，要设法从补贴中获取收益。因此在消费者心目中，增加一个单位的休闲必须放弃很高的前期的劳动收入，才能使消费者保持同样的效用水平。消费者的无差异曲线就显得特别陡峭。

由于 M 元是系部补贴，但同时也是收入的提取。工资率曲线是一条折线，其水平部分是 M 元必须付出的劳动量，其高度是 M 元补贴，也是水平劳动量的报酬。无差异曲线与工资率曲线的弯折点相交，表示休闲时间是 H_0。由于受收入的制约，消费者想尽量避免 M 元损失，相反要从 M 元中得到回报，虽然天气炎热，出外旅行十分辛苦，但只要能得到一点正效用，消费者就会选择旅游。假设减少自己的休闲时间，如选择 U_0，效用水平则会更低（见图1）。

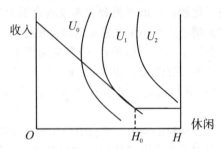

图1　休闲选择的无差异曲线分析

3. 消费行为中的支付隔离

在旅游活动中，大部分消费者都是选择参加旅行团，而旅行团都是预付费的，旅游团的每位游客都要为旅游支付一个固定的金额，这笔费用包括旅行过程中的饮食、住宿和景点门票。旅行社使消费者的付费行为与消费行为隔离了，在感觉上减小了商品的成本，在心理账户中，称为支付隔离。这种做法具有心理优势，像饮食之类较小型的消费，放在整个旅行消费中就显得很少了。而在另一种按具体项目付费的收费制度中，每一项小的项目看起来都非常大，容易引起负的交易效用，引致消费者剩余的减少。消费者在随团旅游过程中，对很贵的游览门票和食宿没有异议，而对自费项目，哪怕是费用很低，都普遍有抵触情绪。同样地，这项自费项目，如果加在预付费上，就不会引起这么大的争议。这是因为心理账户中的支付隔离，将支付与使用隔离起来，使得使用的边际成本为零。这样将提高消费者的满足程度或效用水平。

由于最后选择方案一，要走崎岖而狭窄的山路，出于出行安全的考虑，遵照安全第一的原则，选择由旅行社组织。消费者认为，由于信息不对称，对司机以及车辆性能的信息的把握没有旅行社掌握的信息充分；对被租用车辆以及被雇用司机事后的机会主义和道德风险难以掌控。

三、结论

人们对旅游目的地的选择受多种因素的影响，一是旅游者个人差异因素，如决策者的收入、时间、偏好以及旅游经历；二是目的地因素，如气候状况、旅游资源、安全状况、旅游接待设施、居民友好态度、距离、交通以及对目的地旅游感知价值。但对低收入群体，收入成为目的地选择的一个最为重要的因素。此外，进行群体决策，先前的个体选择会给后选择者一种示范效应，即羊群效应。在消费决策的过程中，消费者的理性是有限的，有些消费者会在乎先前的投入，会对先前的投入进行平衡，出现一错再错的非理性行为。有些人本不愿参与这次活动，但想对先前的支出进行平衡，出现一种被动选择。愿意参与者根据成本—收益分析进行选择以最大化其效用。在信息不完备情形下，由于不确定性，消费者会依照谨慎从事原则，尽量避免出现得不偿失的选择，即在一定程度上，低收入群体是风险回避者。消费者行为中的支付隔离提高了消费者心理满足程度。

参考文献

［1］SEVIL F SNMEZ, ALAN R GRAEFE. Influence of Terrorism Risk on Foreign Tourism Decisions ［J］. Annals of Tourism Research, 1998（25）: 112-144.

［2］JUAN L NICOLAU, FRANCISCO J. The Influence of Distance and Prices on the Choice of Tourist Destinations: The Moderating Role of Motivations ［J］. Tourism Management, 2006（10）: 982-996.

［3］肖洪根. 旅游时空模式与目的地选择 ［J］. 资源开发与市场, 1998（14）: 32-34.

［4］卞显红. 旅游目的地形象、质量、满意度及其购后行为相互关系研究 ［J］. 华东经济管理, 2005（1）: 84-88.

［5］卫岭. 参照群体对旅游者旅游目的地选择的影响 ［J］. 市场周刊（理论研究）, 2006（11）: 45-46.

［6］翟亘. 影响大学生旅游目的地选择的因素分析——以桂林为例 ［J］. 桂林旅游高等专科学校学报, 2006, 17（6）: 649-652.

［7］陈钢华, 黄远水. 旅游者重游决策的影响因素实证研究——基于网络调查 ［J］. 旅游学刊, 2008（11）: 69-74.

［8］王家骏. 旅游决策行为研究: 旅游者对目的地的选择 ［J］. 无锡教育学院学报（社会科学版）, 1994（3）: 41-45.

［9］张卫红. 旅游动机定量分析及其对策研究 ［J］. 山西财经大学学报, 1999（4）: 100-103.

［10］八城薰, 小口孝司. 个人性初始风景与心理差异对旅游地选择偏好的影响 ［J］. 王艳平, 孙艳平, 译. 人文地理, 2005（5）: 81-85.

［11］李萍, 粟路军. 城市居民旅游目的地选择的影响因素研究——以长沙市为例 ［J］. 北京第二外国语学院学报, 2006（9）: 51-56.

［12］卞显红. 旅游者目的地选择模式的构建 ［J］. 现代经济探讨, 2003（9）: 67-90.

［13］姚艳虹, 罗焱. 旅游者目的地选择的 TPB 模型与分析 ［J］. 旅游科学, 2006（10）: 20-25.

［14］熊勇清, 彭希. 基于嵌套 Logit 模型的旅游者目的地选择影响因素分析 ［J］. 湘潭大学学报（哲学社会科学版）, 2008（5）: 139-143.

［15］约瑟夫·E. 斯蒂格利茨, 卡尔·E. 沃尔什. 经济学 ［M］. 3 版.

北京：中国人民大学出版社，2006.

[16] 李斌. 基于"行为经济学理论"的旅游者行为分析 [D]. 重庆：西南大学，2009.

（原载于《台湾农业探索》2011 年第 6 期）

11. 美国量化宽松货币政策
对中国经济的影响

一、引言

从 2006 年年底开始出现风险迹象的次级抵押贷款市场，贷款违约不断增多，全美多家次级市场放款机构深陷坏账危机。2007 年 3 月 13 日，美国住房抵押贷款银行家协会公布的报告显示，次级房贷市场出现危机。2007 年 4 月 2 日，美国最大的次级债发行商新世纪申请破产保护，标志着美国次级房贷市场危机爆发，时至 2007 年 7 月，美国次级债务危机全面爆发。之后引发全球金融危机。

为了应对金融危机，美国政府实施了 7 000 亿美元的救市方案，同时实施了宽松的货币政策，从 2007 年 9 月 17 日到 12 月 11 日期间进行三次减息，美元指数下跌，加速美元贬值。美元和美国的货币政策已经成了全球金融市场最大的不稳定和不确定因素。美国继续实施第二轮量化宽松（QEII）货币政策，欧洲、日本的货币政策亦追随美国。因此，国际货币体系继续出现紧张，国际金融市场因大量资金短期快速流动、货币汇率大幅波动而出现动荡、大宗商品市场及新兴市场出现资产泡沫已在所难免。量化宽松货币政策推出的背景是美国现阶段 1.7% 的经济增长率以及 9.7% 的失业率。创造就业、推动经济增长成为美国政府的当务之急。因此，美国欲通过印钞购买政府债，继续向全球体系注入近万亿美元的资金。美联储认为，若额外购买 5 000 亿美元国债，相当于减息 0.5%~0.75%。在现在的利率水平之下，大规模的量化宽松实际上造成了较大幅度的负利率，以刺激投资和消费，同时推动货币对外贬值。

除美国外，英格兰银行和欧洲央行也正加快实施其量化宽松货币政策，由央行购买政府债向金融体系注入资金。日本央行也宣布了新一轮量化宽松货币政策，将隔夜利率目标降至 0~0.1%，同时成立了 5 万亿日元基金购买政府债和其他资产，扩张其资产负债表。

二、2007 年以来中美两国经济状况

(一) 美国经济状况

2007 年以来，美国经济遭遇严重衰退，金融体系处在崩溃边缘，政府深陷债务之中。2010 年的美国总统经济报告指出：我们已迎来新的一年，但美国人民还在经受严重的经济衰退所带来的灾难性的影响。近两年来，在全国各地到处可以遇到许多失掉了工作的人们。小企业主为支付雇员的医疗保险而焦头烂额。但美国总统奥巴马认为，美国经济已由崩溃的边缘正逐步转向良好的发展轨道。危机带来的灾难性影响还在继续，现在仍有 10% 的美国人没有工作。许多企业关闭，房价下降，小城镇和乡村受到的冲击更加严重。大部分经济学家认为美国的经济衰退状况已由 2009 年夏季转为增长的态势。但是美国人并未对经济发展情况持乐观态度，根据《华盛顿邮报》的民意调查显示，只有 12% 的美国民众同意这一说法，有 45% 的美国人认为国民经济开始出现复苏。美国财长盖特纳表示金融体系正在修复，但仍存在损伤，今后还有很多修复工作要做。

自从 2007 年以来，美国长期失业人数急剧增加，16~24 岁人口的就业率持续下降。从 2006 年 7 月的 59.2% 下降到 2010 年 7 月的 49.9%（见图 1）。2009 年，美国失业率达到 10%。在 2010 年第二季度，1 460 余万失业工人中，46% 的工人 27 周或更长时间没有工作；31% 的工人 52 周或更长时间处于失业状态。失业达一年或以上的人数从 2007 年第二季度的 64.5 万人增加到 2010 年第二季度的 450 余万人，占失业人数的比重也从 9.5% 上升到 30.9% 的新高。2010 年 8~10 月，美国 16 岁以上劳动力的失业率均为 9.6%，11 月上升到 9.8%。其中，16 岁以上男性劳动力失业率均在 10% 以上，11 月为 10.6%；16 岁以上女性劳动力失业率在 9% 以内，但呈增加趋势，11 月达 8.9%。

2010 年美国总统经济报告显示，美国市场已经稳定，已经收回了向银行业发放的大部分救助资金。奥巴马指出，在失业情况回归正常水平之前，美国政府不能有丝毫懈怠，经济复苏也不会完全取得胜利。奥巴马呼吁国会通过新的措施以推动就业增长，并重申了关于削减财政赤字的承诺。他表示，美国只有努力恢复财政秩序，方能使经济实现持续强劲的增长。

这次经济危机使美国家庭几十年来承载的重压进一步恶化。美国家庭一直面临一种重负，即他们长时间而努力地工作，但获得的报酬却无法实现为退休储蓄或帮助孩子完成大学教育。奥巴马表示要打造世界级教育，大力推进创新能力建设，增强学生全球竞争能力，使每一位学生都有机会实现自己的理想，为此政府投资增长 6.5%。美国总统经济报告还指出，美国要继续出口更多的产品；在未来五年使出口量增长一倍，为美国增加 200 万个就业岗位；推出国家出口倡议，帮助农场主和小型企业增加出口量，对出口管制措施进行改革，

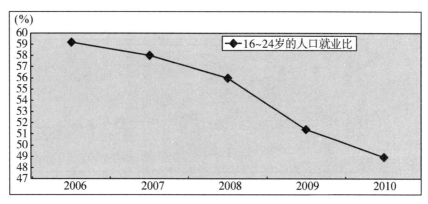

图 1　2006—2010 年 16~24 岁人口就业率

注：图中数据是美国每年 7 月的统计结果

保护国家安全。美国总统经济报告指出，政府应大力发展清洁能源经济；政府投资 60 亿美元，支持清洁能源发展；在当今世界经济中清洁能源经济的领导者将成为领导全球经济的国家。

21 世纪初，美国预算曾有过超 2 000 亿美元的盈余。2008 年度美国赤字达到 1 万亿美元，而且预计未来 10 年这一数字将达到 8 万亿美元。其中，经济衰退造成 3 万亿美元预算缺口。从 2011 年起的三年中，美国政府准备冻结开支，除了国家安全、医疗保险、医疗补助和社会保障等不受影响外，其他所有政府项目均在限制之列，为此将节省 2 500 亿美元。

奥巴马指出，美国人民和商业为华尔街和华盛顿的不负责任付出了沉重的代价。政府当前要做的就是要采取负责任的态度来面对一系列的挑战。经济报告测算 2010 年美国国内生产总值增 3%，这一增幅与国际货币基金组织有关全球将增 3.1% 及经济合作与发展组织增长 3.4% 的预测相符。美国总统经济顾问表示，他们的经济报告是保守估计，他们相信通过国会旨在创造工作机会方面的立法，一定会开创良好的经济发展局面。

美国 2008 年国内生产总值为 14.44 万亿美元，继续居世界首位，增长率为 1.4%，是其近十多年来最低，而 2009 年为 14.259 万亿美元，同比实际下降 2.4%。美国失业率在 2009 年 10 月达到 10.1%，而后一直在 10% 居高难下。2010 年，美国经济运行状况的统计数据显示，2010 年消费物价指数与 2009 年同期相比，从 2010 年 1 月的 2.626% 回落到 6 月的 1.053%，而后徘徊在 1.1% 附近，但 12 月上升至 1.5%（见图 2）。

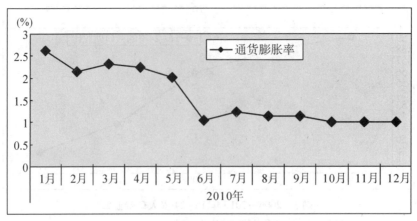

图 2　2010 年美国通货膨胀率

（二）中国经济状况

对中国政府而言，2008 年是极不平凡的一年。国内生产总值超过 30 万亿元，比 2007 年增长 9%；物价总水平涨幅得到控制；财政收入达 6.13 万亿元，增长 19.5%；粮食连续五年增产，总产量达 52 850 万吨，创历史最高水平；进出口贸易总额为 2.56 万亿美元，增长 17.8%；实际利用外商直接投资 924 亿美元；城镇新增就业 1 113 万人；城镇居民人均可支配收入为 15 781 元，农村居民人均纯收入为 4 761 元，实际分别增长 8.4% 和 8%。2009 年，中国实施积极的财政政策。为弥补财政减收增支形成的缺口，安排中央财政赤字 7 500 亿元，比 2008 年增加 5 700 亿元，国务院同意地方发行 2 000 亿元债券。同时，中国实施适度宽松的货币政策。广义货币增长 17% 左右，新增贷款 5 万亿元以上。

2009 年，中国国内生产总值达到 33.5 万亿元，比 2008 年增长 8.7%，人均国内生产总值为 2.56 万元；居民最终消费支出为 12.11 万亿元，政府消费支出为 4.44 万亿元，固定资本形成总额为 15.668 万亿元，存货增加 0.778 万亿元，净出口从 2008 年的 0.298 万亿美元减少到 2009 年的 0.120 万亿美元；最终消费支出的贡献率为 45.4%，拉动 4.1%，资本形成总额贡献率为 95.2%，拉动 8.7%，货物和服务净出口贡献率为 -40.6%，拉动 -3.7%；财政收入 6.85 万亿元，增长 11.7%；粮食产量 53 082 万吨，再创历史新高，实现连续 6 年增产；城镇新增就业 1 102 万人；城镇居民人均可支配收入 17 175 元，农村居民人均纯收入 5 153 元，实际分别增长 9.8% 和 8.5%。2010 年，经济社会发展的主要目标是：国内生产总值增长 8% 左右；城镇新增就业 900 万人以上，城镇登记失业率控制在 4.6% 以内；居民消费价格涨幅 3% 左右；国际收支状况改善；继续实施积极的财政政策，拟安排财政赤字 10 500 亿元，其中中央财政赤字 8 500 亿元，继续代发地方债 2 000 亿元并纳入地方财政预算；继续实施适度宽松的货币政策，广义货币（M2）增长目标为17%左右，新增人民币贷款7.5万亿元左右；积极扩大居民消费需求；着力优化投资结构。

2010年，中国月度消费物价指数与2009年同期相比，呈现增长趋势。从2010年1月的1.5%快速拉升到10月的4.4%，11月份突破5%，达5.1%，12月略有回落（见图3）。

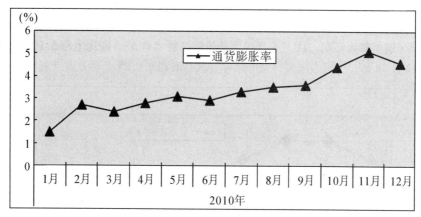

图3　2010年中国通货膨胀率

2007年以来，为了保持经济稳定增长，中国实施积极的财政政策，政府增加投资4万亿元，同时实施适度宽松的货币政策。中国人民银行根据经济实际发展状况适时调整存贷款利率和法定准备金率。法定存款准备金率从2007年9月25日的12.5%上调到2008年9月25日的17.5%，然后又下调，到2008年12月25日为15.5%。为了稳定物价，2010年，中国人民银行又提高法定存款准备金率，到11月底已上调5次，11月连续上调两次，法定存款准备金率达18%。随11月居民消费价格指数继续上扬，12月20日继续上调法定准备金率0.5个百分点（见图4）。

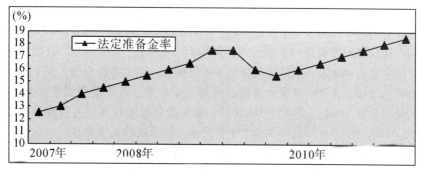

图4　2007年9月—2010年12月存款准备金率历次调整

注：2008年9月25日后为大型金融机构法定准备金率

在调解法定存款准备金率的同时，中国人民银行对利率进行了调节。为了保持经济增长，避免经济萧条，中国人民银行实施降息政策，存款基准利率从2007年12月21日的4.14%降到2008年12月23日的2.25%。但因2010年流动性过剩加剧通货膨胀，2010年10月20日，中国人民银行又再次实行加息，存款基准利率上调0.5个百分点，达2.50%。2010年10月21日，国家统计局发布第三季度宏观经济数据。前三季度，国内生产总值增长10.6%，居民消费价格指数同比上涨2.9%，其中9月份同比上涨3.6%，环比上涨0.6%；10月份同比上涨4.4%，加剧了通货膨胀预期；11月份居民消费价格指数"破5"，同比上涨5.1%。2010年12月26日，中国人民银行又上调存贷款基准利率0.25个百分点（见图5）。

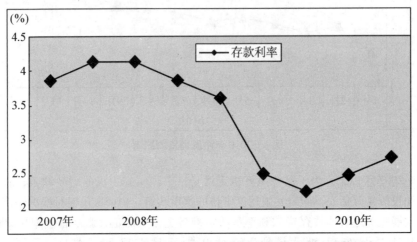

图5　2007年9月—2010年12月中国人民银行存款利率调整幅度

外商直接投资区域分布出现优化趋势。从利用外资的地区来看，2010年1～10月，中国东部地区实际使用外资金额继续保持增长，增幅为13.74%；中部地区增长16.25%，略高于全国平均水平；西部地区增速达到43.99%。同期，东北老工业基地实际使用外资增速为15.99%。2010年1～10月，在全国吸收外资总量中，东、中、西部所占比重分别为86.34%、6.2%和7.46%。但外商直接投资的投资结构不尽合理。2010年1～9月，全国房地产吸收外资新设立的企业达498家，实际吸收外资166亿美元，同比增长56%，高于总体吸收外资的增幅。在498家吸收外资的房地产企业中，开发经营类企业366家，使用外资金额158亿。2010年1～9月，房地产领域吸收外资占吸收外资总量的22.38%，比2009年同期高5.7个百分点。国家统计局数据显示，全国房地产开发企业的外资数量为452亿元人民币，同比增长26%。

对外贸易趋于稳定。2010年1～10月，我国进出口额达23 934.1亿美元。其中，出口12 705.9亿美元，增长32.7%；进口11 228.2亿美元，增长

40.5%。进出口顺差为 1 477.8 亿美元，同比下降 6.7%。进出口总额已超过 2009 年的 22 073 亿美元。2010 年 10 月，出口增速为 22.9%，较上月放缓了 2.2 个百分点，是 2010 年 5 月份以来出口增速连续第五个月回落。2010 年 1~10 月，中国对欧、美、日三大传统市场出口分别增长 33.3%、29.2% 和 23.5%。同期，对东盟、印度、俄罗斯等新兴市场出口分别增长 34.9%、39.4% 和 72.6%，增幅均超过美、欧、日等传统市场。出口方面还存在廉价资源输出现象。中国占世界 30% 的资源储备承担了全球 90% 的稀土供应。2010 年 1~9 月，中国出口的稀土总量是 3.22 万吨，平均每吨 1.48 万美元。其中对日本的出口是 1.6 万吨，占比 49.8%，同比增长了 167%；对美国的出口是 6 200 吨，占比 19%，同比增长 5.5%。

三、美国宽松的货币政策对中国经济的影响

（一）美元供给增加导致利率降低

约翰·梅纳德·凯恩斯认为，货币需求受三大动机影响：交易动机、预防动机和投机动机。货币的需求曲线向右下方倾斜，而货币的供给由央行确定。在美国由联邦储备委员会决定，货币供给曲线是一条垂线。如果美联储实施扩张的货币政策，导致货币供给曲线右移，均衡利率降低。货币供给 M 和货币需求 L 均衡得到 LM 曲线。货币扩张将使美国国内利率降低。作为反应，资本开始流向国外。在浮动汇率制下，美元将贬值，从而使贸易差额得到改善。一旦发生这种情况，IS 曲线将向右移动。与此同时，在大国（如美国）情形中，国内货币扩张会使世界利率稍有降低。而中国出现了通货膨胀，2010 年 10 月的居民消费价格指数增幅达 4.4%。为了抑制通货膨胀，中国从 2010 年 10 月 20 日起提高存贷款基准利率。中国人民银行宣布在 2010 年 11 月 16 日提高法定准备金率，央行回收货币，减少流动性，抑制通货膨胀。由于通货膨胀预期难以打破，为了避免形成通货膨胀螺旋，时隔 9 天后中国人民银行宣布在 11 月 29 日再一次调高法定准备金率。中国紧缩的货币政策更进一步推动市场利率提高。如果本国利率高于国外利率，外国的投资和贷款就会流入，这时净资本流出减少；反之，如果本国利率低于国外利率，则本国投资者就会向国外投资，或向国外企业贷款，这时资本外流，使净资本流出增加。假设中美两国实施货币政策之前，两国的市场利率等于国际市场利率。实施方向相反的货币政策后，则会导致美国国内资本市场利率低于中国国内资本市场利率。资本趋利性必然导致美元涌入中国，此外还有大量国际热钱也会顺势流入，推动人民币升值。热钱流入加剧流动性过剩，稳定物价的形势更加严峻。更为严峻的是国际金融巨鳄时刻瞪着贪婪的血红双眼，张着血盆大嘴机敏地搏寻猎物，只要发现猎物，便闪电似地一拥而上，瞬间让猎物灰飞烟灭。中国必须时刻警惕这些贪婪成性的国际热钱。一旦热钱开始发动攻势，金融战、货币战将难以避免。中国要严防改革开放 30 余年积累的成果被偷盗、被洗劫。

（二）美元供给增加导致美元贬值

美元供给增加影响外汇市场。对中美两国而言，假设中国对美元的需求不变，这时因美国宽松的货币政策导致美元供给增加，必然导致美元贬值，人民币升值。人民币升值影响中国的对外贸易，导致出口减少、进口增加。在内需没有增加的条件下，外需减少使中国经济增长减速。美国宽松的货币政策提高美国商品的价格水平，使实际汇率提高，美元贬值。在预期人民币升值的激励下，大量国际资金进入中国资本市场套利。2007 年以来，在国际收支顺差和美国政府逼迫的双重压力下，美元兑换人民币的比率呈现下降趋势，即相对美元而言人民币升值，并且有稳步上升趋势（见图 5）。人民币升值预期一旦形成，就会出现热钱涌入。热钱进入外汇市场兑换人民币，出现美元供给增加，以美元衡量的人民币价格降低，即人民币进一步升值，美元加速贬值。这种机制一旦形成，对中国经济将造成难以估量的损失。假如一个拥有 M 亿美元的对冲基金预期人民币升值，并且能够把美元汇到中国。第一期美元与人民币的兑换比率为 1\$ = a¥，并且可以把 M 亿美元兑换成人民币，可以兑换成 aM 亿元人民币。若第二期人民币升值，美元与人民币的兑换比率为 1\$ = a/2¥，此时若再把人民币兑换成美元，将是 $2M$ 亿美元。这里没有考虑这些资金进入银行、股市、楼市。若进入商业银行，这些资金可以获取利息；若进入股市和楼市则推动股市和楼市泡沫。假设第一期的 aM 亿元人民币进入股市和楼市促进股价和楼价上涨，并在泡沫破裂前离开，在股市或楼市中获利 50%，最后得到 $3aM/2$ 亿元人民币，然后再把人民币兑换成美元，则可得到 $3M$ 亿美元。国际上趋利的热钱何止万亿之巨。美国量子基金曾经在东南亚金融危机期间获利甚丰。一旦这些热钱撤离，将造成股市泡沫和楼市泡沫破裂，进而引发银行坏账，激发金融危机。大量获利的热钱要兑换成美元离开，就会出现大量的人民币追逐美元，必然导致人民币急剧贬值。一旦如此，则中国人民 30 多年的改革成果将被毁于一旦。与此同时，热钱流入，推动物价上升，干扰中国的宏观经济环境，加剧经济波动，使中国物价稳定、经济均衡增长的局面遭遇严峻挑战。

图 6　2010 年 9~12 月美元兑人民币比率变化趋势（中间价）

（三）美国量化宽松的货币政策激发通货膨胀

　　2010 年 8~10 月，美国的居民消费价格指数同比增长徘徊在 1.1% 附近，失业率徘徊在 10% 附近，出现持续的通货紧缩。美国为了促进就业、保持经济增长，实施第二轮量化宽松货币政策。货币主义者将货币供给量与名义国民收入之间的关系简化为一个简单的货币数量公式：

$$MV = Y = PQ \tag{1}$$

　　货币供给量 M 与名义国民收入 Y 之间的关系的关键是货币流通速度 V。货币主义者认为，V 虽然不是固定不变的，但它却不是货币供给 M 的函数，不随货币供给量的变化而变化。用 $\hat{m}$ 表示货币供给增长率，用 $\hat{v}$ 表示货币流通速度增长率，用 $\hat{y}$ 表示名义国民收入增长率，用 $\hat{q}$ 和 $\hat{p}$ 分别表示总产量和价格水平的增长率，对（1）式中的变量动态化，并取自然对数，然后再对对数形式关于时间 t 求全微分，则货币数量公式可表示为：

$$\hat{m} + \hat{v} = \hat{y} \text{ 或 } \hat{m} + \hat{v} = \hat{q} + \hat{p} \tag{2}$$

　　如果货币流通速度不随货币供给量变动而变动，$\hat{v}/\hat{y}$ 就等于零，或者在 M 增长（或下降）时，$\hat{v} = 0$。在这种情况下，货币供给量的变化将全部转化为名义国民收入的变化，即：

$$\hat{m} = \hat{y} = \hat{q} + \hat{p} \tag{3}$$

　　如果确实如此，则当货币量增加时，不管利息率作何变动，总需求和名义国民收入以相同的数量增加。以增长率形式列出的货币数量公式为央行确定货币政策提供了一个简便的方法。当均衡总产量低于充分就业水平时，就提高货币供给增长率，加快总需求的增长速度，以期加快总产量的增长速度。当物价水平增长率过高时，减少货币供给增长速度，以降低价格水平。

　　产量的增长率是受生产力水平限制的，在可利用的生产要素数量及质量限制下，可能生产出来的最大产量就是生产力限制下的产量极限，也即受一定技术水平下的生产可能性曲线限制。例如，在美国，实际国民收入或总产量增长的最高速度不超过年增长率 6%，它是美国总产量增长的极限。如果总需求的增长速度超过这一极限，那么余下的部分就会转化为价格增长。这就是说，即使在经济衰退比较严重的情况下，货币供给的增长也不应超过产量增长率的极限，否则就会在衰退的同时出现通货膨胀。假定经济处于较严重的衰退状态，要使经济达到充分就业，总需求需要增长 12%，而产量的增长率极限是年增长率 6%。现在假定央行的货币供给增长率提高到年增长率 12%，由于货币流通速度不会因货币供给量的增长而变动，根据货币数量公式，12% 的货币供给增长率将全部转化为总需求增长率。总需求增加 12% 以后，总产量最多增加 6%，余下的 6% 将是价格增长率，总产量必须增加 12% 才能消除失业，现在只增加了 6%，失业并未消除，而通货膨胀率却已增加了 6%。货币学派的代表人物米尔顿·弗里德曼认为，美国的货币政策是经济不稳定的主要根源。

凯恩斯主义认为，货币供给的增加导致利率降低，刺激私人投资需求增加，在宽松的货币政策下，人们增加消费；同时美元大量增加，导致美元贬值，美国净出口增加，进而使总需求增加，总需求曲线右移。在极度萧条的情况下，这可以导致国民收入增加，物价水平不变；在中间区域，物价和国民收入都增加；在古典区域，总需求的增加只会引起物价上升，不会引起国民收入增加，则此时会出现滞涨局面。在利率较低的水平，还会出现所谓的凯恩斯陷阱，即在 LM 的水平区域，采用扩张的货币政策，利率已不可能降低。

所有这些产生了一个重要的事实，即美国的货币扩张实际降低了国外总需求，即传递效应（Transmission Effect）是负的，因为提高国内产量的政策会使国外产量减少。这种政策有时也称为以邻为壑（Beggar-thy-neighbor）政策，因为国内的扩张效应是以国外的紧缩效应为代价。而财政政策的传递效应却是正的，即本国财政扩张既使国内产量提高，又使国外产量提高。美国在实施一种以邻为壑的货币政策，即美国走出衰退是以其他国家的产量降低为代价的。

美元供给的增加，导致美国物价水平上升，使美国摆脱物价持续低迷的局面，但美国作为全球重要的经济体，物价上升导致通货膨胀必然向全球传递，引发全球通货膨胀。中国 2010 年消费物价指数一路上扬，11 月达 5.1% 的新高，美国量化宽松的货币政策对中国来说是雪上加霜。美国输入性的通货膨胀给中国抑制通货膨胀制造了极大的麻烦。据广东省社会科学院境外热钱研究课题组监测发现，2010 年 8 月下旬开始至 10 月 20 日境外热钱大量流入内地。以月度计算，9 月、10 月中国内地出现 2002 年以来最大规模的热钱流入量。而当 11 月 3 日美联储宣布"投入 6 000 亿美元买国债，维持 0~0.25% 的联邦利率水平不变"的第二轮量化宽松货币政策之后，热钱流窜新兴市场开始呈发狂之势，而围攻中国市场的景象再度上演，输入性通胀压力显著增大。

四、结论

在全球经济日益一体化的时代，如果两国决策者都分别行事，没有政策协调，那么为了减少通货膨胀，每个国家都会试图充分地紧缩货币政策以使汇率升值。两国都实施高度紧缩的货币政策，净效应就是汇率不发生变化（因两国的货币政策最终相互抵消），但两国都要遭受高度紧缩货币政策的衰退性影响；实施宽松货币政策亦然。中国和美国是两个大国，每个国家的政策会给其他经济体带来重要影响。国家之间应进行政策协调，为了走出衰退，美国应该实施具有正向影响的扩张性财政政策，施惠其他国家。中国 4 万亿元的政府投资为全球经济走出困境做出了重要贡献。

中国是一个贸易大国，进出口规模占全球的十分之一，外贸依存度达 60%，与国际市场的联系非常密切。国际金融市场的新变化，以及一些大的经济体采取的措施影响市场预期，进一步影响中国经济。在美联储声明实施新一轮量化宽松政策对市场产生预期之前，大量的资金已闻风而动涌入股市、债市、大宗商品市场，不仅推高了股指，也推高了大宗商品的价格和债券价格。当金融不能够支持经济的时候，便存在一个很大的隐忧。由于发达国家商业银行体系和金融体系在金融危机中被摧毁，大量铸币仍无法解决通缩压力。从美欧溢出的大量货币进入新兴市场，扩张资产泡沫。部分套利资金进入商品期货市场，推高资产价格，并导致农业生产成本大幅提升，新兴市场面临更大的通货膨胀压力和资产泡沫膨胀的困境。

中国外商投资政策经过 30 多年改革开放的演变，已经形成比较完善的外商投资审批制度，商务部不仅有外商投资的审批和统计，还会定期和其他主管部门的审批和统计进行印证，来保证吸收外资领域管理的规范和有效。针对入境热钱，中国人民银行行长周小川提出了"池子"理论，即我国可采取总量对冲的措施，将短期逐利资本引入一个"池子"，而不会任之泛滥到整个实体经济中去；等它需要撤退时，将它从"池子"里放出去，这样就可以在很大程度上减少资本异常流动对我国经济的冲击。但这个"池子"应该足够大，并且足够坚实，以避免其泛滥出去兴风作浪，危害中国经济，掠夺中国改革开放的成果。这个"池子"绝不应该是人们猜想的 A 股市场，而应该是金融制度的变革，是金融体制和金融工具的创新。同时，我国应该加强金融监管，借鉴我国香港金融保卫战的经验，对热钱实施阻击；规范资金进入渠道，对流入的热钱主动引导，避免其泛滥成灾。

从根本上来说，现行国际货币体系是全球经济失衡的根源之一，也是导致全球汇率市场陷入混乱的重要原因。要消除这种负面影响，就必须对现行国际货币体系进行改革，倡导国际储备货币多元化，方为治本之道。

参考文献

［1］傅苏颖. 量化宽松货币政策重启 催生新一轮资产泡沫［N］. 证券日报，2010-10-14（1）.

［2］U S BUREAU OF LABOR STATISTICS. Ranks of Those Unemployed for a Year or More Up Sharply［EB/OL］.（2010-10-10）［2010-12-20］. http://www.bls.gov/opub/ils/summary_10_10/ranks_unemployed_year.htm.

［3］BARACK OBAMA. Economic Report of the President（2010）［R］. Washington：United States Government Printing Office，2010.

［4］温家宝. 政府工作报告——2009 年 3 月 5 日在第十一届全国人民代表大会第二次会议上的讲话［EB/OL］.（2009-03-14）［2016-12 20］. http://www.chinanews.com.cn/gn/news/2009/03-14/1601848. shtml.

［5］温家宝. 政府工作报告——2010 年 3 月 5 日在第十一届全国人民代表大会第三次会议上的讲话［EB/OL］.（2010-03-15）［2016-12-20］. http://

www.china.com.cn/policy/txt/2010-03/15/content_19612372. htm.

[6] 姚坚. 商务部发布会介绍 1 ~ 10 月我国商务运行情况并答问 [EB/OL]. (2010-11-10) [2016-12-20]. http://www.gov.cn/gzdt/2010-11/16/content_1746672.htm.

[7] 魏埙, 蔡继明, 留俊民, 等. 现代西方经济学教程 [M]. 天津: 南开大学出版社, 1994.

[8] 杰弗里·萨克斯, 费利普·拉雷恩. 全球视角的宏观经济学 [M]. 费方域, 等, 译. 上海: 上海人民出版社, 2003.

（原载于《重庆交通大学学报（社会科学版）》2011 年第 4 期）

12. 信息不对称视角的中小民营企业融资困境研究

一、引言

在国务院先后出台的鼓励民间投资政策的刺激下，民间固定资产投资占全部固定资产投资的比重呈持续上升趋势。2006—2012年，民间投资在全社会投资比重从49.8%上升到61.4%，2013年1~9月更是升至63.6%。专家认为，如果民间投资在一个行业或领域超过了2/3，就意味着民间资本在该领域从总体上已占主体，而民间投资增长超过政府性投资的这一趋势在未来还会进一步加强，这将对我国经济增长和结构转型发挥积极作用。民间投资不断增长也和当前我国经济增长面临转型、破除行业垄断的发展趋势有关。但从其投资增长速度看，前景不容乐观。2013年1~9月，非国有部门投资下行趋势未变，增速趋向平稳；工业增长出现回升迹象；进出口增速同比略有回升，但三季度比上半年下降；9月末小微企业贷款增速继续高于大中型企业；三季度以非国有企业为主体的中小企业景气指数回升；1~9月政府大力促进非公有制经济发展政策密集出台，但效果并不理想。2005年以来，政府促进私营经济发展的大、小政策不断，力度、密集度均空前，但统计数据显示2010—2013年9月，民间投资增速分别是32.5%、34.3%、24.8%、23.3%，一直呈下行趋势。2013年三季度，虽然私企、个体投资保持较快增长，但比上半年也有所下降。这说明民营企业的融资困境依然存在，必须从新的角度去思考这个难题，寻求破解之法，这就是民营企业的投资方向要与经济结构调整优化的方向一致，实现协调发展。

二、中小民营企业融资现状

随着改革的推进与市场化的进展，市场在资源配置中的地位由基础性作用提升到决定性作用。国有企业改革的进一步拓展，国有经济在竞争性领域逐步退出，民营经济快速崛起，对扩大社会就业、促进经济增长、改善人民生活起着十分重要的作用。但民营企业在发展过程中，融资难依旧是民营企业尤其是中小民营企业难以破解的困境，甚至成为中小民营企业实施规模扩张做大做强的瓶颈。

虽然随着政府的政策支持，中小民营企业的融资难问题得到一定缓解，但依然没有从根本上得到解决。以私人企业（包括个体）为例，1996年年末有短期贷款279.8亿元，占整个短期贷款总额不足0.6%；1997年年末短期贷款总额增加到386.7亿元，占整个短期贷款总额的0.698%，之后缓慢增加，一直到2001年不足1 000亿元，只有918亿元；其后增长速度较快，2004年达2 081.59亿元，2007年达3 507.66亿元，2008年达4 223.82亿元。但所占比重依然较低，分别为2.397%、3.064%和3.373%（见图1）。

2010年年末国有企业贷款158 253亿元，占贷款总额的52.27%，其中国有大型企业贷款占贷款总额的31.10%；集体企业、私人企业、港澳台企业和外商企业贷款分别占贷款总额的9.39%、30.05%、3.99%和4.30%，其中大型私人企业和中小型私人企业贷款分别占贷款总额的4.89%和25.16%。2011年年末国有企业贷款170 946.6亿元，占贷款总额的48.82%，其中国有大型企业占贷款总额的27.82%；集体企业、私人企业、港澳台企业和外商企业贷款分别占贷款总额的9.99%、33.50%、3.79%和3.90%；大型私人企业和中小型私人企业贷款分别占贷款总额的4.83%和28.67%。2012年年末国有企业贷款186 898.5亿元，占贷款总额的47.58%，其中国有大型企业贷款占贷款总额的25.01%；集体企业、私人企业、港澳台企业和外商企业贷款分别占贷款总额的9.26%、36.19%、3.64%和3.33%，其中大型私人企业和中小型私人企业贷款分别占贷款总额的5.70%和30.49%。中小型私人企业的贷款占贷款总额的比重呈现缓慢上升趋势。2012年，中国人民银行新增了微型企业贷款统计指标，微型企业贷款占小微型企业贷款的8.42%（见图2）。民营企业尤其是中小民营企业的贷款份额有所增加，但与其在国民经济中的作用还是不相称的。其中最重要的原因是国有企业的缓慢退出以及中小民营企业数量的巨大增加，中小民营企业的融资困境有所缓解，但困境依然存在。

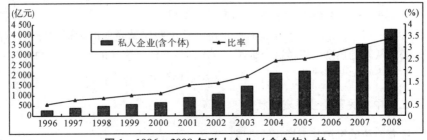

图1　1996—2008年私人企业（含个体）的
短期贷款额及占短期贷款总额的比重

资料来源：根据1997—2009年中国金融年鉴整理，但2009年后中国金融年鉴统计口径发生了变化，2009年企业贷款按行业的大、中、小型企业进行统计，2010年后按企业所有制性质进行分类统计

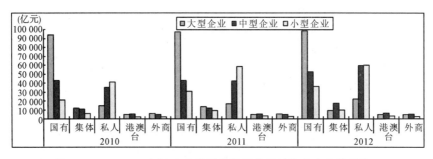

图2　2010—2011年按企业类型和性质分类的境内企业贷款情况

注：2012年中国人民银行依据《中小企业划型标准规定》新增了微型企业贷款统计指标，现小微型企业对应之前的小型企业；数据来源为根据2011—2013中国金融年鉴整理获得

三、信息不对称视角的中小民营企业融资困境分析

（一）信息不对称导致较高的信息甄别成本

民营企业大多是中小企业，信息不对称主要是对中小民营企业而言。中小民营企业的组织结构决定了其信息传递方式，内部的信息传递方式导致信息不透明。因此，造成民营企业信息不透明的根本原因是其简单的组织结构，而大银行复杂的组织结构导致银行处理中小民营企业信息的成本过高。贝戈和亚德尔（Bergeer A N & Udell G F）认为，初创期，企业因规模小、缺少业务记录、财务制度不规范等原因而导致的信息不透明使其很难获得外源性融资，但要发展壮大，则必须寻求渠道宽泛的外源融资。对中小民营企业而言，外源融资主要是通过以银行为代表的金融机构进行的间接融资。因此，融资难问题便为获得银行贷款难问题。约瑟夫·E.斯蒂格利茨和安德鲁·韦斯（Stiglitz Joseph E & Andrew Weiss）认为，在信息不对称约束下，借款人必然存在逆向选择和道德风险问题，金融机构不是通过提高利率达到市场均衡，而是实行信贷配给。

银行据以进行贷款决策的信息可以分成两类：硬信息和软信息。硬信息是指以数字形式存在，不含主观判断，易于处理和传递的信息。与之相对应的软信息是指以文字形式存在的人格化强、不易传递的信息。中小民营企业的经营者便为所有者，治理形式以内部治理为主，并且因其规模小而决定了其管理的复杂性大多没有超出所有者的管理能力，企业的组织结构相对简单。中小民营企业几乎不存在因代理关系引发的激励问题，因而缺少由代理关系衍生的信息传递动机。中小民营企业因为缺乏从资本市场融资的渠道，从而缺乏向外部提供高质量信息的激励。中小民营企业组织结构简单、分层少。企业主熟悉生产中的各个环节，能处理生产中传递出来的诸多信息。为了经营决策，企业主有汇总来源于生产中的各种信息的激励。这样信息传递及处理所需经过的环节少，能利用信息灵活快速决策。中小民营企业简单的组织结构决定其相应的信息传递方式相对简单和封闭，并且软信息居多。大企业组织结构复杂、分层多，要求信息是易于标准化的且信息传递程序是规范的，即所传递的信息是硬信息。

大企业的信息易为金融机构理解和接受，而中小民营企业的信息由于模糊性高必须额外追加信息，提高了银行的信息甄别成本。中小民营企业信息的模糊特征、大银行复杂的层级结构以及中小民营企业融资规模小均造成了其向正规金融机构融资的供给约束。

（二）融资规模小而交易成本高形成融资约束

史莱弗和维斯尼（Shleifer & Vishny）认为在大投资者活跃的场合，小投资者的利益往往得不到保护，结果金融市场的发展反而被阻滞了。企业规模越大，越需要进入关系契约网融资，因为偏好短期资金供给的金融中介给企业带来的预期重复谈判的成本太高，即企业也要追求规模收益递增率，所以大中介机构和大企业缔结双边治理更容易。

改革开放以来，民营经济快速发展，为中国经济的繁荣做出了突出贡献。但金融系统改革进程缓慢，银行的治理结构依然是为了给国有大中型企业提供资金支持。银行的国有企业性质决定其与国有大企业关系的密切度。早期的国有大企业与国有银行的这种关系强化了两者的联系，两者之间甚至出现了熟人关系，信息传递更加规范可信，在一定程度上降低了金融风险。企业和银行之间容易形成强强联合，金融市场资金的流动出现马太效应。此外，大企业的经营范围广、业务种类多，因而与政府、银行、社会组织以及其他企业进行广泛的信息和能量交换，信息的生产和传递遵循严格的社会准则，失真的信息容易被更正。因此，信息传递真实可信，降低了金融机构对企业信息的搜寻成本；大企业的融资规模大，存在规模效应，摊薄与审批相关的固定成本。此外，贷款给国有企业，银行业务人员容易回避借贷资金坏账、呆账而承担的责任，因为国有企业主要承担政策性风险，最终将由财政买单。银行在与企业资金往来的过程中，还会存在溢出效应，并且溢出效应是相互的，由于投资者相信银行的谨慎行为和专业化能力，一旦某一企业频繁得到银行的贷款，那么投资者据此也可以判断企业的质量，借贷市场上越竞争，溢出效应越大。

在这种情形下，中小企业，尤其是中小民营企业就会在金融市场上存在被边缘化的风险。这主要是由于企业提供信息的劣质性，融资规模偏小且频率高，传统观念的束缚难以招聘高素质的员工以提高管理水平、扩展经营规模、提高经营业绩以及抗风险能力弱等特征制约其融资规模和融资能力。

假设中小民营企业的贷款成本构成分为两部分：利息成本和交易成本。申请贷款时大企业的信息更易于被金融机构理解和接受，而中小民营企业生产的信息由于模糊性高必须额外提供信息。设 α 为中小民营企业每单位贷款需提供信息的成本，中小民营企业贷款大多具有金额小、时间急和频率高的特征。由于经营灵活，中小民营企业能抓住瞬间的投资机会，但由于提供信息、银行对信息的甄别以及银行内部的审核程序，往往导致贷款等待时间长而错失商机。在这段时间，企业与银行反复协商、沟通尽量缩小分歧以及焦虑等待而产生摩擦成本，设 β 为摩擦成本，α 和 β 均为交易成本。设企业的一个投资项目需要的目标融资量为 ϕ，由于信息不对称导致信贷配给，实际贷款额只有 $\lambda\phi$，其中 $0<\lambda<1$。$\lambda=1$ 时，表示企业能得到目标贷款额。$\lambda<1$ 时，表示企业不能得到足够的贷款，资源没有达到有效配置，项目投资存在规模效益损失。假设效率损失率为 $1-\lambda$。λ 越小，损失越大。设银行的存款和贷款利率分别为 γ_0 和 γ_1，为分析简便，设银行的经营利润为零。由于中小民营企业科层结构模糊，运作欠规范，信息生产和信息传递存在偏误，导致信息失真。为了去伪存真，获取准确信息，银行处理中小民营企业每单位贷款需要比大企业额外支出成本 μ。假定银行发放每笔贷款需支付的固定成本为 φ。银行的约束条件为：

$$(1+\gamma_1)\lambda\phi = (1+\gamma_0+\mu)\lambda\phi + \varphi \tag{1}$$

由（1）式整理得：

$$\gamma_1 = \gamma_0 + \mu + \varphi/\lambda\phi \tag{2}$$

若中小民营企业融资项目的投资收益率为 γ_2，则中小民营企业实现盈亏平衡的条件为：

$$(1+\gamma_2-1+\lambda)\lambda\phi = (1+\gamma_1+\alpha+\beta)\lambda\phi \tag{3}$$

由（3）式整理得：

$$\gamma_2 = \alpha + \beta + \gamma_1 + 1 - \lambda \tag{4}$$

由（2）式、（4）式得：

$$\gamma_2 = \gamma_0 + \mu + \alpha + \beta + 1 - \lambda + \varphi/\lambda\phi \tag{5}$$

在一个较短的时期，经济发展水平和金融市场均较稳定，因此 γ_0 和 φ 波动较小，由（2）式可知，当 ϕ、λ 较小或 μ 较大时，则 γ_1 较大。也就是当银行处理中小民营企业信息成本偏高或中小民营企业融资金额偏小，则银行要求较高的贷款利率。较高的利率将会导致银行实行信贷配给。由此形成了中小民营企业向正规金融机构融资的供给约束。由（5）式可知，当 ϕ、λ 较小或 α、β、μ 较大时，均会导致 γ_2 过大。也就是当中小民营企业融资目标金额偏小、实际融资占目标金额的比重偏小或融资的信息成本、摩擦成本偏高，则要求中小民营企业的融资项目需要有较高的回报率才能形成投资激励。若企业项目投资回报率低，则难以得到正规金融机构的融资支持。中小民营企业的信息结构在减少企业内部利用信息的成本的同时增加了向外部提供信息的成本，融资金额过小是中小民营企业在信贷市场中的一种弱质体现，增加了银行处理软信息的成本以及过高的摩擦成本，形成中小民营企业融资的需求约束。

四、破解中小民营企业融资困境的策略研究

(一) 整合信息资源，完善中小民营企业的信用评级

因信息不对称引发的诸多不确定性催生了金融市场的深化，金融衍生品种类繁多。金融资本希望以最少的成本获取最大量的信息，尽量缓解信息不对称的状态。中小民营企业向市场融资时出现困境的根本原因就是资本市场的信息不对称。因此，解决信息不对称是破解民营企业融资困境的重要路径。

信用共同体的构建可以缓解信息不对称。基于信用共同体金融创新已由"单一银行—单一企业"发展为"单一银行—多个中小民营企业组成的共同体"，有两种最基本的运作模式：互助联保和互助担保。也可以借鉴前期的经验，在信息披露的条件下以协会或商会进行信用评级并实施联合担保。基本要素包括担保基金、风险基金、违约基金、经营模式、企业规模、盈利能力、抗风险能力、违约责任、企业数量、议价能力、反担保措施等。

中小民营企业按行业或按地域成立行业协会或商会，能进入的企业必须具备相应的资质特征。一些信息具有个人特征，即企业主的基本特征，如果是按地域分的商会，则需考虑企业主的籍贯，考虑地缘或亲缘关系，主要是个人的信誉特征和文化素养，即信贷市场借款人个人的特征向量。如果是按行业形成的行业协会，则只考虑个人的信誉特征和文化素养。一些是企业的基本特征，企业规模、企业经营策略以及发展方向、企业的盈利能力、资产负债比、有无拖欠贷款以及拖欠贷款的次数及比例、企业的产品生产是否符合国家产业升级或经济结构调整的方向。需要加入行业协会或商会的企业要根据一定的准则或法规披露企业信息，而这种信息需经过商会聘请的会计师事务所审核，然后根据信息对企业进行信用评级。每个企业需要事先缴纳一定数量的资金作为担保基金和违约基金。具体的数量根据企业的规模、信用级别以及企业主的信用特征缴纳，以尽量使借款人的特征向量吻合借款契约的空间向量。协会或商会内部的信用评级需要得到商业银行或其他金融机构的认可，若有差距，需要根据商业银行的意见对信用评级进行调整。协会或商会内企业成员需要贷款时则其他成员企业实行联合担保，具体应包括为会员企业提供有足够吸引力的融资条款、惩罚会员企业的能力和措施、会员企业如何实现横向监督的措施、搜集会员企业的私有信息、识别风险低和收益高的优质投资项目的专有技术和管理程序。每个成员有对其他成员进行监督的激励，防范其他成员的道德风险（见图 3）。在这种信息披露和评级体系下，所有成员既相互帮助又相互监督。行业协会和商会还聘请律师事务所处理内部成员的违规行为。同时，在政府相关部门的扶持和监控下，确保企业发展与经济结构调整的方向一致。在此基础上，行业协会（商会）之间也可以实施更大范围的联合，扩张信息互享平台，增强融资能力；政府要转变职能，加快信息披露制度改革，政府部门和一些专

业机构逐步公开其掌握的可以公开但没有开放的企业信息，如公安、工商、人事、税务、统计等部门所掌管的大量的可以公开但没有公开的企业信息资源，降低获取征信和企业信息的难度，为经济社会展开商业化、社会化且具有独立性、客观公正的信用调查、征信和资信评级等信用专业服务提供平台。

企业信用评级体系提供的企业资信方面的数据，在一定程度上使资金的供方能够更加了解企业的偿还意愿和偿还能力，节约供方各自搜集信息的重复成本。企业信用评级体系输出的信息使企业的资信级别化，资金供方容易度量出不同企业的融资能力。企业信用评级体系构建要求企业规范内部管理、完善财务制度和理顺治理结构，提供信用评级体系所需的信息，减轻了信息不对称的程度。

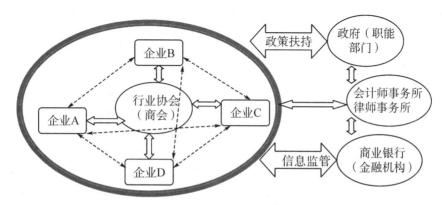

图3　中小民营企业信用评级数据库构建图

（二）优化产业结构，引导中小民营企业的投资方向

产业结构政策引导资金导向，资源的优化配置刺激技术进步，提升资源使用效率，优化产业结构，促进经济增长。金融市场通过改善储蓄率，改善储蓄在不同资本生产技术之间的分配来影响资本积累进而影响经济增长。

此外，资本的利率不会既定，会随社会的消费偏好、投资机会、风险等因素的变化而变化。因此，利率是消费偏好、投资机会、风险等因素的函数。费雪认为，收入是一连串的事件，因而每一个事件都会影响利率，并提出了收获超过成本率概念，即一个贴现率，它是这样一个利率，设用这一利率来贴现，则采取一种选择的成本的现值等于收获现值。一个简化的例子就是，今年投资100元，第二年收回150元，把150元贴现为现值100元，其贴现率为50%，即收获超过成本率。

假定一个人占有一块原始状态的土地。关于这块土地的使用方法，他有广大的选择范围。一种选择是维持原始状态。其他选择是经由开拓而成为生产粮食的土地，产量因开拓的彻底程度而不同。假定在第一种选择下，他可得到一年 50 元的永久净收入。假定投入 100 元每年可以多获得 25 元的收入。也就是说，投下 100 元的成本，获得每年 25% 的永久收入。若市场利率为 5%，这种投资是合算的，他可依 5% 借得改进土地所需的 100 元。其次假定第二个 100 元的投资提供 15% 的收获，它也是有利的。第 N 个 100 元可得 5% 的收获，第 $N+1$ 个 100 元使收成增加 3 元，即 3% 的收获。农场主对于土地的投资，直到第 N 个 100 元都是合算的，但不会到第 $N+1$ 个 100 元。一个人改进和耕种土地的确切程度，决定于当前利率。

一种资源的使用机会的选择，将因市场利率的不同选择不同的收入流。例如，一块土地有三种选择：矿产开采、农业种植、植树。假定矿产开采的收入流呈递减趋势，农业种植呈恒定不变状态，植树的收入流呈现递增趋势。生产者在选择收入流时，在既定的利率下，会根据现值最大化进行选择。在利率低的社会中，与利率高的社会相比较，土地将会改进得更彻底些，道路铺设得更坚固些，住宅修建得更耐久些，所有工具的效能能发展得更高些。[①] 利率低时，工具就坚实而耐久；利率高时，工具就脆弱而易毁。由于不同的选择间的取舍决定于利率，低利率偏向于选择上升的收入流，而这种收入流的选取又有提高利率的反作用；高利率偏向于选择下降的收入流，这一选择又有降低利率的反作用。

在信息充分的完全竞争市场，所有资源能得到充分利用，资源能实现优化配置。但在信息不完备的情况下，中小民营企业难以得到足够的资源。比如说，企业有一个投资项目，第一个单位投资可得到 50% 的回报率，第二个单位可得到 40% 的回报率，每个单位的边际回报率呈递减趋势。若第 N 个单位的回报率恰好等于市场利率。也就是说，在信息完备的情况下，企业可获得充足的投资资金。但由于信息不对称，假设只得到两个单位的融资额，难以发挥项目的应有效能。因此，企业和银行之间的信息不对称，在一定程度上导致产业结构扭曲，难以优化经济结构，损失经济效率。鼓励中小民营银行的发展，稳步推进利率市场化，实现银行与企业间的结构对称，减轻信息不对称。如果一种资源要得到有效利用，那它在所有用途中必须具有同样的生产性，如果它在一种用途中的边际产品少于另一种用途，产出就没有达到最大化。因此，通常还有两个条件成为完全竞争的一部分：资源在所有用途中是流通的；资源所有者知道资源在各种用途中的产出。[②] 也就是说资源的流通性和信息的充分性。为了尽量达到资源的有效配置，政府可以制定适宜的产业政策，增加政策性贷款力度，为银行对中小民营企业融资提供政策支持，进而优化产业结构，促进经济发展。加快国有银行和国有企业的改革，鼓励民营企业参股国有银行和国

---

① 欧文·费雪. 利息理论 [M]. 陈彪如，译. 北京：商务印书馆，2013.

② 乔治·J. 施蒂格勒. 产业组织 [M]. 王永钦，薛锋，译. 上海：上海人民出版社，2007.

有企业，实现信息共享，克服银行与企业间的信息不对称，优化配置金融资源，提升经济结构，加快经济增长方式转型。

在经济结构调整和转型的大背景下，投资造成了一些负面作用。在投资上进行转型，就是激活由过去政府主导的大投资，转变到以民间投资为主。民间投资比重的提高与国有企业改革具有非常密切的相关性，在某种程度上，民营企业有今天的发展态势是国有企业改革深化的成果。民间投资所占比重不断提高，最直接的贡献就是促进经济更加平稳增长。从 2013 年前三季度 7.7% 的增长率来看，贡献最大的仍然还是投资，但其中投资结构只增长 10.4%，而民间固定资产投资的增速高达 23.3%。民营经济的潜能难以估量，应设法释放其潜能。

（三）利用市场机制，优化配置中小民营企业的生产要素

根据柯布—道格拉斯生产函数 $Q = A L^\alpha K^\beta$，在规模报酬不变的情况下，可得 $\ln \frac{Q}{L} = a + b \ln \frac{K}{L}$，其中 $\frac{Q}{L}$ 是产出劳动比或劳动生产率，$\frac{K}{L}$ 是资本劳动比，即资本劳动比提高一个百分点，劳动生产率提高 b 个百分点。根据边际生产力理论，在资本 K 一定的条件下，劳动的边际产量曲线向右下方倾斜。在完全竞争的条件下，企业依据 $VMP = W$ 雇佣劳动力数量，此时边际产量等于实际工资，即 $MP = \frac{W}{p}$。在劳动力的实际工资确定的情况下，劳动力的雇佣数量也确定。若资本 K 增加，或说资本劳动比增加，必然推动劳动的边际产量曲线向右上方移动。在同样的劳动力数量下，边际产量提高。若两种投入要素都可以变化，在完全竞争的情况下，企业的利润最大化也就是一定产量下的成本最小或一定成本下的产量最大，其满足的条件是 $\frac{MP_L}{\omega} = \frac{MP_K}{r}$。在 $\frac{MP_K}{r}$ 不变的情况下，若劳动的边际产量曲线向右上方移动，在充分就业的前提下，企业的雇佣量不变。在同一雇佣量下，劳动的边际产量相应较高，较高的边际产量必须有较高的 ω 与其对应才能保证 $\frac{MP_L}{\omega} = \frac{MP_K}{r}$，即高工资要具备较高的人力资本。在技术进步的过程中，企业的资本存量随投资增加而增加，每个劳动力推动资本量越来越大，劳动生产率越来越高，资源的使用效率也相应提高。这必须有一定数量的高素质劳动力与较高技术水平下的资本存量与之相适应。因此，要优先开发人力资源，尤其是提高广大农村人口的素质，为中小民营企业提供优秀的经营管理人才。

张维迎认为，没有一个企业会自觉地革自己的命，只是别人已经快摧毁它了它才可能努力。如果没有人摧毁它的话，没有一个企业会真正地进行革命性的，即创造性破坏。中国要实现真正的转型不死一批企业不可能转型，如果中

国的经济不掉下来也不可能转型。政府政策最忌讳的是为了眼前的一点好处牺牲长远。

因此，在中国经济转型的关键时期要充分利用市场机制，给民营企业尤其是中小民营企业以国民待遇，鼓励民营资本进入国有企业和国有垄断行业，开拓国际市场，提高民营企业在国际市场上的竞争力。优化资源配置，提高资源的使用效率，进而推动经济快速平稳转型，保持经济可持续增长。

五、结论

中小民营企业融资难存在多种原因，如经营绩效、信用水平、经营规模以及企业所有制性质歧视、风险评估等，但一个最重要的原因是银企间严重的信息不对称，而产生信息不对称的原因主要是大银行和中小民营企业内部治理结构、组织行为的不对称，而处理信息不对称问题存在极高的交易成本。从信息不对称视角破解中小民营企业融资困境的途径是提高信息透明度。一是加快融资技术创新，提高大银行对中小民营企业的支持力度。大银行的组织结构特征使其对中小民营企业贷款不具有优势，但可以通过贷款技术的创新以及银行内部管理创新来改善大银行对中小民营企业贷款的境况，如设立为中小民营企业提供金融服务的"专业支行"。二是加快征信体系建设，实现信用信息共享。征信机构可由政府、社会力量共同出资建立公平、公正、高效的信用信息共享机构，通过信用信息中介机构缓解银企间信息不对称问题。三是发展中小民营银行，实现利率市场化。中小民营银行服务中小民营企业，具有结构对称的特征，可极大地缓解信息不对称，降低交易成本。其优势来源于它能灵活地收集与处理中小民营企业信息，利用市场力量配置社会资源，优化产业结构，促进经济发展。

参考文献

［1］ BERGEER A N, UDELL G F. The Economics of Small Business Finance: The Roles of Private Equity and Debt Markets in the Financial Growth Cycle ［J］. Journal of Banking and Finance, 1998, 22 (6-8): 613-673.

［2］ STIGLITZ JOSEPH E, WEISS ANDREW. Credit Rationing in Markets with Imperfect information ［J］. American Economic Review, 1981, 71 (3): 393-410.

［3］ 黎日荣, 黄炳坤. 企业组织结构对小企业融资的影响 ［J］. 石家庄经济学院学报, 2011 (5): 59-63.

［4］ 周业安. 金融市场的制度与结构 ［M］. 北京: 中国人民大学出版社, 2005.

［5］ 刘世云, 黄佑军, 等. 基于信用体系建设的民营企业融资模式研究

[J]. 价值工程，2012（5）：90-91.

[6] 祁渊. 解决民营企业融资难的一个视角——构建信用评级体系 [J]. 财经问题研究，2004（3）：42-46.

[7] 欧文·费雪. 利息理论 [M]. 陈彪如，译. 北京：商务印书馆，2013.

[8] 乔治·J. 施蒂格勒. 产业组织 [M]. 王永钦，薛锋，译. 上海：上海人民出版社，2007.

[9] 张维迎. 中国不死一批企业不可能真正转型 [EB/OL].（2013-09-11）[2016-12-20]. http://finance.sina.com.cn/hy/20130911/214716734813.shtml.

（原载于《金融理论与教学》2014 年第 5 期）

13. 商务谈判的经济分析

　　谈判是参与各方出于某种需要，在一定时空条件下，采取协调行为的过程。商务谈判是买卖双方为了促成交易而进行的活动，或是为了解决买卖双方的争端，并取得各自的经济利益的一种方法和手段。商务谈判是在商品经济条件下发展起来的，已成为现代社会经济生活必不可少的组成部分。没有商务谈判，经济活动便无法进行，小到生活中的购物还价，大到企业之间的合作、国家与国家的经济技术交流，都离不开谈判。商务谈判在促进商品经济发展、加强企业间的经济联系以及促进我国对外贸易的发展等方面都起着举足轻重的作用。

一、商务谈判的目的

　　谈判双方进行谈判的目的就是为了获取双方共同的利益，得到效用最大化，为了使资源得到更有效的利用，在满足自己利益的同时，尽量满足对方的利益，从而实现资源配置的优化，使交换和生产同时达到帕雷托最优。谈判双方有时可以追求共同利益而把蛋糕做大，则双方都能从中得到好处。有时谈判的一方为了追求长期利益而把一部分短期利益让渡给对方，寻求一种长期的合作伙伴关系，这样谈判双方在签约后，会把双方的违约行为降到最低程度，也在一定程度上防止了机会主义和道德风险的出现。

　　我们用埃奇沃斯交换盒形图予以说明。假设参与交易的双方是甲、乙两方，两方分别拥有 X、Y 两种商品，X、Y 可代表一般商品，双方进行物物交换，X、Y 中也可以有一种是一般等价物，相当于是以货币为媒介进行的交换。X 总量为 10 单位，Y 总量为 6 单位。

　　图 1 是埃奇沃斯盒形图，左下角代表甲拥有商品量的原点，凸向左下方原点的无差异曲线是甲的无差异曲线；右上角代表乙拥有商品量的原点，凸向右上方原点的无差异曲线是乙的无差异曲线。现在我们考察标示为 U_{11} 和 U_{21} 的两条无差异曲线，它们分别代表甲和乙的无差异曲线，并且它们相交于描述最初资源分配状态的 A 点。这两条无差异曲线的两处交点界定一个鱼眼形区域，显示了甲和乙两方可能通过互利互惠贸易来对配置状态加以改变的所有可能性的集合。从 A 点移动到 B 点的交换使甲和乙互利互惠。它不仅显示了 A 点存在交

换可能性，而且直观表现出互利互惠交换的可能性有多大。

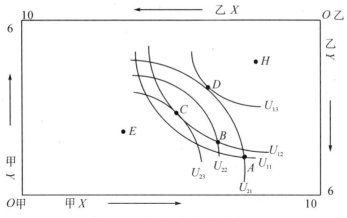

图 1　商务谈判双方的利益分配

　　E 点代表的资源配置点高于乙所有三条无差异曲线，因而乙当然乐意前往，但是它低于甲的通过最初配置 A 点的无差异曲线，表示 E 点对于甲而言利益受损，依据理性人假设，甲不会接受这样的交换。H 点代表的资源配置点高于甲所有三条无差异曲线，因而甲显然乐意通过交换达到该点；然而，H 点低于乙通过最初配置 A 点的无差异曲线，表示 H 点对于乙而言利益受损，因而乙不会接受导致这一分配点的交换。鱼眼区域以外表示资源配置的点虽然会使一方受益，但是会使另一方受损，因此依据理性经济人假设，这样不符合互利互惠条件的交换。交换的一个基本前提就是互利互惠的交换，是自愿进行的交换，也是独立平等主体之间的交换。

　　现在讨论 B 点是否存在进一步交换的可能性。B 点与 A 点有两点类似：一是也有两条无差异曲线，即 U_{12} 和 U_{22} 通过；二是这两条无差异曲线在 B 点相交。由于无差异曲线在 B 点相交表示两人位于该点时 X 对 Y 的边际替代率不同，因而存在进一步进行互利互惠交换的可能性。通过 B 点的 U_{12} 和 U_{22} 两条无差异曲线也形成了一个较小的鱼眼区，它同样表示了以 B 点为初始状态实际存在通过互利互惠交换导致配置状态改变的所有可能性的集合。由此可见，即便已经发生了互利互惠的交换，新的资源配置点不一定是有效配置点。另外值得注意的是，与 U_{11} 和 U_{21} 界定的鱼眼区相比，新的鱼眼区面积较小，是因为从 A 点移动到 B 点的第一次交换已经实现了部分互利互惠交换的可能性，因而 B 点代表了较少的交换可能性。

　　假设甲和乙出丁自利动机再次发生交换，交换结果使资源分配状态从 B 点移动到 C 点。从图 1 看，甲的第二条无差异曲线 U_{12} 和乙的第三条无差异曲线 U_{23} 相切。对于 C 点而言，不对其中一方造成利益损失的交换可能性已经不复存在，因而 C 点是资源有效配置点。显然，C 点不是唯一的有效配置点，其他的无差异曲线相切点也是有效配置点。比较 C 点和 D 点，它们对于甲和乙各自利益很不相同。C 点位于乙最高的无差异曲线（U_{23}）上，因而代表了对于乙而言较好的交换结果；相反，D 点位于甲最高的无差异曲线（U_{13}）上，因而交换结果对于甲利益增加最多。甲和乙都想使自己利益最大化，最终结果取决于双方讨价还价的能力。缺乏效率状态的资源交换可能给交换双方带来利益，但是利益增量不一定会均匀分配，实际分配结果取决于双方讨价还价的能力。

例如，以买卖双方来说，买方有一个最高出价，而卖方有一个最低要价，也是各自的底线，两者之间就是可能的成交区域。如买方最高出价不能高于 180 元，而卖方最低要价不能少于 80 元，则 80~180 元都是可能的成交价格，至于价格是偏向 180 元还是偏向 80 元，则取决双方的信息拥有量、各自的谈判能力和技巧以及欲望的强弱等。

二、商务谈判的方式

在谈判过程中双方获得的利益并不是一种此消彼长的关系，谈判双方通过各种策略成功地获得自己相应的利益，实现"双赢"，谈判的最后结果并不一定是一种零和博弈，谈判双方可以通过合作、协调、沟通共同把蛋糕做大，使双方的利益都得到提高。

囚徒困境是博弈论中的典型模型（见图2），由于双方不能沟通，最后（坦白，坦白）是一个纳什均衡，并且是一个占优策略均衡，也就是说，不论对方如何选择，个人的最优选择是坦白，双方的支付为（-8，-8），这个结果的前提是双方不能互相沟通。但是如果双方能够沟通，那双方的选择将会是（抵赖，抵赖），也就是说，如果双方能够合作，寻求共同利益，双方的支付将会是（-1，-1）。这个例子说明，在博弈的过程中若能获取对方信息，则能改变双方的支付。

	坦白	抵赖
坦白	（-8，-8）	（0，-10）
抵赖	（-10，0）	（-1，-1）

图 2　囚徒困境

商务谈判的过程实质上就是谈判双方进行博弈的过程。在谈判之前谈判双方通过各种渠道获取对方的信息，如本方派人去对方进行实地考察，收集资料；通过各种信息载体搜集公开情报；通过与谈判对手有过交往的第三者调查了解信息。己方通过充分了解对方的信息来获取对方可能采取的策略，对方在哪些交易条件上可能让步、让步的可能性有多大，然后采取自己的行动方案和策略，并且在谈判过程中根据实际情况随时调整自己的谈判策略。

假设只是一次性博弈，不考虑双方的谈判地位和谈判技巧的使用，从博弈支付图（见图3）中可以看出，如果一方的选择策略是让步，那么另一方的选择策略将是不让步；如果一方的选择策略是不让步，那么另一方的理性选择将是让步。那么（让步，不让步）和（不让步，让步）都是一种均衡状态。至于最后哪一种均衡是现实的均衡，取决于双方的地位和谈判能力。

	让步	不让步
让步	(9, 9)	(7, 10)
不让步	(10, 7)	(−1, −1)

图3 博弈支付图

在谈判过程中，若谈判双方处于一种势均力敌的态势，则双方将同时做出让步，获得的支付为（9，9），总收益达到最大；若一方处于谈判的优势方，则优势方的支付为10，另一方为7，处于优势谈判地位的一方收益较大；若双方都不让步，最后是谈判破裂，而双方又都要付出谈判成本，因而各自的支付为（−1，−1）。因此，除非万不得已，双方都不希望谈判破裂。谈判出现破裂的情况可能是以下几种情形：第一，当己方已把交易条件降到最低限度，触及己方的底线，对方还采取一种强势态度，不愿让步。第二，谈判双方通过各种策略进行谈判却没能达到公共的谈判区域，即双方的谈判区域没有交叉部分。双方之间的交易条件分歧太大，无法达成共识。2005年10月13日在北京提前结束的中美双方纺织品谈判就是一例。美方在谈判中提出的条件过于苛刻，如将设限的范围扩至约30种，远远高于欧盟设限的10个品种，而且美国提出的中国纺织品出口增长率极低，只有7%～8%，而欧盟提出的增长率为8%～12.5%，中欧条款是中方的底线。美方代表戴维·斯普纳在声明中的语气强硬，称美国一直在行使基于中国加入世界贸易组织协议有关条款所授予美国的权利，"我们将继续在适当的情况下采取这样的措施"，最后导致谈判破裂。第三，双方的谈判地位不同，一方处于绝对优势地位，因而在谈判态度上便显得十分傲慢，不顾对方的心理需求。美国与墨西哥的天然气交易进行的一次谈判就是一例，由于这笔买卖只有美国人愿意与墨西哥人做，因此美国人非常傲慢地拒绝了墨西哥人的增价要求，最终导致交易失败。

如果谈判双方不只是进行一次交易，而是寻求一种长期的合作伙伴关系，那么双方之间的谈判可以看成一种固定参与人的无限次重复博弈。这样双方在交易的过程中就会尽量减少违约的机会，防止机会主义和道德风险而带来的效益损失。因为是一种无限次的重复博弈，如果一方出现道德风险，另一方有实施报复的机会，会对违约方实施报复，终止与对方的合作关系，结果会给双方带来不必要的损失，导致社会资源浪费。

三、结论

随着经济的发展，世界经济出现了一体化趋势，各个国家都要参与国际分工，在世界范围内进行资源的优化配置，这样必然导致对外贸易的进一步发展，对外贸易就其广度和深度而言都会提升到一个新的层面。贸易能否成功又依赖于有交易意愿的双方为共同利益而进行谈判的情况。交易成功虽然能给谈判双方都带来相应的利益，但是利益增量不一定会均匀分配，实际分配结果取决于双方讨价还价的能力。讨价还价的能力受多方面因素的影响：双方所处地位的优劣，双方谈判人员素质的高低，谈判双方技巧和策略的选取，谈判时间、地点的选择，谈判过程中机遇的把握等。虽然谈判双方存共同利益，谈判成功可以增加双方利益，但双方在利益的分配过程中又有冲突。双方不能仅局限于现有蛋糕的分配，而要共同协调双方利益，把蛋糕做大。我国加入世界贸易组织后，在对外贸易中必须按照世界贸易组织规则行事，对外贸易将更为广泛，对我国经济发展的意义也将更为深远。为了应付来自对外贸易方面的各种挑战，维护我国在对外贸易中的各种利益，我国应加强对谈判人才的培养，同时提升现有谈判人员的综合素质。

参考文献

［1］方其，冯国防. 商务谈判——理论、技巧、案例［M］. 北京：中国人民大学出版社，2004.

［2］白远. 国际商务谈判——理论案例分析与实践［M］. 北京：中国人民大学出版社，2003.

［3］美方不让步 纺织品谈判半途破裂［EB/OL］.（2015-10-14）［2014-12-20］. http://finance.sina.com.cn/j/20051014/03002032358.shtml.

［4］张维迎. 博弈论与信息经济学［M］. 上海：上海人民出版社，2002.

［5］平狄克，鲁宾费尔德. 微观经济学［M］. 4版. 张军，译. 北京：中国人民大学出版社，2004.

（原载于《江苏商论》2006年第5期）

14. 经济学视角的盗窃犯罪分析

对于人为什么会犯罪，理查德·A. 波斯纳从"理性人"的角度进行分析。他认为："由于对他的预期收益超过其预期成本，所以某人才实施犯罪。其收益是来自犯罪行为的各种不同的有形（在金钱获得性犯罪中）或无形（在所谓的情欲性犯罪中）的满足。而其成本包括各种不同的现金支出（购置枪支、盗窃工具、面罩等），犯罪时间的机会成本和刑事处罚的预期成本。"①概言之，当罪犯经过计算，认为从犯罪中获得的利益超过其因犯罪而需要支付的预期成本时，犯罪就有可能发生。当然，对于预期收益和预期成本的计算，是因人而异的。一个品德高尚的人，在计算预期成本时，将会把因犯罪而丧失的声誉算得很高。因此，预期成本将远远大于其预期收益，由此决定其不会实施"犯罪"。而一个名声很坏、品德低下的人，则会与此相反。犯罪的另一个根源是为了回避通过合法手段获利所需支付的成本。当通过正常的市场交易行为获取想要得到的东西时，这种交易成本是很高的。因此，这种回避市场的行为使得犯罪者从中获得了很大收益而不必支付很高成本。正是这种激励因素的推动，使得犯罪者敢于去冒险。任何一种犯罪行为，都是为了谋取某种利益，这种利益包括物质的和精神的，看得见的和看不见的，即时得到的和预期得到的，这些利益包括财产、人身、荣誉、尊严甚至某种情感的发泄以及所谓的快感、舒适度的获得等。

本文主要从经济分析的视角对盗窃行为进行分析。

一、成本收益分析

从经济学的视角看，人们在进行现有资源配置时会考虑资源使用的机会成本，同样，窃贼在实施盗窃行为时也会进行成本收益分析。他把盗窃作为一种职业，是因为他从事盗窃比从事其他职业能得到更多的收益。窃贼是一个理性的"经济人"，会追求自己效用的最大化。盗窃是一种职业选择，一个人盗窃的原因是盗窃能为行为人提供比其他可选择的合法职业更多的净收益。盗窃是有成本的，盗窃要花费时间、金钱和精力来购买作案工具，搜寻作案对象，确

---

① 理查德·A. 波斯纳. 法律的经济分析 [M]. 苏力, 译. 北京: 中国大百科全书出版社, 1997.

定最佳作案时机等。进行盗窃需要成本投入，窃贼的成本（私人成本）主要包括以下几个方面：第一，时间成本。窃贼为了搜索作案对象需要掌握对方的作息时间、生活习惯，了解周围居民的警惕性，充分利用各种信息，制订作案计划，提高作案成功率，尽量降低自己的成本。时间机会成本表达的是为了任何目的资源的使用都将产生放弃可能是最有价值的另一种选择的收益。一个人将时间和资源用于犯罪，那么他必须放弃在这段时间内从事合法活动的机会和从事合法活动的收益。第二，物质成本。窃贼进行偷窃需要的工具和投入的货币。第三，惩罚成本。这是指一旦罪行暴露后被司法机关依法实施惩罚的风险。如果这种风险成为事实，窃贼就完全丧失在这段相应时间内牟利的机会。这个成本的计算是以惩罚概率和惩罚强度的乘积来表达的。第四，心理成本。当窃贼作案后在心理上总会担心哪一天东窗事发而受法律制裁，还有些窃贼在初次作案时会受到良心谴责，有一种负罪感。第五，社会成本。这指的是窃贼偷窃受害者的财物而对受害人造成的财产损失和心理伤害，同时败坏社会风气，社会人群为防备财物被盗而安装防盗门、防盗窗等，警察为追缉窃贼而支付的成本，窃贼被追时甚至伤害受害人的生命以及法院为罪犯量刑而支付的成本。

盗窃的收益是指窃贼通过盗窃活动能够获得的利益（包括物质的和非物质的利益）。

从成本收益分析的角度看，对窃贼来说，其私人成本是较低的，物质成本（作案工具）相当于是一种固定成本，随着作案次数的增加，其平均成本将越来越低。每次要花费的时间相当于可变成本，窃贼会根据作案对象的可获利益的多少来支付时间成本，时间成本会随着作案次数的增加而递减，因效率和技术越来越高。心理成本也会随着作案次数的增加而递减，最后会趋于零。这是因为随着作案次数的增加，窃贼的道德准则和价值观念会发生蜕变，心中只有偷窃成功的窃喜，而不再有负罪感。惩罚成本其实是一种或然成本，只能是一种概率事件，必须考虑窃贼案发的概率，概率的高低又与窃贼的作案手段、居民的警惕性、警察的责任心和办案能力以及整个社会的道德伦理水平相关。

对窃贼来说，为了实现自己的效用最大化，一定会设法使自己进行盗窃的收益大于成本。设偷窃成功率为 P_1，得到的收益 R，偷窃被发现，但没被抓住的概率为 P_2，偷窃被发现并且被抓住的概率为 P_3，其中 $P_1+P_2+P_3=1$，那么其获得的预期收益为 $ER=P_1R+P_2\times0+P_3\times0=P_1R$。假设现实成本为 C_1，或有成本为 C_2，则窃贼的预期成本为：$EC=C_1P_1+C_1P_2+C_2P_3=C_1(P_1+P_2)+C_2P_3=C_1（1-P_3）+C_2P_3$。长期来说，理性的窃贼必须是 $ER>EC$。ER 取决于 P_1 和 R 的大小，R 取决于受害者的被偷窃目标物价值的高低，P_1 取决于窃贼的作案能力和社会提供的作案机会。EC 取决于 C_1、C_2 和 P_3，C_1 远小于 C_2，窃贼的 EC 主要取决于 C_2P_3。C_2 与社会的惩罚机制和惩罚力度高度正相关，P_3 又与居民的警惕性、警察的责任心及办案能力正相关。如果惩罚不力且盗窃后被逮住的概率P_3很小，则有增加作案数量的激励。为了减少作案的数量，必须提高C_2和P_3。只要有$ER > EC$，窃贼就会进行偷窃，并且随着作案次数增加，其边际收益可能是一条直线，其具体形状与居民防范心理相关，如果防范心强、警惕性高，窃贼作案的边际收益MR会向下倾斜。窃贼行窃的边际成本MC主要取决于时间成本与或然成本，时间成本随着作案次数的增加将会呈现递减趋势，边际成本线的形状和位置主要又与警察的责任心和办案能力以及惩罚力度高度相关，整个边际成本曲线将会是一条U形曲线。窃贼会根据$MR = MC$来实现获取的不法利益最大化。如果社会治安混乱，警察的责任心不强、办案能力低则会导致作案次数激增，此时MR与MC的交点处于MC_1曲线上的A点，作案次数为Q_1；如果居民的警惕性高，警察的责任心强、办案能力强，则会出现社会安定，作案次数减少，MC曲线将会左移至MC_2，此时MR与MC曲线的交点将会是B点，作案次数将会是Q_2（见图1）。

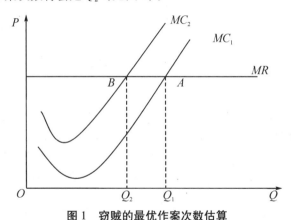

图1　窃贼的最优作案次数估算

对整个社会来说，窃贼所得似乎只是一种财富的转移，并没有减少整个社会的财富量，但事实是出现社会福利净损失。因为财富R从受害者向窃贼手中转移的同时，整个社会为之付出高昂的成本，居民为防范窃贼而支付的成本、窃贼为行窃而支付的成本、司法部门为惩罚窃贼而支付的成本，并且窃贼在遭遇受害人的追击时甚至会产生更严重的犯罪，尤其是还会产生对社会信念的不良影响，危害社会治安，影响社会和谐。

二、博弈行为分析

一个国家或社会的窃贼市场的参与者有三类：窃贼、受害人和执法人。这些人都能理性地选择达到各自目的的手段。

如果只考虑私人成本，则是受害人与窃贼之间的博弈，窃贼可以选取的策略是偷与不偷，受害人可以采取的策略是防范与不防范。从私人方面看，窃贼从偷窃中的所得就是受害人的损失。从支付矩阵看，不偷是窃贼的劣策略，理性的窃贼必然采取的策略是偷，受害人在知道窃贼选择偷这一策略的情况下，采取的策略必然是防范。受害人会显示一些信息给窃贼，即他有所防备，不会让窃贼得逞，从而降低窃贼的预期收益。窃贼通过收集各方面的信息以判断对方显示的信息是否是可信的，从而得出作案成功的概率。窃贼通过观察对方的生活习惯、作息时间，从中寻找作案时间，作案时间的选择是动态的，受害人的防范却是静态的。窃贼和受害人在信息方面是不对称的，窃贼处于信息的优势方，而受害人处于信息的劣势方，也就是常说的防不胜防。因此，即使防范严密，窃贼还是有机可乘，只是降低其成功概率。总体来说，在（偷，防范）均衡情况下，窃贼还是会得到收益1，受害人会受到损失2（见图2）。

	防范	不防范
偷	(1, -2)	(4, -4)
不偷	(0, -1)	(0, 0)

图 2　博弈行为图（1）

如果考虑社会成本，社会为了防止偷窃还必须设立警察、法庭、监狱等机构，对窃贼的偷窃行为给予惩罚，为了维持良好的社会治安，这必须支付相应的成本。窃贼给社会带来的成本还包括其影响社会风气、扭曲社会的价值观念、损害社会效率、破坏经济发展。同样，不偷是窃贼的劣策略，窃贼选择的策略必然是偷，在窃贼采取偷的策略前提下，社会所采取的策略必然是防范。因而双方的策略均衡解是（偷，防范）。但是窃贼得到的收益不会确定性地是1，它会随着社会防范的力度和惩罚的强度而变化，防范力度和惩罚的强度的增加会使窃贼的收益减少，从而使窃贼的偷窃次数减少，但只要其收益大于零，就还会有偷窃的激励。如果社会的防范和惩罚力度使偷的收益为零甚至为负，就会使偷变为劣策略。这又依赖于整个社会的共同努力，包括教育水平的提高，就业机会的增加，社会价值观念、道德准则以及舆论的导向，受害人对窃贼的防范，警察的责任心与办案能力。同时，这会使成本急剧增加，对整个社会来说不一定是成本最低而福利最大化的选择（见图3）。

	防范	不防范
偷	(1, -3)	(4, -5)
不偷	(0, -2)	(0, 0)

图 3　博弈行为图（2）

理性的"经济人"会对自己的行动进行成本收益分析,若他的行动只有成本支出而没有相应的收益,理性的"经济人"是不会采取这样的行动的。若警方也是理性的"经济人",那么警方同样也进行成本收益分析,这里的警方的支出包括花费的时间、精力、金钱;警方的收益包括工资、奖金、声誉、社会地位。如果对警方没有相应的激励、监督机制,同时对警察的业绩没有完整的评价体系,警察"偷懒"将是理性行为。如果把警察的时间、精力、金钱看成一种投资,他必定会把资源集中投放在低成本高收益的行动方面。这就会导致警方与受害人之间的博弈,如果警方投入成本低、破案率低,受害人就会提高防盗成本;如果警方办案率高,受害人支付的防盗成本就会低。

在图4中,横轴既表示概率又表示惩罚,纵轴代表成本。SC 表示执法成本。想逮住窃贼的概率越高,警察和法院支出就越多,当惩罚概率从0变到1,SC 随概率的上升而上升。PC 表示居民私人的支出成本。如果社会治安较差,抓住窃贼的概率低,也就是对窃贼的惩罚力度不够,那么私人就会花费比较高的防盗成本,也就是 PC 会随概率的提高而下降。曲线 $EC+PC$ 是防范、抓捕和惩罚窃贼的总成本曲线,最低成本为 TC(F^*)。P^* 和 F^* 的组合就表示给定的预期惩罚的最低成本的概率与惩罚的组合。

设 $SC=C_1$,$PC=C_2$,$TC=SC+PC$,成本最低的点是 $MC=0$ 的点,即 $MC=MC_1+MC_2=0$。C_1 随 P 的增大而减小,C_2 随 P 的增大而增大,因此这里的 C_1、C_2 又与 P 相关。根据方程可以找到 P^*(F^*)和最低的总成本 TC(P^*)。这样全社会就会参与打击盗窃犯罪,达到社会福利的最大化。

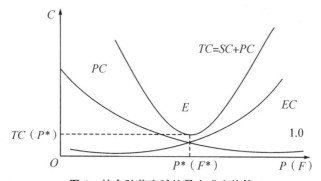

图4　社会防范窃贼的最小成本估算

三、结论

防范和打击盗窃犯罪,必须全社会共同努力,增强每个人的社会责任感,提高民众的思想道德素质。为了预防犯罪,必须加大惩罚力度,提高犯罪成本,使犯罪分子不能因刑罚的规定过轻而受益。同时,减少犯罪的预期收益,建立相应的激励评价机制，减少"偷懒"行为，提高破案率，把这种较高的破案率通过各种媒体进行披露，让犯罪分子获得相关信息，从而降低犯罪分子的预期收益，打消其侥幸心理。必须加大宣传力度，形成良好的社会舆论，在全社会形成一个同违法犯罪做斗争的良好的社会氛围，使犯罪分子一旦犯罪就面临强大的社会压力，不敢犯罪。其犯罪以后，由于人民群众的法律素养比较高而很容易被抓获。同时，加强见义勇为机制的建设，使见义勇为者打消后顾之忧，使见义勇为成为一种社会风气，使犯罪分子面临强大的社会压力而不敢犯罪和不愿犯罪，从而抑制犯罪。通过减少失业、增加合法工作收益从而降低进入正规市场的交易成本，以进入正规市场替代进入盗窃市场从而降低犯罪率。

参考文献

[1] 理查德·A. 波斯纳. 法律的经济分析 [M]. 苏力, 译. 北京：中国大百科全书出版社, 1997.

[2] 何万里, 张宝亚. 犯罪成本研究 [J]. 长安大学学报（社会科学版）, 2003（2）：50-52.

[3] 陈麒巍, 刘金玲. 我省经济犯罪经济分析初探 [J]. 电子科技大学学报（社科版）, 2003（4）：102-106.

（原载于《产业与科技论坛》2007 年第 9 期）

15. 一般均衡分析案例教学研究

一、引言

一般均衡分析是指在分析经济问题时假定各种商品的价格、供求、需求等都是相互作用和彼此影响的。一种商品的价格不仅取决于它本身的供给和需求，而且也受到其他商品的价格和供求的影响。因此，一种商品的价格和供求的均衡，只有在一切商品的价格和供求都达到均衡时才能决定。通常认为，一般均衡理论是莱昂·瓦尔拉斯（Leon Walras）在1874年出版的《纯粹经济学要义》中创立的，也称为瓦尔拉斯一般均衡理论。瓦尔拉斯认为，整个经济体系处于均衡状态时，所有消费品和生产要素的价格将有一个确定的均衡值，它们的产出和供给，将有一个确定的均衡量。他还认为，在"完全竞争"的均衡条件下，出售生产要素的总收入和购买消费品的总支出必然相等。

在经济学说史上，瓦尔拉斯第一个提出了一般均衡的数学模型并试图解决一般均衡的存在性问题。瓦尔拉斯按照从简单到复杂的思路一步一步地构建自己的一般均衡理论体系。首先，他从产品市场着手来考察交换的一般均衡，而后从要素市场的角度来考察包括生产过程的一般均衡，然后再对资本积累进行一般均衡分析，最后他还运用一般均衡分析方法考察了货币交换和货币窖藏的作用而得出了"货币和流通理论"，从而把一般均衡理论由实物经济推广到货币经济。瓦尔拉斯的一般均衡理论经维弗雷多·帕累托（Vilfredo Pareto）、约翰·理查德·希克斯（John Richard Hicks）、霍华德·J. 谢尔曼（Howard J. Sherman）、保罗·萨缪尔森（Paul Samuelson）、肯尼思·阿罗（Kenneth Arrow）、罗拉尔·德布鲁（Gerard Debreu）以及莱昂内尔·麦肯齐（Lionel Mckenzie）等经济学家的改进和完善，发展成为现代一般均衡理论。

保罗·萨缪尔森于1941年发表的《均衡的稳定性：比较静态学与动态学》及于1947年出版的《经济分析基础》激发了美国经济学家研究一般均衡是否存在的兴趣。肯尼思·阿罗与罗拉尔·德布鲁合作研究，在严格的假定下，利用拓扑学、集合论和不动点理论证明了一般均衡的存在。一般均衡虽然只存在于理论分析中，但它使人们认识到经济系统的各个方面是相互依存、相互影响的。一种商品供求变动，除了直接引起其价格的变动外，还间接引起其他商品供求及价格的变动。肯尼思·阿罗和罗拉尔·德布鲁对一般均衡存在性的公理化证明，奠定了现代西方经济学中一般均衡理论的基础。

二、一般均衡案例分析

假如一个经济社会已处于静态均衡，现在由于任一变量，如汽车的需求增加，就会引起一系列错综复杂的连锁反应。首先，汽车需求的增加，会引起与汽车有互补关系的劳动、钢铁、汽油等需求的增加，与汽车有替代关系的公共汽车、地铁、自行车等需求的减少，而这些需求的增减又会引起相关商品需求的增减。例如，劳动需求的增加，会将有关厂商的劳动吸引过来，使这些厂商的工资上涨，成本增加，利润下降。由于利润下降，这些厂商有可能减少产量，甚至退出产业，导致供给减少。供给的减少，又引起市场价格的变化，导致需求的变化……依次类推，直至再次实现市场均衡（见图 1）。①

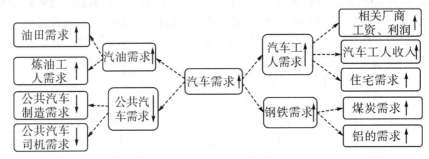

图 1　汽车需求增加的连锁反应

案例教学（Case Method）是由美国哈佛法学院克里斯托夫·哥伦布·朗代尔（C C Langdell）于 1870 年首创，后经哈佛企管研究所所长郑汉姆（W B Doham）推广，被广泛应用到工商管理等学科中，并从美国迅速传播到世界各地，取得了显著的效果。20 世纪 80 年代，案例教学引入中国，对中国教育思想和教学方法的全面改革产生了深远影响。在高鸿业先生主编的《西方经济学（微观部分）》第四版中，为了说明一般均衡分析，教材列举了四个市场：原油市场、煤市场、汽油市场、汽车市场。首先假设因中东国家减少原油生产，导致国际原油市场的供给曲线左移，均衡数量减少，均衡价格提高。若是采用局部均衡分析法，问题的分析到此结束。但若采用一般均衡分析，分析过程才刚开始。煤与原油是具有替代关系的商品，原油价格提高，会导致煤的相对价格发生变化，消费者会增加煤的需求量，导致煤市场的需求曲线向右上方移动，煤的均衡价格提高，均衡数量也增加。但煤的价格提高又会导致原油市

---

① 黎诣远. 微观经济分析 [M]. 北京：清华大学出版社，1994.

场需求曲线右移，两个市场相互影响、相互作用。原油是汽油生产的投入要素，原油价格提高，相当于增加了汽油的生产成本，汽油的生产者根据利润最大化目标，调整自己的产量，导致供给曲线左移，均衡数量减少，均衡价格提高。汽油市场的价格变化又反向影响原油市场，然后两个市场相互作用、相互影响。汽车和汽油必须同时消费，两者具有互补关系。若汽油价格提高，必然影响汽车的消费量。随着汽油价格的提高，消费者会减少汽车的购买，因而汽车的需求曲线向左下方移动，均衡价格下降，均衡数量也减少。汽车市场价格和数量的变化又反向影响汽油市场，两个市场相互作用、相互影响。若只考虑这四个市场，四个市场相互作用、相互影响，最后达到均衡。事实上，分析过程不只如此。汽车销量的变化会影响钢铁、玻璃、轮胎、橡胶等市场，钢铁市场的变化又会影响煤、铝等市场，这些市场的变化又会影响生产要素市场，如劳动力市场，进而影响金融市场和政府决策。

从以上的简单分析可以看出，汽油的价格将影响家庭对汽车的需求。如果降低汽油价格，汽车的需求将会增加。按照现代产业经济学的理论，垄断部门之所以能够取得超额利润，是由于它可以实施垄断价格。这样做的结果是，一方面，使产量减少，造成社会福利损失；另一方面，把消费者剩余转为生产者剩余，变成垄断者的利润。汽油的生产是由国有垄断厂商提供的。若没有政府干预，由其独自决定价格，厂商必然追求利润最大化，根据边际收益等于边际成本决定产品价格和数量，追求垄断高价，提供较少产量，攫取高额垄断利润，损失经济效率。因此，政府必然对垄断定价进行干预。假设化石能源具有自然垄断特征，若采用平均成本定价法，厂商的经济利润为零，获得正常利润；若采用边际成本定价法，价格低于平均成本，垄断厂商存在亏损，若要厂商继续经营，政府必须给予补贴。

（一）汽油低价供给产生的影响

如果汽油价格采用边际成本定价法，厂商出现亏损，若要厂商继续经营，政府必须对厂商因政策性亏损给予补贴。而政府用于补贴的资金主要来自税收，政府征税又必然产生效率损失，即实施征税，导致生产者剩余和消费者剩余的减少，其中一部分转化为政府税收，但也有一个三角形区域的净损失。此时，必须衡量垄断的经济效率损失和给予垄断厂商补贴的征税行为的损失。若征税的福利损失更大，则应该提高产品价格。

汽油等化石资源是许多厂商的重要投入要素。持续的低价，会激励厂商消耗更多的化石资源。而这些资源的消耗会产生污染，排放二氧化碳等温室气体，违背低碳经济理念。若制定较低的价格，则激励厂商使用化石资源，采用资源密集型生产方式，抑制厂商创新动力，难以提高产品附加值，难以从比较优势转化为竞争优势，为经济结构调整形成障碍。政府对厂商的补贴具有一定的收入再分配功能，难以维护社会公平。

汽车和汽油具有互补关系，汽油的低价必然刺激汽车的消费。私人汽车的增加会产生严重的外部效应。汽车尾气给环境造成污染；汽车使用量增加又带来交通堵塞以及车祸数量增加。使用私家车的人得到了出行的便利，并从中得到了政府的补贴，这将在社会的收入再分配过程中形成一种马太效应。

中央财政在 2005 年和 2006 年两次出台补贴政策，中国石化分别得到一次性补贴 100 亿元和 50 亿元，2008 年获得了 503 亿元补贴。补贴动用公共财政资源，使全体纳税人承担了成本。公众大多对两巨头（中石油、中石化）在超强盈利能力、员工享受着高收入与高福利以及管理成本高与运行效率低的背景下，而收取财政"大礼包"，表示出强烈的反感和质疑。对财政部的举动，国家审计署审计长李金华在 2006 年全国人大常委会上做《关于 2005 年度中央预算执行的审计工作报告》时曾严厉指出，财政部从中石油上缴的所得税中退库 100 亿元，弥补中石化炼油项目亏损，这种暗抵收入的做法违反了"收支两条线"原则。经济学家张曙光撰文指出，石油部门高额利润的秘密在于占有了国家大量的租金。而荒谬之处在于，人们只讲垄断高价，不讲资源要素低价，因此中石油、中石化以国际油价上涨为由，理直气壮地向国家要补贴。实际上是垄断国企占用了国家大量具有很高价值的资源，占据了国家大量的租金，国家不去收租，反而给其补贴。

政府的补贴或价格调整若没有跟上国际原油价格的波动，将会对市场供给产生不良影响。在预期价格上涨期间，厂商为了获得更高的利润，会减少供给，而与此同时，在预期价格提高的刺激下，消费者增加需求。在这种情况下，导致需求曲线右移的同时供给曲线左移，供需缺口更大。这必然出现供给短缺和排队加油现象。

在 2010 年 10 月 26 日国家发改委上调成品油价格的节点，内蒙古与全国大部分地区一样，开始出现油荒，柴油严重短缺。由于乌兰察布市属于内蒙古重要的货物集散地，整个内蒙古的煤炭外运基本都要经过此处，因此通过公路运输的车辆，大都要在该地进行加油，油荒更加严重。呼和浩特市的中石化加油站每车限加 200 元，中石油加油站每车限加 300 元。进入 11 月后，柴油批发价高于零售价的情况进一步加剧，部分地区的加油站甚至开始控制销售柴油。据新华社报道，温州 104 国道双南线东庄段的中石化加油站，等候加油的货车至少排出 3 千米长。11 月 7 日，福州市柴油供应紧张，部分加油站暂停柴油供应，很多民营加油站油库已无柴油，给当地运输市场造成了不利影响。11 月 8 日江西省成品油市场监测显示，全省近两成的加油站停止供应柴油，多数加油站限量供应柴油。说减产导致"柴油荒"的确是一个不错的理由。但是，油荒问题早已是这几年司空见惯的现象，过去把它说成是油价机制和国际不接轨，造成厂商生产巨额亏损。然而如今在实施了新的成品油价格管理机制后，我们的油价在选择性的国际接轨下，不但油荒没解决，反而给石油垄断巨头贡献了大量的垄断利益。可见，价格只不过是石油垄断巨头的一张虎皮。

政府若对自然垄断厂商实施资本回报率管制，为垄断厂商规定一个接近于"竞争的"或"公正的"资本回报率。它相当于等量的资本在相似技术、相似风险条件下所能得到的平均市场报酬。由于资本回报率被控制在平均水平，也就在一定程度上控制了垄断厂商的价格和利润。但难以确定公正的资本回报率，作为资本回报率决定因素的厂商未折旧资本量往往难以估计。在关于资本量和生产成本方面，被管制厂商和管制机构各自掌握的信息是不对称的，被管制厂商总是处于信息的优势地位。此外，管制滞后的存在，使得资本回报率的效果受到影响。当厂商的成本和市场条件发生变化时，管制机构不可能很快做出反应，即执行新的"公平"的资本回报率管制。例如，在成本下降的情况下，管制滞后对管制厂商是有利的，并且被管制厂商有隐蔽成本降低信息的激励。据统计，电力、电信、石油、金融、保险、水电气供应、烟草等国有行业的职工不足全国职工总数的 8%，但工资和工资外收入总额却相当于全国职工工资总额的 55%。

（二）汽油价格提高产生的影响

汽油等化石资源的低价格激励厂商使用资源消耗型生产方式，造成环境污染，延缓经济结构调整优化，制约中国经济的可持续发展。林毅夫教授认为，中国资源、环境的压力在逐渐增大。2006 年中国国内生产总值占全球总量的 5.5%，但消耗了全球 15%的能源、30%的钢铁和 54%的水泥。世界银行报告指出，在 20 世纪 90 年代，中国大气和水污染造成的损失约占国内生产总值的 8%。改革开放以来，每个阶段的投资都相对集中在少数几个领域，林毅夫教授把这种现象称之为"潮涌"。2003 年、2004 年"潮涌"现象出现在汽车、建材、房地产等领域，此后转移到电解铝、有色金属等行业。"潮涌"容易造成产能严重过剩，同时产生银行呆坏账甚至有引发金融危机及经济危机的风险。

对化石资源价格进行调整，是寻求一个均衡点，是对短期利益和长期利益的调适取舍。若现阶段大幅度提高化石资源价格，会导致以化石资源为主要投入要素的生产厂商的成本提高，导致供给曲线左移，产量减少，均衡价格提高。厂商产量减少，会导致失业工人增加，进而造成有效需求不足，制约经济增长。20 世纪 70 年代，由于国际石油价格上涨，导致美国经济出现滞胀局面。供给学派兴起，凯恩斯主义受到严峻挑战，布雷顿森林体系瓦解。

汽油和汽车存在互补关系，汽油价格的上涨必然影响汽车市场，导致汽车市场需求曲线左移。汽车的均衡价格降低，均衡数量减少。汽车产业产量降低或萎缩又会影响相关产业的发展。汽车市场的上游产品市场，如钢铁市场、玻璃市场、轮胎市场、橡胶市场将会受到严重影响。如果汽车市场萎缩，导致钢铁市场、玻璃市场、轮胎市场、橡胶市场、煤市场的需求曲线左移，这些市场的产品价格降低，均衡数量减少。煤、钢铁、玻璃是产能过剩的产业，汽车产业的萎缩导致产能过剩更趋严重。钢材、轮胎出口受海外贸易保护主义抵制，难以缓解产量减少的状况。厂商产量降低，会释放大量劳动力，失业人数增加，失业工人可支配收入急剧减少，进而减少整个社会的消费需求，制约经济增长和社会发展。产品市场萎缩引发投资边际效率递减，进一步引发投资萎缩，乘数效应更加剧私人投资的不足，进而影响劳动力市场，劳动市场需求减少。工人失业，消费减少，投资进一步减少，经济进入衰退直至萧条。

从 2008 年 7 月至 2010 年 6 月全球炼钢产能的利用率可以看出，无论在国际金融危机前的正常月份还是在全球钢铁业基本复苏之后，平均产能利用率均未达到 90%（见图 2）。"十五"期间钢铁产能规划到 2005 年产钢 1.4 亿吨，而实际上 2005 年钢铁消费量达到 3.53 亿吨。2005 年国家发改委编制的《钢铁产业发展政策指南》，对 2010 年的钢铁消费量估计是 3.2 亿吨（上下浮动 7%），实际至少超过 6 亿吨；2009 年年初制定的《钢铁产业调整和振兴规划》中，预计 2009 年钢铁消费 4.6 亿吨，实际当年钢铁消费量超过 5.7 亿吨。

也正因为如此，对钢铁生产是否存在产能过剩一直存在分歧。一些业内专家认为，钢铁行业的过剩只是结构性、区域性过剩，而非总体产能绝对过剩；产能必须大于产量，行业才能正常发展，目前我国钢铁行业的产能利用率已接近 90%，而产能利用率在 85% 是比较合理的水平；政府在提高政策的有效性的同时，应将产能是否过剩这个问题，更多交由市场决定。

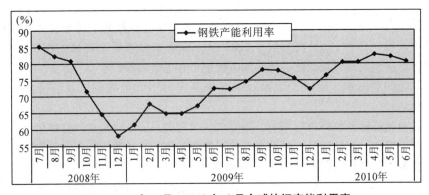

图 2 2008 年 7 月—2010 年 6 月全球炼钢产能利用率

数据来源：世界钢铁协会网站

汽油价格上升，减少了汽车的消费量。按西方经济理论，把汽车的购买当作一种投资行为，投资乘数更凸显产能过剩和有效需求不足。因此，要在现阶段的实际经济状况和未来的经济结构调整以及长远发展目标之间进行权衡，寻找一个均衡点。与此同时，应把握机遇，积极开发新型清洁能源，节能减排。

"十一五"期间，中国新能源产业规模迅速扩大。风电、光伏等新能源产业均保持高位增长。风电装机从2006的2 599万千瓦增长到2009年的26 276万千瓦，年均复合增长率超过100%，风力发电能力位居世界前列；光伏产业增长速度不亚于风电。2006—2009年，在国外市场拉动下，光伏产业规模从438万千瓦增长到3 460万千瓦，年均复合增长率达94%。2007年，中国成为全球太阳能电池第一大生产国，太阳能产业规模位居世界第一，是全球太阳能热水器生产量和使用量最大的国家。到2008年年底，中国新能源产量占能源生产总量的比重超过9%，生物质能、核能、地热能、氢能、海洋能等发展潜力巨大的新能源得到较快发展。2007年，中国太阳能电池产量超过日本和美国，成为太阳能电池产量第一大国。2009年，风电机组新增装机容量达到1 303.41万千瓦，新增装机位居全球第一，累计装机容量跃过2 500万千瓦大关，达到2 627.63万千瓦，比2008年增长了98.4%（见图3）。①

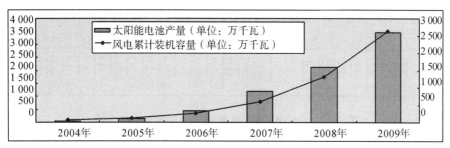

图3　2004—2009年中国太阳能电池产量和风电装机容量
数据来源：世界风电协会

中国经济增长不仅受外需的制约，还受国际原油价格波动的影响。从1971年8月15日时任美国总统尼克松宣布美元与黄金脱钩开始，美元便开始了漫长的贬值之路。美元从2002年1月到2008年3月的最大跌幅为41.33%。但期间原油最大涨幅达6.35倍。2008年2月3日纽约原油期货价格创下了每桶100美元的历史纪录，之后一路高歌，最高冲至每桶147美元，通货膨胀成为各国难以摆脱的阴影。2010年，国际原油价格和大宗商品价格又快速拉升，中国经济也受到严重影响。中石油化工股份有限公司3月推出出口成品油价格补贴政策，以鼓励其炼厂3月份多出口汽柴油。中石化为了减轻库存压力，以每吨130元对成品油出口给予补贴。2010年10月，国内又出现油荒。国际原油价格波动影响中国经济的平稳增长。以原油为投入要素的成品油的价格受政府的价格管制，价格较稳定。以汽油为例，2004—2010年北京市93号汽油零

① 赛迪顾问股份有限公司（CCID Consulting. CO. LTD）.中国新能源产业"十二五"发展规划前瞻［J］.能源产业研究，2010（1）.

售价格走势显示（见图4），汽油价格在波动中小幅上升，调整幅度最大的是2008年的12月19日，与10月7日的价格相比，下调了0.93元每升。从以往经济的运行情况可以看到如下循环：随着经济的缓慢复苏，社会对资源以及能源的需求渐增，慢慢推高相关商品价格刺激经济进一步走高，从而带动相关商品价格以及其他行业商品价格走高，过高的价格逐步成为制约经济增长的因素，引发需求的减退，从而使得经济增速减缓并导致商品（包括资源及能源）价格下滑。此外，各国央行开始正视通胀压力而开始加息以及金融市场的大幅动荡，使得资金潮渐渐退却，经济又进入紧缩期。

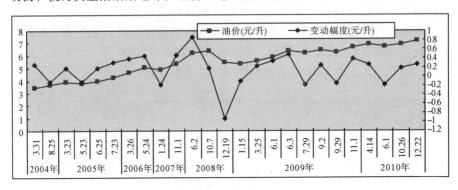

图4 2004—2010年北京市93号汽油零售价格走势

三、结论及建议

从以上分析可以看出，若不提高价格，偏低的化石资源使用价格会激励厂商采用化石资源密集使用的生产方式，加剧环境污染和资源枯竭，制约经济的可持续发展。若过快提高化石资源的使用价格，将提高以化石资源为投入要素的生产厂商的生产成本，致使这些厂商的产量减少，价格提高。同时，厂商解雇工人，导致工人失业，进而减少工人收入，整个社会的消费随之减少，制约人力资源开发，制约经济可持续发展。因此，政府必须在短期和长期之间寻求一个均衡点，不致产生结构失衡；加快经济结构调整，鼓励厂商技术创新，节能减排，寻找新的清洁能源，改善生态环境；加快教育体制改革，增加教育投资，开发人力资源，实现人与经济社会的协调发展。

2010年我国原油对外依存度达53.7%，依靠增加要素投入、牺牲环境资源的经济增长是不可持续的。我国必须依靠科技进步加快转变经济增长方式，优化经济结构，发展绿色经济。所谓绿色经济，包括低碳经济、循环经济和生态经济。低碳经济的重点是减少能耗，减少二氧化碳排放；循环经济的重点是资源利用率；生态经济的重点是保护和优化生态环境。

为了实现中国经济的可持续发展，必须节能减排，优化经济结构，加快人力资源开发，提升创新能力。一是开发新能源。从我国能源的消耗现状看，90%是化石能源。煤炭、石油、天然气等资源消耗，一方面，排放二氧化碳，污染环境；另一方面，我国是石油净进口国，石油价格波动给我国经济平稳增长带来巨大压力。因此，我们一定要发展新能源，如生物质能、核能、地热能、氢能和海洋能等。2009 年 10 月 18 日，《国务院关于加快培育和发展战略性新兴产业的决定》正式发布，战略性新兴产业涵盖了节能环保、新一代信息技术、生物、高端装备制造、新能源、新材料和新能源汽车七大产业。《新兴能源产业发展规划》已上报国务院待批，总投资 5 万亿元。战略性新兴产业规划不仅包含了先进核电、风能、太阳能和生物质能这些新的能源资源的开发利用，传统能源的升级变革也将成为重要内容。有财经媒体报道称，在 2011 年和 2020 年，各项新能源的阶段性发展指标分别为，太阳能发电装机规模将分别达 200 万千瓦和 2 000 万千瓦；核电产能分别为 1 200 万千瓦和 8 600 万千瓦；风电产能分别为 3 500 万千瓦、1.5 亿千瓦。二是发展绿色产业。绿色产业现代服务业包括现代金融业、现代信息业、现代物流业、现代咨询业、现代管理业和现代会展业。三是发展文化产业。文化产业提供文化产品和文化服务，随着人民生活水平的提高，文化产业需求也相应提高。中国的文化产业在 2008 年只占国内生产总值的 2.6%，发达国家占比则在 10% 以上。中国文化产业比重不断上升，已成为一个新的经济增长点。四是发展教育。教育一方面可以提高全民的思想文化素质和科技水平，另一方面可以加快创新型人才的培养。如果中国的教育水准能比肩西欧、日本和美国，那么人力资源释放的能量对中国经济发展将产生难以估量的推动力。改革教育体制，加快具有创新能力人才的培养已迫在眉睫。随着经济全球化的加快，国际竞争日益激烈。世界各国经济实力的竞争实质上是科技实力的较量，科技实力竞争的核心是人才竞争，人才竞争的关键是人才创新能力的竞争。现阶段的教育体系不利于培养创新型人才，一定要加快教育体制的改革。经济只能保证我们的今天，科技可以保证我们的明天，只有教育才能保证我们的后天。"十一五"时期我国教育事业发展取得了显著成就，时任教育部部长袁贵仁强调：集中到一点，就是实现了由人口大国到人力资源大国的历史转变。[1] 中央制定的《国家中长期教育改革和发展规划纲要（2010—2020 年）》是教育改革的重要战略举措。我们要不断加大教育投资，实施人力资源开发。胡锦涛同志出席第五届亚太经合组织人力资源开发部长级会议并发表《深化交流合作 实现包容性增长》的致辞，就会议主题提出四点建议：优先开发人力资源、实施充分就业的发展战略、提

---

① 张晨，余冠仕. 实现人口大国到人力资源大国的历史转变——教育部部长袁贵仁谈"十一五"教育成就 [N]. 中国教育报，2010-11-11（1）.

高劳动者素质和能力、构建可持续发展的社会保障体系。人力资源开发，对提高人们参与经济发展和改善自身生存发展条件、对推动经济持续发展和实现包容性增长，具有基础性的重要意义。人力资源是可持续开发的资源，人力资源优势是最需培育、最有潜力、最可依靠的优势。树立人力资源是经济社会发展第一资源的理念，加快形成人力资源优先发展的战略布局。要优先调整人力资源结构，优先投资人力资源开发，创新人力资源制度。提高劳动者素质使经济发展真正走上依靠科技进步、劳动者素质提高、管理创新的轨道，是实现人的全面发展的必然要求，也是推动经济社会协调发展的重要保证。[①] 转变经济发展方式，推动经济结构优化升级，促进经济社会协调发展，对劳动者素质提出了更高的要求。应该引导广大劳动者提高思想道德素质和科学文化素质，提高劳动能力和劳动水平，努力掌握新技术、新技能、新本领，成为适应新形势下经济社会发展要求的高素质劳动者。要充分发挥教育在提高劳动者素质和能力中的重要作用，按照建设学习型社会实施终身教育的要求，优先发展教育，提高教育现代化水平，坚持教育的公益性和普惠性，保障公民依法享有受教育的权利。努力培养和造就高素质劳动者、专门人才和拔尖创新人才。

参考文献

[1] 黎诣远. 微观经济分析 [M]. 北京：清华大学出版社，1994.

[2] 高鸿业. 西方经济学（微观部分）[M]. 4版. 北京：中国人民大学出版社，2010.

[3] 赛迪顾问股份有限公司（CCID Consulting. CO. LTD）. 中国新能源产业"十二五"发展规划前瞻 [J]. 能源产业研究，2010（1）.

[4] 国家发展改革委. 发改委宣布 26 日起上调成品油价格 [EB/OL]. (2010-10-25) [2016-12-20]. http://finance.jrj.com.cn/2010/10/2520108408502.shtml,2010-10-25.

[5] 张晨，余冠仕. 实现人口大国到人力资源大国的历史转变——教育部部长袁贵仁谈"十一五"教育成就 [N]. 中国教育报，2010-11-11（1）.

[6] 胡锦涛. 深化交流合作 实现包容性增长——在第五届亚太经合组织人力资源开发部长级会议上的致辞 [N]. 人民日报，2010-09-17（1）.

（原载于《河北广播电视大学学报》2011 年第 6 期）

---

① 胡锦涛. 深化交流合作 实现包容性增长——在第五届亚太经合组织人力资源开发部长级会议上的致辞 [N]. 人民日报，2010-09-17（1）.

16. 短期生产理论与短期成本理论的教学研究

　　微观经济学是国家教育部规定的高等院校经济类专业核心课程之一，掌握微观经济学理论和分析方法为其他专业课程的学习奠定了扎实的基础。在这门基础课的教学过程中，各种教学方法层出不穷。在教学过程中要做到语境、形和数的"三位一体"。做到胸有成"竹"、心中有"数"，比如说短期生产理论与短期成本理论的教学。

一、短期生产理论

　　在教学过程中，笔者把短期生产理论的要点概括为"一个一"和"四个三"。"一个一"是指一个规律，即边际产量递减规律。"四个三"是指三个概念、三条曲线、三个点和三个阶段。边际产量递减规律可以结合案例理解，在农业生产过程中，假设劳动的投入量不变，增加化肥的使用量。在开始阶段，增加化肥使用量，其边际产量会增加，但最后一定会递减。若继续使用化肥，不仅不能增加产量，反而使总产量减少，即边际产量为负，一旦超过土地和庄稼对化肥的承受量，甚至可能颗粒无收。此外，我国国有企业改革提出的"下岗分流，减员增效"的方针，其实质也是通过改革提高劳动的边际产量。若假定劳动是可变生产要素而资本是不变的，短期生产函数为 $Q = f(L, \bar{K})$，则三个概念分别是总产量 TP_L、平均产量 AP_L 和边际产量 MP_L。三条曲线分别是总产量曲线、平均产量曲线和边际产量曲线。三个点则表现在两个方面，一方面是总产量曲线上的三个点，即拐点、切线过原点的点以及总产量最大的点（图 1 中的 B、C、D 三点）；另一方面是边际产量曲线上的三个点，即边际产量最大的点、与平均产量曲线的最高点的交点以及边际产量为零的点（图 1 中的 B'、C'、D' 三点），并且与总产量曲线上的三个点（图 1 中的 B、C、D 三点）相对应。三个阶段分别是边际产量曲线与平均产量曲线交点的左边为第Ⅰ阶段、边际产量曲线与平均产量曲线交点至边际产量为零的点之间的区域为第Ⅱ阶段、边际产量为零的点的右边为第Ⅲ阶段。如图 1 所示，$L<L_3$ 为第Ⅰ阶段、$L_3<L<L_4$ 为第Ⅱ阶段和 $L>L_4$ 为第Ⅲ阶段，其中 L_3 与 C 点、C' 点在同一垂线上，L_4 与 D 点、D' 点在同一垂线上。其中，总产量曲线上的拐点（图1中的 B 点）与边际产量曲线的最高点（图1中的 B' 点）、总产量曲线上切线过原点的点（图1中的 C 点）与平均产量曲线的最高点（图1中的 C' 点）（平均产量曲线与边际产量曲线的交点）、总产量曲线上产量最大的点（图1中的 D 点）与边际产量为零的点（图1中的 D' 点）（边际产量曲线与横轴的交点）分别在同一垂线上。

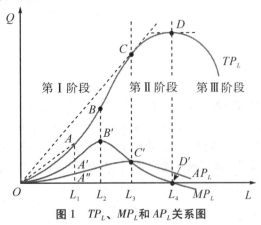

图1　TP_L、MP_L 和 AP_L 关系图

　　总产量曲线先下凸经拐点（图1中的 B 点）后上凸，也即总产量先以递增的速度增加后再以递减的速度增加，达最大值后总产量减少。总产量曲线上的点与原点的连线的斜率的大小对应平均产量，平均产量曲线是先上升，达到最高点后下降；总产量曲线上点的切线的斜率大小对应边际产量，边际产量是先上升，达到最大值后下降；总产量曲线上的拐点对应边际产量曲线上的最高点，总产量曲线上切线过原点的点（图1中的 C 点）对应平均产量曲线的最高点，并且边际产量曲线经过平均产量曲线的最高点。在交点左边 $MP_L>AP_L$，在交点的右边 $MP_L<AP_L$，在交点处有 $MP_L=AP_L$，平均产量达到最大值。边际量和平均量之间的关系是容易理解的，如一个球队增加一个新队员的身高高于原有队员的平均身高，将使球队的平均身高增加，边际量高于平均量，则拉高平均量；反之则将使球队平均身高降低，边际量低于平均量，则拉低平均量。总产量曲线的最高点（图1中的 D 点）对应边际产量曲线为零的点。边际产量与平均产量的关系也可以用数学方法证明：

$$\frac{\mathrm{d}}{\mathrm{d}L}AP_L=\frac{\mathrm{d}}{\mathrm{d}L}\left(\frac{TP_L}{L}\right)=\frac{\dfrac{\mathrm{d}TP_L}{\mathrm{d}L}L-TP_L}{L^2}=\frac{1}{L}\left(\frac{\mathrm{d}TP_L}{\mathrm{d}L}-\frac{TP_L}{L}\right)=\frac{1}{L}(MP_L-AP_L)$$

　　因为 $L>0$，所以，当 $MP_L>AP_L$ 时，AP_L 曲线的切线斜率（AP_L 的导数）为正，则 AP_L 递增，即 AP_L 曲线是上升的；当 $MP_L<AP_L$ 时，AP_L 曲线的切线斜率为负，则 AP_L 递减，即 AP_L 曲线是下降的；当 $MP_L=AP_L$ 时，AP_L 曲线的切线斜率

为零，即 AP_L 达到最高点。TP_L、MP_L、AP_L 的关系如表 1 所示。

表 1　　　　　　　TP_L 的一阶、二阶导数符号与 MP_L、AP_L 间的关系

L	$(0, L_2)$	L_2	(L_2, L_3)	L_3	(L_3, L_4)	L_4
$\mathrm{d}TP_L/\mathrm{d}L = MP_L$	+	+	+	+	+	0
$\mathrm{d}^2 TP_L/\mathrm{d}L^2 = \mathrm{d}MP_L/\mathrm{d}L$	+	0	−	−	−	−
TP_L	下凸	拐点	上凸	—	上凸	最大值
MP_L	递增	最大值	递减	$MP_L = AP_L$	递减	0
AP_L	递增	—	递增	最大值	递减	递减

二、短期成本理论

短期成本理论可概括为"三个七"，即七个概念、七条曲线、七个点。七个概念分别是总成本 TC、总可变成本 TVC、总不变成本 TFC、平均总成本 AC、平均可变成本 AVC、平均不变成本 AFC、边际成本 MC。七条曲线是总成本曲线、总可变成本曲线、总不变成本曲线、平均总成本曲线、平均可变成本曲线、平均不变成本曲线、边际成本曲线。七个点是总成本曲线上的拐点，总成本曲线上切线过原点的点；总可变成本曲线上的拐点，总可变成本曲线上切线过原点的点；与总成本曲线及总可变成本曲线上的拐点对应的是边际成本曲线上的最低点；与总可变成本曲线上切线过原点的点对应的是平均可变成本曲线的最低点；与总成本曲线上切线过原点的点对应的是平均总成本曲线的最低点。

平均总成本是厂商在短期内平均每生产一单位产品所消耗的全部成本，即 $AC(Q) = TC(Q)/Q = AFC(Q) + AVC(Q)$；平均可变成本是厂商在短期内平均每生产一单位产品所消耗的可变成本，即 $AVC(Q) = TVC(Q)/Q$；平均不变成本是厂商在短期内平均每生产一单位产品所消耗的不变成本，即 $AFC(Q) = TFC(Q)/Q$。边际成本是厂商在短期内每增加一单位产量时所增加的总成本，即 $MC(Q) = \mathrm{d}TC(Q)/\mathrm{d}Q$。

总可变成本曲线过原点，先上凸，经拐点（图 2 中的 C 点）后下凸。TFC 是一个与产量无关的固定值，总不变成本曲线是一条平行于数量轴的水平线。总成本曲线是由总可变成本曲线向上平移 TFC 个单位，过总不变成本曲线与纵轴的交点，总成本曲线上的拐点（图 2 中的 B 点）与总可变成本曲线上的拐点（图 2 中的 C 点）相对应，二者在同一垂线上。从总成本曲线图可以看出，平均总成本是总成本曲线上的点与原点连线的斜率，平均总成本曲线呈 U 形，即先下降后上升，平均总成本曲线最低点（图 2 中的 D 点）与总成本曲线上的切线过原点的点（图 2 中的 E 点）对应，或者说，平均总成本曲线达

到最低点时，总成本曲线上对应点的切线过原点，两点出现在同一个产量水平上。平均可变成本是总可变成本曲线上的点与原点连线的斜率。平均可变成本曲线呈 U 形，即先下降后上升，平均可变成本曲线最低点（图 2 中的 F 点）与总可变成本曲线上切线过原点的点（图 2 中的 G 点）对应，或者说，两点出现在同一个产量水平上。平均可变成本曲线上的最低点在平均总成本曲线最低点的左下方。平均不变总成本是总不变成本曲线上的点与原点连线的斜率，产量越大，其值越小。随着产量增加，平均不变成本越来越小，即平均不变成本曲线与横轴越来越近。因此，平均总成本曲线与平均可变成本曲线随产量增加，两者的垂直距离越来越小。边际成本是总成本曲线或总可变成本曲线上点的切线的斜率，在总成本曲线上的拐点（图 2 中的 B 点）或总可变成本曲线上的拐点（图 2 中的 C 点）处，边际成本曲线达到最低点（图 2 中的 A 点），边际成本曲线呈 U 形。由于在总成本曲线上与总可变成本曲线上均存在这样的点，即切线过原点的点，因此边际成本曲线与平均总成本曲线以及平均可变成本曲线的最低点相交，即边际成本曲线先后经过平均可变成本曲线与平均总成本曲线的最低点（图 2 中的 F 点、D 点）（见图 2）。

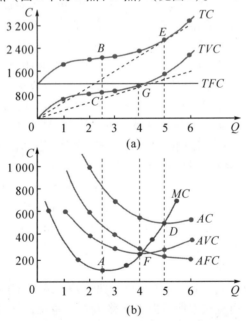

图 2　短期总成本、短期平均成本与边际成本曲线关系图

AC 曲线和 MC 曲线之间的关系、AVC 曲线和 MC 曲线之间的关系可以用数学方法证明：

$$\frac{\mathrm{d}}{\mathrm{d}Q}AC = \frac{\mathrm{d}}{\mathrm{d}Q}\left(\frac{TC}{Q}\right) = \frac{\frac{\mathrm{d}TC}{\mathrm{d}Q}Q - TC}{Q^2} = \frac{1}{Q}\left(\frac{\mathrm{d}TC}{\mathrm{d}Q} - \frac{TC}{Q}\right) = \frac{1}{Q}(MC - AC)$$

由于 $Q>0$，因此当 $MC<AC$ 时，AC 曲线的斜率（AC 的导数）为负，则 AC 递减，即 AC 曲线是下降的；当 $MC>AC$ 时，AC 曲线的斜率为正，AC 曲线是上升的；当 $MC=AC$ 时，AC 曲线的斜率为零，AC 曲线达最低点。

$$\frac{\mathrm{d}}{\mathrm{d}Q}AVC = \frac{\mathrm{d}}{\mathrm{d}Q}\left(\frac{TVC}{Q}\right) = \frac{\frac{\mathrm{d}TVC}{\mathrm{d}Q}Q - TVC}{Q^2} = \frac{1}{Q}\left(\frac{\mathrm{d}TVC}{\mathrm{d}Q} - \frac{TVC}{Q}\right) = \frac{1}{Q}(MC - AVC)$$

由于 $Q>0$，因此当 $MC<AVC$ 时，AVC 曲线的斜率（AVC 的导数）为负，则 AVC 递减，即 AVC 曲线是下降的；当 $MC>AVC$ 时，AVC 曲线的斜率为正，AVC 曲线是上升的；当 $MC=AVC$ 时，AVC 曲线的斜率为零，AVC 曲线达最低点。即 MC 与 AC（或 AVC）比较，只要 MC 高于 AC（或 AVC），则把 AC（或 AVC）拉高；反之，只要 MC 低于 AC（或 AVC），则把 AC（或 AVC）拉低；只有 MC 等于 AC（或 AVC）时，AC（或 AVC）达到极值点。

边际成本曲线的最低点恰好对应总成本曲线的拐点和总可变成本曲线的拐点，或者说，三点出现在同一个产量水平上，因为：

$$MC(Q) = \mathrm{d}TC/\mathrm{d}Q = \mathrm{d}(TVC + TFC)/\mathrm{d}Q = \mathrm{d}(TVC)/\mathrm{d}Q$$

三、短期产量曲线与短期成本曲线的关系

要掌握好短期生产理论和短期成本理论，除要掌握两个理论的基本要点外，还必须掌握两个理论之间的内在联系。短期产量与短期成本之间的关系主要体现在以下几个方面：总产量曲线与总成本曲线的关系、平均产量曲线与平均可变成本曲线的关系、边际产量曲线与边际成本曲线之间的关系。可归纳为两个共线：第一个是"五点共线"，总产量曲线的拐点、边际产量曲线的最高点、边际成本曲线的最低点、总成本曲线的拐点、总可变成本曲线的拐点共线；第二个是"四点共线"，总产量曲线上切线过原点的点、平均产量曲线的最高点、平均可变成本曲线的最低点、总可变成本曲线上切线过原点的点共线。

（一）总产量曲线与总成本曲线之间的关系

由边际产量和边际成本的对应关系也可推知总产量和总成本之间也存在对应关系：当总产量曲线下凸时，总成本曲线和总可变成本曲线是上凸的；当总产量曲线上凸时，总成本曲线和总可变成本曲线是下凸的；当总产量曲线达到拐点时，总成本曲线和总可变成本曲线也达到拐点（见图 3 和图 4）。其关系参见表 2。

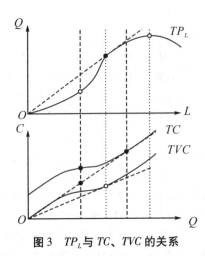
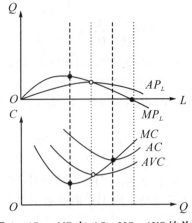

图 3 TP_L 与 TC、TVC 的关系　　　　图 4 AP_L、MP_L 与 AC、MC、AVC 的关系

（二）边际产量曲线与边际成本曲线之间的关系

根据边际成本定义可得 $MC(Q) = \mathrm{d}TC/\mathrm{d}Q = \mathrm{d}(TVC + TFC)/\mathrm{d}Q = \mathrm{d}(TVC)/\mathrm{d}Q = \omega\mathrm{d}L/\mathrm{d}Q$，即 $MC = \omega/MP_L$，说明边际成本 MC 和边际产量 MP_L 两者的变动方向是相反的：边际产量曲线的上升段对应边际成本曲线的下降段；边际产量曲线的下降段对应边际成本曲线的上升段；边际产量曲线的最高点对应边际成本曲线的最低点（见图 3、图 4）。其关系可参见表 2。

表 2　　　　　　　　TP_L、MP_L、TC、TVC、MC 间的关系

TP_L	下凸	拐点	上凸
MP_L	递增	最大值	递减
TC	上凸	拐点	下凸
TVC	上凸	拐点	下凸
MC	递减	最小值	递增

（三）平均产量曲线与平均可变成本曲线之间的关系

根据短期成本函数假定以及可变成本定义可得 $AVC(Q) = TVC(Q)/Q = \omega L/Q = \omega/AP_L$。因而可得到以下结论：平均可变成本和平均产量两者的变动方向是相反的，即平均可变成本递增时，平均产量递减；平均可变成本递减时，平均产量递增；平均可变成本的最低点对应平均产量的最高点。边际成本曲线交于平均可变成本曲线的最低点，边际产量曲线交于平均产量曲线的最高点（见图 3、图 4）。其可归纳为表 3。

表3		AP_L 与 AVC 的关系	
AP_L	递增	最大值（$MP_L = AP_L$）	递减
AVC	递减	最小值（$MC = AVC$）	递增

参考文献

［1］詹新宇，蒋团标. 西方经济学 "意、形、神三步走" 教学法及其实践［J］. 教学研究，2011（4）：39-43.

［2］高鸿业. 西方经济学（微观部分）［M］. 5版. 北京：中国人民大学出版社，2011.

［3］HAL R VARIAN. Microeconomic Analysis［M］. Third Edition W. W. Norton & Company, Inc, 1992.

［4］约瑟夫·E. 斯蒂格利茨，卡尔·E. 沃尔什. 经济学［M］. 3版. 黄险峰，张帆，译. 北京：中国人民大学出版社，2006.

（原载于《河北广播电视大学学报》2012年第3期）

17. 参与式教学案例设计及在经济学教学中的应用

一、参与式教学的内涵

参与式活动是一个参与、互动、体验、探索的学习过程，不是一个等待被"灌输"的被教育过程。在参与式教学中，每个参与者都是教学资源，受教育者是整个教学活动的核心。参与式教学中，教学信息在各个小组之间得到相互传递和共享，最终再汇集到教师那里，而教师同时也将信息与所有参与人员分享，实现一种信息的多向度交流。参与式教学方法是在国际上得到普遍推崇的一种合作式的教学方法。这种学习方法以学生为中心，运用灵活多样、直观形象的教学方式，让学生积极主动地参与教学的整个过程，从而加强了教师与学生间的信息交流和反馈，让学生更好地掌握所学知识，并且能够做到学以致用。

参与式教学形式多样，有分组讨论、头脑风暴、案例分析、角色扮演、模拟、填表、画图、访谈、观察辩论、排序以及根据学习内容设计的各种游戏和练习活动等。

参与式教学方法具有几个特征：第一，主体平等参与。在参与式教学过程中，营造一种宽松、民主的教学气氛。教师与学生地位是平等的，学生积极地参与整个教学过程，与教师互动。第二，重视知识的全面性。参与式教学方式将知识与实践技能同步进行，鼓励学生以原有的知识为基础，发挥其主观能动性，增强创新意识，进而使得学生所学的知识得以升华。第三，完全开放。参与式的教学方法无论是在教学内容上，还是教学形式上都是开放的，需要教师经常了解学生，从而根据学生提出的意见与建议，做出相应的调整。

二、参与式教学的案例设计及应用

（一）收集已有经典案例

为了更好地理解经济学基本概念和原理，笔者通过各种途径收集案例，进行知识积累，拓宽知识面，及时研究经济形势，研究政府经济政策。一是购置图书，每年都进行资料更新，如中国人民大学出版社的经济科学译丛、经济科学译库、中国经济问题丛书、当代世界学术名著·经济学系列、金融学译丛、金融学前沿译丛、演化与创新经济学译丛等并进行版本更新；商务印书馆的当代经济学系列丛书、汉译名著等。此外，收集国内名家的经典作品，如张五常的《经济解释》《新卖桔者言》，林毅夫、蔡昉、李周等的《中国的奇迹：发展战略与经济改革》等。二是每天浏览大量网页，获取相关信息。笔者每天一定登录经济学家论坛、人大经济论坛、东方财富等网站与网友进行教学和科研交流，把相关知识信息融入教学中；同时，登录名家博客，了解名家看法。三是学习中国传统文化，在教学中进行文化传承。例如，为了讲清总效用和边际效用，笔者用古人吃饼故事来说明概念，更显生动形象。有一个古人买饼充饥，吃了第一块，觉得没饱，又买了一块，吃下还是没饱……一直吃到第六块，吃了一半才觉得自己实在是吃饱了。他很懊悔地对自己说："我真是个不会过日子的人呀！早知道我就买这第六块饼不就能吃饱了吗？浪费了五块饼的钱！"当讲完这个故事后，学生觉得可笑，也发现了其可笑之处，但是还是不能完整地表达清楚总效用和边际效用。故事中的主人公忽视了他的"饱"是六块饼累加起来的"结果"，在这个"结果"之前的"过程"却是不可缺少的！也就是他混淆了总效用和边际效用的区别。"饱"是总效用，是消费所有饼后的效用累计；而每增加一块饼的消费，会给他带来边际效用。他把最后一块饼带来的边际效用看成给他带来的总效用。为了使学生更好地理解"权衡取舍"和"机会成本"。笔者引用"两害相权取其轻"和"两利相权取其重"以及《孟子》中的"鱼我所欲也，熊掌亦我所欲也。二者不可得兼，舍鱼而取熊掌者也。生，亦我所欲也；义，亦我所欲也。二者不可得兼，舍生而取义者也。"当然我们在经济学讲授中不仅要讲授经济学原理，还要弘扬"舍生取义"的社会正气。

（二）根据身边发生的故事设计案例

根据学习内容的需要，笔者鼓励学生以探寻的眼光搜索和收集教学案例。笔者把一个教学班级分为若干组，每组成员提出自己认为有价值或新颖有趣的故事作为案例，以组为单位进行讨论，是否吻合经济学原理以及是否新颖有趣等进行评判，最后挑选一到两个优秀的案例，再进行文字的精炼和润色。然后，收集各组挑选的案例在全班进行筛选，被公认是优秀案例的组的成员可以得到相应的奖励，以提高学生的参与热情。此外，也可以由教师提出事实，由学生利用经济学原理进行解释。例如，经济与管理系工会和旅游教研室设计两个旅游方案，方案一是游镇远古镇，方案二是游黄山。方案一，系工会为每个员工支出 M 元。方案二，系工会为每个员工支出 M 元，参加者每人自筹 M 元；不能参加的，系部支出的 M 元不返还。QQ 群上的投票结果显示 87% 的员工选择方案一。笔者鼓励学生查找资料研究在不同约束条件下消费者的选择行为。

（三）根据地方经济发展特色设计案例

邵阳是湖南省人口最多、面积第三大的城市，地处湖南省西南，出了许多历史名人，如魏源、蔡锷等，但经济发展一直滞后。为了更好地了解市情，笔者参与了多个省级科研项目，并在课题研究的基础上，积极参与了专著资料的收集与撰写，如《民营企业制度变迁与创新研究——以邵东民营企业发展为个案》《县域经济产业竞争力研究》《城市化视角的绿色经济——邵阳"两型"发展战略研究》；同时，也对邵阳学院在邵阳的就业情况进行统计（见表1）。

表1　　　　2008—2012年邵阳学院经济管理类与机械工程类
专业毕业生在邵阳的就业比例　　　　　　单位:%

专业 ＼ 年份	2008年	2009年	2010年	2011年	2012年
经济管理	3.62 (39.62)	4.59 (29.43)	2.79 (28.97)	5.77*	3.32 (27.14)
机械工程	—	9.71 (25.55)	1.69 (25.63)	2.19 (19.90)	1.46 (28.41)

注：2011年经济管理类是2011年管理科学专业数据，括号内数据为邵阳生源所占比例

在此基础上，笔者对邵阳经济发展滞后的原因进行考察，其中最显著的两个因素是人才和资本流失现象严重。自1980年以来，邵阳的存贷比一直呈现下降趋势，1980年为185.20%，到2009年只有34.46%，在2010年和2011年有所提高，但也只有36.71%和38.11%。笔者引导学生在此基础上进行深入思考：邵阳经济为何发展滞后，其深层次的影响因素有哪些？

（四）根据授课教师的科研成果设计案例

笔者积极进行科研，并把相关的研究成果融入教学之中。例如，《美国量化宽松的货币政策对中国经济的影响》《旅游方案选择的消费者行为分析》《后改革时代农村人力资源开发研究》《劳动合同法与农村劳动力转移》等。

在经济学原理的讲授过程中，笔者结合经济发展实际，让学生积极主动参与到教学过程中来。例如，讲授开放经济的货币政策效果时，分析美国实施量化宽松的货币政策对其他国家尤其是中国会产生什么影响。布置任务后，笔者把每班学生进行分组，并分组讨论，写出分析提纲。在课堂进行研讨，拓展大家的视野，提高学生学习经济学的主动性和积极性，然后由笔者把自己思考该问题写成的论文在班上进行分析。

在讲授经济学原理过程中，笔者特别注重结合当时的经济现象。例如，2008年美国金融危机，中国出口量下降，东部地区企业大量倒闭，大量农民工返乡，形成"返乡潮"。新修订的《中华人民共和国劳动合同法》出台又进

一步加剧农村劳动力返乡。从短期看，这一政策会加剧返乡潮或失业，因为企业难以通过降低工资的方法而降低成本。但从长期看，这一政策会激发企业进行技术创新，降低管理成本，或用资本替代劳动，由劳动密集型向技术密集型转变，有利于加快经济结构调整，实现可持续发展。在教学过程中也会形成一系列研究成果，如《美国量化宽松货币政策对中国经济的影响》《劳动合同法与农村劳动力转移》等，发表后则进入教师的经济学教学的案例库。其构建过程如图 1 所示。

图 1　经济学教学案例库构建路径

三、经验推广及应用

笔者一直使用高鸿业主编的《西方经济学》，积极参与中国人民大学出版社的教师培训、教学研讨、教材修订等活动。2013 年，笔者参加了中国人民大学出版社在长沙举行的《西方经济学》第六版修订研讨会，学习名家的教学方法和经验，并尽力使自己的看法和经验融入《西方经济学》第六版的教材之中。一是参考国外教材的最新成果，如哈尔·罗纳德·范里安（Hal Ronald Varian）、保罗·克鲁格曼（Paul R. Krugman）、约瑟夫·E. 斯蒂格利茨（Joseph E. Stiglitz）、N. 格里高利·曼昆（N. Gregory Mankiw）和罗伯特·S. 平狄克（Robert S. Pindyck）等撰写的最新版的教材。二是宏观经济学应增加开放经济的内容，借鉴杰弗里·萨克斯（Jeffrey D. Sachs）和费利普·拉雷恩（Farrani B. Larroin）的《全球视角的宏观经济学》、罗伯特·C. 芬斯特拉（Robert C. Feenstra）和艾伦·M. 泰勒（Alan M. Taylor）的《国际宏观经济学》。三是增加案例内容以增加教材的趣味性，借鉴张五常的《经济解释》、理查德·T. 弗罗恩（Richard T. Froyen）的《宏观经济学：理论和政策》（第九版）、弗雷德里克·S. 米什金（Frederic S. Mishkin）的《宏观经济学：政策与实践》等。四是适当增加经济理论的数理内容以增强其逻辑性。

参考文献

［1］彼得·泰勒. 如何设计教师培训课程——参与式课程开发指南［M］. 陈则航，译. 北京：北京师范大学出版社，2006.

［2］刘红霞. "劳动经济学"课程参与式教学模式探索［J］. 合作经济与科技，2012（13）：104-105.

［3］贺文华. 旅游方案选择的消费者行为分析［J］. 台湾农业探索，2011（6）：98-102.

［4］贺文华. 后改革时代农村人力资源开发研究［J］. 湖北社会科学, 2011（12）: 96-100.

［5］贺文华. 民营企业融资困境与制度创新研究——以湖南邵阳为例［J］. 东方论坛, 2012（2）: 116-122.

［6］贺文华. 美国量化宽松货币政策对中国经济的影响［J］. 重庆交通大学学报（社会科学版）, 2011（4）: 43-46.

［7］贺文华, 卿前龙.《劳动合同法》与农村劳动力转移［J］. 天府新论, 2011（1）: 55-60.

（原载于《合作经济与科技》2013 年第 17 期）

18. 宏观经济政策分析的教学研究

一、引言

2008 年以来，由美国次级债务危机而引发的金融危机，对全球经济产生了巨大冲击，中国经济面临的考验尤为严峻，这场风波依然余波未平。这次危机对正处于经济增长方式转型、产业结构优化升级以及实施新型城镇化发展战略关键端口的中国经济来说，既是机遇也是挑战。关于经济危机产生的原因，经济学家们依旧争论不休，各执一端，抑或老调重弹：危机产生的原因要么是市场失灵，要么是政府干预市场失败的后果。这场论争给宏观经济学教学，尤其是宏观经济政策效果分析提出了巨大挑战。

宏观经济学的诞生以 1936 年约翰·梅纳德·凯恩斯（John Maynard Keynes）《就业、利息和货币通论》（简称《通论》）的出版为标志，研究的是国民收入的均衡和变化。微观经济学构建的主要依据是阿尔弗雷德·马歇尔（Alfred Marshall）的新古典传统的《经济学原理》，也就是所谓的价格理论。与此相对应，宏观经济学也称为收入理论。20 世纪 30 年代以来，宏观经济学得到了广泛发展。其中，有保罗·萨缪尔森（Paul A. Samuelson）、约瑟夫·E.斯蒂格利茨（Joseph E. Stiglitz）、N.格里高利·曼昆（N. Gregory Mankiw）、保罗·R.克鲁格曼（Paul R. Krugman）、鲁迪格·多恩布什（Rudiger Dornbusch）、本·S.伯南克（Ben Shalom Bernanke）等撰写的一系列经典的宏观经济学教材。此外，有的经济学家根据不同的视角对宏观经济学进行阐述，如理查德·T.弗罗恩（Richard T. Froyen）、弗雷德里克·S.米什金（Frederic S. Mishkin）、泰勒·考恩（Tyler Cowen）、迈克尔·K.伊万斯（Michael K. Evans）、罗伯特·E.霍尔（Robert E. Hall）、斯蒂芬·D. 威廉森（Stephen D. Williamson）、本·J. 海德拉（Ben J. Heijdra）、罗宾·巴德（Robin Bade）、罗伯特·C. 芬斯特拉（Robert C. Feenstra）、彼得·伯奇·索伦森（Peter Birch Srensen）、罗伯特·J. 巴罗（Robert J. Barro）、玛莎·L. 奥尼尔（Martha L. Olney）等撰写的宏观经济学教材。国内学者主编的教材中，高鸿业主编的《西方经济学》得到了广大师生的认同。但宏观经济学基本内容都是以《通论》为逻辑起点，结合约翰·理查德·希克斯（John Richard Hicks）对《通论》的独特解读，也就是宏观经济学的核心内容 $IS-LM$ 模型，既是理论内容的凝练，又是宏观经济政策分析和实践的立足点。

IS 曲线是由 $I=S$ 得到的，$r=\dfrac{\alpha+e}{d}-\dfrac{1-\beta}{d}y$，其中 $\dfrac{\alpha+e}{d}$ 为截距，$-\dfrac{1-\beta}{d}$ 为斜率；而 LM 曲线则是由 $L=M$ 得到的，$r=\dfrac{k}{h}y-\dfrac{m}{h}$，其中 $-\dfrac{m}{h}$ 为截距，$\dfrac{k}{h}$ 为斜率。截距的变化体现曲线平移，而斜率的变化体现曲线旋转。IS 曲线和 LM 曲线右移则是扩张的财政政策和扩张的货币政策；反之，左移则为紧缩性政策。方程显示，若 d 和 h 不变，α 和 e 增加，即自主消费或自发投资增加推动 IS 曲线右移，m 增加体现为 LM 曲线右移。以上方程是两部门的形式。

二、宏观经济政策效果分析

宏观经济政策分析是宏观经济学教学的重点，同时也是难点，对这个内容的理解掌握可以解释诸多现实的宏观经济问题。但讲清楚政策分析的逻辑性是理解掌握相关内容的关键。因此，教学过程要在案例教学的基础上尽量以数形结合的方式组织课堂教学。宏观经济政策主要是指财政政策和货币政策。财政政策和货币政策效果的分析则主要是分析两条曲线斜率变化的经济效应。先看财政政策，政府购买增加，则会出现以下经济效应：其他条件不变，g 增加推动 IS 曲线右移引起 y 增加，即为扩张性财政政策效应。如果利率不变，则 $\Delta y = \dfrac{1}{1-\beta}\Delta g = k_g \Delta g$。但事实一般是在总供给不变的情况下，政府购买增加推动总需求增加，从而提高物价总水平，物价水平提高导致实际货币供给量减少，推动利率提高将挤出私人投资或消费，即存在所谓的挤出效应。这个过程可以从 $\dfrac{M}{p}=m=ky-hr$ 比较直观地看出，在央行发行的名义货币供给量、货币流通速度稳定的情况下，物价水平上升降低了实际货币供给量，而政府购买提高了国民收入，因而用于交易和预防的货币需求量增加，即 $L_1=ky$ 的部分增加，人们要把手中的有价证券抛售换回货币，用于交易的需要，有价证券抛售压力增加，使其价格降低，而利率与有价证券的价格呈反向变化，即利率上升。从等式来看，为了保证平衡，必须减少 $L_2=-hr$ 的部分，即必须减少投机需求，其中的负号表示一种反向变化关系，即 L_2 减少，r 增加。即使物价水平不变，在 h 不是无穷大的情形下，利率上升同样成立。因此，分析财政政策的效果主要是看挤出的部分，若挤出部分大，则效果小。财政政策的挤出效应受 d、β、h、k 的影响，但 β、k 较稳定，主要分析 d、h 对财政政策效果的影响，并主要是对私人投资的挤出效应进行分析，对私人消费的挤出分析相似，都是一种跨期选择，利率降低，私人减少储蓄，减少投资；利率提高，私人增加储蓄，减少消费，以便增加更多的未来消费。但凯恩斯主义需求管理主要是一种短期政策，正如凯恩斯所言，"长期来说，我们都死了。"

（一）财政政策效果分析

在利率不变的情况下，政府购买增加 Δg，国民收入增加 $k_g \Delta g$，其中 k_g 为政府购买乘数。但在有挤出效应的情况下，挤出效应越大，财政政策效果越小；反之，挤出效应越小，则财政政策效果越大。挤出效应的大小主要由 d、h 决定。若 d 大，投资对利率较敏感，利率提高，减少的投资量大；若 h 大，投机需求对利率较敏感，利率提高，减少的投机需求量大。

1. LM 曲线形状基本不变的情况下

IS 曲线越陡峭 $\rightarrow \dfrac{1-\beta}{d}$ 越大 $\rightarrow d$ 越小；$g^{\uparrow} \rightarrow r^{\uparrow} \xrightarrow{d\text{小}} i^{\downarrow}$ 小 $\rightarrow y^{\downarrow}$ 小（挤出部分）。IS 曲线越陡峭，挤出的国民收入越少，因而财政政策的效果越大。同理可得到 IS 曲线平缓时的财政政策效果：

IS 曲线越平缓 $\rightarrow \dfrac{1-\beta}{d}$ 越小 $\rightarrow d$ 越大；$g^{\uparrow} \rightarrow r^{\uparrow} \xrightarrow{d\text{大}} i^{\downarrow}$ 大 $\rightarrow y^{\downarrow}$ 大（挤出部分）。IS 曲线越平缓，挤出的国民收入越多，因而财政政策的效果越小。①

2. IS 曲线斜率不变的情况下

为分析简便，先假定物价水平不变，由于央行名义货币供给量不变，因而实际货币供给量亦不变，由 $\dfrac{M}{p}=m=ky-hr$ 显示，在 $\dfrac{M}{p}=m$ 不变的情况下，由于政府购买增加，导致国民收入 y 增加，因而人们的交易需求和预防需求增加，即 ky 增加，必须减少用于投机的货币量，即 $L_2=-hr$ 必须减少，L_2 减少推动利率上升。利率变化的幅度主要受 h 制约，h 越大，利率提高的幅度越小。可以用一个实际数据说明，因政府购买增加引起的交易需求货币增加量是 100 个单位，则投机需求货币量必须减少 100 个单位。若 $h=10$，则利率要提高 10 个单位；但若 $h=1$，则利率必须提高 100 个单位。再把政府购买引起物价上涨引入分析，分析结论一样，只是利率变化幅度更大。

LM 曲线越陡峭 $\rightarrow \dfrac{k}{h}$ 越大 $\rightarrow h$ 越小；$g^{\uparrow} \xrightarrow{h\text{小}} r^{\uparrow}$ 大 $\rightarrow i^{\downarrow}$ 大 $\rightarrow y^{\downarrow}$ 大（挤出部分），也可表述为政府购买 g 增加，在 h 较小的情况下，利率 r 上升的幅度较大，在 d 一定的情况下，私人投资减少的幅度较大，在乘数 k_i 一定的情况下，政府购买增加对国民收入的挤出效应也越大，因而财政政策的效果越小，其他情形可类似表述。LM 曲线越陡峭，挤出的国民收入越多，因而财政政策的效

---

① ↑表示上升或增加，↓表示降低或减少，→表示由……可得到（其他量不变），$\xrightarrow{h\text{大}}$ 表示其他条件不变，在 h 较大的情况下，由……可得到，其他表述同理。

果越小。同样可得 LM 曲线平缓的财政政策效果：

$$LM \text{ 曲线越平缓} \to \frac{k}{h} \text{ 越小} \to h \text{ 越大}；g^\uparrow \xrightarrow{h \text{ 大}} r^\uparrow \text{ 小} \to i^\downarrow \text{ 小} \to y^\downarrow \text{ 小（挤出部}$$

分)，LM 曲线越平缓，挤出的国民收入越少，因而财政政策的效果越大。

若把财政政策效果大的两种极端情形进行组合，即 LM 曲线水平（$h = \infty$)，IS 曲线垂直（$d = 0$），没有挤出效应，财政政策完全有效；若把财政政策效果小的两种极端情形进行组合，即 LM 曲线垂直（$h = 0$），IS 曲线水平（$d = \infty$），挤出效应是完全的，财政政策完全无效。现在再把其他两个系数 β、k 引入，可以得到较完整的分析结论。

政府购买增加，国民收入增加，即 $g^\uparrow \xrightarrow{\beta} y^\uparrow$。在假定利率不变的情况下，$\Delta y = \frac{1}{1-\beta}\Delta g = k_g \Delta g$。但政府购买增加可能也同时产生挤出效应。在有挤出效应的情况下，$g^\uparrow \to y^\uparrow (p^\uparrow) \xrightarrow{h \text{ 或 } k} r^\uparrow \xrightarrow{d} i^\uparrow \xrightarrow{\beta} y^\downarrow$（挤出部分）。以上过程可以这样看，先考虑利率不变时，国民收入的增加量；再考虑政府购买对利率的影响，利率的提高挤出私人投资和消费，投资和消费的减少引起国民收入减少，两者之差即体现财政政策效果。h 越大或 k 越小，政府购买引起利率的提高幅度越小，因而挤出效应越小；d 越大，表示投资对利率敏感，利率提高，投资减少量越大，挤出效应越大；β 越大，投资乘数越大，挤出效应也越大。

（二）货币政策效果分析

财政政策对经济的影响是直接的，而货币政策对经济的影响是间接的。央行通过增加货币供给量降低利率，从而刺激私人投资，进而增加国民收入，从传导机制看，与财政政策实施时政府处于主动地位不同，央行实施货币政策却处于一种被动地位。

央行增加名义货币量 M，在极短时间内或者说在瞬时，国民收入和物价水平不变，从 $\frac{M}{p} = m = ky - hr$ 看，亦即 p 和 ky 都不变，但 m 增加，由于交易需要的货币量不变，人们手中现在有大量用于投机的货币，用这些货币购买有价证券，导致证券价格上升，利率降低，低利率刺激投资，增加国民收入，国民收入的增加推动交易需求货币量增加和物价水平上升，人们又会改变证券持有量，通过逐步调整，最后又趋于均衡。在 β、k 较稳定的情况下，货币政策效果主要受 d、h 的影响。

1. LM 曲线形状基本不变的情况下

$$IS \text{ 曲线越陡峭} \to \frac{1-\beta}{d} \text{ 越大} \to d \text{ 越小}；m^\uparrow \to r^\downarrow \xrightarrow{d \text{ 小}} i^\uparrow \text{ 小} \to y^\uparrow \text{ 小}。IS \text{ 曲线}$$

越陡峭，货币政策的效果越小。同理可得到 IS 曲线平缓时的货币政策效果：

IS 曲线越平缓 → $\dfrac{1-\beta}{d}$ 越小 → d 越大；$m^{\uparrow} \to r^{\downarrow} \xrightarrow{d 大} i^{\uparrow}$ 大 → $y^{\uparrow}$ 大。IS 曲线越平缓，货币政策的效果越大。

2. IS 曲线斜率不变的情况下

LM 曲线越陡峭 → $\dfrac{k}{h}$ 越大 → h 越小；$m^{\uparrow} \xrightarrow{h 小} r^{\downarrow}$ 大 → $i^{\uparrow}$ 大 → $y^{\uparrow}$ 大。LM 曲线越陡峭，货币政策的效果越大。同理可得到 LM 曲线平缓时的货币政策效果：

LM 越平缓 → $\dfrac{k}{h}$ 越小 → h 越大；$m^{\uparrow} \xrightarrow{h 大} r^{\downarrow}$ 小 → $i^{\uparrow}$ 小 → $y^{\uparrow}$ 小。LM 曲线越平缓，货币政策的效果越小。

若把货币政策效果大的两种极端情形进行组合，即 LM 曲线垂直（$h = 0$），IS 曲线水平（$d = \infty$），货币政策完全有效；若把货币政策效果小的两种极端情形进行组合，即 LM 曲线水平（$h = \infty$），IS 曲线垂直（$d = 0$），货币政策完全无效。现在再把其他两个系数 β、k 引入，可以得到较完整的分析结论。

当然，货币政策的效果也受到 β、k 的影响，即 $m^{\uparrow} \xrightarrow{h 或 k} r^{\downarrow} \xrightarrow{d} i^{\uparrow} \xrightarrow{\beta} y^{\uparrow}$。同样数量的货币供给量增加，$k$ 越大或 h 越小，利率降低的幅度越大，同样的利率降低幅度，d 越大，增加的投资量越大，同样的私人投资量，β 越大，则增加的国民收入越多。

三、宏观经济政策效果的理论分歧

政府是否应该干预经济以及实施经济政策的效果如何，经济学家之间分歧很大。就市场与政府的关系而言，市场并不是不要政府，而是要一个知道自己界限的政府。在亚当·斯密（Adam Smith）那里，政府基本上只有三个功能，即保护社会免遭其他独立的社会之暴力和侵略、尽可能地保护每个社会成员免受其他社会成员之不正义和压迫的职能、建立和维护特定的公共工程和特定的公共制度的职能。即使在履行这些职能时，政府的设计也应考虑竞争。弗雷德里克·巴斯夏（Frdric Bastiat）反对政府干预经济，他在《看得见与看不见的》的一文提出了一个很深刻的思想洞见：一个行动或一项政策，既会有当下就可以看得见的、立刻就可以把握到的后果，也有当时看不见或者给其他主体带来的后果。当政府管制贸易的时候，的确给某些行业带来了好处，却损害了整个社会的效率；当政府扩大开支以刺激经济的时候，它就减少了民间更有效率的投资。约翰·梅纳德·凯恩斯（John Maynard Keynes）认为，在经济出现困境的时候我们总应该做点什么，他认为政府逆经济风向行事的经济政策，能抑制萧条，减轻经济波动。但他也承认是针对短期的有效需求不足的症状开出的药方。凯恩斯一直对自己的观点不断进行修正，但他认为"长期来说，我们都死了"。凯恩斯的理论一直受到自由主义者的挑战。尤其是来自奥地利学派的代表人物弗里德里希·奥古斯特·冯·哈耶克（Friedrich August Von Hayek）的批评。但凯恩斯也对哈耶克的批评质疑：你时不时承认，这是一个在哪里划下界限的问题。你赞同必须在某个地方划下界限，也赞同逻辑上的极端是不可取的，但你却从未向我们说明在哪里、怎么划下这条界限。哈耶克后来在《货币的非国家化》中指出，为了简化我们对于非常复杂的相互关系的描述——否则我们就无法描述这些关系——我们就刻意做出某种截然不同的区分，而实际生活中，对象的不同属性其实是渐次变化的。秩序是一个自生自发的演变过程。哈耶克认为，知识是分散的，每个人头脑中掌握不同的知识，有些知识只是在特定的时间及特定的地点才会存在。有些是难以表达的"默然"知识，这些知识通过个体相互作用，在市场中传递及积累并产生新的知识。这些知识不可能存在于一个人的大脑中，因而也不可能制订吻合"自然"的计划。那只能是知识的僭越或致命的自负。只有非集中化的市场才能通过价格体系产生足够的信息，才能使经济的协同活动取得成功。政府干预市场的傲慢和狂妄将最终导致经济的停滞和政治自由的丧失。哈耶克认为，经济周期是受一种货币因素的扰动。政府的低利率，导致在市场"自然"状况不应有的投资成为现实，投资扩张，引起短期经济波动。但市场"自然"力量推动理性回归。由于经历过事后都让人心有余悸的恶性通货膨胀，哈耶克反对政府对货币发行权的垄断，主张货币的非国家化，通过竞争提高货币质量，稳定货币价值进而确保物价稳定。其周期理论也不同于货币数量论。哈耶克承认他与大多数货币主义者尤其是跟该学派的代表人物米尔顿·弗里德曼的区别："我认为，单靠货币数量论理论，即使是某一区域内仅流通一种货币的情形下，也不足以作出大致接近于事实真相的解释，而几种不同货币在该地区同时流通的时候，据此作出的解释更是毫无价值。弗里德曼教授确实公开反驳指数能够替代货币稳定的说法。但他却试图使通货膨胀在短期内更容易为人接受，而我则认为，任何这样的努力都是极端危险的。"弗里德曼怀疑哈耶克的建议的效力："丰富的经验历史证据表明，（哈耶克的）希望实在无法实现：能够提供购买力保证的私人货币，是不大可能驱逐政府发行的货币。"但哈耶克反驳说："我没能发现任何这样的证据。"他坚持认为："目前应当采取什么样的政策，不应当是经济科学家关注的。他的任务应当是像我不厌其烦地重复过的那样，使得从今天的政治角度看不可行的政策，未来具有政治上的可能性。决定此时此刻应当做什么，这是政治家也不是经济学家的任务。"①米尔顿·弗里德曼

① 弗里德里希·冯·哈耶克. 货币的非国家化 [M]. 姚中秋，译. 北京：新星出版社，2007.

（Milton Friedman）是现代货币学派的领军人物。通过对美国货币史的研究，米尔顿·弗里德曼得出一个重要的研究结论：美联储的无为使 20 世纪 30 年代的危机雪上加霜。他建议为了稳定货币需要实施一种单一货币规则，如果可能的话，要体现在一部"货币宪法"中，这样货币的增长将是稳步的、可预期的。这样的管理规则，将会终结货币管理中的失灵。罗伯特·卢卡斯（Robert E. Lucas）是理性预期学派的代表人物，亦是经济自由主义者，提出了卢卡斯政策无效性命题。由于上有政策，下有对策，政府政策正面效应会被抵消，只会留下负面效果，因而主张无为而治。由于政府对经济信息的反应不如公众那样灵活及时，所以政府的决策不可能像个人决策那样灵活，因此政府的任何一项稳定经济的措施，都会被公众的合理预期所抵消，成为无效措施，迫使政府放弃实行。因此，理性预期学派认为，国家干预经济的任何措施都是无效的。理性预期学派强调保持政策的稳定性和连续性，反对实行"愚民"政策；要保持经济稳定，就应该听任市场经济的自动调节，反对任何形式的国家干预。一般认为，理性预期学派是比货币学派更彻底的经济自由主义。

新制度主义代表人物罗纳德·哈里·科斯（Ronald H. Coase）认为，在商品市场中需要政府管制，而在思想市场中，政府管制是不适宜的，应该对政府的管制加以严格限制。在商品市场中，一般认为政府有能力进行管制，并且动机纯正。消费者缺乏进行恰当选择的能力，生产者经常行使垄断权，一旦失去某种形式的政府干预，生产者就会不按照提高公共利益的方式行事。在思想市场中，情况则截然不同，政府如果试图进行管制，也是无效的和动机不良的，因而即便政府成功实现了预期目标，结果亦不受人欢迎。科斯之所以强调要对经济领域进行干预、对财产权利进行限制，主要是基于两个方面的原因：一方面是市场机制的马太效应会导致财产权利的集中，从而危害穷人的经济自由；另一方面则是财产权利的集中还会导致政治权利的集中，从而危害穷人的政治自由，阻碍民主体制的建设。收入的不平等和财产权利的集中，加大了弱势者通过民主制进行再分配的可能性；面对民主制带来的这种再分配威胁，富裕者为了维护其财产就会努力掌控国家权力，增加对自由和选举活动的限制，乃至对民主要求进行镇压。即使在民主制度已经为人类社会普遍认可和接受的现代社会，那些集聚巨额财富的富豪也努力通过掌控媒体、院外游说等手段来影响政府决策，这些都影响了社会成员在政治权利上的平等程度。

约瑟夫·E. 斯蒂格利茨（Joseph E. Stiglitz）在《不平等的代价》一书中针对 2008 年以后的经济形势指出，市场的优点本应是它的效率，然而现在的市场显然不是有效率的。失业，尤其是市场不能为众多公民创造工作的结构性失业是最严重的市场失灵，是无效率的最大根源，也是不平等的一个主要原因。当今全球面临的三大主题是：一是市场并没有发挥应有的作用，因为其显然既无效率也不稳定；二是政治体制并没有纠正市场失灵；三是经济体制和政治体制在根本上都是不公平的。因此，约瑟夫·E. 斯蒂格利茨对经济现状的评判是不仅市场体系出了问题，高度难以理喻的不平等更是出了问题。政府与利益集团之间的设租与寻租加剧了不平等，浪费了生产资源。宏观经济政策由 1% 的群体制定并为其利益最大化服务。现代宏观经济学与中央银行制定的货币政策在帮助上层群体的同时却无视货币政策的分配后果，导致 1% 的群体的利益获得以伤害 99% 的群体的利益为代价。

20 世纪 70 年代，哈耶克与弗里德曼在货币理论上的一个争论，根据中国的经验两位大师都错了，张五常说："当年哈老认为，最可取的货币制度是让市场的私人企业发行货币，大家在自由市场竞争，政府不要管。弗老则认为哈老之见不切实际，不同'宝号'的货币在市场可能太多，引起混淆。中国的经验说两位大师都错。弗老之错，是私人的钱庄或银号在中国明、清两朝曾经有过颇长时日的成功例子。哈老之错，是忽略了有大钱可赚的货币行业私营的钱庄不容易斗得过政府的侵蚀。"张五常是新制度学派的重要成员。对于货币政策，张五常反复强调"大风大雨选锚重要"，控制通货膨胀以求稳定物价的理想货币制是以物品成交价之指数为锚。张五常强调经济理论要能在现实经济生活中找到可以验证的假说，他认为博弈论是"空洞无物"的学问，在经济生活中无法验证。张五常的经济理论以合约为视角在街头巷尾寻求能推翻理论的证据。他从合约的角度研究中国的经济奇迹，认为创造中国经济奇迹的是中国的县际竞争制度，中国的地区层层分成与县际竞争促成土地的效率及协助财富积累，史无前例。同时，张五常撰文批评中国 2008 年出台的《中华人民共和国劳动合同法》，这种政策在一定程度上破坏了县际竞争制度，造成了沿海地区企业的"倒闭潮"以及农民工"返乡潮"，这种迹象在东莞特别显著。

张五常认为整个 20 世纪高举自由市场大旗的经济大师不是反对政府策划，而是反对政府干预市场，甚至政府取代市场可以做得更有效率。张五常在新著《制度的选择》中曾言："我不反对好些项目由政府策划甚至动工，某些事项政府处理可以节省交易费用，但到了某一点政府要交出去给市场。在分析县际竞争的制度中，我指出干部们是在做生意，很懂得哪些项目要交给市场处理，而一个政府项目发展到哪一点政府要脱手他们也很清楚。概言之，也就是根据交易费用高低划出界限，各司其责：政府的归政府，市场的归市场。"

现代宏观经济学的两大主要流派是新古典主义和新凯恩斯主义。前者主张自由放任，反对政府干预；后者认为市场存在失灵，主张政府干预。因此，对 2008 年由美国次级债务危机引发的金融危机进而导致全球性的经济衰退，前者认为是政府干预导致的恶果；后者认为是市场失灵引起，而政府干预力度不够所致。

四、结论

高鸿业版《西方经济学》教材中每章内容有一个结束语，对所讲内容高度概括，简明扼要。但这个总结却总带着居高临下的评论者的口吻。学生刚接触经济学理论，往往无所适从。

笔者认为，在初级经济理论讲授过程中，应鼓励学生以自己的经历验证经济理论，如罗伯特·弗兰克《牛奶可乐经济学》所表述的案例教学模式。经济学流派极多，方法论也各不相同，研究假设各具特色，研究的视角各有千秋，因而对同一经济问题的看法也五花八门甚至针锋相对。因此，应该认可何种理论，这要依据自身的价值取向以及生活经历对理论的验证。正如奥地利学派所说的，竞争是一个过程，经济理论是一个在竞争中逐步完善的过程。比如说，主流经济学的竞争理论假定：消费者的偏好是给定的，资源是给定的，生产商无穷多，交易各方的知识是完备的，这样才会出现完全竞争，市场趋于均衡状态。但这样一种"完全"或"完备"竞争，实际上意味着一切竞争活动的不存在。因为上述那些事实只有在竞争结束后——虽然在现实中竞争永远不可能有结束之时——才能是"给定的"。当那些事实是给定的时候，市场已经陷入死寂状态了。这种理论只指出了一个天堂式的最终状态或者是一种理想的极限状态。在这种状态下，一切的一切均十分完美，达到了帕累托最优。但现实生活中永远不会存在。这种理论提出了一个天堂式理想状态，但没有提供直达天堂的梯子或路径，其提供的口诀就是市场竞争是有效率的。在竞争的过程中，一些产业政策和贸易政策出台很难说没有利益集团对政府政策的干预。

正是因为信息不完备才会有不确定性、有风险，有人与人之间的利益博弈，有道德风险。因此，需要政府对市场行为进行引导。正是因为无知而导致的对未来不确定性的忧惧，如人们常说的"今天不知道明天的事"，才在忧惧和惶恐中激励人们增加知识、发明保险共担风险。人类的整个发展过程其实就是增加知识、减少不确定性、回避风险的过程。知识不完备条件下的错误决策导致人们付出高代价，但这种代价又是难以避免的，是成长或前进过程中需要付出的成本。比如笔者小时候曾经有过在山上拾柴薪的经历：在一座山上看到对面山上有一棵树梢枯死的松树或杉树，急切间不曾仔细分辨，立马从这座山上连滚带爬地冲下去，越过峡谷，然后艰难地攀爬上对面那座山，可是等到气喘吁吁地跑到那棵树下一看，却发现只是老天与你开了个玩笑——这棵树只是死了树梢。再看看遥遥来路，瘫坐在树底下，是当时的本能反应。真可谓"冲动是魔鬼"。后来询问大人对同样事情的处理，他们会凭借多年经验进行思考，不会这么冲动，首先要判断树的大小、路途的远近、估算只是死了树梢的可能性大小才采取行动。因此，我们在学习经济理论的过程中，要学习张五常的跑街头巷尾，多思考、善于思考；在学习纷繁浩瀚的经济理论时要结合自己的生活经验的实际，进行假说验证。笔者曾经参与中国人民大学出版社的高鸿业《西方经济学》第六版的研讨会，就教材的修订提出两点建议：一是要融合西方诸多经济学教材的前沿性成果；二是要增加一些具有中国特色的经济学案例，增强教材的可读性和趣味性。

参考文献

[1] 约翰·梅纳德·凯恩斯. 就业、利息和货币通论 [M]. 高鸿业，译. 北京：商务印书馆，2004.

[2] 保罗·萨缪尔森，威廉·诺德豪斯. 经济学 [M]. 16 版. 萧琛，等，译. 北京：华夏出版社，2002.

[3] 约瑟夫·E. 斯蒂格利茨，卡尔·E. 沃尔什. 经济学 下册 [M]. 3 版. 黄险峰，张帆，译. 北京：中国人民大学出版社，2006.

[4] N·格里高利·曼昆. 宏观经济学 [M]. 6 版. 张帆，杨祜宁，译. 北京：中国人民大学出版社，2009.

[5] 保罗·克鲁格曼，罗宾·韦尔斯. 宏观经济学 [M]. 2 版. 赵英军，付欢，陈宇，等，译. 北京：中国人民大学出版社，2012.

[6] 鲁迪格·多恩布什，斯坦利·费希尔，理查德·斯塔兹. 宏观经济学 [M]. 7 版. 范家骧，张一驰，张元鹏，等，译. 北京：中国人民大学出版社，2005.

[7] 安德鲁·B. 亚伯，本·S. 伯南克. 宏观经济学 [M]. 5 版. 章艳红，柳丽红，译. 北京：中国人民大学出版社，2007.

[8] 理查德·T. 弗罗恩. 宏观经济学：理论与政策 [M]. 9 版. 费剑平，高一兰，译. 北京：中国人民大学出版社，2011.

[9] 弗雷德里克·S. 米什金. 宏观经济学：政策与实践 [M]. 卢远瞩，张红，龚雅娴，译. 北京：中国人民大学出版社，2012.

[10] 泰勒·考恩，亚历克斯·塔巴洛克. 宏观经济学：现代观点 [M]. 罗君丽，李井奎，译. 上海：上海三联书店，2013.

[11] 迈克尔·K. 伊万斯. 管理者宏观经济学 [M]. 陈彦斌，郭杰，等，译. 北京：中国人民大学出版社，2010.

[12] 罗伯特·E. 霍尔，戴维·H. 帕佩尔. 宏观经济学：经济增长、波动和政策 [M]. 6 版. 沈志彦，译. 北京：中国人民大学出版社，2008.

[13] 斯蒂芬·D. 威廉森. 宏观经济学 [M]. 2 版. 郭庆旺，张德勇，译. 北京：中国人民大学出版社，2009.

[14] 木·J. 海德拉，弗里德里希·范德普罗格. 高级宏观经济学基础 [M]. 陈彦斌，张略钊，林榕，等，译. 北京：中国人民大学出版社，2012.

[15] 罗宾·巴德，迈克尔·帕金. 宏观经济学原理 [M]. 张伟，程悦，等，译. 北京：中国人民大学出版社，2010.

[16] 罗伯特·C. 芬斯特拉，艾伦·M. 泰勒. 国际宏观经济学 [M]. 张友仁，魏立强，等，译. 北京：中国人民大学出版社，2011.

[17] 彼得·伯奇·索伦森，汉斯·乔根·惠特-雅各布森. 高级宏观经济学导论：经济增长与经济周期 [M]. 2 版. 王文平，赵峰，译. 北京：中国人民大学出版社，2012.

[18] 罗伯特·J. 巴罗. 宏观经济学：现代观点 [M]. 沈志彦，陈利贤，译. 上海：上海三联书店，2008.

[19] 玛莎·L. 奥尼尔. 宏观经济学思维 [M]. 陈宇峰，姜井勇，译. 上海：上海三联书店，2013.

[20] 高鸿业. 西方经济学（宏观部分）[M]. 5 版. 北京：中国人民大学出版社，2011.

[21] 亚当·斯密. 国民财富的性质和原因的研究 [M]. 郭大力，王亚南，译. 北京：商务印书馆，2004.

[22] 弗雷德里克·巴斯夏. 财产、法律与政府 [M]. 秋风，译. 北京：商务印书馆，2012.

[23] 尼古拉斯·韦普肖特. 凯恩斯大战哈耶克 [M]. 闾佳，译. 北京：机械工业出版社，2013.

[24] 弗里德里希·冯·哈耶克. 货币的非国家化 [M]. 姚中秋，译. 北京：新星出版社，2007.

[25] 朱富强.《劳动合同法》和集体谈判权的理论基础 [J]. 中山大学学报（社会科学版），2014（3）：198-208.

[26] 约瑟夫·E. 斯蒂格利茨. 不平等的代价 [M]. 张子源，译. 北京：机械工业出版社，2013.

[27] 张五常. 经济解释·卷四·制度的选择 [M]. 上海：中信出版社，2014.

（原载于《金融理论与教学》2015 年第 1 期）